科学出版社“十四五”普通高等教育本科规划教材

中药学系列教材

中药学

Chinese Materia Medica

吴庆光　张金莲　主编

科学出版社

北京

内 容 简 介

本书是“科学出版社‘十四五’普通高等教育本科规划教材·中药学系列教材”之一，旨在使学生掌握中药基本理论和常用中药的性能、功效、应用及相关技能。本书内容分为总论、各论：总论系统介绍了中药学的发展沿革、中药基本理论及主要应用方法等；各论收载临床常用中药，并按其主要功效分为21章，每药依次按药性、功效、应用、用法用量、使用注意、文献摘要、现代研究等内容介绍，各章还有案例、小结；并穿插二维码链接知识拓展内容等。

本书可供中药学、药学及中医学等相关专业使用。

图书在版编目(CIP)数据

中药学 / 吴庆光，张金莲主编. —北京：科学出版社，2022.7

科学出版社“十四五”普通高等教育本科规划教材. 中药学系列教材

ISBN 978-7-03-072249-2

Ⅰ. ①中… Ⅱ. ①吴… ②张… Ⅲ. ①中药学—高等学校—教材 Ⅳ. ①R28

中国版本图书馆CIP数据核字(2022)第079010号

责任编辑：周 倩 陆纯燕 / 责任校对：谭宏宇
责任印制：黄晓鸣 / 封面设计：殷 靓

科学出版社 出版
北京东黄城根北街16号
邮政编码：100717
http://www.sciencep.com

南京展望文化发展有限公司排版
广东虎彩云印刷有限公司印刷
科学出版社发行 各地新华书店经销

*

2022年7月第 一 版 开本：889×1194 1/16
2025年9月第四次印刷 印张：20
字数：560 000

定价：85.00元

科学出版社"十四五"普通高等教育本科规划教材
中药学系列教材
顾问委员会

（以姓氏笔画为序）

科学出版社“十四五”普通高等教育本科规划教材
中药学系列教材

专家指导委员会

何蓉蓉	暨南大学	汪　宁	安徽中医药大学
张　玲	安徽中医药大学	张　荣	广州中医药大学
张金莲	江西中医药大学	张学兰	山东中医药大学
张智华	湖北中医药大学	陈丽霞	沈阳药科大学
邵　晶	甘肃中医药大学	季旭明	浙江中医药大学
周　华	澳门科技大学	周小江	湖南中医药大学
周玖瑶	广州中医药大学	孟　江	广东药科大学
赵　敏	河南中医药大学	赵钟祥	广州中医药大学
禹志领	香港浸会大学	俞　捷	云南中医药大学
姜　海	黑龙江中医药大学	都广礼	上海中医药大学
桂双英	安徽中医药大学	贾晓斌	中国药科大学
贾景明	沈阳药科大学	夏　荃	广州中医药大学
夏永刚	黑龙江中医药大学	晁　志	南方医科大学
钱海兵	贵州中医药大学	徐文芬	贵州中医药大学
唐中华	东北林业大学	姬生国	广东药科大学
黄海波	广州中医药大学	寇俊萍	中国药科大学
董志颖	上海中医药大学	蒋桂华	成都中医药大学
韩　彬	广东药科大学	童巧珍	湖南中医药大学
曾元儿	广州中医药大学	熊　阳	浙江中医药大学

《中药学》编委会

主　编

吴庆光　张金莲

副主编

李　敏　韩　彬　田雪飞　赵　敏　王加锋　刘明平

编　委

（按姓氏笔画排序）

王加锋　山东中医药大学
冯志毅　河南中医药大学
刘顶鼎　贵州中医药大学
刘宝利　首都医科大学
李晶晶　湖北中医药大学
张　英　中国中医科学院广安门医院
张广顺　浙江中医药大学
张金莲　江西中医药大学
陈淑欣　哈尔滨医科大学
金素安　上海中医药大学
赵海平　江西中医药大学
韩　彬　广东药科大学
樊凯芳　山西中医药大学
田雪飞　湖南中医药大学
刘四军　广州中医药大学
刘明平　广州中医药大学
李　敏　陕西中医药大学
吴庆光　广州中医药大学
张　琳　大连医科大学
张兆洲　上海中医药大学
陈绍红　北京中医药大学
林秋珊　海南医学院第一附属医院
赵　敏　河南中医药大学
郝二伟　广西中医药大学
韩邦兴　皖西学院

学术秘书

张兆洲（兼）

序

教材建设是教学改革的重要组成部分，是提高高等院校教学质量的重要保证。中医药事业的不断发展，对中医药人才的培养质量、知识结构、专业能力、综合素质提出了新的更高的要求，改进和完善中医药类本科教材成为中医药事业发展的重要基础性工程。为进一步贯彻落实《教育部关于加快建设高水平本科教育全面提高人才培养能力的意见》（教高〔2018〕2号）、《教育部关于一流本科课程建设的实施意见》（教高〔2019〕8号）、《中共中央 国务院关于促进中医药传承创新发展的意见》（2019年）等文件精神，更好地服务于普通高等院校全面深化教育改革、加强一流本科专业和一流本科课程的高水平教材建设，由广州中医药大学和科学出版社上海分社共同策划、组织、启动了"科学出版社'十四五'普通高等教育本科规划教材·中药学系列教材"，并成立了"科学出版社'十四五'普通高等教育本科规划教材·中药学系列教材"专家指导委员会。

本系列教材第一期囊括《中药药理学》《中药炮制学》《中药分析学》《中药学》《方剂学》《中药化学》《中药药剂学》《中药鉴定学》《药用植物学》《中药资源学》十门中药学专业核心课程，采用了"以中医药院校为主导，跨校、跨区域合作，出版社协助"的模式，邀请了全国50多所院校中药学专业的330多名教学名师、优秀学科带头人及教学一线的老师共同参与。本系列教材坚持内容简单新颖、文字精练、图文并茂、经典实用的编写指导思想，对课程经典内容和学科最新进展进行合理的取舍，对文字叙述反复斟酌和提炼，根据实际需要安排图表，力争既能包含经典理论与知识，又能全面、准确、合理地反映本学科最新进展，使学生能较为系统地掌握中药学的理论知识。

本系列教材分纸质与数字内容两部分，具有以下创新：① 纸质内容中融入案例以引导教学，大部分教材还融入思维导图以帮助学生梳理知识架构。② 数字内容为每章配套授课课件，供老师教学使用；大部分还配有视频，以便学生随时、反复学习；建设数字题库，方便课后学习与教学考核；增加知识拓展以帮助学生开拓思维和视野。

本系列教材在组织过程中得到了由王琦院士、王广基院士、仝小林院士、刘良院士、肖伟院士、陈凯先院士、王伟教授、孔令义教授、谭仁祥教授及国医大师禤国维教授组成的顾问委员会的倾力指导；在教材的主编遴选、编委会的成立及审定稿等过程中，得到了全国各高等中医药院校的大力支持。在此致以衷心的感谢！

尽管所有编写人员竭心尽智，精益求精，但本系列教材仍有提升空间。敬请各位专家、老师、同学在使用本系列教材的过程中多提宝贵意见，以便我们在再版时进一步提高教材的质量，为广大师生提供更优质的教学资源。

刘中秋

2022年1月

前言

《中药学》是“科学出版社‘十四五’普通高等教育本科规划教材·中药学系列教材”中的一册。中药学是研究中药的基本理论和常用中药的性能、功效、临床应用规律等知识的一门学科。中药学课程是高等中医药院校中药学类专业的必修课。

本教材以4年制中药学本科生为基点，以中药学专业为重点对象，兼顾药学、中医学等专业需求，方便教师线上、线下教学和学生学习。教材编写过程中以教育部的教学大纲为基础，既遵循中医药传承发展规律、培养学生的中医思维，又注重创新发挥，体现“传承精华、守正创新”的特点；并在教材中全面落实“立德树人”根本任务，融入课程思政元素，促进课程思政与中医药人文的结合。本教材不仅在中药学内容和编写格式上有创新性、有特色，增加案例、小结等，而且在纸质教材上穿插二维码，增加其他教学内容，建立优质数字教育资源，实现教育资源共享。此外，来自国家级野生保护动物的穿山甲、熊胆粉等，涉及伦理问题的紫河车等，以及具有肾毒性的马兜铃等药材，虽然已陆续从各版本《中国药典》中删除，但考虑中医药理论体系的完整性、现代研究进展，本教材仍然保留了其相关阐述。

本教材由19所中医药院校及综合性院校、医院的中医药学专家组成的编委会通力协作编写而成。教材内容分为总论、各论，编写分工：吴庆光、张兆洲编写总论，韩彬、刘宝利编写解表药，田雪飞、刘四军编写清热药，赵敏编写泻下药，张金莲编写祛风湿药，王加锋编写化湿药，李敏编写消食药，王加锋、韩邦兴编写利水渗湿药，冯志毅编写温里药，樊凯芳编写理气药，郝二伟编写止血药，刘顶鼎、刘明平编写活血化瘀药，李敏、赵海平、李晶晶编写化痰止咳平喘药，陈绍红编写安神药，林秋珊编写平肝息风药，张广顺编写开窍药，张兆洲、金素安、张琳编写补虚药，陈淑欣编写收涩药，张英编写驱虫药、涌吐药、攻毒杀虫止痒药、拔毒生肌药。

本教材在编写过程中得到了广州中医药大学、上海中医药大学、江西中医药大学及其他参编单位的大力支持和帮助，编委会在此表示衷心感谢！编委会全体编委认真负责，通力合作，如有疏漏或不足之处，恳请各院校老师、学生在使用过程中，提出宝贵意见，以便再版时修订提高。

《中药学》编委会

2022年5月

目 录

总 论

各 论

第十三章 化湿药

第十四章 消食药

第十五章 利水渗湿药

第十六章 温里药

第十七章 理气药

第十八章　止血药

第十九章　活血化瘀药

第二十章　化痰止咳平喘药

总　论

中药，是指在中医药理论指导下认识和应用的药物，包括植物药、动物药、矿物药及其加工品。中药的应用，在中国已有悠久的历史。在中医药理论指导下，通过不断总结临床经验并广泛吸取大量民间经验和外来药物，中药的内容得到进一步的充实和发展。中药的认识和应用，融合了中医学基础理论和中医辨证论治精髓，具有独特的理论体系和应用形式，包含中国传统文化、哲学思想及区域自然资源等方面的特点。

中药学是专门研究中药基本理论和各种中药的药性、功效、临床应用、用法用量、使用注意等知识的一门学科。它是中国医药学的一个重要组成部分。

第一章　中药的起源与中药学的发展

第一章授课视频及习题

一、原始社会

关于中药的起源，中国古代有“神农尝百草”之传说。西汉刘安等所撰的《淮南子·修务训》也记载：“古者，民茹草饮水，采树木之实，食蠃蚌之肉，时多疾病毒伤之害。于是神农……尝百草之滋味、水泉之甘苦，令民知所避就。当此之时，一日而遇七十毒。”

在原始社会，我们的祖先为了生存和生活需要采食植物和狩猎。在此过程中，逐渐了解一些植物、动物对人体产生的影响或某种药效反应，也包括了一些中毒现象。此后经过反复的实践，逐渐积累了辨别食物和药物的经验，也逐渐积累了一些植物药、动物药的知识，并进而有意识地加以利用。随着社会生产力的不断发展，采石、开矿和冶炼的兴起，一些矿物药也相继被发现。

因此，中药起源于生产劳动，中国古代劳动人民在长期生活实践中发现了药物，并初步进行了艰苦的医疗实践，利用植物、动物和矿物治疗疾病，并逐步积累成为药物知识。

二、夏商周时期

夏商时期，人们创制了陶制器皿并广泛使用，商代伊尹始创了汤液。晋代皇甫谧在《针灸甲乙经》序中也有“伊尹以亚圣之才，撰用神农本草，以为汤液”之记载。汤液不但服用方便，而且能提高疗效，或降低药物的毒副作用，更作为中药最常用的剂型之一得以流传、应用至今，并且得到不断的发展。随着酿造技术的兴起，酒应运而生。酒不仅是一种饮品，而且能行药势、通血脉，也可作为溶剂，成为后世加工炮制药物的常用辅料之一，故有“酒为百药之长”之说。

文字的创造和使用，使药物知识从由口耳相传发展为文字记载。商代钟鼎文中已有“药”字，《说文解字》释义曰：“药，治病草，从艸乐声”。西周时已有“医师”，其职责是“掌医之政令，聚毒药以供医事”；同期的文学作品《诗经》虽是诗歌总集，却记载了100多种药用动、植物名称，如芍药、枸杞子、苍耳、蟾蜍等。《山海经》是记载先秦时期中国各地名山大川及物产的一部史地书，但也记载了120余种植物、动物和矿物药，还论述了药物的产地、性能及效用，内服、外用的服药方法。1977年安徽阜阳出土的汉简《万物》，编撰年代在春秋战国时期，其中载药70余种，既有对各药作用的记载，也有复方治病的相关内容。20世纪70年代出土的帛书《五十二病方》中载方约300个，涉及药物240多种，其中对药物的炮制、用法、禁忌等均有论述。

春秋战国时期，中医学理论的奠基之作《黄帝内经》问世，《黄帝内经》对中药学理论的发展也产生了巨大影响。例如，《素问·至真要大论》载“寒者热之，热者寒之”；《素问·藏气法时论》载“辛散、酸收、甘缓、苦坚、咸软”；《素问·六微旨大论》载“升降出入，无器不有”等。

三、秦汉时期

西汉时期已有药学专著出现，如《史记·仓公列传》中称吕后八年（公元前180年），名医公乘阳庆传其弟子淳于意《药论》一书。从《汉书》中的有关记载也可以看出，西汉末期已用“本草”一词来指称药物及药物学专著，也出现了一批通晓本草的学者。

《神农本草经》是中国现存最早的药物学专著，虽托“神农”之名，实非出于一时一人之手，约成书于东汉末期（公元2世纪），简称《本经》。该书序录论述了中药的基本理论，如四气五味、有毒无毒、中药“七情”、用药原则、服药方法，以及丸、散、汤、膏、酒等多种剂型，并对中药的产地

—•笔记栏•—

采集、加工炮制等方面做了简要介绍。全书载药365种，其中植物药252种、动物药67种、矿物药46种，并按药物是否有毒，以及养生延年与祛邪治病的不同分为上、中、下三品，此即后世所称的“三品分类法”。书中所载药物大多朴实有验，不少药物一直沿用至今。如麻黄发汗、茯苓利水、夏枯草散结、枸杞子补虚、阿胶止血等。《神农本草经》全面总结了秦汉以前的中药基本理论及用药经验，是中国本草学发展的奠基之作，具有重要的历史价值和实用价值。

四、三国、两晋、南北朝时期

三国、两晋、南北朝时期，本草著作大量涌现。后因战乱文籍亡佚较多，但流传下来的本草书目仍有近百种。重要的本草著作有《李当之药录》《吴普本草》《名医别录》《雷公药对》等，而最具代表性的首推由南朝梁代著名医药学家陶弘景（456~536年）整理撰写的《本草经集注》。

《本草经集注》约成书于5世纪末，全书共七卷，载药730种，分玉石（62种）、草木（294种）、虫兽（114种）、果（26种）、菜（28种）、米食（27种）、有名未用（179种）共7类。首创按照药物自然属性进行分类的方法，改变了“三品混糅，冷热舛错，草木不分，虫兽无辨”现象。对药物的形态、性味、产地、采制、剂量、鉴别等做了详尽的论述，提出了药物的产地、采制方法与其疗效密切相关的观点。该书还首创了“诸病通用药”，列举了80多种疾病的通用药物，如治风通用药有防风、川芎、秦艽、防己等，有利于临证处方用药。此外，该书还考订了古今用药度量衡，并对汤、酒、膏、丸等常用剂型的制作进行了规范。《本草经集注》系统整理了魏、晋、南北朝的主要药学成就，并初步确立了我国大型骨干本草的编写体例。

这一时期较为著名的本草著作还有晋代医药家葛洪编撰的《肘后备急方》，该书反映了魏晋时期的部分医学成就，尤其对岭南地区多发的传染病在认识和防治用药方面起了一定的推动作用，用生青蒿绞汁服治疟还对现代研究抗疟药产生了重要影响。南朝刘宋时期雷敩所撰《雷公炮炙论》是我国第一部炮制专著，该书系统介绍了300种中药的炮制方法，提出药物经过炮制可以提高疗效、降低毒性，并有利于贮存、调剂、制剂等，它标志着本草学一新分支学科的诞生。

五、隋唐、五代十国时期

隋唐时期，中国经济文化较为繁荣，国内各民族间交往密切，中外经济文化交流频繁，由此推动了本草学的繁荣发展。唐显庆四年（659年）颁布了经政府批准，由长孙无忌、李勣、苏敬等20余人参加撰写的《新修本草》（又名《唐本草》），这是中国历史上的第一部官修本草，全书共54卷，载药844种（一说850种），其中新增药物114种，由药图、图经、本草三部分组成，分为玉石、草、木、禽兽、虫、鱼、果菜、米谷、有名未用等九类，增加了全国各地道地药材的药物图谱并附以文字说明，这种图文对照的方式开创了世界药学著作的先河。该书内容丰富，取材精要，具有高度的科学价值，反映了唐代本草学的辉煌成就，奠定了我国大型骨干本草的编写格局，对中国及世界医药学的发展都产生了巨大的影响。公元731年传入日本，广为流传，日本律令《延喜式》中就有“凡医生皆读苏敬《新修本草》”的记载。

这一时期的本草名著，还有陈藏器编撰的《本草拾遗》，成书于唐开元二十七年（公元739年）。陈藏器对《新修本草》进行了增补和辨误，扩展了用药范围，并根据药物的功效提出了宣、通、补、泻、轻、重、燥、湿、滑、涩十种分类方法，对后世的方药分类产生了重大影响。对后世本草学发展有一定影响的，还有《蜀本草》《食性本草》《日华子本草》等。其中五代（907~960年）韩保昇等人受蜀主孟昶之命，以《新修本草》为蓝本编撰而成的《蜀本草》，对药物的性味、形态和产地做了许多补充，绘图精致，颇具特色，被后世编纂本草时较多引用。

唐代孙思邈悉心钻研医药，著有《备急千金要方》，书中亦有本草学方面的内容。《备急千金要方》中还专列《食治篇》，收集了162种食物，是现存最早有关饮食疗法的专篇，为饮食疗法的发展奠定了基础。

六、宋、金元时期

宋代火药、指南针、活字印刷术的发明，极大地促进了科学文化的发展。中医临床医学的进步，也推动了本草学的发展。药物数量不断增加，炮制工艺不断改进，功效应用不断深化，都促进了宋代本草学的快速发展。宋代政府也较为注重大型本草著作的编纂，分别于973~974年刊行了《开宝本草》，1060年刊行《嘉祐补注本草》，1061年刊行《本草图经》。其中《本草图经》亦称《图经本草》，以本草图谱著称，所附933幅药图是中国现存最早的版刻本草图谱。

这一时期个人编撰的本草名著首推唐慎微的《经史证类备急本草》（简称《证类本草》，首刊于1108年）。全书31卷，载药1 500余种（其后出现了多种新刊版本，载药数增加到1 700多种），并于各药之后附列方剂以相印证，医药紧密结合。本书对所收载的资料采用了原文照录注明出处的方法，故虽宋代以前许多本草资料后来已亡佚，但因此书的引用而得以保存。《经史证类备急本草》具有很高的学术价值、实用价值和文献价值，在本草发展史上起到了承前启后、继往开来的作用。明代李时珍后来对此书的评价是："使诸家本草及各药单方，垂之千古，不致沦没者，皆其功也。"

北宋政府的一大创举，是设立国家药局，成为中国、也是世界药局的开端。1076年，在京城开封开设由国家经营的熟药所，其后又发展为修合药所（后改名为"医药合剂局"）和出卖药所（后改名为"惠民局"）。药局的出现促进了药材检验、成药生产、药事管理等的发展，推动了中药炮制、制剂技术的提高，并逐步制定了制剂规范，《太平惠民和剂局方》即是这方面的重要文献。

金元时期的本草，因大多出自中医临床名家之手，故具有鲜明的临床药物学特征，多期于实用。代表著作有刘完素的《素问药注》《本草论》，张元素的《珍珠囊》《脏腑标本药式》，李东垣的《药类法象》《用药心法》，王好古的《汤液本草》，朱丹溪的《本草衍义发挥》等。综述这些本草著作的特点，主要是其中有关升降浮沉、归经等药性的论述，发展了本草学的药性理论，使之系统化；还以药物形、色、味为主干，利用气化、运气、阴阳、五行等学说，建立了法象药理模式，对临床用药有一定的参考意义。而在食疗本草方面，元代忽思慧编著的《饮膳正要》是饮食疗法的专著，书中介绍了不少回族、蒙古族的食疗方药，对后世应用药膳有一定的参考价值。

七、明代

明代弘治年间（1488~1505年），太医院刘文泰等奉敕修订宋以来本草。历经2年于弘治十八年（1505年）完成，书名《本草品汇精要》（简称《品汇精要》）。该书共42卷，分为玉石、草、木、人、兽、禽、虫鱼、果、米谷、菜10部，每部又分上、中、下三品。共收载药物1 815种，每药项下又分为24项记述。该书绘有1 385幅精美的彩色药图和制药图，是古代彩绘本草之珍品。《本草品汇精要》是我国封建社会最后一部大型官修本草，但书成之后因故存于内府而未刊行流传，直到1936年始由上海商务印书馆据故宫旧抄本铅印出版。

明代的本草著作，如缪希雍的《炮炙大法》、朱橚的《救荒本草》、李中立的《本草原始》、兰茂的《滇南本草》等，分别记载了药物炮制、食疗本草、药用植物地方本草等方面的内容，均属较为著名的专题本草，对丰富和完善本草学内容具有一定的科学价值。而陈嘉谟所著的《本草蒙筌》，共12卷，论述了药性总论、产地、收采、贮藏、鉴别、炮制、性味、配伍、服法等，收载药物742种，每种药除了载明其别名、产地、采集、优劣、收藏、性味、方剂等之外，还有作者的按语，并绘有药图。该书所述五倍子制百药煎（没食子酸），早于欧洲200余年。

明代全面整理总结了16世纪以前本草学成就的本草著作，是伟大的医药学家李时珍编撰的本草巨著《本草纲目》。《本草纲目》成书于1578年，历时近30载，200多万字。该书共52卷，载药1 892种，改绘药图1 160幅，附方11 096首，新增药物374种，其中既收载了醉鱼草、半边莲、紫花地丁等一些民间药物，又吸收了番木鳖、番红花、曼陀罗等外来药物，极大地丰富了本

—•笔记栏•—

草学的内容。序例中对本草史和药性理论进行了全面、系统的总结和发挥。各论分水、火、土、金石、草、谷、菜、果、木、服器、虫、鳞、介、禽、兽、人等16部，以下再分为60类。各药之下，分正名、释名、集解、正误、修治、气味、主治、发明、附方诸项，逐一介绍。书中既汇集整理了大量前人资料，又记述了作者的新发现、新经验及新成果，并修正了以往本草著作中的一些谬误。《本草纲目》集16世纪以前本草学成就之大成，并在植物、动物、矿物、农学、气象等自然科学的许多方面均有重要贡献。该书17世纪初即传播海外，先后有多种文字译本，丰富了世界医学科学宝库。2011年，《本草纲目》作为世界物质文化遗产，与《黄帝内经》同时入选《世界记忆名录》。

八、清代

清代杰出本草学家赵学敏所著的《本草纲目拾遗》，是清代本草学的代表著作。《本草纲目拾遗》成书于1765年，全书共10卷，约34万字，载药921种，在《本草纲目》之外新增药物716种。该书按《本草纲目》16部分类，除人部外，把金石分为两部，又增藤、花两部，共计18部。书中补充的药物主要是疗效确切的民间草药及外来药，如金钱草、鸡血藤、西洋参等，丰富了本草学的内容。《本草纲目拾遗》不仅拾《本草纲目》之遗，而且对《本草纲目》已载药物治疗未备、根实未详者加以补充。卷首列正误34条，对《本草纲目》做了重要的补充和订正。

清代较有影响的《神农本草经》注疏专著有邹澍的《本经疏证》和《本经续疏》、张璐的《本经逢原》、张志聪的《本草崇原》等。而刘若金的《本草述》、汪昂的《本草备要》、吴仪洛的《本草从新》、黄宫绣的《本草求真》、黄元御所著《玉楸药解》等著作则是以《本草纲目》为基础，配合临床需要，以实用性为原则，对《本草纲目》进行了摘要、精减和整理。其中《本草求真》成书于1769年，载药521种。该书采用的按药物主要功效进行分类的方法，不仅较《神农本草经》三品分类、陈藏器“十剂”分类更为先进，而且对后世中药学的功效分类亦有重要影响。吴其浚所著的《植物名实图考》，不仅对本草学的发展有一定的贡献，而且对后世研究药用植物也提供了宝贵的文献资料。

九、民国时期

民国时期，虽然政府引入西医，排斥中医，对中医药采取了不支持和歧视的政策，但是在志士仁人的不懈努力下，国内举办了一些中医药学校，涌现出了一批适应教学和临床需要的本草学讲义，如浙江兰溪中医学校张山雷编撰的《本草正义》、上海中医专门学校秦伯未的《药物学》、浙江中医专门学校何廉臣的《实验药物学》、天津国医函授学校张锡纯的《中西药物讲义》等，推动了本草学的新发展。“本草”“本草学”的称谓也逐渐分别改称“中药”“中药学”。

民国时期药学辞典类大型工具书的出现，是本草学发展的一项重要成就，其中影响最大的当推陈存仁主编的《中国药学大辞典》(1935年)，全书约200万字，收录词目4 300条，汇集整理了古代有关本草论述，又博采新说，且附有标本图册，受到药学界的推崇，是近代第一部具有重要影响的大型药学辞书。

随着西方药学知识和化学、生物学、物理学等近代科学技术在中国的传播和发展，应用现代科学技术研究本草的工作逐渐起步。建立了以中药为主要研究对象的药用植物学、生药学、中药鉴定学、中药药理学等新学科，并在中药的生药药理、化学分析、有效成分提取及临床验证等方面取得了一些成果，丰富、发展了中药学内容。

十、当代

中华人民共和国成立以来，党和政府高度重视发展中医药事业，中药学有了前所未有的大发展。迄今，政府先后组织开展了四次大型的全国中药资源普查，基本摸清了中国天然药物的种类、产区分布、生态环境、野生资源、蕴藏量、收购量和社会需要量等。各地出版部门陆续影印、重刊或校点评注了《神农本草经》《经史证类备急本草》《本草品汇精要》《本草纲目》等数十种重要的古代本草著作。对亡佚本草的辑复工作也取得突出成绩，其中《神农本草经》《名医别录》《新修本草》等已正式出版发行，对中药学的研究，具有重大意义。

当代涌现了一大批反映当代中药学术研究成就的著作，其代表著作有《中药志》《全国中草药汇编》《中药大辞典》《中华人民共和国药典》《中华本草》等。其中《中药大辞典》首版由江苏新医学院编写（1977 年），第 2 版由南京中医药大学修订编著（2006 年）。《中药大辞典》收载中药 6 008 种，原植（动）物或药材均附以墨线图。全书内容丰富，资料齐全、系统，引文直接标注最早出处或始载文献，有重要的文献价值。历版《中华人民共和国药典·一部》作为中药生产、供应、检验和使用的依据，以法典的形式确定了中药在当代医药卫生事业中的地位，也为药材与饮片、中药制剂等质量的提高，标准的确定起了很大的促进作用，所载功能与主治等也成为中药学教材编写的主要依据。《中华本草》（1999 年）由国家中医药管理局组织全国中药专家编纂而成，该书既系统地总结了历代本草学成果，又全面反映当代中药学科发展水平，学科涉猎众多，资料收罗宏丰，分类先进，项目齐全。全书收录正药 8 980 种，附列药物 571 种，在全面继承传统本草学成就的基础上，增加了化学成分、药理、制剂、药材鉴定和临床报道等内容，是一部全面反映 20 世纪中药学科发展水平的综合性本草巨著。

随着现代自然科学的迅速发展及中药事业自身发展的需要，中药的现代化研究在深度和广度上都取得了瞩目成就。其中最具代表性的是，中国中医科学院屠呦呦研究员基于中药学典籍记载、利用现代科学方法从中药青蒿中分离出可以有效降低疟疾患者死亡率的青蒿素，因此荣获 2015 年度诺贝尔生理学或医学奖。国家建立了各层次的中医药院校，形成了从中专、大专、本科到硕士、博士研究生及博士后的人才培养体系，造就了一大批中药学的专业人才。为了适应中医药教育的需要，各层次的中药学教材也进行了多次编写、修订，总体质量不断提高。

中药学源远流长，内容浩瀚，是一个伟大的宝库。我们在学习中药学知识的过程中，要坚持传承精华，守正创新，为人类的健康事业做出贡献。

第二章　中药的产地、采集与贮藏

—·笔记栏·—

第二章授课视频及习题

《神农本草经·序录》曰："阴干暴干，采造时月，生熟，土地所出，真伪陈新，并各有法。"《用药法象》也谓："凡诸草木昆虫，产之有地；根叶花实，采之有时。失其地则性味少异，失其时则性味不全。"中药的来源除部分人工制品外，绝大部分都是来自天然的植物、动物、矿物。中药的产地、采收与贮藏是否适宜，将直接影响药物的质量和疗效。

第一节　中药的产地

中药的来源除部分人工制品外，绝大部分都是来自天然的植物、动物、矿物。天然药材的生长、分布和生产离不开特定的自然条件。中国疆域辽阔，复杂的自然地理环境，水土、日照、气候、生物分布等生态环境各地不尽相同，差别很大，但却为各种药用动物、植物的生长和矿物的形成提供了有利的条件，且无论品种、产量，还是质量都有一定的地域性。古代医药学家经过长期使用、观察和比较，逐渐认识到由于自然条件的不同，各地所产的中药材质量优劣不一。宋代寇宗奭的《本草衍义》云："凡用药必须择州土所宜者，则药力具，用之有据。"明代陈嘉谟的《本草蒙筌》也谓："凡诸草木、昆虫，各有相宜地产。气味功力，自异寻常。"说明水土气候等自然条件与药材的生产、气味的形成、疗效的高低都有着密切的关系，又因"道"曾是古代的行政区划，"地"指地域或地区，由此形成了"道地药材"的概念。

道地药材（又称地道药材），是指历史悠久、产地适宜、品种优良、产量宏丰、炮制考究、疗效突出、带有地域特点的药材，是优质纯真药材的专用名词。某一地区（道）所产的某种药材，质量高、疗效好，因而素有盛名。道地药材的确定，与药材的产地、品种、质量等多种因素有关，而临床疗效则是其关键因素。例如，河南的"四大怀药"地黄、牛膝、菊花、山药，东北的人参、细辛、五味子，四川及重庆的附子、黄连、川芎，广东的陈皮、砂仁、广藿香，江苏的薄荷、苍术，云南的茯苓，山东的阿胶等，都因其质量优等、疗效突出而成为著名的道地药材，受到人们的赞誉。道地药材在长期的生产和用药实践中形成，但不是一成不变的，如三七原产广西，称为田七、广三七，后来云南产者质量居上，称为滇三七，云南成为三七的新道地产区。故应重视中药产地与质量的关系，加强道地药材的保护、开发和应用，以保证中药疗效。

第二节　中药的采集

中药材能否适时采集，直接影响药物的疗效和毒副作用。《神农本草经》重视"采造时月"。孙思邈《备急千金要方》谓："早则药势未成，晚则盛时已歇。"《千金翼方》也载"……故不依时采取，与朽木不殊，虚费人工，卒无裨益"。都强调了药材适时采收的重要性。现代研究也表明，中药的采集要在中药材药用部位有效成分的含量最高时采集。如槐花在花蕾时芦丁含量最高，青蒿中青蒿素含量以 7~8 月中花蕾出现前为高峰，故槐花、青蒿均在开花前采收为好。

一般来说，植物药的采收原则是药用部位不同，其采收时节与方法也有所区别。

（1）**全草**：大多数在植物枝叶茂盛、花朵初开时采集。一般从根以上割取地上部分，如薄荷、益母草、荆芥等；需连根入药的则可拔起全株，如车前草、蒲公英、紫花地丁等。

（2）**叶**：通常在花蕾将放或正盛开的时候采集，此时叶片茂盛、性味完壮、药力雄厚，最适于采收，如枇杷叶、荷叶、大青叶、艾叶等。桑叶需在深秋或初冬经霜后采集，枇杷叶宜在落叶后采收。

（3）**花、花粉**：花类药材，一般采收未开放的花蕾或刚开放的花朵，以免气味散失、花瓣散落而影响质量，如野菊花、金银花、辛夷、月季花、旋覆花等。对花期短的植物或花朵次第开放者，应分次及时摘取。以花粉入药者如蒲黄之类，须在花朵盛开时采取。

（4）**果实、种子**：果实类药物除青皮、枳实、覆盆子等少数药材要在果实未成熟时采收果皮或果实外，一般当于果实成熟时采收，如瓜蒌、川楝子等。以种子入药的，通常在果实成熟后采集，如莲子、沙苑子等。有些种子成熟时易脱落，或果壳易裂开导致种子散失者，如小茴香、牵牛子等，则应在刚成熟时采集。

（5）**根、根茎**：一般以早春或深秋时节采收为佳，"春宁宜早，秋宁宜晚"（《本草纲目》），如天麻、葛根、大黄、桔梗、苍术等。但也有少数例外，如半夏、延胡索等则要在夏天采收。

（6）**树皮、根皮**：通常在春、夏时节植物生长旺盛，植物体内浆液充沛时采集，此时药性较强、疗效较高，并容易剥离，如黄柏、杜仲、厚朴等。另有些植物根皮则以秋后采收为宜，如牡丹皮、地骨皮等。

动物类药材因品种不同，采收各异。其具体时间，以保证药效及容易获得为原则。例如，桑螵蛸应在每年秋季至翌年春季采集，此时虫卵未孵化；驴皮应在冬至后剥取，其皮厚质佳；小昆虫等，应于数量较多的活动期捕获。

矿物类药材的成分较为稳定，大多可随时采收。

第三节　中药的贮藏

中药在运输、贮藏过程中如果管理不当、养护不善，在外界环境和药物自身性质相互作用下，会发生物理、化学变化，出现中药的变异现象直接影响药物的质量与疗效，甚至产生毒副作用。《本草蒙筌》云："凡药藏贮，宜常提防。倘阴干、曝干、烘干，未尽去湿，则蛀蚀霉垢朽烂不免为殃……见雨久着火频烘，遇晴明向日旋曝。粗糙悬架上，细腻贮坛中。"

常见的中药变异现象有虫蛀、发霉、变色、走油等。虫蛀是指害虫侵入中药内部所引起的破坏性作用。中药大都含有淀粉、脂肪、糖、氨基酸等，当温度在25~32℃之间、空气相对湿度在70%~80%之间，中药含水量在15%以上时，极易滋生害虫，发生虫蛀。发霉是指在适当温度（20~35℃）、湿度（相对湿度75%以上或中药含水量超过15%）和足够的营养条件下，中药表面附着或内部寄生的霉菌繁殖滋生的现象。变色是指中药在采收、加工、贮藏过程中，由于受到温度、空气、日照的影响而引起中药自身原有色泽改变的现象。走油也称泛油，是指含有脂肪油、挥发油、黏液质、糖类等成分较多的中药，在温度和湿度较高的条件下出现的油润、返软、发黏、颜色变深等现象。此外，常见的变异现象还包括中药的气味散失、风化、潮解、粘连融化、腐烂等。

掌握贮藏中药的方法能够有效避免常见中药变异现象的发生。常用的中药贮藏与养护方法包括干燥养护、冷藏养护、密封养护、化学药剂养护、对抗同贮养护、气调养护等。此外，近年来还增加了无菌包装技术、$^{60}Co-\gamma$射线辐射技术、气幕防潮技术、气体灭菌技术、埃-京氏杀虫技术、高频介质电热杀虫技术等方法。总之，应根据中药的品种、特性、季节气温的变化等分别采取不同的措施，做到科学养护，保证质量，降低损耗。

第三章　中药的炮制

— • 笔记栏 • —

第三章授课视频及习题

中药的炮制，是按照中医药理论，根据药材自身性质，以及调剂、制剂和临床应用的需要，所采取的一项独特的加工技术。炮制古代又称为炮炙、修治、修事、修制等。中药的炮制历史悠久，《黄帝内经》《神农本草经》已有中药炮制的一些记载，而后逐步发展出现了《雷公炮炙论》《炮炙大法》《修事指南》等炮制专著。由于中药材大都是生药，其中不少的药物必须经过一定的炮制处理，才能符合临床用药的需要。按照不同的药性和治疗要求又有多种炮制方法，同时有毒之品必须经过炮制后才能确保用药安全。明代陈嘉谟在《本草蒙筌》中谓："凡药制造，贵在适中，不及则功效难求，太过则气味反失。"可见炮制是否得当对保障药效、用药安全、便于制剂和调剂都有十分重要的意义，中药炮制后入药是中医临床用药的特色和优势。

第一节　中药炮制的目的

一般来说，中药炮制的目的大致可归纳为以下 6 个方面。

一、降低或消除药物的毒副作用，保证用药安全

中药川乌、草乌、附子、半夏、天南星、马钱子等均有毒，生品内服易中毒，经炮制后则能降低其毒性。巴豆、千金子等有毒且泻下作用剧烈，宜炮制去油取霜用。对于有毒药物，炮制应当适度，太过则疗效难以保证，不及则易发生中毒反应。

二、增强药物的作用，提高临床疗效

在中药的炮制过程中，常加入一些辅料。辅料的种类很多，可分为液体辅料和固体辅料两大类。加辅料炮制的目的各异，主要能增强药物的作用，提高临床疗效。对于液体辅料来说，尤其如此。许多辅料本身就是药物，具有重要的医疗作用，与炮制药物的某些作用之间，存在着协同配伍关系。例如，蜜炙百部、紫菀、款冬花能增强润肺止咳作用；酒炒川芎、丹参能增强活血作用；醋制延胡索、香附能增强止痛作用；姜汁炙可加强止呕作用，如姜黄连、姜竹茹。不加辅料的其他炮制方法，也能增强药物的作用，如明矾煅为枯矾，可增强燥湿、收敛作用；槐花炒炭，能增强止血作用。

三、改变药物的性能或功效，使之更能适应病情的需要

药物的某些性能功效，在某种条件下不一定适应临床应用的需要，但经过炮制处理，则能在一定程度上改变药物的性能和功效，以适应不同的病情和体质的需要。例如，吴茱萸性味辛热燥烈，多用于里寒之证，若以黄连水拌炒，或甘草水浸泡，去其辛热燥烈之性；肝火犯胃之呕吐腹痛，亦常用之。地黄本为甘苦寒之品，长于清热凉血养阴，经入黄酒反复蒸晒后而为熟地黄，其药性微温而以补血滋阴见长，适宜于血虚阴虚证。何首乌生用能润下通便，制熟后则失去泻下作用而专于补肝肾等。天南星性温，功能燥湿化痰、祛风解痉，治湿痰、寒痰、风痰诸证；而用牛胆汁拌制加工后，即为胆南星，其性凉，功能清热化痰，息风定惊，治热痰、癫狂惊痫诸证。

四、改变药物的某些性状，便于贮存和制剂

多数中药材在采集以后，均可直接使用鲜品，如地黄、白茅根、芦根等许多鲜品药材的疗效，

较之干品更佳。然而,由于产地、季节等因素的限制,许多药材无法直接使用鲜品,皆需干燥处理,才可贮存、运输。多数药材可采取日光曝晒,或人工烘烤进行干燥,但有少数动物药及富含汁液的植物药,需经特殊处理。例如,肉苁蓉之肉质茎富含汁液,春季采者所含水分较少,可半埋于沙中晒干;而秋季采者,茎中水分较多,需投入盐水湖中,加工为盐苁蓉,方可避免腐烂变质。桑螵蛸为螳螂之卵鞘,内有虫卵,应蒸制杀死虫卵后晒干,以防贮存过程中因虫卵孵化而失效。多数植物药都要制成一定规格的饮片,质地坚硬的矿物类、贝壳类药则需经过粉碎处理,便于配方和制剂。

五、纯净药材,保证药材品质和用量准确

中药在采收、运输、保管过程中常混有泥沙、霉变品及残留的非药用部位等。因此必须进行严格的分离和洗刷,使其达到规定的净度,保证药材品质和用量准确,如石膏挑出沙石、茯苓去净泥土;药用部位不同的,如麻黄(草质茎)、麻黄根还需分拣等。

六、矫臭、矫味,便于服用

某些药物具有令人不适的气味,难以口服或服后出现恶心、呕吐等反应。为了利于服用,常将这些药物采用漂洗、酒制、醋制、麸炒等方法处理,能起到矫臭、矫味的效果,如醋制乳香、没药,酒制乌梢蛇,麸炒僵蚕,用水漂去海藻、昆布的咸腥味等。

第二节 常用炮制方法

中药炮制方法内容丰富,方法多样。现代的炮制方法在古代炮制经验基础上有了很大的发展和改进,根据目前的实际应用情况,可分为净制、切制、炮炙、其他等工序。

一、净制

净制,即净选加工。净制药材可根据其具体情况,分别选用挑选、风选、水选、筛选、剪、切、刮、削、剔除、刷、酶法、剥离、擦、碾串、燀、火燎等方法处理,其目的是除去灰屑、杂质及非药用部分或分离不同药用部位,达到药用净度标准。药材必须净制后方可进行切制或炮炙等处理。

二、切制

切制,是将净制后的药材经软化处理(鲜切或干切除外),采用适合的切制工具或机械把药物切制成一定类型规格的饮片。其目的是便于进行其他炮制,也利于干燥、贮藏和调剂时称量。根据药材的性质和医疗需要,切片有很多规格,如天麻、槟榔宜切薄片,泽泻、白术宜切厚片,黄芪、鸡血藤宜切斜片,茯苓、葛根宜切成块,桑白皮、枇杷叶宜切丝,白茅根、麻黄宜铡成段等。

三、炮炙

1. 炒　不加辅料的炒法称清炒法,按程度不同分为炒黄、炒焦、炒炭等。用文火炒至药物表面微黄称炒黄;用武火炒至药材表面焦黄或焦褐色,内部颜色加深,并有幽香气者称炒焦;用武火炒至药材表面焦黑,部分炭化,内部焦黄,但仍保留有药材固有气味(即存性)者称炒炭。炒黄、炒焦使药物易于粉碎加工,并缓和药性。种子类药物炒后则煎煮时有效成分易于溶出。炒炭能缓和药物的烈性、副作用,或可增强其收敛止血的功效。除清炒法外,还可拌固体辅料如土、麸、米炒,可减少药物的刺激性,增强疗效,如土炒白术、麸炒枳壳、米炒斑蝥等。与砂或滑石、蛤粉同炒的方法习称烫,药物受热均匀酥脆,易于煎出有效成分或便于服用,如砂炒马钱子、滑石粉炒刺猬皮、蛤粉炒阿胶等。

2. 炙　将药物与定量的液体辅料拌润并炒至一定程度,使辅料逐渐渗入药物内部的炮

—•笔记栏•—

制方法。通常使用的液体辅料有蜂蜜、酒、醋、姜汁、盐水及食用油等，如蜜炙黄芪、蜜炙甘草、酒制川芎、醋制延胡索、盐水炙黄柏等。炙法可以改变药性或减少副作用。

3. 煅　将药物直接放入无烟炉火中或置于适当的耐火容器内煅烧的方法，称为煅法。其中，直接放炉火上或容器内而不密闭加热者，称为明煅，此法多用于矿物药或动物甲壳类药，如煅石膏、煅石决明等。药物在高温有氧条件下煅烧至红透后，立即投入规定的液体辅料，如醋、酒、药汁或水中骤然冷却的方法称煅淬法，主要适用于质地坚硬，经过高温仍不能酥脆的矿物类药和临床上因特殊需要而必须煅淬的药物，如磁石、自然铜等。药物置于密闭容器内加热煅烧成炭的方法，称为煅炭、密闭煅或焖煅，本法适用于质地轻松，可炭化的药材，如血余炭、棕榈炭等。

4. 煨　取净药物用湿面皮或湿纸包裹，或用吸油纸均匀地隔层分放，进行加热处理，或将药物与麦麸同置炒制容器内，用文火炒至规定程度的方法。其中以面糊包裹者，称为面裹煨；以湿草纸包裹者，称纸裹煨；以草纸分层隔开者，称隔纸煨；将药物与麦麸同炒者，称麦麸煨。其目的是除去药物中的部分挥发性物质和刺激性成分，以缓和药性，如煨木香、煨肉豆蔻等。

5. 煮　将清水或液体辅料与药物共同加热的方法，如加醋煮芫花、酒煮黄芩等。

6. 蒸　利用水蒸气或隔水加热药物的方法，不加辅料者，称为清蒸；加辅料者，称为辅料蒸。加热的时间，视炮制的目的而定。例如，改变药物性味功效者，宜久蒸或反复蒸晒，如蒸制地黄、何首乌；为便于干燥，杀死虫卵，以利于保存者，加热蒸至"圆气"，即可取出晒干，如蒸女贞子、桑螵蛸等。

四、其他制法

1. 焯　将药物放入沸水中，翻动片刻，立即取出的方法。常用于种子类药物的去皮和肉质多汁药物的干燥处理，如焯杏仁、扁豆以去皮，焯马齿苋、天冬便于晒干贮存。

2. 制霜　药物经过加工处理，成为松散粉末或细小结晶，或煎熬成粉渣状的方法称为制霜。果实种子类药材经过去油制成松散粉末的方法称为去油制霜法，如巴豆霜。药物经过物料析出细小结晶称为渗析制霜法，如西瓜霜。煎熬成粉渣的如鹿角霜。

3. 发酵　将药物与辅料拌匀后，置一定的湿度和温度下，利用微生物和酶的催化分解作用，使其发泡、生霉，并改变原药的药性，以生产新药的方法，称为发酵，如六神曲、淡豆豉等。

4. 发芽　将具有发芽能力的果实或种子类药物用水浸泡后，经常保持一定的湿度和温度，使其萌发幼芽，称为发芽，如稻芽、麦芽、大豆黄卷等。

5. 水飞　取净药材，置容器内，加适量水共研细，再加多量的水，搅拌，倾出混悬液，残渣再按上法反复操作数次，合并混悬液，静置，分取沉淀，干燥，研散，如水飞朱砂、雄黄、滑石、炉甘石等。

第四章　中药的性能

第四章授课视频及习题

中药的性能是中药作用的基本性质和特征的高度概括，又称药性。药性理论是中药理论的核心，主要包括四气、五味、升降浮沉、归经、有毒无毒等。

中药治病的基本作用是扶正祛邪，消除病因，恢复脏腑经络的正常生理功能；纠正阴阳气血偏盛偏衰的病理现象，使之恢复到正常状态。药物之所以能够针对病情发挥作用，是由于药物本身各自具有若干特性和作用，即前人所说之药物的偏性，也就是说，以药物的偏性来纠正疾病所表现出来的阴阳气血的偏盛偏衰，即“以偏纠偏”。

《神农本草经·序录》云：“药有酸咸甘苦辛五味，又有寒热温凉四气，及有毒无毒。”清代徐灵胎在《神农本草经百种录》中说：“凡药之用，或取其气，或取其味……各以其所偏胜而即资之疗疾，故能补偏救弊，调和脏腑……”中药的作用包括治疗作用和不良作用（不良反应）。其中治疗作用又称为中药功效（中药功能），它是在中医药理论指导下，将中药对人体的预防、治疗和保健作用进行的高度概括和总结；而不良作用则包括副作用（指在常用剂量即治疗剂量时出现与治疗需要无关的不适反应）和毒性反应。临床用药时，应充分、正确地利用中药的治疗作用，并尽量避免不良作用的发生。

中药的性能与性状的含义不同。明代贾所学在《药品化义》中指出，药物的性状为“天地产物生成之法象”，药物的性能则是“医人格物推测之义理”。也就是说，药物性状是通过人的感官直接感知而得到的认识；药物性能则是根据机体用药反应，通过逻辑推理，对药物作用进行的概括和抽象。此外，自古至今也有一些学者用中药的性状来探求、解释中药的部分性能特点。

第一节　四　　气

《神农本草经·序录》云：“药有……，又有寒热温凉四气。”这是有关“四气”药性的最早论述。

四气（又称四性），是指药物的寒、热、温、凉四种药性。它反映了药物对人体阴阳盛衰、寒热变化的作用倾向，为药性理论的重要组成部分，是说明药物作用的主要理论依据之一。虽称四气，但以四气本质而言，只有寒热两性的区分。寒凉与温热是相对立的两种药性，而寒与凉之间、温与热之间则仅是程度上的不同，即“凉次于寒”“温次于热”。中药的四气理论源于中医的阴阳理论，其中寒凉属阴，温热属阳。

此外，还有一些平性药物，主要是指药性寒热的界限不是很明显、药性平和、作用缓和的药物。平性药物，实际上也有偏温、偏凉的不同，是相对而言的，它不是绝对的平性，故平性仍未超出四性的范围。

《素问·至真要大论》云：“寒者热之，热者寒之。”《神农本草经·序录》亦谓：“疗寒以热药，疗热以寒药。”药性的寒热温凉是由药物作用于人体所产生的不同反应和所获得的不同疗效而总结出来的，它与所治疗疾病的寒热性质是相对而言的。所以说，药性的确定是以用药反应为依据，以病证寒热为基准。能够治疗热性病证的药物，一般属于寒性或凉性；反之，能够治疗寒性病证的药物，一般属于温性或热性。

一般来讲，具有清热泻火、凉血解毒等作用的药物，性属寒凉；具有温里散寒、补火助阳、温经通络、回阳救逆等作用的药物，性属温热。药性寒热与药物功效是共性与个性、抽象与具体的关系；药性寒热只反映药物影响人体阴阳盛衰、寒热变化方面的基本倾向，并不说明药物的具体

—·笔记栏·—

作用,因此,掌握药性寒热不能脱离其具体功效。而且,药性寒热是从特定角度概括药物作用性质,它只反映药物作用性质的一个侧面,而非所有方面。

第二节 五 味

《素问·脏气法时论》曰:"辛散,酸收,甘缓,苦坚,咸软。"这是对五味作用的最早概括。《神农本草经·序录》云:"药有酸、咸、甘、苦、辛五味……"

五味,是指辛、甘、酸、苦、咸五种药味。涩和淡也是药味,但由于辛、甘、酸、苦、咸是最基本的五种药味,并有涩附于酸,淡附于甘之说,所以仍然称为五味。

五味的产生,首先是通过口尝,它是药物真实味道的反馈。而五味理论,则是前人通过长期的临床实践观察总结归纳出来的,不同味道的药物作用于人体,会产生不同的反应,获得不同的治疗效果。因此,五味不仅是药物味道的真实反馈,而且是对药物作用的高度概括。五味理论中的"味"已超出了味觉的范围,而是建立在功效基础之上。因此,本草书籍记载药物的味,有些就与实际口尝味道不相符。总之,五味的实际意义:一是标示药物的真实滋味;二是提示药物作用的基本范围。而五味的阴阳属性,一般概括为辛、甘、淡属阳,酸、苦、咸属阴。

(1)**辛味**:"能散能行",即辛味药具有发散、行气、行血的作用,多治表证及气血阻滞之证。一般来说,解表药、行气药、活血药多具有辛味。例如,紫苏叶味辛,发散风寒;木香味辛,行气止痛;川芎味辛,活血化瘀等。

(2)**甘味**:"能补能和能缓",即甘味药具有补益、和中、调和药性和缓急止痛的作用,多用于正气虚弱、食积不化、脘腹挛急疼痛及调和药性、中毒解救等。一般来说,滋养补虚、消食和胃、调和药性及缓解痉挛疼痛的药物多具有甘味。例如,熟地黄味甘,滋补精血;六神曲味甘,消食和胃;饴糖味甘,缓急止痛;甘草味甘,调和药性并解药食中毒等。

(3)**酸味**:"能收能涩",即酸味药具有收敛、固涩的作用,多治自汗盗汗、肺虚久咳、久泻久痢、遗精滑精、遗尿尿频、崩带不止等滑脱不禁的病证。一般来说,固表止汗、敛肺止咳、涩肠止泻、固精缩尿、固崩止带的药物多具有酸味。例如,五味子味酸,固表止汗;乌梅味酸,敛肺止咳;五倍子味酸,涩肠止泻;山茱萸味酸,涩精止遗;金樱子味酸,固精缩尿止带等。部分酸味药有生津作用,可治津亏口渴,如乌梅、五味子等。

(4)**苦味**:"能泄、能燥、能坚",即苦味药具有清泄火热、泄降气逆、通泄大便、燥湿、坚阴(泻火存阴)等作用,多治火热证、喘咳、便秘、湿证、阴虚火旺等病证。一般来讲,清热泻火、下气平喘、降逆止呕、通利大便、清热燥湿、散寒燥湿、泻火存阴的药物多具有苦味。例如,栀子味苦,清热泻火;苦杏仁味苦,降气平喘;大黄味苦,泻热通便;龙胆草味苦,清热燥湿;黄柏味苦,泻火存阴等。

(5)**咸味**:"能下、能软",即咸味药具有泻下通便、软坚散结的作用,多治大便秘结、瘰核、瘿瘤、癥瘕积聚等病证。一般来讲,泻下通便及软坚散结的药物多具有咸味。例如,芒硝味咸,泻热通便;海藻味咸,软坚散结等。

此外,还有涩味和淡味。涩味与酸味药的作用相似,具有收敛、固涩的作用,如莲子味涩,固精止带;赤石脂味涩,涩肠止泻;龙骨味涩,收敛固涩等。淡味"能渗、能利",即淡味药具有利水渗湿的作用,多治水肿、脚气浮肿、小便不利等病证,如猪苓、薏苡仁味淡,利水渗湿等。

明代缪希雍《神农本草经疏》云:"物有味,必有气,有气斯有性",强调了药物必有气和味。因此,每种药物都具有性和味,合称为"性味"。四气五味理论是中药性能中的主要内容,性和味分别从不同的角度说明药物的作用,两者合参才能较全面地认识药物的作用和性能。

第三节 升 降 浮 沉

《素问·阴阳应象大论》云:"其高者,因而越之;其下者,引而竭之;中满者,泻之于内;其有

—•笔记栏•—

邪者，渍形以为汗；其在皮者，汗而发之。"此为药物升降浮沉理论的产生和发展奠定了理论基础。

升降浮沉，指药物对人体作用的不同趋向性。升，即升提，趋向于上；降，即降逆，趋向于下；浮，即向外发散，趋向于外；沉，向内收敛，趋向于内。具体来说，升降浮沉就是指药物对机体有向上、向下、向外、向内四种不同的作用趋向，它是与疾病所表现的趋向性相对而言的。在实际应用中，升与浮相提并论，合称为升浮；沉与降相提并论，合称为沉降。升降浮沉按其阴阳属性区分，则升浮属阳，沉降属阴。

一般具有升阳发表、祛风散寒、涌吐、开窍等功效的药物，都能上行向外，药性都是升浮的；具有泻下、清热、利水渗湿、重镇安神、潜阳息风、消导积滞、降逆止呕、收敛固涩、止咳平喘等功效的药物，则能下行向内，药性都是沉降的。但有的药物升降浮沉的特性不明显，或有的药物既能升浮又能沉降，即存在二向性。

掌握药物的升降浮沉趋向，可以更好地指导临床用药，以纠正机体功能的失调，使之恢复正常；或因势利导，有助于祛邪外出。一般来说，病变在上、在表的宜用升浮药，如外感风寒表证，宜用麻黄、桂枝发表；在下、在里的宜用沉降药，如里实便秘之证，宜用大黄、芒硝攻下。病势逆上者，宜用沉降药，如肝阳上亢之头痛，当用牡蛎、石决明潜降；病势陷下者，宜用升浮药，如久泻、脱肛，当用黄芪、升麻、柴胡等益气升阳。

明代李时珍《本草纲目》云："酸咸无升，辛甘无降，寒无浮，热无沉。"一般而言，味属辛、甘，性属温、热的药物，大都是升浮药，如麻黄、升麻、黄芪等；味属苦、酸、咸，性属寒、凉的药物，大都是沉降药，如大黄、芒硝等。清代汪昂《本草备要》又载："轻清升浮为阳，重浊沉降为阴""凡药轻虚者，浮而升；重实者，沉而降"。一般而言，花、叶、皮、枝等质轻的药物大多为升浮药，如紫苏叶、菊花、蝉蜕等；而种子、果实、矿物、贝壳等质重者大多都是沉降药，如紫苏子、枳实、牡蛎、灵磁石等。可见，药物的升降浮沉与四气五味、质地轻重有关。在实际应用中，药物的炮制和配伍可以影响或改变其升降浮沉的性能，如酒炒则升、姜汁炒则散、盐水炒则下行、醋炒则收敛。在复方配伍中，性属升浮的药物在同较多沉降药配伍时，其升浮之性可受到一定的制约；反之，性属沉降的药物同较多的升浮药同用，其沉降之性亦能受到一定程度制约。故李时珍在《本草纲目》云："升降在物，亦在人也。"

第四节　归　　经

归经，是药物作用的定位概念，表示药物作用的部位。归是药物作用的归属；经是药物作用的通道，也是脏腑经络的概称。药物对于机体某些脏腑经络有选择性作用，即对这些部位的病变起着主要或特殊的治疗作用。因此，药物的归经不同，其治疗作用也有不同。归经理论是阐明中药的作用机理，指导临床用药的基本药性理论之一。

归经是以中医脏腑经络学说为基础，以药物所治疗的具体病证为依据而确定的。由于经络能沟通人体内外表里，所以机体一旦发生病变，其体表病变可以通过经络影响到内在脏腑。反之，其内在脏腑病变也可以反映到体表。由于发病所在脏腑及经络循行部位的不同，故临床上所表现的症状也各不相同，如心经病变多见心悸失眠；肺经病变常见喘咳胸闷；肝经病变常见胁痛抽搐等证。临床上因朱砂、远志能治疗心悸失眠，说明它们归心经；因桔梗、苏子能治疗喘咳胸闷，说明它们归肺经；因白芍、钩藤能治疗胁痛抽搐，说明它们归肝经。至于一药能归数经，是指药物治疗范围的扩大，如麻黄归肺、膀胱经，说明它既能发汗、平喘，治外感风寒表证及咳喘，又能利尿，治风水水肿之证。

掌握归经，有助于提高用药的准确性。清代徐灵胎在《医学源流论》指出："不知经络而用药，其失也泛，必无捷效。"例如，里实热证有肺热、心火、肝火、胃火等不同，则应分别选用清泄肺热、心火、肝火、胃火的药物来治疗。头痛病症有多种病因，且疼痛的性质和部位亦各有不同，故

—•笔记栏•—

选择药物治疗时，考虑到药物的归经特点可以提高疗效。例如，羌活善治太阳经头痛；葛根、白芷善治阳明经头痛；柴胡善治少阳经头痛；吴茱萸善治厥阴经头痛；细辛善治少阴经头痛等。有些药物有引经作用，即对某些脏腑经络起特殊作用，其选择性较强，并能引导其他药物的药力到达病变部位而提高临床疗效。

运用归经理论，还必须考虑到脏腑经络间的关系。由于脏腑经络在生理上互相联系，在病理上互相影响，因此，在临床用药时并不单纯使用某一经的药物，如肺病见脾虚者，每兼用补脾的药物，使肺有所养而逐渐痊愈。肝阳上亢往往因于肾阴不足，每以平肝潜阳药与滋补肾阴药同用，使肝有所涵而亢阳自潜。若只限于见肺治肺、见肝治肝，即单纯分经用药，则临床效果必受影响。故徐灵胎在《医学源流论》又指出："执经络而用药，其失也泥，反能致害。"此外，勿将中医脏腑经络定位与现代医学的解剖部位混为一谈，因两者的含义与认识方法都不相同。归经主要是指用药后的机体效应所在，不能简单等同于药物成分在体内的分布。

第五节 毒　　性

《神农本草经·序录》云："药有……有毒无毒"，并将所载 365 种中药分为上、中、下三品，其中药物是否有毒及毒性大小是其分类的依据之一。

毒性，是指药物对机体的损害性。毒性反应与副作用不同，它对人体的危害性较大，甚至可危及生命。但古代中药毒性的含义却有广义和狭义之分。广义上讲，毒药是药物的总称，毒性是药物的偏性；狭义上讲，毒性是指药物对机体的损害性。现代研究表明，有毒中药所含毒性成分主要有生物碱类、毒苷类、毒性蛋白类、萜与内酯类等，其作用于人体不同系统或器官组织如神经系统、心血管系统、呼吸系统、消化系统等，从而引起不同的中毒症状。

《素问·五常政大论》中将药物的毒性分为"大毒""常毒""小毒""无毒"四类。而目前通行的中药毒性分级方法，则是遵照《中华人民共和国药典·一部》(2020 年版)中采用的大毒、有毒、小毒三级分类方法。

为了确保用药安全，必须认识中药的毒性，了解毒性反应产生的原因，掌握中药中毒的解救方法和预防措施。由于毒性反应的产生与药物储存、加工炮制、配伍、剂型、给药途径、用量、使用时间的长短及患者的体质、年龄、证候性质等都有密切关系。因此，使用有毒药物时，应从上述各个环节进行控制，避免中毒发生。对于药物中毒的诊断和解救，古代文献有不少记载，其中包含了不少宝贵经验。在当今条件下，应结合现代认识及诊断、解救措施和方法，以及时取得更好的解救效果。

此外，因有毒药物的偏性强，根据以偏纠偏、以毒攻毒的原则，有毒药物也有其可利用的一面。古今都有利用某些有毒药物来治疗恶疮肿毒、疥癣、麻风、瘰疬瘿瘤、癌肿癥瘕，并积累了大量经验，获得肯定疗效。

第五章　中药的配伍

第五章习题

中药的配伍，是指按病情需要和药物性能特点，有选择地将两味及两味以上药物配合使用。

《神农本草经·序录》曰："药……有单行者，有相须者，有相使者，有相畏者，有相恶者，有相反者，有相杀者，凡此七情，合和视之，当用相须相使者良，勿用相恶相反者。若有毒宜制，可用相畏相杀者，不尔，勿合用也。"这最早论述了中药的"七情"，并可知除单行外，其余六个方面都是讲配伍关系。具体来说，中药的"七情"，是指单味药的应用及药物之间的配伍关系，概括为单行、相须、相使、相畏、相恶、相反、相杀七种情况。"七情"中单行就是指用单味药治病，用于病情比较局限，选用一味针对性较强的药物即能获得疗效，如清金散单用一味黄芩治肺热咳嗽；鹤草芽单用驱除绦虫及民间用之有效的"单方"等，用药"简、便、廉、验"。不仅如此，某些药物单用还可取其功专力宏而用于急症，如《十药神书》独参汤，单用人参补气救脱；《证治准绳》独行散，单用五灵脂破血逐瘀，治产后血晕。但若证候比较复杂，或病情较重，则一味药力量有限，并难全面兼顾病情；有些具有较强偏性或有毒副作用的药物，则单味应用易致不良反应，需配伍用药。本章主要论述"七情"中的配伍关系。

一、相须

相须，是指性能功效相类似的药物配合应用，可以增强原有疗效的配伍关系。例如，麻黄与桂枝配伍，能明显增强发汗解表的治疗作用；大黄与芒硝配伍，能明显增强攻下泻火的治疗作用；全蝎与蜈蚣配伍，能明显增强息风止痉的治疗作用。

二、相使

相使，是指性能功效有某些共性，或性能功效虽不相同但治疗目的一致的药物配合应用，而以一种药为主，以另一种药为辅，能提高主药疗效的配伍关系。例如，补气利水的黄芪与利水健脾的茯苓配伍治疗气虚水肿时，茯苓能提高黄芪补气利水的治疗作用。

相使与相须共同之处是通过药物配合，产生协同作用，因而增强疗效；不同之处是相须配伍中药物是平行并列的关系，而相使配伍中药物则有主辅之分，即一药为主，另一药为辅。但是这种主辅关系不是固定不变的，而是依据治疗目的和药物在治疗中的作用意义来确定。例如，治疗气分实热证，黄芩与大黄常配用，是以清热泻火的黄芩为主药，大黄攻下泻火，以"釜底抽薪"的方式，增强黄芩清热泻火的治疗效果；治疗热结便秘，可用大黄与行气消积的厚朴配用，则以大黄为主，厚朴行气以助大黄攻下泻火为辅。

三、相畏

相畏，是指一种药物的毒性反应或副作用，能被另一种药物减轻或消除的配伍关系。例如，生半夏的毒性能被生姜减轻或消除，所以说生半夏畏生姜。

四、相杀

相杀，是指一种药物能减轻或消除另一种药物的毒性或副作用的配伍关系。例如，生姜能减轻或消除生半夏的毒性或副作用，所以说生姜能杀生半夏的毒。

—•笔记栏•—

五、相恶

相恶，是指两药合用后，一种药物能使另一种药物的原有功效降低甚至丧失的配伍关系。例如，补气药人参与莱菔子合用，莱菔子能削弱人参的大补元气作用，故言人参恶莱菔子。

六、相反

相反，是指两种药物合用，能产生或增强毒性反应或副作用的配伍关系。例如，用药禁忌中"十八反""十九畏"中的若干药物。

上述"七情"内容的六个方面，在配伍应用的情况下，有些药物产生协同作用而增进疗效，临床用药时需充分利用；有些药物可因互相拮抗而抵消、削弱原有功效，用药时应加以注意；有些药物通过相互作用而能减轻或消除原有的毒性或副作用，可在应用毒性药或烈性药时考虑选用；有些药物因相互作用而产生或增强毒副作用，则属于配伍禁忌，原则上应避免配伍。

总之，中药的"七情"包括单行及配伍应用，但在当今临床中，药物的配伍应用是中医用药的主要形式。药物按一定法度加以组合，并确定一定的分量比例，规定适当剂型及用法，最后完成的中药治疗处方，即为方剂。方剂是中药配伍的发展，也是中药配伍应用的较高形式。

第六章　中药的用药禁忌

中药的用药禁忌，主要包括配伍禁忌、妊娠用药禁忌、服药食忌、病证药忌等内容。根据对患者造成的不良影响程度，又分为忌用和慎用。

辨证用药的根本宗旨是避免不良反应，确保临床疗效。故凡用药与证治相违，即属病证药忌。一般的用药原则：治寒证忌用寒药，治热证忌用热药，治寒热错杂证需要根据寒热程度的不同而寒热药并用；邪实而正不虚者忌用补虚药，正虚而无邪者忌用攻邪药等。

—•笔记栏•—

第六章授课视频及习题

一、配伍禁忌

关于配伍禁忌，《神农本草经·序录》有“药……，勿用相恶相反者”之论，而目前中医药界基本遵守的配伍禁忌，是“十八反”“十九畏”。

（1）十八反：乌头反半夏、瓜蒌、贝母、白蔹、白及；甘草反甘遂、大戟、海藻、芫花；藜芦反人参、沙参、丹参、玄参、苦参、细辛、芍药。

（2）十九畏：硫黄畏朴硝，水银畏砒霜，狼毒畏密陀僧，巴豆畏牵牛，丁香畏郁金，川乌、草乌畏犀角，牙硝畏三棱，官桂畏石脂，人参畏五灵脂。

“十八反”“十九畏”是配伍禁忌的主要内容，是古代医药学家临床医疗实践与经验的总结。凡属“十八反”“十九畏”的药对，若无充分依据和应用经验，均不宜配合使用。

二、妊娠用药禁忌

妊娠禁忌药，是指妇女妊娠期除中断妊娠、引产外，忌用或须慎用的药物。

在妊娠禁忌药中，不同的药物对妊娠的危害程度是有所不同的，因而在临床应用中应区别对待。常用中药中的妊娠禁忌药一般分为禁用与慎用两大类。属禁用的多系剧毒药，或药性作用峻猛之品，以及有较强堕胎作用的药；慎用药则主要是活血祛瘀药、攻下药、破气药，以及温里药中的部分药。属于妊娠禁忌的药物，若无特殊必要，应尽量避免使用，以免发生事故。

（1）妊娠禁用药：如水银、砒霜、雄黄、轻粉、斑蝥、马钱子、蟾酥、川乌、草乌、藜芦、胆矾、瓜蒂、巴豆、甘遂、大戟、芫花、牵牛子、商陆、麝香、干漆、水蛭、虻虫、三棱、莪术等。

（2）妊娠慎用药：如牛膝、川芎、红花、桃仁、姜黄、牡丹皮、枳实、大黄、番泻叶、芦荟、芒硝、附子、肉桂等。

三、服药食忌

服药食忌是指服药期间对某些食物的禁忌，简称食忌，也就是俗称的“忌口”。在古代本草、方书中，记载服药食忌的药物和所禁忌的食物品类较多。其中，既包含前人的经验见解，也包含一些偶然现象。古今中医皆重视药、食之间的服用避忌，其目的是避免发生不良反应和疗效降低，导致病情恶化，影响患者康复。一般而言，应忌食生冷、辛热、油腻、腥膻、有刺激性的食物。此外，根据病情的不同，饮食禁忌也有区别。例如，热性病应忌食辛辣、油腻、煎炸类食物；寒性病应忌食生冷；胸痹患者应少食肥肉、脂肪、动物内脏及忌烟、酒；肝阳上亢，头痛眩晕者应忌食胡椒、辣椒、大蒜、酒等辛热助阳之品；脾虚气弱者应忌食油炸黏腻、寒冷固硬、不易消化的食物；疮疡、皮肤疾病等患者，应慎食蟹、鱼、虾等腥膻发物及辛辣刺激性食品。

第七章　中药的剂量与用法

第七章习题

第一节　中药的剂量

中药的剂量，主要是指单味中药饮片入汤剂中成人一日的常用剂量，或研末入丸、散剂中一次的常用剂量。也有指在方剂中，药与药之间的比例分量，即相对剂量。除峻烈药、毒性药和某些精制品外，一般干品中药饮片常用量为3~10 g，较大量为15~30 g。

剂量是否得当，是确保临床用药安全、有效的重要因素之一。临床上主要依据所用药物自身特性、应用目的和方式、患者的个体差异及自然环境因素等方面来确定中药的具体用量。

一、药物的自身特性

1. 药物质地　花叶类质轻之品用量宜轻，金石、贝壳质重之品用量宜重；鲜品用量宜重，干品用量宜轻。

2. 药物质量　质优力强者，用量宜小；质次力不足者，用量宜加大。

3. 药物气味及作用　气味平淡、作用缓和的药用量宜重；气味浓厚、作用峻猛的药用量宜轻。

4. 药物毒性　有毒者，应严格控制剂量，不得超出安全范围；无毒者，剂量变化幅度较大，可适当增加用量。

二、应用目的和方式

1. 应用目的　药物用量不同可出现不同作用，可根据不同使用目的而增减用量。例如，以槟榔行气消积用3~10 g即可，而驱绦虫、姜片虫则用至60~120 g。

2. 单味或配伍　单味应用时剂量宜大，复方应用时剂量宜小；在方中作主药时用量宜稍大，而作辅药则用量宜小些。

3. 剂型　入汤剂时用量宜大；入丸、散剂时用量宜小。

三、患者的个体差异

1. 性别　一般来说男女用量差别不大，但妇女在月经期、妊娠期，应用活血化瘀药则宜减量。

2. 年龄大小　小儿发育未全，老人气血渐衰，对药物耐受力均较弱，故用量宜减小；而青壮年气血旺盛，对药物耐受力较强，故用量宜大些。小儿5岁以下通常用成人量的1/4，6岁以上可按成人量减半用。

3. 体质强弱　在以祛邪为主时，体强者用量宜重，体弱者用量宜轻。以补虚为主时，脾胃强健者，用量宜加大；脾胃虚弱者，用量宜减少。

4. 病程长短　新病患者正气损伤较小，用量可稍重；久病多伤正气，用量宜减轻。

5. 病势轻重　病急重者用量宜重，而病轻缓者用量宜轻。

6. 生活习惯与职业　如用辛热药疗病，平时少食辛辣热物或常处高温环境下工作的人用量宜轻；反之则用量宜加重。

四、自然环境因素

依据四时气候的冷暖不同或地域的干燥、潮湿而增减用量等。

第二节 中药的用法

中药的用法，指中药的应用方法，主要包括中药的给药途径、应用形式、煎煮方法和服药方法。

一、给药途径

药物给药途径不同，可影响药物吸收的速度、分布及作用强度，因此给药途径是影响药物疗效的因素之一。

中药的传统给药途径，包括口服、吸入、舌下给药、黏膜表面给药、皮肤给药、直肠给药等多种途径；20 世纪 30 年代后，又增添了皮下注射、肌内注射、穴位注射和静脉注射等中药给药途径。临床用药时，既要了解不同给药途径的特点，还需注意病证及药物对给药途径的选择，并据此选择适当的剂型。

二、中药剂型

中药剂型，包括供口服的汤剂、丸剂、散剂、酒剂、滋膏剂、露剂；供皮肤用的软膏剂、硬膏剂、散剂、丹剂、涂擦剂、浸洗剂、熏剂、灸剂、熨剂；还有供体腔使用的栓剂、药条、钉剂等。20 世纪 30 年代研制出了中药注射剂，以后又发展了胶囊剂、冲剂、气雾剂、膜剂等新剂型。

20 世纪 90 年代初开始应用的中药配方颗粒剂是中药饮片新剂型，它是采用现代科技手段将传统中药饮片提取、浓缩、干燥而成的粉状、颗粒状产品，并归属于饮片管理的范畴。中药配方颗粒有统一质量标准、统一规格，单用或作配方用均可，现已在国内外较广泛应用。

三、煎煮方法

中药传统汤剂是临床应用中药的最常用剂型。汤剂煎煮方法正确与否，直接影响药物的疗效。

1. 煎药器具　最好用陶瓷器皿中的砂锅、砂罐。因其化学性质稳定，不易与药物成分发生化学反应，并且导热均匀，保暖性能好。还可用白色搪瓷器皿或不锈钢锅。煎药忌用铁、铜、铝等金属器具。因金属元素容易与药液中的中药成分发生化学反应，可能使疗效降低，甚至产生毒副作用。

2. 煎药用水及用水量　煎药用水必须无异味、洁净澄清，含矿物质及杂质少，无污染。一般来说，凡人们在生活上可作饮用的水都可用来煎煮中药。而加水量在实际操作时很难做到十分精确，但至少应根据饮片质地疏密、吸水性能及煎煮时间长短确定加水多少。一般用水量为将饮片适当加压后，液面淹没过饮片约 2 cm 为宜。质地坚硬、黏稠，或需久煎的药物加水量可比一般药物略多；质地疏松，或有效成分容易挥发，煎煮时间较短的药物，则液面淹没药物即可。

3. 煎煮前浸泡　中药饮片煎前浸泡既有利于有效成分充分溶出，又可缩短煎煮时间，避免因煎煮时间过长，导致部分有效成分耗损、破坏过多。多数药物宜用冷水浸泡，一般药物可浸泡 20~30 min，以种子、果实为主的药可浸泡 1 h。夏天气温高，浸泡时间不宜过长，以免腐败变质。

4. 煎煮火候及时间　煎煮中药还应注意火候与煎煮时间适宜。煎一般药宜先武火后文火，即未沸前用大火，沸后用小火保持微沸状态，以免药汁溢出或过快熬干。解表药及其他芳香性药物，一般用武火迅速煮沸，改用文火维持 10~15 min 即可。有效成分不易煎出的矿物类、骨角类、贝壳类、甲壳类药及补益药，一般宜文火久煎，使有效成分充分溶出。

5. 趁热滤汁　药煎煮好后，应趁热滤取药汁。因久置后药液温度降低，一些有效成分会因溶解度降低而沉淀，加之药渣的吸附作用而有部分损失，因而影响疗效。

—•笔记栏•—

为了充分利用药材，一剂药最好煎煮2次或3次。一般药物可以同时入煎，但部分药物因其性质、性能及临床用途不同，而所需煎煮时间不同。而同一药物因煎煮时间不同，其性能与临床应用也会存在差异。有的药物还需做特殊处理，故煎制汤剂还应注意特殊入药方法。

（1）**先煎药**：应先入煎30 min左右，再纳入其他药同煎。先煎药包括有效成分不易煎出的矿物类、贝壳类药，如磁石、牡蛎等；须久煎去毒的药物，如川乌、附子等；治疗特殊需要，如大黄久煎泻下力缓，欲减其泻下力则应先下。

（2）**后下药**：应缩短煎煮时间。后下药包括有效成分因煎煮易挥散或破坏而不耐久煎的药物，如薄荷、豆蔻等入煎应后下，待药将煎成时再投入煎沸数分钟即可；大黄、番泻叶久煎则泻下力减缓，故欲泻下当后下或开水泡服。

（3）**包煎药**：主要有花粉、细小种子及细粉类等药物，因其易漂浮在水面，不利煎煮，如蒲黄、葶苈子、滑石粉等；含淀粉、黏液质较多的药物，因其易粘锅糊化、焦化，如车前子等；绒毛类药物，因其难以滤净，混入药液则刺激咽喉，如旋覆花等。

（4）**另煎药**：主要是少数价格昂贵的药物，以免煎出有效成分被其他药物的饮片吸附，如人参、西洋参等。此外，据临床治疗需要也可另煎。

（5）**煎汤代水**：是为了防止某些药物与其他药物同煎致煎液混浊，难以服用，宜先煎后取其上清液代水再煎煮其他药物，如灶心土。

（6）**烊化药**：即应先溶化或熔化的药物。例如，胶类药容易黏附于其他药渣及锅底，既浪费药材又易熬焦，故应先行烊化，再与其他药汁兑服，如阿胶、鹿角胶等。

（7）**冲服药**：即一些入水即化的药（含配方颗粒），以及原为汁液性的药，宜用煎好的其他药液或开水冲服，如芒硝、竹沥水、蜂蜜等。

四、服药方法

口服，是中医临床主要给药方法。药物剂型和服药时间、次数及冷热等服药方法均可影响口服给药的效果。其中适时服药是保证药效的重要方面，具体服药时间应据患者胃肠状况、病情需要，以及药物特性来确定。

清晨空腹时，胃及十二指肠均无食物，此时服药可避免与食物相混合，并能迅速进入肠中，充分发挥药效，故攻积导滞药、驱虫药及峻下逐水药等均宜空腹服。饭前胃中空虚，有利于药物迅速进入小肠消化吸收，故多数药特别是补虚药和治疗胃肠疾病的药物都宜饭前服。饭后胃中存有较多食物，可减少药物对胃的刺激，故消食健胃药或对胃肠有刺激的药物宜饭后服。

为了顺应人体生理节律并充分发挥药效，有些药宜睡前服。例如，安神药治失眠时宜在睡前30~60 min服；涩精止遗药宜在临睡时服；缓下剂宜在睡前服，有利于翌日清晨排便。有些病定时而发，故宜在发病前某时服较能显效，如截疟药一般在疟发前2 h服。对于病情急险，则应不拘时服。

一般疾病多采用每日1剂，每剂分二服或三服。病情急重者，可每隔4 h左右服药1次，昼夜不停，使药力持续，顿挫病势；病情缓轻者，亦可间日服或煎汤代茶，缓治而效。

汤药一般多宜温服。例如，治寒证用热药，宜于热服，尤其是以辛温发散药治风寒表实证，不仅宜热服，服后还需温覆取汗。治热证用寒药，如热在胃肠，患者欲饮冷者可凉服；如热在其他脏腑，患者不欲饮冷者则仍以温服为宜。此外，用“从治法”时，则可热药凉服，或凉药热服。至于丸、散、配方颗粒等固体药剂，若无特殊要求，一般宜用温开水送服或冲服。

第八章　中药的命名与分类

第一节　中 药 的 命 名

—•笔记栏•—

第八章习题

中药主要来源于中国各地，品种繁多，其命名方法也各异。

1. 因产地而命名者　　自古以来，中医药学家都非常重视“道地药材”的使用，某地所产的药材质量好，疗效高，故常在中药名称之前冠以产地之名。例如，人参主产于中国东北，尤以吉林省所产者为佳，故名吉林参；橘皮以广东省新会区所产者质量好，故称广陈皮，或直接称新会皮；砂仁以广东省阳春市所产的为佳，又名阳春砂仁；茯苓以云南省产者最好，故名云苓；续断以四川省所产者为好，故称川断等。

2. 因药用部位而命名者　　中药材以药用部位而命名，是中药常用命名方法之一。例如，芦根、白茅根等以根茎入药；桑根白皮、苦楝根皮是以根皮入药；枇杷叶、桑叶、紫苏叶等以叶片入药；紫苏梗、荷梗等以茎入药；桂枝、桑枝等以嫩枝入药；枳实、苍耳子、紫苏子、牛蒡子、莱菔子等即以果实、种子入药；玫瑰花、菊花、旋覆花等是以花入药。在动物药中，如羚羊角、水牛角、龟甲、鳖甲、刺猬皮、海狗肾、熊胆等则分别是因用角、甲壳、皮部、外生殖器、胆等不同的组织器官入药部位而命名。

3. 因形态而命名者　　中药的原植物及生药形状，往往有其特殊之处，因而人们常以它们的形态特征而命名。例如，乌头，因其块根形似乌鸦之头而命名；大腹皮，即以形似大腹而命名；牛膝的茎节膨大，似牛的膝关节，故名牛膝；马兜铃则因其形似马脖子下挂的小铃铛一样而得名。

4. 因颜色而命名者　　中药一般具有各种天然的颜色，因而就有依据药物的颜色而命名的。例如，色红的中药有红花、丹参、朱砂、红枣等；色黄的中药有大黄、黄芩、黄连、黄柏、黄芪等；色青的中药有青皮、青黛、青蒿等；色白的中药有白芷、白果、葱白等；色黑的中药有墨旱莲、玄参等。

5. 因气味而命名者　　某些中药具有特殊的气味，因而成了药物命名的依据。例如，鱼腥草，以其具有浓烈的鱼腥气味而命名；麝香，则因香气远射而得名；丁香、茴香、檀香等香料药，因具有特殊的香气，故以“香”字命名；败酱草、臭梧桐等，则因具有特殊臭气而得名。

6. 因滋味而命名者　　各种中药都具有一定的味道，某些药物即以它们所特有的滋味来命名。例如，甘草以其味甘而得名；苦参以其味苦而得名；酸枣仁以其味酸而得名；五味子，则因皮肉甘酸，核中辛苦，全果皆有咸味，即五味俱全而得名。

7. 因药物突出的功效而命名者　　例如，防风防范风邪，祛风力强主治风病而得名；决明子功效清肝明目，主治眼科疾病，为明目佳品而命名；续断是以其能行血脉，续筋骨，疗折伤，擅治筋伤骨折而得名的。

还有因生长季节、发现或最初使用者的名字、进口国名或译音等命名者。某些中药因封建时代避帝王的名讳，而改换药物名称。

第二节　中 药 的 分 类

自《神农本草经》起，为了便于检索、研究和运用中药，古今医药学家就对来源复杂、品种繁多的中药采用了多种的分类方法。

—•笔记栏•—

1.《本经》分类　《神农本草经·序录》言:“上药一百二十种为君,主养命以应天,无毒,多服、久服不伤人,欲轻身益气,不老延年者,本上经。”“中药一百二十种为臣,主养性以应人,无毒有毒,斟酌其宜,欲遏病补羸者,本中经。”“下药一百二十五种为佐使,主治病以应地,多毒,不可久服,欲除寒热邪气,破积聚愈疾者,本下经。”将365味药按照药物的有毒无毒(药性)和补虚祛邪(主要功效)的特点分为上药、中药和下药三类。这是中国本草学历史上的首次药物分类,表明当时的医药学家不满足于了解单味药物的功用,于是努力找出了药物之间的区别与联系。

2. 自然属性分类　即以药物的来源和性质为依据的分类方法。中药主要来源于植物、动物和矿物,先区分其不同归属,然后再结合药物各自的不同特点进一步细分。梁代陶弘景的《本草经集注》首先采用了自然属性分类法,古代本草学也多承用此分类法,而明代李时珍的《本草纲目》则是此分类法的最高成就。《本草纲目》的第一级分类将1 892种药物分为水、火、土、金石、草、谷、菜、果、介、木、服器、虫、鳞、禽、兽、人16部(纲);以下的二级分类有60类(目),如金石部,分金、玉、石、卤四类;植物药中的草部,又分山草、芳草、隰草、毒草、蔓草、水草、石草、苔类、杂草等十类。其对植物的“析族区类”,已有着现代植物分类学的萌芽。其动物排列的“由微至巨,由贱至贵”,符合生物进化之观点。《本草纲目》的分类,纲目分明,利于查阅,创新先进,推动了国内外药物分类方法的发展。

3. 药物功效分类　即将主要功效基本相同的药物独立成类的分类方法。中药的功效分类,是以医疗实践为目的而进行的分类,能够揭示药物防病治病作用的联系和区别,与药物临床应用紧密相结合,故成为现代中药学(即临床中药学)分类的主流。临床中药学中的药物功效分类已经基本形成一种定式,如本书在各诊中将常用中药按基本功效分为解表药、清热药、泻下药、祛风湿药等20余章;其下再分若干小节,如清热药又分清热泻火药、清热燥湿药、清热解毒药、清热凉血药、清虚热药等。这种分类更加细致,更加准确地显示出药物作用的共性与个性,反映了对中药功效认识的深入。

4. 其他分类　中药的性能分类,是与功效分类同时产生,并行发展的一种分类。在古代由于性能与功效理论皆不完备,两者的区别也不明显,因而性能分类与功效分类多同时混用。《神农本草经》以无毒有毒分三品,属于性能分类。《本草拾遗》分类时使用的轻、重、宣、通等,也是性能分类的范畴。金元时期以后,随着中药药性理论的初具规模,纯粹的性能分类也不断增多,如《医学启源》以升降浮沉性能为主,将药物分为风升生、热浮长、湿化成、燥降收、寒沉藏五类;《珍珠囊补遗药性赋》则重视四性,将药物分为寒性、热性、温性及平性四类;姚澜《本草分经》,又以药物归经(脏腑经络)为纲进行分类。这些分类因不能反映药物的功效特点而未被后人所广泛采用。还有按主治病证进行药物分类及其他分类,往往比较杂乱,难以起到较好的作用。

另外,现代也有按照现代西医的生理系统,参考西药的药理作用对中药进行分类,这对促进中西医药的相互对比、了解也有一定的积极意义;也有按中药的化学成分分类的,对中药的化学研究也有意义。此外,在现代大型的中药工具书中,还有以中药正名中首字的笔画为序排列药物进行分类的方法等。

各　论

— • 笔记栏 • —

第九章 解 表 药

第九章授课视频及习题

解表药是指以发散表邪为主要功效，常用于治疗表证的药物，又称为发表药。

本类药物多辛散轻扬，主入肺、膀胱经，偏行肌表，能促进肌体发汗，使表邪由汗出而解，即《素问·阴阳应象大论》所谓“因其轻而扬之，……其在皮者，汗而发之”。此外，部分解表药兼有止咳平喘、祛风除湿、止痛、透疹、消疮、利水消肿等功效。

解表药主要用于治疗恶寒发热、头身疼痛、无汗或汗出不畅、脉浮等外感表证。部分解表药还可用于咳喘、风湿痹痛、麻疹、风疹、疮疡初起、水肿等兼有表证者。

根据其药性和作用特点，解表药分为发散风寒药和发散风热药两类，应用时要根据四季气候特点、不同地域、不同体质进行恰当的选择和配伍。例如，春季解表药用量宜轻，冬季解表药用量宜重；北方严寒地区用药宜重，南方炎热地区用药宜轻；体质壮实者用药宜重，体质瘦弱者用药宜轻。

在使用发汗力较强的解表药时，用量不宜过大，以免发汗太过，伤及津液，耗伤阳气，造成“伤阳”“伤阴”的弊端。因解表药多为辛散轻扬之品，入汤剂不宜久煎，以免有效成分挥发而降低药效。此外，温病初起，邪在卫分，在选用发散风热药的基础上需配伍清热解毒药。

现代研究表明，解表药具有不同程度的发汗、解热、镇痛、抑菌、抗病毒，以及祛痰、镇咳、平喘、抗过敏、利尿等作用。

第一节 发散风寒药

本类药物多辛而偏温，辛以发散，发汗力较强，温可祛寒，又称辛温解表药。以发散风寒表邪为主要作用，主要适用于风寒表证，症见恶寒重、发热轻、无汗或汗出不畅、头身疼痛、鼻塞、口不渴、苔薄白、脉浮等。部分药物分别兼有止咳平喘、宣通鼻窍、祛风湿、止痛、止呕、消疮等功效，又可治咳喘、鼻渊、头痛、风湿痹痛、呕吐、疮疡初起等病证。

麻黄 Máhuáng

麻黄饮片

本品首载于《神农本草经》，为麻黄科植物草麻黄 *Ephedra sinica* Stapf、中麻黄 *Ephedra intermedia* Schrenk et C. A. Mey. 或木贼麻黄 *Ephedra equisetina* Bge. 的草质茎，主产于河北、内蒙古、山西等地，秋季采收绿色的草质茎，阴干、切断。生用或蜜炙用。处方中的常用名称：麻黄、炙麻黄、蜜麻黄、麻黄绒等。

【药性】 辛、微苦，温。归肺、膀胱经。

【功效】 发汗散寒，宣肺平喘，利水消肿。

麻黄

【应用】

1. 风寒表证　本品味辛性温，辛能发散，温能散寒，擅长开腠理、透毛窍而发汗，为辛温解表之首药。治疗风寒束表，毛窍闭塞所致的恶寒、发热、头疼、身痛、无汗、脉浮紧等风寒表实证，常与桂枝相须为用，如麻黄汤（《伤寒论》）。

2. 胸闷咳喘　本品主入肺经，味辛微苦，有辛开苦降之功，故能宣肺止咳平喘，凡肺气壅遏所致的咳嗽气喘均可应用，尤宜于风寒外束，肺气郁闭之咳喘。治疗风寒束表，肺气失宣之咳喘，常与杏仁、甘草配伍，即三拗汤（《太平惠民和剂局方》）；治外寒内饮之咳喘、痰多色白清稀

—•笔记栏•—

等，常配干姜、半夏等，如小青龙汤（《伤寒论》）；治热邪壅肺之喘促汗出、苔黄等，须与石膏、苦杏仁、甘草配伍，即麻杏甘石汤（《伤寒论》）。

3. 风水浮肿　本品能宣发肺气，通调水道下输膀胱而利尿消肿。治疗风邪袭表，肺失宣降之水肿、小便不利而兼有表证的风水证，常配石膏、生姜等，如越婢加术汤（《伤寒论》）。

此外，取本品散寒通滞之功，可用于风寒湿痹证、阴疽等。

【用法用量】　煎服，2~10 g。发汗解表宜生用，止咳平喘宜蜜炙用，麻黄绒发汗力弱，多用于老人及小儿。

【使用注意】　本品发汗力强，凡表虚自汗、阴虚盗汗、虚喘等均当慎用。麻黄碱有兴奋中枢的作用，高血压、心力衰竭患者禁用，运动员、失眠者慎用。

【文献摘要】

（1）《神农本草经》："味苦温，主中风伤寒头痛温疟，发表，出汗，去邪热气，止咳逆上气，除寒热，破癥坚积聚。"

（2）《本草蒙筌》："发汗解表，治冬月正伤寒如神；驱风散邪，理春初真温疫果胜。泄卫实消黑斑赤疹，去荣寒除身热头疼。"

（3）《日华子本草》："通九窍，调血脉，开毛孔皮肤，逐风，破症癖积聚，逐五藏邪气，退热，御山岚瘴气。"

【现代研究】

本品主含生物碱类成分（左旋麻黄碱、右旋伪麻黄碱、左旋去甲基麻黄碱、右旋去甲基伪麻黄碱等），尚含挥发油、黄酮、鞣质、多糖等成分。具有发汗、平喘、止咳、祛痰、解热、镇痛、抗炎、利尿、抗病原微生物、兴奋中枢、升高血压、加快心率等作用。

桂枝 Guìzhī

桂枝饮片

本品首载于《名医别录》，为樟科植物肉桂 *Cinnamomum cassia* Presl 的嫩枝。主产于广东、广西、云南等地。春、夏二季采收除去叶，晒干，或切片晒干。生用。处方中的常用名称：桂枝、嫩桂枝等。

【药性】　辛、甘，温。归心、肺、膀胱经。

【功效】　发汗解肌，温通经脉，助阳化气，平冲降逆。

【应用】

1. 风寒表证　本品味辛甘性温，主入肺、膀胱经，可祛肌表之风寒，其发汗之力较麻黄和缓。善于宣阳气，畅营血，有助卫实表，发汗解肌之功。对外感风寒，不论表实无汗、表虚有汗均可选用。治外感风寒，表实无汗者，常与麻黄配伍，如麻黄汤（《伤寒论》）；治外感风寒，表虚有汗者，每与白芍配伍，如桂枝汤（《伤寒论》）。

2. 胸痹心痛，脘腹冷痛，血寒经闭，关节痹痛　本品能温经助阳，散寒止痛。治心阳不振，胸痹心痛，常与枳实、薤白、瓜蒌等配伍，如枳实薤白桂枝汤（《金匮要略》）；治中焦虚寒，脘腹冷痛，常与饴糖、生姜、白芍等同用，如小建中汤（《伤寒论》）；治妇女寒凝血滞，经闭痛经，每与当归、川芎、吴茱萸等同用，如温经汤（《金匮要略》）；治寒凝血滞，癥瘕作痛，常与牡丹皮、桃仁、白芍等配伍，如桂枝茯苓丸（《金匮要略》）；治风寒湿痹，肩臂疼痛，可与附子、生姜、甘草等配伍，如桂枝附子汤（《伤寒论》）。

3. 水肿，痰饮　本品能逐寒邪，扶脾阳，温肾阳，助膀胱之气化，为治疗阳虚水肿、痰饮之常用药。治疗肾虚寒凝，膀胱气化不利之小便短少、水肿，常与茯苓、猪苓、泽泻配伍，如五苓散（《伤寒论》）；治脾虚不运，水湿内停之痰饮、眩晕等，常与白术、茯苓、甘草同用，即苓桂术甘汤（《金匮要略》）。

4. 心悸，奔豚　本品能助心阳，通心脉，止心悸。治心阳不振，心动悸、脉结代，常与甘草、人参、麦冬等配伍,如炙甘草汤(《伤寒论》);治阴寒内盛,引动下焦冲气,上凌心胸所致奔豚者,可重用本品并与白芍、甘草、生姜等配伍,如桂枝加桂汤(《伤寒论》)。

【用法用量】 煎服,3~10 g。

【使用注意】 本品辛温助热,易伤阴动血,凡外感热病、阴虚火旺、血热妄行者,均当忌用。孕妇及月经过多者慎用。

【文献摘要】

(1)《神农本草经》:"主上气咳逆,结气喉痹,吐吸,利关节,补中益气。"

(2)《医学启源》:"去伤风头痛,开腠理,解表,去皮肤风湿。"

(3)《本草求真》:"驱风散邪,为解肌第一要药。""桂枝所优,为在温经通脉,内外证咸宜。"

【现代研究】

本品主含挥发油类成分桂皮醛,还含有桂皮酸、乙酸桂皮酯及乙酸苯丙酯等。具有解热、抗炎、镇痛、抗过敏、抗惊厥、抗菌、抗病毒、利尿、扩张血管、改善微循环等作用。

紫苏叶 Zǐsūyè

紫苏叶饮片

本品首载于《名医别录》,为唇形科植物紫苏 *Perilla frutescens*(L.)Britt. 的叶(或带嫩枝)。主产于江苏、浙江、河北等地区。夏季枝叶茂盛时采收,晒干。切碎,生用。处方中的常用名称:紫苏叶、紫苏、苏叶等。

【药性】 辛、温,归肺、脾经。

【功效】 解表散寒,行气和胃。

【应用】

1. 风寒表证　本品能祛风寒之邪,但其发汗之力较为和缓,多用治风寒轻证,可单用,亦可与生姜等辛温解表药同用。因兼有行气和胃之功,故对风寒表证兼见胸脘痞闷者,尤为适宜,常与香附、陈皮、甘草同用,即香苏散(《太平惠民和剂局方》);外感风寒兼有咳嗽者,常与杏仁、前胡、桔梗等同用,如杏苏散(《温病条辨》)。

2. 脾胃气滞证　本品有行气宽中,和胃止呕功效,常治脾胃气滞之胸脘胀闷,恶心呕吐等,偏寒者,常与砂仁、丁香等同用;偏热者,常与黄连、芦根等同用。治痰凝气滞之梅核气,常与半夏、厚朴、生姜等同用,如半夏厚朴汤(《金匮要略》)。

3. 妊娠呕吐　本品能行气安胎,用于胎气上逆,胸闷呕吐,胎动不安者,多配砂仁、陈皮等药同用。

此外,本品能解鱼蟹毒,用于进食鱼蟹中毒引起的腹痛、吐泻,可单用或与生姜、广藿香、白芷等同用。

【用法用量】 煎服,5~10 g,不宜久煎。

【使用注意】 本品辛温,温病初起、胃热呕吐,均应慎用。

【文献摘要】

(1)《本草汇言》:"散寒气,清肺气,宽中气,安胎气,下结气,化痰气,乃治气之神药也。"

(2)《滇南本草》:"发汗,解伤风头痛,定吼喘,消胀,消痰。"

(3)《本草纲目》:"行气宽中,消痰利肺,和血,温中,止痛,定喘,安胎。"

【现代研究】

本品主含挥发油类成分(紫苏醛、紫苏酮、薄荷醇等)。具有促进消化液分泌,增加胃肠蠕动的作用;减少支气管分泌、缓解支气管痉挛;对大肠杆菌、痢疾杆菌、葡萄球菌均有抑制作用。

【附药】

紫苏梗　本品为紫苏的茎。性味辛温,归肺、脾经。功能:理气宽中,止痛,安胎。用于胸

—•笔记栏•—

膈痞闷，胃脘疼痛，嗳气呕吐，胎动不安。煎服，5～10 g。

防风 Fángfēng

防风饮片

本品首载于《神农本草经》，为伞形科植物防风 *Saposhnikovia divaricata*（Turcz.）Schischk. 的根。主产于吉林、辽宁、内蒙古东部。春、秋二季采挖未抽花茎植株的根，晒干。切片，生用。处方中的常用名称：防风、关防风、北防风等。

【药性】 辛、甘，微温。归膀胱、肝、脾经。

【功效】 祛风解表，胜湿止痛，止痉。

【应用】

1. 外感表证　本品辛温发散，气味升散，长于祛风解表，药性和缓，无燥烈之弊，为治风通用之药。治外感风寒，恶寒发热，头痛身痛，常与荆芥、羌活、前胡等配伍，如荆防败毒散（《摄生众妙方》）；治外感风湿，头痛如裹，身重肢痛，常与羌活、藁本、川芎等同用，如羌活胜湿汤（《内外伤辨惑论》）；治气虚不固，易受风邪，动则感冒，常与黄芪、白术同用，即玉屏风散（《丹溪心法》）；治外感风热，发热头痛，咽痛目赤，须与薄荷、蝉蜕、连翘等同用。

2. 风疹瘙痒　本品味辛发散，能祛风止痒，用于风邪所致的瘾疹瘙痒，偏风寒者，可与麻黄、白芷、苍耳子等同用；偏风热者，常与荆芥、蝉蜕、苦参等同用，如消风散（《外科正宗》）。

3. 风湿痹痛　本品辛能发散，温能祛寒，并有良好的胜湿止痛之功。治风寒湿痹，肢节疼痛，筋脉拘挛，每与羌活、姜黄、当归等同用，如蠲痹汤（《医学心悟》）。

4. 破伤风　本品有祛风止痉之效。治破伤风，颈项强直，角弓反张，痉挛抽搐，常与天南星、天麻、白附子等同用，如玉真散（《外科正宗》）。

【用法用量】 煎服，5～10 g。

【使用注意】 阴血亏虚及热盛动风者忌用。

【文献摘要】

(1)《神农本草经》："味甘温。主大风，头眩痛，恶风，风邪，目盲无所见，风行周身，骨节疼痹，烦满。"

(2)《药类法象》："疗风通用，泻肺实如神，散头目中滞气，除上焦风邪之仙药也。"

(3)《本草蒙筌》："尽治一身之痛，而为风药中之润剂也。治风通用，散湿亦宜。"

【现代研究】

本品主含色原酮类和挥发油，还含香豆素类、多糖类、有机酸等成分。具有抗炎、镇痛、镇静、抗惊厥、抗过敏、抗溃疡、抑制血栓形成等作用。

荆芥 Jīngjiè

荆芥饮片

本品首载于《神农本草经》，为唇形科植物荆芥 *Schizonepeta tenuifolia* Briq. 的地上部分。主产于江苏、浙江、河南等地，夏、秋二季花开到顶、穗绿时采割，晒干。切段，生用或炒炭用。处方中的常用名称：荆芥、荆芥炭、荆芥穗等。

【药性】 辛，微温。归肺、肝经。

【功效】 解表散风，透疹，消疮。

【应用】

1. 外感表证　本品性微温而不烈，药性和缓，长于祛风解表，对于外感表证，无论因于风寒还是风热，均可应用。治外感风寒表证，常与防风、羌活、独活等同用，如荆防败毒散（《摄生众妙方》）；治外感风热表证，须与金银花、连翘、薄荷等配伍，如银翘散（《温病条辨》）。

2. 麻疹不透，风疹瘙痒　本品轻扬透散，能宣散疹毒，祛风止痒。治表邪外束，小儿麻疹

—•笔记栏•—

不透，常与薄荷、蝉蜕、紫草等同用；治风疹瘙痒，可与防风、蝉蜕、苦参等同用，如消风散（《外科正宗》）。

3. 疮疡初起兼有表证　本品尚有一定的消散疮疡之效，可用于疮疡初起而有表证者，常与防风、金银花、连翘等同用。

4. 吐衄下血　本品炒炭有收敛止血功效，用于吐血、衄血、便血、崩漏等多种出血证。治血热妄行之吐血、衄血，常与生地黄、白茅根、侧柏叶等同用；治妇女崩漏下血，每与棕榈炭、莲房炭等配伍使用。

【用法用量】　煎服，5~10 g，不宜久煎。解表、透疹、消疮宜生用，止血须炒炭用；荆芥穗祛风发表力较强。

【文献摘要】

（1）《神农本草经》："味辛，温。主寒热，鼠瘘，瘰疬生疮，破结聚气，下瘀血，除湿痹。"

（2）《滇南本草》："荆芥穗，上清头目诸风，止头痛，明目，解肺、肝、咽喉热痛，消肿，除诸毒，发散疮痈。治便血，止女子暴崩，消风热，通肺气鼻窍塞闭。"

（3）《本草纲目》："散风热，清头目，利咽喉，消疮肿，治项强，目中黑花，生疮阴㿉，吐血，衄血，下血血痢，崩中痔漏。"

【现代研究】

本品主含挥发油类成分（右旋薄荷酮、消旋薄荷酮及少量 *D*-柠檬烯），还含单萜类、黄酮类等成分。具有抗菌、抗炎、解热、镇静、祛痰平喘及抗过敏的作用。

羌活 Qiānghuó

羌活饮片

本品首载于《神农本草经》，为伞形科植物羌活 *Notopterygium incisum* Ting ex H. T. Chang 或宽叶羌活 *Notopterygium franchetii* H. de Boiss. 的根茎及根。主产于四川、甘肃、青海等地。春、秋二季采挖，晒干。切片，生用。处方中的常用名称：羌活、川羌活、西羌活等。

【药性】　辛、苦，温。归膀胱、肾经。

【功效】　解表散寒，祛风除湿，止痛。

【应用】

1. 风寒表证　本品味辛苦性温，气味雄烈，有解表散寒、胜湿止痛之功。治外感风寒夹湿，恶寒发热，头痛项强，肢体酸痛较重者，常与防风、细辛、川芎等配伍，如九味羌活汤（《此事难知》），或配伍独活、防风、藁本等，如羌活胜湿汤（《内外伤辨惑论》）。

2. 风寒湿痹　本品有较强的胜湿止痛作用。治风寒湿痹证，尤多用于上半身风寒湿痹，肩背肢节疼痛者，每与姜黄、防风、白芍等同用，如蠲痹汤（《杨氏家藏方》）。

【用法用量】　煎服，3~10 g。

【使用注意】　本品辛温香燥之性较烈，阴血亏虚者慎用。用量过大，易致呕吐，脾胃虚弱者忌用。

【文献摘要】

（1）《得配本草》："辛、苦，性温。气雄而散。入足太阳经气分，以理游风。治风湿相搏，本经头痛，骨节酸疼，一身尽痛，失音不语，口眼㖞斜，目赤肤痒，疽痈血癞。"

（2）《珍珠囊》："太阳经头痛，去诸骨节疼痛。"

（3）《本草品汇精要》："主遍身百节疼痛，肌表八风贼邪，除新旧风湿，排腐肉疽疮。"

【现代研究】

本品主含挥发油类成分（α-侧柏烯、α-派烯、β-派烯等），还含酚类、有机酸、香豆素类成分。具有解热、镇痛、抗流感病毒、抗菌作用。

笔记栏

白芷饮片

白芷 Báizhǐ

本品首载于《神农本草经》，为伞形科植物白芷 *Angelica dahurica*（Fisch. ex Hoffm.）Benth. et Hook. f. 或杭白芷 *Angelica dahurica*（Fisch. ex Hoffm.）Benth. et Hook. f. var. *formosana*（Boiss.）Shan et Yuan 的根。主产于河南、河北、浙江等地。夏、秋间叶黄时采挖，晒干或低温干燥。切片，生用。处方中的常用名称：白芷、香白芷等。

【药性】 辛，温。归胃、大肠、肺经。

【功效】 解表散寒，祛风止痛，宣通鼻窍，燥湿止带，消肿排脓。

【应用】

1. 风寒表证　本品辛散温通，芳香气浓，祛风解表之力较为温和，兼有通窍止痛之功。治外感风寒，头痛鼻塞者，每与羌活、细辛、川芎等同用，如九味羌活汤（《此事难知》）。

2. 阳明头痛，鼻渊头痛，牙齿疼痛，风湿痹痛　本品味辛性温，祛风止痛，尤长于通窍止痛。治阳明经头痛，眉棱骨痛，头风痛等，属外感风寒者，可单用，亦可与防风、细辛、川芎等同用，如川芎茶调散（《太平惠民和剂局方》）；治鼻渊头痛，鼻塞不通，浊涕不止，常与苍耳子、辛夷、薄荷同用，即苍耳子散（《济生方》）；治风冷牙痛，可与细辛、川芎、全蝎等配伍；治风寒湿痹，关节疼痛，屈伸不利等，可与苍术、川芎、草乌等配伍。

3. 寒湿带下　本品辛温香燥，有良好的燥湿止带之功。治寒湿带下，常与白术、山药、茯苓等同用；治湿热带下，则须与黄柏、车前子等配伍。

4. 疮痈肿毒　本品辛散温通，有消肿排脓止痛之功。治疮疡初起，红肿热痛者，多与金银花、防风、穿山甲等同用，如仙方活命饮（《校注妇人良方》）；若疮疡脓成难溃，可与黄芪、人参、当归等同用，如托里消毒散（《外科正宗》）；治乳痈肿痛，常与浙贝母、蒲公英、瓜蒌等同用。

此外，本品还能祛风止痒，治风疹瘙痒。

【用法用量】 煎服，3～10 g。外用适量。

【使用注意】 本品辛温香燥，阴虚血热者忌服。

【文献摘要】

（1）《神农本草经》："味辛温。主女人漏下赤白，血闭，阴肿，寒热，风头，侵目，泪出，长肌肤，润泽，可作面脂。"

（2）《本草纲目》："治鼻渊，鼻衄，齿痛，眉棱骨痛，大肠风秘，小便出血，妇人血风眩晕，翻胃吐食。"

（3）《本草求真》："色白味辛，气温力厚，通窍行表，为足阳明胃经祛风散湿主药，故能治阳明一切头面诸疾。"

【现代研究】

本品主含挥发油类成分（壬基环丙烷、α-派烯），还含香豆素类成分。具有镇痛、抗炎作用，对大肠杆菌、志贺菌属、伤寒沙门菌、绿脓杆菌、变形杆菌有一定的抑制作用。

案例

王定国病风头痛，至都梁求明医杨介治之，连进三丸，即时病失。恳求其方，则用香白芷一味，洗晒为末，炼蜜丸弹子大。每嚼一丸，以茶清或荆芥汤化下。其药治头风眩运，女人胎前产后，伤风头痛，血风头痛，皆效。

李时珍. 本草纲目[M]. 上海：上海科学技术出版社，2008：561－564.

—•笔记栏•—

问题：

1. 白芷的性能特点怎样？
2. 本案例为什么用白芷治“病风头痛”？

香薷饮片

香薷 Xiāngrú

本品首载于《名医别录》，为唇形科植物石香薷 *Mosla chinensis* Maxim. 或江香薷 *Mosla chinensis* ‘Jiangxiangru’的地上部分，前者称青香薷，后者称江香薷。青香薷主产于广西、湖北、湖南等地；石香薷以江西分宜县，产量大且质量佳，夏季茎叶茂盛、花盛时择晴天采割，除去杂质，阴干。切段，生用。处方中的常用名称：香薷、嫩香薷、香茹等。

【药性】 辛，微温。归肺、胃经。

【功效】 发汗解表，化湿和中，利水消肿。

【应用】

1. 阴暑证　本品气香，辛能发散，温可散寒，既能发汗解表，又能化湿和中，善治夏季乘凉饮冷，外感风寒，内伤暑湿所致的阴暑证，症见发热恶寒，头痛无汗，胸闷呕吐，腹痛泄泻等，常与厚朴、白扁豆同用，即香薷散（《太平惠民和剂局方》）；治暑温初起，复感于寒，发热恶寒，口渴面赤，常与金银花、连翘、厚朴等同用，如新加香薷饮（《温病条辨》）。

2. 水肿，小便不利，脚气浮肿　本品辛散温通，外能通过发汗以散肌表之水湿，内能宣肺气，通畅水道，治水肿，小便不利，脚气浮肿等，可与白术、茯苓等同用。

【用法用量】 煎服，3~10 g。用于解表，量不宜过大，且不宜久煎；用于利水，量宜稍大，且须浓煎。

【使用注意】 表虚有汗及暑热证者忌用。

【文献摘要】

（1）《名医别录》：“味辛，微温。主霍乱、腹痛、吐下，散水肿。”

（2）《滇南本草》：“解表除邪，治中暑头疼，暑泻肚肠疼痛，暑热咳嗽，发汗，温胃，和中。”

（3）《本草纲目》：“世医治暑病，以香薷饮为首药。然暑有乘凉饮冷，致阳气为阴邪所遏，遂病头痛，发热恶寒，烦躁口渴，或吐或泻、或霍乱者，宜用此药，以发越阳气，散水和脾……盖香薷乃夏月解表之药，如冬月之用麻黄。气虚者尤不可多服。而今人不知暑伤元气，不拘有病无病，概用代茶，谓能辟暑，真痴人说梦也。”

【现代研究】

本品主含挥发油类成分（香荆芥酚、百里香酚、对聚伞花素等），还含甾醇、黄酮苷等成分。具有解热、抗炎、镇吐、抑菌、抗病毒等作用。

细辛饮片

细辛 Xìxīn

本品首载于《神农本草经》，为马兜铃科植物北细辛 *Asarum heterotropoides* Fr. Schmidt var. *mandshuricum*（Maxim.）Kitag.、汉城细辛 *Asarum sieboldii* Miq. var. *Seoulense* Nakai 或华细辛 *Asarum sieboldii* Miq. 的根和根茎。前两种习称“辽细辛”，主产于黑龙江、吉林、辽宁；华细辛主产于陕西、河南、山东等地。夏季果熟期或初秋采挖，阴干。切段，生用。处方中的常用名称：细辛、北细辛、辽细辛、华细辛等。

【药性】 辛，温；有小毒。归心、肺、肾经。

【功效】 解表散寒，祛风止痛，通窍，温肺化饮。

—•笔记栏•—

【应用】

1. 风寒表证，阳虚外感　本品味辛发散，性温散寒，既能散在表之风寒，又能散在里之阴寒。治外感风寒，头身疼者，常与羌活、防风、白芷等同用，如九味羌活汤（《此事难知》）；治阳虚外感，恶寒发热，脉反沉者，常与麻黄、附子同用，即麻黄附子细辛汤（《伤寒论》）。

2. 头痛牙痛，风湿痹痛　本品辛香走窜、通利，具有良好的散寒通窍止痛功效。治外感风寒之偏正头痛，常与川芎、羌活、白芷等同用，如川芎茶调散（《太平惠民和剂局方》）；治风冷牙痛，可单用或配白芷、荜茇等煎汤含漱；治胃火牙痛，则须配伍石膏、黄连、升麻等。

3. 鼻鼽，鼻渊　本品辛散温通，芳香透达，散风邪，通鼻窍，为治鼻鼽、鼻渊等鼻科疾病的良药，常与白芷、辛夷、苍耳子等同用。

4. 寒饮喘咳　本品辛散温通，既能发散风寒，又能温肺化饮，治外感风寒，水饮内停，恶寒发热、无汗、喘咳、痰多清稀之证，每与麻黄、桂枝、干姜等同用，如小青龙汤（《伤寒论》）。

【用法用量】　煎服，1~3 g；散剂每次 0.5~1 g。外用适量。

【使用注意】　阴虚阳亢头痛，阴虚燥咳以及肺热咳嗽者忌用。不宜与藜芦同用。细辛用量不宜过大。

【文献摘要】

（1）《神农本草经》："主咳逆，头痛脑动，百节拘挛，风湿痹痛，死肌。久服明目，利九窍。"

（2）《本草别说》："细辛若单用末，不可过半钱匕，多即气闷塞，不通者死。"

（3）《本草汇言》："细辛，佐姜、桂能驱脏腑之寒，佐附子能散诸疾之冷，佐独活能除少阴头痛，佐荆、防能散诸经之风，佐芩、连、菊、薄，又能治风火齿痛而散解诸郁热最验也。"

【现代研究】

本品主含木质素类成分（细辛脂素等）、挥发油类成分（香叶烯、细辛醚、黄樟醚等）。本品还含痕量的马兜铃酸 Ⅰ。具有解热、抗炎、镇静、抗惊厥及局部麻醉等作用。

苍耳子 Cāngěrzǐ

苍耳子饮片

苍耳子

本品首载于《神农本草经》，为菊科植物苍耳 *Xanthium sibiricum* Patr. 的成熟带总苞的果实。中国各地均产，主产于江西、山东、湖北等地。秋季果实成熟时采收，干燥。生用或炒去硬刺用。处方中的常用名称：苍耳子、炒苍耳子等。

【药性】　辛、苦，温；有毒。归肺经。

【功效】　散风寒，通鼻窍，祛风湿。

【应用】

1. 风寒表证　本品能发散风寒，宣通鼻窍。治外感风寒，鼻塞流涕者，可与防风、白芷、羌活等同用。但其发汗解表之力较弱，故临床应用一般不做主药使用。

2. 鼻渊头痛　本品散风通窍，又能止痛，为治鼻渊头痛之常用药。对鼻渊兼有外感风寒者尤为适宜，常与辛夷、白芷、薄荷同用，即苍耳子散。对风热外袭或湿热内蕴之鼻渊，可与薄荷、黄芩等同用。此外，本品有一定的祛湿止痛功效，治风湿痹痛，四肢拘挛等，可与羌活、威灵仙、木瓜等同用。

【用法用量】　煎服，3~10 g。或入丸散。

【使用注意】　过量服用易致中毒，引起呕吐、腹痛、腹泻等。血虚头痛不宜服用。孕妇慎用。有肝、肾功能障碍者应忌用，老年人和儿童慎用，或酌情调整用量，并应加强观察病情。

【文献摘要】

（1）《神农本草经》："主风头寒痛，风湿周痹，四肢拘挛痛，恶肉死肌。"

（2）《本草备要》："善发汗散风湿，上通脑顶，下行足膝，外达皮肤。治头痛目暗，齿痛鼻渊，肢挛臂痛，瘰疬疮疥。"

—•笔记栏•—

(3)《得配本草》:“治风湿周痹,四肢挛痛,能善通顶脑,疗头风目暗,鼻渊息肉,瘰疬疮疥。”

【现代研究】

本品主含脂肪酸类成分(棕榈酸、硬脂酸、油酸、亚油酸等),还含苍术苷、生物碱类成分。具有抗菌、镇咳、降血糖、扩张血管等作用。

生姜饮片

生姜 Shēngjiāng

本品首载于《名医别录》,为姜科植物姜 *Zingiber officinale* Rosc. 的新鲜根茎。中国各地均产。秋、冬二季采挖,除去须根及泥沙,鲜用或埋入砂中备用。切片,生用。处方中的常用名称:生姜、鲜生姜、鲜姜等。

【药性】 辛,微温。归肺、脾、胃经。

【功效】 解表散寒,温中止呕,化痰止咳,解鱼蟹毒。

【应用】

1. 风寒表证　本品味辛发散,性温散寒,发汗解表作用较弱,适用于风寒感冒轻证,可单煎或配红糖、葱白煎服;亦常作为辅助之品,加入辛温解表剂中,以增强发汗解表效果。

2. 呕吐　本品辛散温通,能温胃散寒,和中降逆,善能止呕,素有“呕家圣药”之称,随证配伍可治多种呕吐,尤长于治疗胃寒呕吐,每与高良姜、豆蔻等同用;治痰饮呕吐,常与半夏同用,即小半夏汤(《金匮要略》);治胃热呕吐,须与黄连、竹茹等配伍。

3. 肺寒咳嗽　本品味辛发散,性温散寒,能温肺散寒而止咳,治肺寒咳嗽痰多,常配伍其他散寒止咳化痰药同用。

4. 鱼蟹中毒　本品有解鱼蟹毒之功,用于食鱼蟹中毒吐泻者;并能解生半夏、生南星等药物之毒。

【用法用量】 煎服,3~10 g。或捣汁服。

【使用注意】 里热盛者忌用。

【文献摘要】

(1)《名医别录》:“主伤寒头痛鼻塞,咳逆上气,止呕吐。”

(2)《药性论》:“主痰水气满,下气,生与干并治嗽,疗时疾,止呕吐不下食。”

(3)《本草纲目》:“生用发散,熟用和中。”

【现代研究】

本品主含挥发油类成分(姜醇、α-姜烯、β-水芹烯等),还含氨基酸类成分。具有抗炎、解热、镇痛、抑菌、镇吐、镇咳等作用。

藁本饮片

藁本 GǎoBěn

本品首载于《神农本草经》,为伞形科植物藁本 *Ligusticum sinense* Oliv. 或辽藁本 *Ligusticum jeholense* Nakai et Kitag. 的根茎及根。主产于陕西、四川、辽宁等地。秋季茎叶枯萎或次春出苗时采挖,晒干或烘干。切片,生用。处方中的常用名称:藁本、辽藁本、川藁本等。

【药性】 辛,温。归膀胱经。

【功效】 祛风,散寒,除湿,止痛。

【应用】

1. 外感风寒,巅顶头痛　本品药性升浮,善达巅顶,具有良好的发散风寒,胜湿止痛之功,治外感风寒之头痛鼻塞,巅顶痛甚者,常与羌活、川芎、苍术等同用,如神术散(《杨氏家藏方》)。治外感风寒湿,头身困重,疼痛明显者,常与羌活、独活、防风等同用,如羌活胜湿汤(《内外伤辨惑论》)。

2. 风寒湿痹　本品善于祛风除湿，蠲痹止痛。治疗风寒湿痹，关节疼痛，常与羌活、苍术等同用。

【用法用量】　煎服，3~10 g。

【使用注意】　肝阳上亢、阴血亏虚、火热内盛所致头痛忌服。

【文献摘要】

（1）《神农本草经》："主妇人疝瘕，阴中寒肿痛，腹中急，除风头痛。"

（2）《珍珠囊》："治太阳头痛，巅顶痛，大寒犯脑，痛连齿颊。"

（3）《本草正义》："藁本味辛气温，上行升散，专主太阳太阴之寒风寒湿，而能疏达厥阴郁滞，功用与细辛、川芎、羌活近似。"

【现代研究】

本品主含挥发油类成分（藁本内酯、川芎内酯等），还含生物碱、有机酸、香豆素类成分。具有镇静、镇痛、解热及抗炎作用。

辛夷 Xīnyí

辛夷饮片

本品首载于《神农本草经》，为木兰科植物望春花 *Magnolia biondii* Pamp.、玉兰 *Magnolia denudata* Desr. 或武当玉兰 *Magnolia sprengeri* Pamp. 的花蕾。主产于河南、安徽、四川等地。冬末、春初花蕾未开放时采收，阴干。生用。处方中的常用名称：辛夷、木笔花、迎春花等。

【药性】　辛，温。归肺、胃经。

【功效】　散风寒，通鼻窍。

【应用】

1. 风寒表证　本品能发散风寒，宣通鼻窍。治外感风寒，恶寒发热，头痛鼻塞，常与苍耳子、白芷等同用。

2. 鼻渊　本品通鼻窍之功类似苍耳子，亦为治鼻渊要药。偏风寒者，常与苍耳子、白芷等同用；偏风热者，可与薄荷、菊花等同用。

【用法用量】　煎服，3~10 g。本品有毛，刺激咽喉，宜包煎。外用适量。

【使用注意】　阴虚火旺者忌服。

【文献摘要】

（1）《神农本草经》："主五脏身体寒热，风头脑痛，面䵟。"

（2）《名医别录》："温中，解肌，利九窍，通鼻塞，涕出，治面肿引齿痛。"

（3）《本草纲目》："辛夷之辛温，走气而入肺，能助胃中清阳上行通于天，所以能温中治头面目鼻之病。"

【现代研究】

本品主含木脂素类成分（木兰脂素、松脂素二甲醚），还含挥发油、黄酮、生物碱等成分。具有抗炎、抗过敏、收缩鼻黏膜血管的作用。

附　其他发散风寒药（表 9-1）

表 9-1　其他发散风寒药

药名	常用处方中的常用名称	药性	功效	应用	用法用量	使用注意
葱白	葱白、大葱	辛，温。归肺、胃经	发汗解表，散寒通阳	风寒感冒，阴盛格阳	煎服，3~10 g。外用适量	—

—•笔记栏•—

第二节 发散风热药

本类药物多辛而偏寒凉，辛以发散，凉可祛热，故以发散风热为主要作用，发汗解表作用较发散风寒药缓和。主要适用于风热感冒及温病初起邪在卫分，症见发热、微恶风寒、咽干口渴、头痛目赤、舌边尖红、苔薄黄、脉浮数等。部分发散风热药分别兼有清热解毒、清头目、利咽喉、透疹、止痒、止咳的作用，又可治风热所致目赤多泪、咽喉肿痛、麻疹不透、风疹瘙痒及风热咳嗽等证。

薄荷 Bòhe

薄荷饮片

本品首载于《新修本草》，为唇形科植物薄荷 *Mentha haplocalyx* Briq. 的地上部分。主产于江苏、浙江。夏、秋二季茎叶茂盛或花开至三轮时，选晴天，分次采割，略喷清水稍润，切短段，晒干或阴干。生用。处方中的常用名称：薄荷、薄荷叶、苏薄荷等。

【药性】 辛，凉。归肺、肝经。

【功效】 疏散风热，清利头目，利咽，透疹，疏肝行气。

【应用】

1. 风热感冒，风温初起　本品辛以发散，凉以清热，轻清凉散，其辛散之性较强，为疏散风热常用之品。治风热感冒或温病初起，邪在卫分，症见发热、微恶风寒、头痛者，每与金银花、连翘、牛蒡子等配伍，如银翘散(《温病条辨》)。

2. 头痛，目赤，喉痹，口疮　本品轻扬升浮、芳香通窍，功善疏散上焦风热，清利头目。治风热上攻，头痛，目赤多泪，常与桑叶、菊花、蔓荆子等同用；治风热壅盛，咽喉肿痛，口舌生疮，常配桔梗、甘草、僵蚕等同用。

3. 风疹瘙痒，麻疹不透　本品质轻宣散，有疏散风热，宣毒透疹，祛风止痒之功。治风疹瘙痒，可与荆芥、防风、僵蚕等祛风止痒药同用；治风热束表，麻疹不透，常配伍蝉蜕、牛蒡子、柽柳等药，如竹叶柳蒡汤(《医学广笔记》)。

4. 胸胁胀闷　本品兼入肝经，能疏肝行气，常配伍柴胡、白芍、当归等。治肝郁气滞，胸胁胀痛，月经不调，如逍遥散(《太平惠民和剂局方》)。

此外，本品芳香辟秽，还可用于夏令感受暑湿秽浊之气，脘腹胀痛，呕吐泄泻，常配香薷、厚朴、金银花等。

【用法用量】 煎服，3~6 g；宜后下。薄荷叶长于发汗解表；薄荷梗偏于理气和中。

【使用注意】 本品芳香辛散，发汗耗气，故体虚多汗者忌用。

【文献摘要】

(1)《滇南本草》："治一切伤寒头疼，霍乱吐泻，痈、疽、疥、癞诸疮。""野薄荷上清头目诸风，止头痛、眩晕、发热，去风痰，治伤风咳嗽、脑漏鼻流臭涕，退虚痨发热。"

(2)《药性论》："新病瘥人勿食，令人虚汗不止。"

(3)《本经逢原》："多服久服，令人虚冷；阴虚发热，咳嗽自汗者勿施。"

(4)《本草从新》："辛香伐气，多服损肺伤心，虚者远之。"

【现代研究】

本品主含挥发油类成分[薄荷脑(薄荷醇)、薄荷酮、异薄荷酮、胡薄荷酮等]，还含薄荷糖苷、氨基酸类成分。具有发汗解热、利胆、解痉、消炎、止痛、止痒、局部麻醉和抗刺激作用。此外，还有抗着床、抗早孕、抗氧化、抗肿瘤等作用。

—•笔记栏•—

牛蒡子饮片

牛蒡子 Niúbàngzǐ

本品首载于《名医别录》，为菊科植物牛蒡 *Arctium lappa* L. 的干燥成熟果实。秋季果实成熟时采收果序，晒干，打下果实，除去杂质，再晒干。生用或炒用，用时捣碎。处方中的常用名称：牛蒡子、鼠黏子、大力子、炒牛蒡子等。

【药性】 辛、苦，寒。归肺、胃经。

【功效】 疏散风热，宣肺透疹，解毒利咽。

【应用】

1. 风热感冒，温病初起，咳嗽痰多　本品辛散苦泄，寒能清热，升散之中具有清降之性，功能疏散风热，宣肺祛痰，清利咽喉。治风热感冒，发热，咽喉肿痛等症，常配金银花、连翘、荆芥等同用，如银翘散（《温病条辨》）。治风热咳嗽，痰多不畅者，常配桑叶、桔梗、前胡等。

2. 麻疹不透，风疹瘙痒　本品清泄透散，能疏散风热，透泄热毒而促使疹子透发，治麻疹不透或透而复隐，常配薄荷、柽柳、竹叶等同用，如竹叶柳蒡汤（《医学广笔记》）；治风疹瘙痒，常配荆芥、蝉蜕、苍术等，如消风散（《外科正宗》）。

3. 痈肿疮毒，丹毒，痄腮，咽喉肿痛　本品味辛苦性寒，能外散风热，内解热毒，有清热解毒、消肿利咽之效，兼能滑肠通便。治风热外袭，火毒内结，痈肿疮毒，兼有便秘者，常与大黄、栀子、连翘等同用；治乳痈肿痛，尚未成脓者，可与金银花、栀子、瓜蒌等同用；治头面风热，颈项疮疡，牙痛，可与薄荷、荆芥、连翘等配伍，如牛蒡解肌汤（《疡科心得集》）。治瘟毒发颐、痄腮喉痹等热毒之证，常配伍玄参、黄芩、板蓝根等，如普济消毒饮（《东垣试效方》）。

【用法用量】 煎服，6~12 g。炒用可减轻其苦寒及滑肠之性。

【使用注意】 本品性寒，滑肠通便，故气虚便溏者慎用。

【文献摘要】

（1）《药性论》："除诸风，利腰脚，又散诸结节筋骨烦热毒。"

（2）《本草求真》："牛蒡子，今人止言解毒，凡遇疮疡痈肿、痘疹等症，无不用此投治，然犹未绎其义。凡人毒气之结，多缘外感风寒，营气不从，逆于肉里，故生痈毒。牛蒡味辛且苦，既能降气下行，复能散风除热，是以感受风邪热毒而见面目浮肿，咳嗽痰壅，咽间肿痛，疮疡斑疹，及一切臭毒、痧闭、痘疮紫黑、便闭等症，无不借此表解里清。但性冷滑利，多服则中气有损，且更令表益虚矣。至于脾虚泄泻为尤忌焉。"

【现代研究】

本品主含木脂素类成分（牛蒡苷、牛蒡醇 A~F 及 H 等），还含脂肪酸、挥发油类成分。具有解热、抗炎、利尿、降低血糖、抗肿瘤作用。

桑叶 Sāngyè

本品首载于《神农本草经》，为桑科植物桑 *Morus alba* L. 的叶。全国大部分地区均产。初霜后采收，除去杂质，晒干。生用或蜜炙用。处方中的常用名称：桑叶、霜桑叶、炙桑叶等。

【药性】 甘、苦，寒。归肺、肝经。

【功效】 疏散风热，清肺润燥，清肝明目。

【应用】

1. 风热表证，温病初起　本品甘寒质轻，轻清疏散，发散之力较缓，但长于清肺热、润肺燥，故常用于风热表证，或温病初起，症见发热、咽痒、咳嗽等，常与菊花相须为用，如桑菊饮（《温病条辨》）。

2. 肺热或燥热咳嗽　本品苦寒清泄肺热，甘寒凉润肺燥，故可治肺热或燥热伤肺，咳嗽痰少，色黄而质稠，或干咳少痰，咽痒等症，可配苦杏仁、沙参、贝母等同用，如桑杏汤（《温病条辨》）；或可配石膏、麦冬、阿胶等同用，如清燥救肺汤（《医门法律》）。

3. 肝阳上亢，头痛眩晕　本品味苦性寒，兼入肝经，有平降肝阳之效，治肝阳上亢，头痛眩晕，头重脚轻，烦躁易怒者，常配菊花、石决明、白芍等同用。

4. 目赤肿痛，目暗昏花　本品轻清疏散，苦寒清热，甘润益阴。治风热上攻、肝火上炎所致的目赤涩痛、多泪等，常配菊花、蝉蜕、夏枯草等同用；治肝热引起的头昏、头痛，可与菊花、石决明、夏枯草等同用；治肝肾精血不足，目失所养，眼目昏花，视物不清，常配黑芝麻同用。

此外，本品尚能凉血止血，可用于血热妄行之咳血、吐血、衄血等。

【用法用量】　煎服，5～10 g。肺燥咳嗽宜蜜炙用。

【文献摘要】

《本草撮要》："桑叶，味甘，入手足阳明经，功专清风热。得麦冬治劳热；得生地、阿胶、石膏、枇杷叶治肺燥咳血；得黑芝麻炼蜜为丸，除湿祛风明目。以之代茶，取经霜者，常服治盗汗，洗眼去风泪。以木作面盆洗面，去面上游风。"

【现代研究】

主要含黄酮类成分（芦丁、槲皮素、异槲皮苷、桑苷等），还含挥发油、甾体、香豆素等成分。具有抑菌、降血糖、降血脂、抗肿瘤、抗焦虑作用。

菊花 Júhuā

菊花饮片

本品首载于《神农本草经》，为菊科植物菊 *Chrysanthemum morifolium* Ramat. 的头状花序。主产于浙江、安徽、河南、四川。9～11 月花盛开时分批采收，阴干或焙干，或熏、蒸后晒干。由于花的颜色不同，又有黄菊花和白菊花之分。生用。处方中的常用名称：菊花、黄菊花、白菊花等。

【药性】　甘、苦，微寒。归肺、肝经。

【功效】　散风清热，平肝明目，清热解毒。

【应用】

1. 风热表证，温病初起　本品气清上浮，体轻达表，微寒清热，功能疏散肺经风热，但发散之力较缓。常用治风热表证，或温病初起，症见发热、咽痒、咳嗽等，与桑叶相须为用，如桑菊饮（《温病条辨》）。

2. 肝阳上亢，头痛眩晕　本品性寒，入肝经，能清肝热、平肝阳，常用治肝阳上亢，头痛眩晕，每与石决明、珍珠母、白芍等同用；若肝火上攻而眩晕、头痛，以及肝经热盛、热极动风者，可与羚羊角、钩藤、桑叶等同用，如羚角钩藤汤（《通俗伤寒论》）。

3. 目赤肿痛，目暗昏花　本品既能疏散肝经风热，又能清泻肝热以明目，故可治肝经风热，或肝火上攻所致目赤肿痛，常与蝉蜕、石决明、决明子等同用；若治肝肾精血不足，目失所养，眼目昏花，视物不清，常配枸杞子、熟地黄、山茱萸等药，如杞菊地黄丸（《医级》）。

4. 疮痈肿毒　本品味苦清泄，性微寒清热，能清热解毒，可治疮痈肿毒，常与金银花、甘草同用，如甘菊汤（《揣摩有得集》）。

【用法用量】　煎服，5～10 g。黄菊花长于疏散风热；白菊花长于平肝阳、清肝火。

【文献摘要】

（1）《本草衍义补遗》："菊花，能补阴，须味甘者，若山野苦者勿用，大伤胃气。"

（2）《本草纲目》："菊花，昔人谓其能除风热，益肝补阴。盖不知其尤多能益金、水二脏也，补水所以制火，益金所以平木，木平则风息，火降则热除，用治诸风头目，其旨深微。"

（3）《本草便读》："甘菊之用，可一言以蔽之，曰疏风而已。然虽系疏风之品，而性味甘寒，与羌、麻等辛燥者不同，故补肝肾药中可相需而用也。"

—·笔记栏·—

【现代研究】

本品主要含挥发油(龙脑、乙酸龙脑酯、樟脑、菊花酮、棉花皮素五甲醚等),还含黄酮、有机酸类成分。具有解热、抗炎、抗菌、抗病毒、降压、降血脂、抗肿瘤作用。

葛根 Gěgēn

葛根饮片

葛根

本品首载于《神农本草经》,为豆科植物野葛 *Pueraria lobata*(Willd.)Ohwi 或甘葛藤 *Pueraria thomsonii* Benth. 的根。前者称为"葛根",主产于河南、湖南、浙江、四川,秋、冬二季采挖,趁鲜切成厚片或小块,干燥;后者称为"粉葛",主产于广东、广西,秋、冬二季采挖,除去外皮,稍干,截断或再纵切两半或斜切成厚片,干燥。生用或煨用。处方中的常用名称:葛根、煨葛根、粉葛等。

【药性】　甘、辛,凉。归脾、胃、肺经。

【功效】　解肌退热,生津止渴,透疹,升阳止泻,通经活络,解酒毒。

【应用】

1. 外感发热头痛,项背强痛　　本品辛凉解表,具有解肌退热之功。外感表证发热,无论风寒与风热,均可配伍应用。治疗风热感冒,发热、头痛等症,每与薄荷、菊花、蔓荆子等同用;若治风寒感冒,邪郁化热,发热重,恶寒轻,头痛无汗,目疼鼻干,口微渴,苔薄黄等症,常配柴胡、黄芩、羌活等同用,如柴葛解肌汤(《伤寒六书》);治风寒感冒,表实无汗,恶寒,项背强痛者,常与麻黄、桂枝等同用,如葛根汤(《伤寒论》);治表虚汗出,恶风,项背强痛者,常与桂枝、白芍等配伍,如桂枝加葛根汤(《伤寒论》);治妇人产后中风发热、面赤头痛,可配伍竹叶、防风、桂枝等,如竹叶汤(《金匮要略》)。

2. 热病口渴,消渴　　本品味甘性凉,有生津止渴之功。治热病津伤口渴,常与芦根、天花粉、知母等同用。治疗消渴属阴津不足者,可与天花粉、鲜地黄、麦冬等配伍;属内热消渴,口渴多饮,体瘦乏力,气阴不足者,多配天花粉、麦冬、黄芪等同用,如玉泉丸(《沈氏尊生书》)。

3. 麻疹不透　　本品味辛能散,性凉清热,有透发麻疹之功,可治麻疹初起,表邪外束,疹出不畅,常与升麻、芍药、甘草等同用,如升麻葛根汤(《阎氏小儿方论》)。

4. 热痢,脾虚泄泻　　本品味辛升发,能升发清阳,鼓舞脾胃清阳之气上升而奏止泻痢之功,可治表证未解,邪热入里,身热,下利臭秽,肛门灼热,苔黄脉数者,或湿热泻痢,热重于湿者,常与黄芩、黄连、甘草同用,如葛根芩连汤(《伤寒论》);治脾虚泄泻,常配伍人参、白术、木香等药,如七味白术散(《小儿药证直诀》)。

5. 胸痹心痛,眩晕头痛,中风偏瘫　　葛根味辛能行,能通经活络,用治胸痹心痛,眩晕头痛,中风偏瘫等,可与三七、丹参、川芎等药同用。

6. 酒毒伤中　　葛根味甘能解酒毒,故可治酒毒伤中,恶心呕吐,脘腹痞满,常配陈皮、豆蔻、枳椇子等。

【用法用量】　煎服,10~15 g。解肌退热、生津止渴、透疹、通经活络、解酒毒宜生用,升阳止泻宜煨用。

【文献摘要】

(1)《本草纲目》:"本草十剂云,轻可去实,麻黄、葛根之属。盖麻黄乃太阳经药,兼入肺经,肺主皮毛;葛根乃阳明经药,兼入脾经,脾主肌肉。所以二味药皆轻扬发散,而所入迥然不同也。"

(2)《本草经疏》:"葛根,解散阳明温病热邪主要药也,故主消渴,身大热,热壅胸膈作呕吐。发散而升,风药之性也,故主诸痹。""伤寒头痛兼项强腰脊痛,及遍身骨疼者,足太阳也,邪犹未入阳明,故无渴证,不宜服。"

【现代研究】

本品主含黄酮类成分[葛根素、黄豆苷元、黄豆苷、黄豆苷元 8-*O*-芹菜糖(1-6)葡萄糖苷

—•笔记栏•—

等],还含香豆素类成分。具有抗急性心肌缺血、增加冠状动脉血流量和脑血流量、降低心肌耗氧量、降血压、改善微循环、抑制血小板凝集、降血糖、降血脂、抗氧化、抗心律失常、保肝、解酒等作用。

【附药】

葛花　本品为豆科植物野葛或甘葛藤的未开放花蕾。性味甘平,归肝、肺经。功能:解酒毒,醒脾和胃。适用于饮酒过度,头痛头昏、烦渴、呕吐、胸膈饱胀等症。煎服,常用量3~15 g。

柴胡饮片

柴胡 Cháihú

本品首载于《神农本草经》,为伞形科植物柴胡 *Bupleurum chinense* DC. 或狭叶柴胡 *Bupleurum scorzonerifolium* Willd. 的根。按性状不同,分别习称"北柴胡"和"南柴胡"。北柴胡主产于河北、河南、辽宁;南柴胡主产于湖北、江苏、四川。春、秋二季采挖,除去茎叶及泥沙,干燥。切厚片。生用或醋炙用。处方中的常用名称:柴胡、北柴胡、南柴胡、醋柴胡等。

【药性】 辛、苦,微寒。归肝、胆、肺经。

【功效】 疏散退热,疏肝解郁,升举阳气。

【应用】

1. 感冒发热,寒热往来　本品味辛发散,苦寒清热,善于解表退热和疏散少阳半表半里之邪为治少阳证之要药。治疗风寒感冒,恶寒发热,头身疼痛,常与防风、生姜等配伍,如正柴胡饮(《景岳全书》);治外感风寒,寒邪入里化热,恶寒渐轻,身热增盛者,常配葛根、黄芩、石膏等,如柴葛解肌汤(《伤寒六书》);若治伤寒邪在少阳,寒热往来、胸胁苦满、口苦咽干、目眩,每与黄芩等同用,如小柴胡汤(《伤寒论》)。

2. 肝郁气滞,胸胁胀痛,月经不调　本品辛行苦泄,善条达肝气,疏肝解郁。治肝失疏泄,气机郁阻所致的胸胁或少腹胀痛、情志抑郁、妇女月经失调、痛经等症,常配香附、川芎、白芍等,如柴胡疏肝散(《景岳全书》)。治肝郁血虚,脾失健运,妇女月经不调,乳房胀痛,胁肋作痛,神疲食少,脉弦而虚者,常配当归、白芍、白术等,如逍遥散(《太平惠民和剂局方》)。

3. 久泻脱肛,子宫脱垂　本品能升举脾胃清阳之气,可治中气不足,气虚下陷所致的脘腹重坠作胀,食少倦怠,久泻脱肛,子宫脱垂等,常配人参、黄芪、升麻等,如补中益气汤(《脾胃论》)。

此外,本品还能截疟,治疗疟疾。

【用法用量】 煎服,3~10 g。疏散退热宜生用;疏肝解郁宜醋炙,升举阳气可生用或酒炙。

【使用注意】 柴胡其性升散,古人有"柴胡劫肝阴"之说,阴虚火旺,阴虚阳亢,肝风内动及气机上逆者慎用或忌用。

【文献摘要】

(1)《医学入门》:"若元气下绝及阴火多汗者,误服必死。"

(2)《本草经疏》:"病人虚而气升者忌之,呕吐及阴虚火炽炎上者,法所同忌。疟非少阳经者勿食。"

(3)《本经逢原》:"柴胡,小儿五疳羸热,诸疟寒热,咸宜用之。痘疹见点后有寒热,或胁下疼热,于透表药内用之,不使热留少阳经中,则将来无咬牙之患。"

【现代研究】

本品主含皂苷类成分(柴胡皂苷a、b、d、f等),还含有挥发油、多糖、有机酸、黄酮类等成分。具有解热、抗炎、抗病原微生物、镇静、镇痛、抗抑郁、保肝、利胆、抗溃疡、抗肿瘤、抗癫痫、抗辐射及促进免疫功能等作用。

升麻饮片

升麻 Shēngmá

本品首载于《神农本草经》,为毛茛科植物大三叶升麻 *Cimicifuga heracleifolia* Kom.、兴安升

—•笔记栏•—

麻 *Cimicifuga dahurica*(Turcz.)Maxim. 或升麻 *Cimicifuga foetida* L. 的干燥根茎。主产于辽宁、黑龙江、河北、山西、四川。秋季采挖，除去泥沙，晒至须根干时，燎去或除去须根，晒干。切厚片。生用或蜜炙用。处方中的常用名称：升麻、炙升麻、蜜升麻等。

【药性】 辛、微甘，微寒。归肺、脾、胃、大肠经。

【功效】 发表透疹，清热解毒，升举阳气。

【应用】

1. 风热头痛　本品味辛性微寒，有发表清热之功。治风热感冒，温病初起，发热、头痛等症，可与桑叶、菊花、薄荷等同用；若治外感风热夹湿之阳明经头痛，额前作痛，呕逆，心烦痞满者，可与苍术、葛根、鲜荷叶等同用，如清震汤(《症因脉治》)。

2. 麻疹不透　本品能辛散发表，透发麻疹，治麻疹初起，透发不畅，常与葛根、白芍、甘草等同用，如升麻葛根汤(《阎氏小儿方论》)。

3. 齿痛口疮，咽喉肿痛，阳毒发斑　本品为清热解毒之良药，可治多种热毒证，尤善清解阳明热毒。治阳明热盛，胃火上攻所致的头痛、牙龈肿痛、口舌生疮，多与石膏、黄连等同用，如清胃散(《兰室秘藏》)；治风热疫毒上攻之大头瘟，头面红肿，咽喉肿痛，常与黄芩、玄参、板蓝根等药配伍，如普济消毒饮(《东垣试效方》)；治痄腮肿痛，常与黄连、连翘、牛蒡子等配用；治阳毒发斑，常与石膏、大青叶、紫草等配用。

4. 久泻脱肛，子宫脱垂　本品能升举脾胃清阳之气，可治中气不足，气虚下陷所致的脘腹重坠作胀，食少倦怠，久泻脱肛，子宫脱垂等，常配人参、黄芪、柴胡等，如补中益气汤(《脾胃论》)；治气虚下陷，月经量多或崩漏者，常配人参、黄芪、白术等药，如举元煎(《景岳全书》)。

【用法用量】 煎服，3~10 g。发表透疹、清热解毒宜生用，升阳举陷宜蜜炙用。

【使用注意】 麻疹已透，阴虚火旺，及阴虚阳亢者均当忌用。

【文献摘要】

《本草纲目》："升麻引阳明清气上行，柴胡引少阳清气上行，此乃禀赋素弱，元气虚馁，及劳役饥饱生冷内伤，脾胃引经最要药也。"

【现代研究】

本品主含酚酸类成分(异阿魏酸、升麻酸 A~E 等)，还含苷类、色酮成分。具有解热、抗炎、镇痛、抗惊厥、抑制心脏、减慢心率、降血压、抑制肠管和妊娠子宫痉挛、升高白细胞、抗菌等作用。

蝉蜕 Chántuì

蝉蜕饮片

本品首载于《名医别录》，为蝉科昆虫黑蚱 *Cryptotympana pustulata* Fabricius 若虫羽化时脱落的皮壳。主产于山东、河北、河南等地。夏、秋二季采集，除去泥沙，晒干。生用。处方中的常用名称：蝉蜕、蝉壳、蝉衣、蝉退等。

【药性】 甘，寒。归肺、肝经。

【功效】 疏散风热，利咽，透疹，明目退翳，止痉。

【应用】

1. 风热感冒，温病初起，咽痛音哑　本品质轻上浮，性寒清热，长于疏散肺经风热以宣肺利咽、开音疗哑。治风热感冒或温病初起，发热恶风，头痛口渴者，常配薄荷、牛蒡子、前胡等同用；治风热火毒上攻之咽喉红肿疼痛、声音嘶哑，常与薄荷、牛蒡子、金银花等药同用。

2. 麻疹不透，风疹瘙痒　本品宣散透发，疏散风热，透疹止痒，治风热外束，麻疹不透，可与麻黄、牛蒡子、升麻等同用；治风疹瘙痒，常配荆芥、牛蒡子、苍术等，如消风散(《外科正宗》)；治周身癞癣瘙痒，常与蛇蜕并用。

3. 目赤翳障　本品入肝经，善疏散肝经风热而有明目退翳之功，治风热上攻或肝火上炎

—•笔记栏•—

之目赤肿痛，翳膜遮睛，常配菊花、蒺藜、决明子等同用。

4. 惊风抽搐，破伤风　本品既能疏散肝经风热，又可凉肝息风止痉，用治小儿急慢惊风、破伤风等。治小儿急惊风，可与天竺黄、栀子、僵蚕等药同用；治小儿慢惊风，可配伍全蝎、天南星、天麻等；治破伤风，牙关紧闭，角弓反张，手足抽搐，可与僵蚕、全蝎、天南星等同用。此外，本品还常用以治疗小儿夜啼不安。

【用法用量】 煎服，3~6 g。

【使用注意】《名医别录》云"主妇人生子不下"，故孕妇慎用。

【文献摘要】

(1)《本草纲目》："蝉，主疗皆一切风热证，古人用身，后人用蜕，大抵治脏腑经络，当用蝉身；治皮肤疮疡风热，当用蝉蜕。"

(2)《医学入门》："蝉蜕甘咸气清凉，治头目眩皮风痒，妇乳产难胞不下，主惊癫痫夜啼郎。"

【现代研究】

本品主含甲壳质、壳聚糖、蛋白质、组胺、氨基酸及微量元素等。具有解热、抗惊厥、镇静、抗癌、免疫抑制及抗过敏等作用。

蔓荆子 Mànjīngzǐ

蔓荆子饮片

本品首载于《神农本草经》，为马鞭草科植物单叶蔓荆 *Vitex trifolia* L. var. *simplicifolia* Cham. 或蔓荆 *Vitex trifolia* L. 的成熟果实。主产于山东、浙江、福建。秋季果实成熟时采收，除去杂质，晒干。生用或炒用。处方中的常用名称：蔓荆子、蔓荆实、蔓京子、炒蔓荆子等。

【药性】 辛、苦，微寒。归膀胱、肝、胃经。

【功效】 疏散风热，清利头目。

【应用】

1. 风热头痛　本品辛能散风，苦寒清热，长于疏散头面之风邪，清利头目。治风热感冒，头昏头痛者，常与薄荷、菊花等同用；若风邪上攻之偏头痛，常配伍川芎、白芷、细辛等。

2. 目赤多泪，目暗不明，齿龈肿痛，头晕目眩　本品功能疏散风热，清利头目，治风热上攻，目赤肿痛，目昏多泪，牙龈肿痛，常与菊花、蝉蜕、蒺藜等同用；治肝肾不足，目暗不明，可与枸杞子、熟地黄等同用；治中气不足，清阳不升，头晕目眩，耳鸣耳聋，常与黄芪、人参、升麻等同用，如益气聪明汤(《证治准绳》)。

此外，本品祛风止痛之功，治风湿痹痛，每与羌活、独活、川芎等同用，如羌活胜湿汤(《内外伤辨惑论》)。

【用法用量】 煎服，5~10 g。

【文献摘要】

(1)《本草经疏》："头目痛不因风邪，而由于血虚有火者忌之。"

(2)《本草新编》："蔓荆子，佐补中药以治头痛最效，因其体轻力薄，藉之易于上升也，倘单恃一味，欲取胜于俄顷，则不能。"

【现代研究】

主要含黄酮类成分(蔓荆子黄素、紫花牡荆素、蔓荆子蒿素、木犀草素、牡荆素等)，还含脂肪酸、挥发油类成分。具有镇静、止痛、退热、抗菌、抗病毒作用。

附　其他发散风热药(表9-2)

表9-2　其他发散风热药

药名	处方中的常用名称	药　性	功　效	应　用	用法用量	使用注意
淡豆豉	淡豆豉、豆豉、香豆豉	苦、辛,凉。归肺胃经	解表除烦,宣发郁热	用于感冒,寒热头痛,烦躁胸闷,虚烦不眠	煎服,6~12 g	—
浮萍	浮萍、浮萍草、紫背浮萍	辛,寒。归肺经	宣散风热,透疹,利尿	麻疹不透,风疹瘙痒,水肿尿少	煎服,3~9 g。外用适量,煎汤浸洗	—
木贼	木贼、木贼草、节节草	甘、苦,平。归肺、肝经	疏散风热,明目退翳	风热目赤,迎风流泪,目生云翳	煎服,3~9 g	—
谷精草	谷精草、谷精珠	辛、甘,平。归肺、肝经	疏散风热,明目退翳	风热目赤,肿痛羞明,眼生翳膜	煎服,5~10 g	—

小　结

主要解表药的兼有功效及代表药物归纳

类别	兼有功效	代表药物
解表药	利水消肿	麻黄、香薷、浮萍
	止咳平喘	麻黄、生姜、紫苏叶、细辛
	行气宽中	紫苏叶、紫苏梗
	止呕	生姜、紫苏叶、紫苏梗
	祛湿	防风、羌活、白芷、藁本、苍耳子
	止痉	防风、蝉蜕
	通窍止痛	白芷、细辛、苍耳子、辛夷
	利咽	薄荷、牛蒡子、蝉蜕
	透疹	荆芥、薄荷、牛蒡子、蝉蜕、升麻、葛根、浮萍
	清肝明目	菊花、桑叶、谷精草
	疏肝解郁	薄荷、柴胡
	止血	荆芥炭、桑叶、木贼
	升举阳气	柴胡、升麻、葛根

第十章　清 热 药

—·笔记栏·—

第十章授课视频及习题

清热药是指以清解里热为主要功效，常用于治疗里热证的药物。

本类药物药性寒凉，沉降入里，主要通过清解里热作用，使里热证得以清解，即“热者寒之”（《素问·至真要大论》），“疗热以寒药”（《神农本草经》）之意。

根据其药性、功效及主治的不同，清热药可分为清热泻火药、清热燥湿药、清热解毒药、清热凉血药、清虚热药五类。由于里热证的致病因素、疾病表现阶段及脏腑、病位的不同，里热证有多种证型，有热在气分、营血分之分，有实热、虚热之别，需要选择不同的清热药进行治疗。

使用清热药时应辨明热证的虚实。实热证有气分热、营血分热及气血两燔之别，应分别予以清热泻火、清热凉血、气血两清；虚热证则以养阴清热、凉血除蒸。若里热兼有表证，当先解表后清里，或与解表药同用，以达到表里双解；若里热兼有积滞者，宜配泻下药。

本类药物药性大多寒凉，易伤脾胃，故脾胃虚弱，食少便溏者慎用；苦燥药物易化燥伤阴，热病阴伤或阴虚津亏者慎用；清热药禁用于阴盛格阳或真寒假热之证。

现代研究表明，清热药一般具有抗病原微生物和解热作用，部分药物有增强机体特异性或非特异性免疫功能、抗肿瘤、抗变态反应及镇静、降血压等作用。

第一节　清 热 泻 火 药

本类药物性味多苦寒或甘寒，以清泄气分邪热为主要作用，主治温热病邪入气分，高热、口渴、汗出、烦躁，甚则神昏谵语、脉洪大等气分实热证。部分清热泻火药能清脏腑火热，故也可治肺热、胃热、心火、肝火等脏腑火热证。

使用此类药物时，若里热炽盛而正气已虚，则宜酌情选配补虚药，以扶正祛邪。

石膏 Shígāo

石膏饮片

本品首载于《神农本草经》，为硫酸盐类矿物硬石膏族石膏，主含含水硫酸钙（$CaSO_4 \cdot 2H_2O$）。主产于湖北、安徽、山东，以湖北应城产者最佳。全年可采，采挖后，除去泥沙及杂石。打碎生用或煅用。处方中的常用名称：石膏、生石膏、煅石膏等。

【药性】　辛、甘，大寒。归肺、胃经。

【功效】　生用：清热泻火，除烦止渴；煅用：收湿，生肌，敛疮，止血。

【应用】

1. 外感热病，高热烦渴　　本品味辛甘性大寒，入肺、胃经，功能清热泻火，除烦止渴，为清泻肺、胃二经气分实热之要药，并能解肌透热。治温热病邪在气分之壮热、烦渴、汗出、脉洪大者，常与知母相须为用，如白虎汤（《伤寒论》）；若治温邪渐入血分，气血两燔而见高热不退，发斑发疹者，常与玄参、牡丹皮、栀子等同用，如清瘟败毒饮（《疫疹一得》）；治暑热初起，耗气伤阴或热病后期，余热未尽，气津两伤，身热、心烦、口渴者，常配竹叶、人参、麦冬等，如竹叶石膏汤（《伤寒论》）。

2. 肺热喘咳　　本品长于清泄肺经实热。治邪热壅肺，咳逆喘促，发热口渴者，常与麻黄、苦杏仁、甘草等同用，如麻杏石甘汤（《伤寒论》）。

3. 胃火亢盛，头痛牙痛，内热消渴　　本品清泻胃火力强。治胃火头痛，常与川芎同用，如

—•笔记栏•—

石膏川芎汤(《云岐子保命集论类要》);治胃火上攻之牙龈肿痛,常配黄连、升麻等同用,如清胃散(《外科正宗》);治胃热上蒸,耗伤津液之消渴,常与知母、生地黄、麦冬等同用,如玉女煎(《景岳全书》)。

4. 溃疡不敛,湿疹瘙痒,水火烫伤,外伤出血　本品煅后外用有收湿、生肌、敛疮、止血之功。治溃疡不敛,常与红粉配伍,如九一丹(《医宗金鉴》);治湿疹瘙痒,可配黄柏研末外用;治烧烫伤,常与青黛同用;治外伤出血,可单用煅石膏研末外撒。

【用法用量】 生石膏煎服,15~60 g,宜打碎先煎。煅石膏外用适量,研末撒敷患处。

【使用注意】 本品性大寒,脾胃虚寒忌用;阴虚内热者忌用。

【文献摘要】

(1)《神农本草经》:"主中风寒热,心下气逆,惊喘,口干舌焦,不能息,腹中坚痛,除邪鬼,产乳金疮。"

(2)《名医别录》:"除时气头痛身热,三焦大热,皮肤热,肠胃中膈气,解肌发汗,止消渴烦逆,腹胀暴气喘息,咽热。"

(3)《药性论》:"治伤寒头痛如裂,壮热,皮如火燥,烦渴,解肌,出毒汗,主通胃中结,烦闷,心下急,烦躁,治唇口干焦。"

【现代研究】

本品主含含水硫酸钙($CaSO_4 \cdot 2H_2O$),还含有机物、硫化物,以及微量元素钛、铝、硅等。具有解热、抗病毒、抗炎、免疫促进、利尿、降血糖、促凝血等作用;煅石膏有生肌作用。

寒水石 Hánshuǐshí

寒水石饮片

本品首载于《神农本草经》,为碳酸盐类矿物方解石族方解石,主含碳酸钙($CaCO_3$),或硫酸盐类矿物硬石膏族红石膏,主含含水硫酸钙($CaSO_4 \cdot 2H_2O$)。方解石主产于河南、安徽、江苏,红石膏主产于辽宁、吉林、内蒙古。全年可采,采挖后,去净泥沙及杂石,打碎生用,或煅用。处方中的常用名称:寒水石、盐水石、盐精石等。

【药性】 辛、咸,寒。归心、胃、肾经。

【功效】 清热泻火。

【应用】

1. 热病烦渴、癫狂　本品性寒,入心经能清心火以除烦,入胃经能泻胃火以止渴。治温热病邪在气分,壮热烦渴者,常与石膏、滑石等同用,如三石汤(《温病条辨》);治伤寒阳明热盛之癫狂,常与黄连、甘草同用;治痰热躁狂,可与天竺黄、冰片等药同用。

2. 口舌生疮,热毒疮肿,丹毒,烧烫伤　本品能清热泻火以消肿止痛。治口舌生疮,可与黄柏等分为末,撒敷患处;治热毒疮肿,可用本品火煅,配青黛等分为末,香油调搽;治烧烫伤,可配赤石脂等分为末,菜油调敷,破烂有水者,取药末撒患处;治小儿丹毒,可用本品研末,水调和猪胆汁涂之。

【用法用量】 煎服,9~15 g。打碎先煎。外用适量,研细粉调敷患处。

【使用注意】 脾胃虚寒者慎用。

【文献摘要】

(1)《神农本草经》:"主身热,腹中积聚邪气,皮中如火烧,烦满,水饮之。"

(2)《名医别录》:"除时气热盛,五脏伏热,胃中热,烦满,口渴,水肿,小腹痹。"

(3)《药性论》:"压丹石毒风,去心烦渴闷,解伤寒复劳。"

【现代研究】

本品主含碳酸钙($CaCO_3$),红石膏主含含水硫酸钙($CaSO_4 \cdot 2H_2O$)。还含有铁、铝等。

—•笔记栏•—

知母饮片

知母 Zhīmǔ

本品首载于《神农本草经》，为百合科植物知母 *Anemarrhena asphodeloides* Bge. 的根茎。主产于河北、山西、陕西、内蒙古。春、秋二季采挖，除去须根及泥沙，晒干，习称“毛知母”；或除去外皮，晒干。切片入药，生用，或盐水炙用。处方中的常用名称：知母、知母肉、盐知母等。

【药性】 苦、甘，寒。归肺、胃、肾经。

【功效】 清热泻火，滋阴润燥。

【应用】

1. 外感热病，高热烦渴　本品味苦甘，性寒质润，苦寒能清热泻火，甘寒能养阴生津。治温热病邪在气分之壮热、烦渴、汗出、脉洪大者，常与石膏相须为用，如白虎汤（《伤寒论》）。

2. 肺热咳嗽，阴虚燥咳　本品主入肺经，苦寒能清肺热，甘寒能滋肺阴、润肺燥。治肺热咳嗽，痰黄质稠，常与黄芩、栀子、瓜蒌等药同用，如清金化痰汤（《统旨方》）；治阴虚燥咳，干咳少痰，常与贝母同用，如二母散（《急救仙方》）。

3. 骨蒸潮热　本品入肾经，能滋肾阴、泻肾火、退骨蒸，治肾阴亏虚，阴虚火旺之骨蒸潮热、遗精、盗汗，常与黄柏、地黄等药同用，如知柏地黄丸（《医宗金鉴》）。

4. 内热消渴　本品苦甘寒质润，取其清热泻火、滋阴润燥、生津止渴之功，常治内热津伤，口渴引饮之消渴，可与天花粉、葛根等同用，如玉液汤（《医学衷中参西录》）。

5. 肠燥便秘　本品能滋阴润燥以通便，治阴虚肠燥便秘，常与生地黄、玄参、麦冬等药配伍。

【用法用量】 煎服，6～12 g。本品清热泻火宜生用，滋阴降火宜盐水炙用。

【使用注意】 本品性寒质润，能滑肠通便，故脾虚便溏者慎用。

【文献摘要】

（1）《神农本草经》：“主消渴热中，除邪气肢体浮肿，下水，补不足，益气。”

（2）《名医别录》：“疗伤寒久疟烦热，胁下邪气，膈中恶及风汗内疸。”

（3）《药性论》：“主治心烦躁闷，骨热劳往来，生产后蓐劳，肾气劳，憎寒虚损，患人虚而口干，加而用之。”

（4）《日华子本草》：“通小肠，消痰止嗽，润心肺，补虚乏，安心止惊悸。”

【现代研究】

本品主含皂苷类成分（知母皂苷 AⅠ、知母皂苷 AⅡ、知母皂苷 BⅠ、知母皂苷 BⅡ等），还含知母多糖、生物碱、有机酸类成分。具有解热、抑制血小板聚集、降血糖、抗炎、利尿、抗菌、抗癌、抗溃疡、改善学习记忆能力、保护脑缺血性损伤等作用。

栀子饮片

栀子 Zhīzǐ

本品首载于《神农本草经》，为茜草科植物栀子 *Gardenia jasminoides* Ellis 的成熟果实。主产于江西、湖南、湖北、浙江。9～11 月果实成熟显红黄色时采收，除去果梗及杂质，蒸至上气或置沸水中略烫，取出，干燥。生用或炒焦用。处方中的常用名称：栀子、山栀、炒山栀、焦山栀、栀子炭等。

【药性】 苦，寒。归心、肺、三焦经。

【功效】 泻火除烦，清热利湿，凉血解毒；外用消肿止痛。

【应用】

1. 热病烦闷　本品苦寒清降，能清泻三焦火邪，尤善泻心火以除烦，为治热病心烦、躁扰不宁之要药。治热病烦闷，每与淡豆豉同用，即栀子豉汤（《伤寒论》）；治热病火毒炽盛，三焦俱热而见高热烦躁、神昏谵语者，常与黄芩、黄连、黄柏等同用，如黄连解毒汤（《外台秘要》引崔氏方）。

2. 湿热黄疸　本品苦能燥湿，寒能清热，功善清利下焦肝胆湿热。治肝胆湿热之黄疸，常与茵陈、大黄等同用，如茵陈蒿汤（《伤寒论》）。

3. 淋证涩痛　本品既能清利下焦湿热、利尿通淋，又有凉血止血之功。治血淋、热淋涩痛，常与滑石、车前子、木通等同用，如八正散（《太平惠民和剂局方》）。

4. 血热吐衄　本品性寒，入血分，能清热凉血以止血。治血热妄行的多种出血。治血热妄行之吐血、衄血者，常与白茅根、大黄、侧柏叶等同用，如十灰散（《十药神书》）；治三焦火盛迫血妄行之吐血、衄血，常与黄芩、黄连、黄柏同用，如黄连解毒汤（《外台秘要》引崔氏方）。

5. 目赤肿痛　本品味苦性寒，能清泄肝胆实火以明目。治肝胆火热上攻之目赤肿痛，常与黄连、龙胆草、夏枯草等配伍。

6. 热毒疮疡　本品能清热泻火，凉血解毒。治热毒疮疡，红肿热痛者，常与金银花、连翘、蒲公英等同用。

7. 扭挫伤痛　本品外用消肿止痛。治扭挫伤痛，可用生栀子粉与黄酒调成糊状，外敷患处。

【用法用量】 煎服，6～10 g。外用生品适量，研末调敷。生栀子走气分而清热泻火，焦栀子及栀子炭入血分而凉血止血。

【使用注意】 本品苦寒伤胃，脾虚便溏者慎用。

【文献摘要】

(1)《神农本草经》："味苦，寒。主治五内邪气，胃中热气，面赤酒疱皶鼻，白癞，赤癞，疮疡。"

(2)《名医别录》："大寒，无毒。主治目热赤痛，胸心大小肠大热，心中烦闷，胃中热气。"

(3)《药性论》："杀虫毒。去热毒风，利五淋，主中恶，通小便，解五种黄病，明目，治时疾，除热及消渴口干，目赤种病。"

(4)《开宝本草》："味苦，大寒，无毒。疗目热赤痛，胸中心大小肠大热，心中烦闷，胃中热气。"

【现代研究】

本品主含环烯醚萜类成分（栀子苷、羟异栀子苷），还含黄酮、有机酸、挥发油等成分。具有抑制病毒、保肝利胆、保护胃黏膜、解热、镇痛、抗菌、抗炎、镇静催眠、降血压等作用。

夏枯草 Xiàkūcǎo

夏枯草饮片

本品首载于《神农本草经》，为唇形科植物夏枯草 *Prunella vulgaris* L. 的果穗。主产于江苏、浙江、安徽等地。夏季果穗呈棕红色时采收，除去杂质。晒干。生用。处方中的常用名称：夏枯草、夏枯球等。

【药性】 辛、苦，寒。归肝、胆经。

【功效】 清肝泻火，明目，散结消肿。

【应用】

1. 目赤肿痛，目珠夜痛，头痛眩晕　本品苦寒降泄，主入肝经，善清泻肝火以明目。治肝火上炎之目赤肿痛，常与桑叶、菊花、决明子等同用；治疗肝火上攻，头痛眩晕者，可与钩藤、决明子、菊花等同用；治肝阴不足，目珠疼痛，入夜加剧者，可与生地黄、当归、白芍等同用。

2. 瘿瘤，瘰疬　本品苦寒以泄热，味辛以散结，有良好的清肝火、散郁结之力。治瘿瘤，常与昆布、玄参等同用；治肝郁化火，痰火郁结之瘰疬，可与海藻、浙贝母、玄参等配伍，如内消瘰疬丸（《疡医大全》）。

3. 乳痈，乳癖，乳房胀痛　本品既能清泻肝火，又能散结消肿。治乳痈，乳癖，乳房胀痛，常与蒲公英、浙贝母、柴胡等同用；治热毒疮疡，可与金银花、重楼等同用。

—•笔记栏•—

【用法用量】 煎服，9～15 g。

【使用注意】 脾胃虚弱者慎用。

【文献摘要】

(1)《神农本草经》："主寒热、瘰疬、鼠瘘、头疮，破癥，散瘿结气，脚肿湿痹。"

(2)《滇南本草》："祛肝风，行经络，治口眼㖞斜。行肝气，开肝郁，止筋骨疼痛、目珠痛、散瘰疬、周身结核。"

(3)《生草药性备要》："去痰消脓，治瘰疬，清上补下，去眼膜，止痛。"

【现代研究】

本品主含有机酸类成分(迷迭香酸)，还含三萜、黄酮、甾类、香豆素、挥发油等成分。具有降压、抗凝、降血糖、抗病原微生物、抗肿瘤、抑制结石形成、抗炎、免疫抑制等作用。

天花粉 Tiānhuāfěn

天花粉饮片

本品首载于《神农本草经》，为葫芦科植物栝楼 *Trichosanthes kirilowii* Maxim. 或双边栝楼 *Trichosanthes rosthornii* Harms 的根。主产于山东、河南、安徽等地。秋、冬二季采挖，洗净，除去外皮，切厚片，干燥。生用。处方中的常用名称：天花粉、栝楼根、瓜蒌根等。

【药性】 甘、微苦，微寒。归肺、胃经。

【功效】 清热泻火，生津止渴，消肿排脓。

【应用】

1. 热病烦渴　本品味甘苦性微寒，既能清肺、胃二经实热，又能生津止渴。治热病烦渴，可与芦根、竹叶等同用；治燥伤肺胃，津液亏损，咽干口渴，干咳少痰，可配沙参、麦冬、玉竹等，如沙参麦冬汤(《温病条辨》)。

2. 肺热燥咳　本品入肺经，既能清肺热，又能润肺燥。治燥热伤肺，干咳少痰、痰中带血者，可与天冬、麦冬、生地黄等同用；治燥热伤肺，气阴两伤之咳喘咯血，可与西洋参、北沙参、阿胶等同用。

3. 内热消渴　本品善于清泻肺胃实热，生津止渴。治积热内蕴，化燥伤津之消渴，常与麦冬、芦根、白茅根等同用；治内热消渴，气阴两伤者，常与人参同用，如玉壶丸(《仁斋直指方》)。

4. 疮疡肿毒　本品既能清热泻火解毒，又能消肿排脓疗疮。治疮疡初起之红肿热痛，未成脓者可使之消散，脓已成者可溃疮排脓，常与金银花、白芷、穿山甲等同用，如仙方活命饮(《妇人良方》)。

【用法用量】 煎服，10～15 g。

【使用注意】 孕妇慎用。不宜与川乌、草乌、附子同用。

【文献摘要】

(1)《神农本草经》："主消渴，身热烦满，大热，补虚安中，续绝伤。"

(2)《本草纲目》："栝楼根，味甘微苦酸，酸能生津，故能止渴润枯，微苦降火，甘不伤胃，昔人只言其苦寒，似未深察。"

(3)《本草正》："凉心肺，解热渴。降膈上热痰，消乳痈肿毒。"

【现代研究】

本品主含天花粉蛋白，还含皂苷、氨基酸、多糖类成分。具有抑菌、抗病毒、抗肿瘤、降血糖、增强免疫、引产、终止妊娠等作用。

芦根 Lúgēn

芦根饮片

本品首载于《名医别录》，为禾本科植物芦苇 *Phragmites communis* Trin. 的新鲜或干燥根茎。

—•笔记栏•—

全国大部分地区均产。全年均可采挖，除去芽、须根及膜状叶，除去杂质，洗净，切段，鲜用或晒干用。处方中的常用名称：芦根、鲜芦根、干芦根、苇根等。

【药性】 甘，寒。归肺、胃经。

【功效】 清热泻火，生津止渴，除烦，止呕，利尿。

【应用】

1. 热病烦渴　本品味甘性寒，既能清泻肺胃气分实热，又能生津止渴、除烦。治热病伤津，烦热口渴，常与麦冬、天花粉等同用；或以其鲜汁配麦冬汁、梨汁、荸荠汁、藕汁服，如五汁饮（《温病条辨》）。

2. 肺热咳嗽，肺痈吐脓　本品入肺经，善清泻肺热，祛痰排脓。治肺热咳嗽，常与黄芩、浙贝母、瓜蒌等同用；治风热咳嗽，常与桑叶、菊花、苦杏仁等同用，如桑菊饮（《温病条辨》）；治肺痈咳吐脓痰腥臭，常与薏苡仁、冬瓜仁等同用，如苇茎汤（《千金方》）。

3. 胃热呕哕　本品入胃经能清胃热而止呕逆。治胃热呕哕，可配竹茹、生姜等同用。

4. 热淋涩痛　本品性寒，有清热利尿之功。治热淋涩痛，小便短赤，常与白茅根、车前子、木通等同用。

【用法用量】 煎服，15~30 g；鲜品用量加倍，或捣汁用。

【使用注意】 脾胃虚寒者慎用。

【文献摘要】

（1）《药性论》："能解大热，开胃，治噎哕不止。"

（2）《新修本草》："疗呕逆不下食、胃中热、伤寒患者弥良。"

【现代研究】

本品主含酚酸类成分（咖啡酸、龙胆酸），还含维生素、蛋白质、脂肪、多糖等成分。具有保肝、抑制肝纤维化、解热、镇痛、镇静、抑制中枢神经系统、降血糖、抗氧化、雌性激素样作用。

竹叶 Zhúyè

竹叶饮片

本品首载于《名医别录》，为禾本科植物淡竹 *Phyllostachys nigra* (Lodd.) Munro var. *henonis* (Mitf.) Stapf ex Rendle 的叶。其卷而未放的幼叶，称竹叶卷心。产于长江流域各省。全年均可采收。晒干。生用。处方中的常用名称：竹叶、苦竹叶、竹叶卷心等。

【药性】 甘、辛、淡，寒。归心、胃、小肠经。

【功效】 清热泻火，除烦，生津，利尿。

【应用】

1. 热病烦渴　本品味甘性寒，入心经，善于清心除烦，生津止渴；轻清之品，兼能凉散上焦风热。治热病伤津，烦热口渴，常与石膏、知母、玄参等同用，如清瘟败毒饮（《疫疹一得》）；治热病后期，余热未清，气津两伤，身热多汗，心胸烦闷，气逆欲呕，虚烦不寐者，常与人参、麦冬等同用，如竹叶石膏汤（《伤寒论》）；若治外感风热，发热口渴，常配金银花、连翘、薄荷等，如银翘散（《温病条辨》）。

2. 口舌生疮，小便短赤涩痛　本品上能清心火，下能利小便。治心火上炎之口舌生疮，或心火下移小肠之小便短赤涩痛，常与木通、生地黄、甘草等同用，如导赤散（《小儿药证直诀》）；治温病热陷心包，高热不退，神昏谵语者，常与玄参心、莲子心、连翘心等同用，如清宫汤（《温病条辨》）。

【用法用量】 煎服，6~15 g；鲜品 15~30 g。竹叶卷心长于清心泻火。

【使用注意】 阴虚火旺，骨蒸潮热者不宜使用。

【文献摘要】

（1）《名医别录》："主胸中痰热，咳逆上气。"

笔记栏

(2)《日华子本草》:"消痰,治热狂烦闷,中风失音不语,壮热,头痛头风,并怀妊人头旋倒地,止惊悸,温疫迷闷,小儿惊痫天吊。"

(3)《本草正》:"退虚热烦躁不眠,止烦渴,生津液,利小水,解喉痹,并小儿风热惊痫。"

【现代研究】

本品主含黄酮类、多糖、茶多酚、矿质元素、氨基酸等成分。具有抑菌、抗炎、抗过敏、抑制病毒、抗氧化物、保护心脑血管、延缓衰老、抗疲劳、增强免疫等作用。

淡竹叶 Dànzhúyè

淡竹叶饮片

本品首载于《本草纲目》,为禾本科植物淡竹叶 *Lophatherum gracile* Brongn. 的干燥茎叶。主产于浙江、江苏。夏季末抽花穗前采割,晒干。除去杂质,切段,生用。处方中的常用名称:淡竹叶、竹叶麦冬等。

【药性】 甘、淡,寒。归心、胃、小肠经。

【功效】 清热泻火,除烦止渴,利尿通淋。

【应用】

1. 热病烦渴　本品味甘性寒,入心经能清心火以除烦,入胃经能泻胃火以止渴。治热病伤津,心烦口渴,常配伍石膏、芦根等药。

2. 口舌生疮,小便短赤涩痛　本品性寒能清心降火,味甘淡能渗湿利尿。治心火上炎之口舌生疮,或心火下移小肠之小便短赤涩痛,常与木通、滑石、灯心草等同用。

【用法用量】 煎服,6~10 g。

【使用注意】 阴虚火旺、骨蒸潮热者不宜使用。

【文献摘要】

(1)《本草纲目》:"去烦热,利小便,除烦止渴,小儿痘毒,外症恶毒。"

(2)《生草药性备要》:"消痰止渴,除上焦火,明眼目,利小便,治白浊,退热,散痔疮毒。"

(3)《本草再新》:"清心火,利小便,除烦止渴,小儿痘毒,外症恶毒。"

(4)《草木便方》:"消痰,止渴。治烦热,咳喘,吐血,呕哕,小儿惊痫。"

【现代研究】

本品主含三萜类成分(芦竹素、白茅素等),还含甾类成分。具有利尿、解热、抑菌、升高血糖、抗肿瘤等作用。

决明子 Juémíngzǐ

决明子饮片

本品首载于《神农本草经》,为豆科植物钝叶决明 *Cassia obtusifolia* L. 或决明(小决明)*Cassia tora* L. 的成熟种子。主产于安徽、广西、四川。秋季采收成熟果实,晒干,打下种子,除去杂质。生用,或炒用。处方中的常用名称:决明子、炒决明子等。

【药性】 甘、苦、咸,微寒。归肝、大肠经。

【功效】 清热明目,润肠通便。

【应用】

1. 目赤涩痛,羞明多泪,目暗不明　本品苦寒降泄,入肝经,功善清肝明目。治肝火上炎之目赤肿痛,羞明多泪,常与黄芩、赤芍、木贼等同用,如决明子散(《银海精微》);治风热上攻头痛目赤,常与桑叶、菊花、木贼等同用;若治肝肾阴亏,视物昏花、目暗不明者,可与山茱萸、熟地黄、枸杞子等配伍。

2. 头痛眩晕　本品苦寒清泄,入肝经,既能清泻肝火,又兼能平抑肝阳。治肝火上攻或肝阳上亢之头痛眩晕,常与菊花、夏枯草、钩藤等同用。

3. 肠燥便秘　本品味苦通泄，质润滑利，入大肠经，功能清热润肠通便。治内热肠燥或津枯肠燥，大便秘结，常与瓜蒌仁、火麻仁、郁李仁等同用。

【用法用量】 煎服，9～15 g。用于润肠通便，不宜久煎。

【使用注意】 脾虚便溏者不宜使用。

【文献摘要】

(1)《神农本草经》："主青盲，目淫，肤赤，白膜，眼赤痛，泪出，久服益精光。"

(2)《名医别录》："疗唇口青。"

(3)《药性论》："利五脏，除肝家热。"

(4)《日华子本草》："助肝气，益精水；调末涂，消肿毒，熁太阳穴治头痛，又贴脑心止鼻衄；作枕胜黑豆，治头风，明目。"

【现代研究】

本品主含蒽醌类成分（大黄酚、大黄素、橙黄决明素、美决明子素等），还含甾类、有机酸等成分。具有降血脂、抑制动脉粥样硬化形成、降血压、抗菌、减肥、改善胰岛素抵抗、抑菌、保肝、肾保护、抗血小板聚集、抗氧化活性、改善学习记忆能力等作用。

附　其他清热泻火药（表 10－1）

表 10－1　其他清热泻火药

药名	处方中的常用名称	药　性	功　效	应　用	用法用量	使用注意
鸭跖草	鸭跖草	甘、淡，寒。归肺、胃、小肠经	清热泻火，解毒，利水消肿	热病烦渴，风热感冒，咽喉肿痛，痈肿疔毒，水肿尿少，热淋涩痛	煎服，15～30 g。外用适量	脾胃虚弱者慎用
密蒙花	密蒙花	甘，微寒。归肝经	清热泻火，养肝明目，退翳	目赤肿痛，羞明多泪，目生翳膜，肝虚目暗，视物昏花	煎服，3～9 g	—
青葙子	青葙子	苦，微寒。归肝经	清肝泻火，明目退翳	肝热目赤，目生翳膜，视物昏花，肝火眩晕	煎服，9～15 g	青光眼患者禁用

第二节　清热燥湿药

本类药物味苦性寒，苦能燥湿，寒能清热，以清热燥湿为主要作用，主治湿热证。湿热内蕴，多见发热、苔腻、尿少等症状，但因湿热所侵肌体部位的不同，临床症状各有所异。如湿温或暑温多见身热不扬、胸膈痞闷、小便短赤；湿热蕴结脾胃多见脘腹痞满、恶心呕吐；湿热壅滞大肠常致泄泻、痢疾、痔疮肿痛；若湿热蕴蒸肝胆，则见胁肋疼痛、黄疸、耳肿流脓；下焦湿热症见小便淋沥涩痛、带下黄臭；湿热流注关节症见关节红肿热痛；湿热浸淫肌肤致湿疹、湿疮等。此外，本类药物多具有清热泻火、解毒作用，亦治脏腑火热证及热毒疮痈。

本类药物为苦寒之品，燥湿力强，过服易伐胃伤阴，故用量不宜过大；凡脾胃虚寒，阴虚津亏者当慎用，或可与健胃药或养阴药同用。治脏腑火热证及痈肿疮疡时，可分别配伍清热泻火药、清热解毒药。

黄芩 Huángqín

黄芩饮片

本品首载于《神农本草经》，为唇形科植物黄芩 *Scutellaria baicalensis* Georgi 的根。主产于河

—•笔记栏•—

北、山西、内蒙古等地。春、秋二季采挖，除去须根和泥沙，晒后撞去粗皮，晒干。生用、炒用或酒炙用。处方中的常用名称：黄芩、炒黄芩、酒黄芩、黄芩炭等。

【药性】 苦，寒。归肺、胆、脾、大肠、小肠经。

【功效】 清热燥湿，泻火解毒，止血，安胎。

【应用】

1. 湿温暑湿、胸闷呕恶，湿热痞满、泻痢、黄疸 本品苦寒，能清肺胃、肝胆、大肠湿热，尤善清中上焦湿热。治湿温或暑湿初起，身热不扬，胸脘痞闷，舌苔黄腻等症，常配滑石、豆蔻、通草等同用，如黄芩滑石汤（《温病条辨》）；治湿热中阻，痞满呕吐，常与黄连、半夏、干姜等同用，如半夏泻心汤（《伤寒论》）；治湿热泻痢，常配黄连、白芍等，如芍药汤（《医学六书》）；治湿热黄疸，常与茵陈、栀子等配伍。

2. 肺热咳嗽，高热烦渴 本品主入肺经，长于清肺热，为治肺热咳嗽之要药。治肺热咳嗽可单用，如清金丸（《丹溪心法》），或配桑白皮、知母、麦冬等同用；治痰热咳喘，常与瓜蒌、桑白皮、苦杏仁等同用，如清气化痰丸（《医方考》）；治外感热病，邪郁于内之高热烦渴，尿赤便秘者，配连翘、栀子、大黄等同用，如凉膈散（《太平惠民和剂局方》）；治邪在少阳，寒热往来，常配柴胡等，如小柴胡汤（《伤寒论》）。

3. 痈肿疮毒 本品有泻火解毒之功。治痈肿疮毒，常与黄连、黄柏、栀子等配伍，如黄连解毒汤（《外台秘要》引崔氏方）。

4. 血热出血 本品能清热泻火、凉血止血。治热盛迫血妄行之吐血、衄血，可单用或与大黄同用。治血热便血，常与地榆、槐花等同用。

5. 胎热胎动不安 本品有清热安胎之功。治胎热之胎动不安，每与白术、当归等同用，如当归散（《金匮要略》）；治血虚有热之胎动不安，可与当归、白芍、白术等同用，如安胎丸（《寿世保元》）。

【用法用量】 煎服，3～10 g。清热泻火、解毒宜生用，安胎多炒用，清上焦热酒炙用，止血宜炒炭用。

【使用注意】 本品苦寒伤胃，脾胃虚寒者不宜使用。

【文献摘要】

（1）《神农本草经》："主诸热黄疸，肠澼泄利，逐水，下血闭，（治）恶疮，疽蚀，火疡。"

（2）《名医别录》："疗痰热，胃中热，小腹绞痛，消谷，利小肠，女子血闭，淋露下血，小儿腹痛。"

（3）《药性论》："能治热毒，骨蒸，寒热往来，肠胃不利，破壅气，治五淋，令人宣畅，去关节烦闷，解热渴，治热腹中疞痛，心腹坚胀。"

（4）《滇南本草》："上行泻肺火，下行泻膀胱火，（治）男子五淋，女子暴崩，调经清热，胎有火热不安，清胎热，除六经实火实热。"

【现代研究】

本品主含黄酮类成分（黄芩苷、黄芩素、汉黄芩素、汉黄芩苷、黄芩新素等），还含挥发油类成分。具有抑制病原微生物、抗炎、抗过敏、解热、镇静、保肝利胆、降血糖、降血压、扩张血管、抗动脉粥样硬化、降血脂、抗氧化等作用。

黄连饮片

黄连 Huánglián

黄连

本品首载于《神农本草经》，为毛茛科植物黄连 *Coptis chinensis* Franch.、三角叶黄连 *Coptis deltoidea* C. Y. Cheng et Hsiao 或云连 *Coptis teeta* Wall. 的根茎。以上三种分别习称为"味连""雅连""云连"。味连、雅连主产于四川、湖北。云连主产于云南。秋季采挖，除去须根和泥沙，干燥，撞去残留须根。生用或清炒、姜汁炙、酒炙、吴茱萸水炙用。处方中的常用名称：黄连、川

— • 笔记栏 • —

连、炒黄连、姜黄连、酒黄连、萸黄连等。

【药性】 苦，寒。归心、脾、胃、肝、胆、大肠经。

【功效】 清热燥湿，泻火解毒。

【应用】

1. 湿热痞满，呕吐，泻痢　本品大苦大寒，清热燥湿力胜于黄芩，长于清泄中焦脾胃、大肠湿热，为治湿热呕吐、泻痢之要药。治湿热呕吐，泻痢，可单用，或与黄柏、秦皮、白头翁同用，如白头翁汤（《伤寒论》）；治湿热泻痢，腹痛，里急后重，常配木香，如香连丸（《兵部手集方》）；治湿热泻痢，下痢脓血，常与白芍、木香、槟榔等配伍，如芍药汤（《医学六书》）；治湿热泻痢兼表证发热者，常与葛根、黄芩等同用，如葛根芩连汤（《伤寒论》）；治湿热蕴结脾胃，胸腹痞满、呕吐泄泻，常与厚朴、石菖蒲、半夏等同用，如连朴饮（《霍乱论》），或与黄芩、半夏、干姜等同用，如半夏泻心汤（《伤寒论》）。

2. 高热神昏，心火亢盛，心烦不寐，心悸不宁　本品苦寒泻火力强，尤善清泻心火。治热病扰心，高热烦躁，甚则神昏谵语，常与连翘、牛黄等同用，如黄连解毒汤（《外科正宗》）；治心火亢盛，心烦失眠者，常与朱砂、生甘草同用，如黄连安神丸（《仁斋直指方》）；治心火亢盛，热盛耗伤阴血之虚烦失眠，心悸怔忡，可配白芍、阿胶等同用，如黄连阿胶汤（《伤寒论》）；治心火上炎，心肾不交之怔忡不寐，若每配肉桂，即交泰丸（《四科简效方》）。

3. 血热吐衄　本品苦寒清泄，长于泻火解毒。治火毒炽盛，迫血妄行所致之吐血衄血，常与大黄、黄芩配伍，如泻心汤（《金匮要略》）。

4. 胃热呕吐吞酸、消渴，胃火牙痛　本品善于清泄胃火。治胃热呕吐，常配伍半夏、竹茹、橘皮，如黄连橘皮竹茹汤（《湿热经纬》）；治肝火犯胃，呕吐吞酸，每与吴茱萸同用，即左金丸（《丹溪心法》）；治胃热炽盛，消谷善饥，烦渴多饮之消渴，常与麦冬、芦根、天花粉同用；治胃火上攻，牙龈肿痛，常与生地黄、升麻、牡丹皮等同用，如清胃散（《兰室秘藏》）。

5. 痈肿疔疮，目赤肿痛，口舌生疮　本品既能清热燥湿，又能泻火解毒，尤善清解疔毒。治痈肿疔毒，多与黄芩、黄柏、栀子同用，如黄连解毒汤（《外台秘要》引崔氏方），若外用可与黄柏、栀子等配伍；治目赤肿痛，赤脉胬肉，可与青葙子、决明子等同用；治心火上炎，口舌生疮，或心热下移小肠之心烦、口疮、小便淋沥涩痛者，常与栀子、竹叶等药同用。

6. 湿疹湿疮，耳道流脓　本品外用有清热燥湿、泻火解毒之功。以本品制为软膏外敷，可治皮肤湿疹、湿疮；取之浸汁涂患处，可治耳道流脓；煎汁滴眼，可治眼目红肿。

【用法用量】 煎服，2~5 g。外用适量。黄连生用功善清热燥湿，泻火解毒；酒黄连善清上焦火热，多用于目赤肿痛，口舌生疮；姜黄连善清胃和胃止呕，多用治寒热互结，湿热中阻，痞满呕吐；萸黄连功善舒肝和胃止呕，多用治肝胃不和之呕吐吞酸。

【使用注意】 本品大苦大寒，过量久服易伤脾胃，脾胃虚寒者忌用。苦燥易伤阴津，阴虚津伤者慎用。

【文献摘要】

（1）《本草经疏》："黄连禀天地清寒之气以生，故气味苦寒而无毒。味厚于气，味苦而厚，阴也。宜其下泄，欲使上行须加引导。入手少阴、阳明，足少阳、厥阴，足阳明、太阴。为病久之仙药，滞下之神草。六经所至，各有殊功。其主热气，目痛眦伤泪出，明目，大惊益胆者，凉心清肝胆也。肠澼腹痛下痢……"

（2）《本草正》："黄连善泻心脾实火，虚热妄用，必致格阳，故寇宗奭曰：虚而冷者，慎勿轻用。"

（3）《本草新编》："黄连，味苦，寒，可升可降，阴也，无毒。入心与胞络。最泻火，亦能入肝。大约同引经之药，俱能入之，而入心，尤专经也。止吐利吞酸，善解口渴。治火眼甚神，能安心，止梦遗，定狂躁，除痞满，去妇人阴户作肿。治小儿食土作疳，解暑热，实有专功。"

【现代研究】

本品主含生物碱类成分(小檗碱、黄连碱、药根碱、巴马汀等),还含有挥发油、多糖、机酸类成分。具有抑制病原微生物、抗炎、解热、保护胃黏膜、降血糖、强心、抗心肌缺血、抗动脉粥样硬化、抗心律失常、降压、抗血小板聚集、抗肿瘤、降血脂等作用。

黄柏 Huángbò

黄柏饮片

本品首载于《神农本草经》,为芸香科植物黄皮树 *Phellodendron chinense* Schneid. 或黄檗 *Phellodendron amurense* Rupr. 的树皮。前者习称"川黄柏",后者习称"关黄柏"。川黄柏主产于四川、贵州,关黄柏主产于辽宁、吉林、河北。剥取树皮,除去粗皮,晒干;润透,切片或切丝。生用或盐水炙、炒炭用。处方中的常用名称:黄柏、川黄柏、关黄柏、盐黄柏、黄柏炭等。

【药性】 苦,寒。归肾、膀胱经。

【功效】 清热燥湿,泻火解毒,除骨热。

【应用】

1. 湿热泻痢,黄疸尿赤,带下阴痒,热淋涩痛,脚气痿躄 本品苦寒沉降,长于清泄下焦湿热。治湿热泻痢,常与白头翁、黄连、秦皮同用,如白头翁汤(《伤寒论》);治湿热黄疸尿赤,常与栀子同用,如栀子柏皮汤(《伤寒论》);湿热下注之带下黄浊臭秽、阴痒,常与山药、芡实、车前子等同用,如易黄汤(《傅青主女科》);治湿热下注膀胱,小便短赤热痛,常配萆薢、茯苓、车前子等,如萆薢分清饮(《医学心悟》);治湿热下注所致脚气肿痛、痿软无力,常配苍术、牛膝等,如三妙丸(《医学心悟》)。

2. 骨蒸劳热,盗汗,遗精 本品主入肾经,善泻相火、退骨蒸。治阴虚火旺,骨蒸潮热、遗精盗汗等,常与知母相须为用,并配生地黄、山药,如知柏地黄丸(《医宗金鉴》),或与熟地黄、龟甲等同用,如大补阴丸(《丹溪心法》)。

3. 疮疡肿毒,湿疹湿疮 本品既能清热燥湿,又能泻火解毒。治疮疡肿毒,内服外用均可。内服多配黄芩、黄连、栀子,如黄连解毒汤(《外台秘要》引崔氏方),若外用可配大黄、黄连为末,醋调外搽;治湿疹瘙痒,可与苦参、白鲜皮等配伍,若外用可配煅石膏等分为末,外撒或油调搽患处。

【用法用量】 煎服,3~12 g。外用适量。清热燥湿、泻火解毒宜生用,滋阴降火宜盐炙用,止血多炒炭用。

【鉴别用药】 黄芩、黄连、黄柏性味皆苦寒,均能清热燥湿、泻火解毒,常用治湿热内盛或热毒炽盛之证,每相须为用。但黄芩偏泻上焦肺火,肺热咳嗽者多用;黄连偏泻中焦胃火,并长于泻心火,中焦湿热泻痢、痞满呕逆及心火亢盛、高热心烦者多用;黄柏偏泻下焦相火、除骨蒸,湿热下注诸证及骨蒸劳热者多用。

【使用注意】 本品苦寒伤胃,脾胃虚寒者忌用。

【文献摘要】

(1)《神农本草经》:"主五脏肠胃中结热,黄疸,肠痔;止泄痢,女子漏下赤白,阴伤蚀疮。"

(2)《名医别录》:"疗惊气在皮间,肌肤热赤起,目热赤痛,口疮。"

(3)《本草拾遗》:"主热疮疱起,虫疮,痢,下血,杀蛀虫;煎服,主消渴。"

(4)《日华子本草》:"安心除劳,治骨蒸,洗肝,明目,多泪,口干,心热,杀疳虫,治蛔心痛,疥癣,蜜炙治鼻洪,肠风,泻血,后分急热肿痛。"

【现代研究】

本品主含生物碱类成分(小檗碱、木兰花碱、黄柏碱、药根碱、掌叶防己碱等),还含有苦味质、甾类成分。具有抑制病原微生物、抗炎性增生、抗溃疡、利胆、抗心律失常、降血压、镇静、降血糖、抗痛风等作用。

—•笔记栏•—

苦参饮片

苦参 Kǔshēn

本品首载于《神农本草经》，为豆科植物苦参 *Sophora flavescens* Ait. 的根。我国大部分地区均产。春、秋二季采挖，除去根头及小支根，洗净，干燥；或趁鲜切片，干燥。生用。处方中的常用名称：苦参、苦参片等。

【药性】 苦，寒。归心、肝、胃、大肠、膀胱经。

【功效】 清热燥湿，杀虫止痒，利尿。

【应用】

1. 湿热泻痢，便血，黄疸，赤白带下，阴肿阴痒　本品苦寒降泄之力较强，既清热燥湿，又兼利尿之功，可治多种湿热证。治湿热蕴结胃肠，腹痛泄泻或下痢脓血，可单用本品制丸服，或与木香同用；治便血、痔漏出血，可与地榆、生地黄等同用；治湿热黄疸，可与龙胆、栀子等同用；治湿热带下、阴肿阴痒，可配蛇床子、鹤虱等。

2. 湿疹湿疮，皮肤瘙痒，疥癣麻风，滴虫性阴道炎　本品既能清热燥湿，又能杀虫止痒，为治皮肤病之要药，内服外用均可。治湿疹、湿疮，多外用，可单用，或与黄柏、蛇床子等同用煎水外洗；治皮肤瘙痒，可配伍皂角、荆芥等；治风疹瘙痒，可配防风、蝉蜕、荆芥等，如消风散（《外科正宗》）；治疥癣瘙痒，可与黄柏、蛇床子、地肤子等配伍，煎水外洗，或与硫黄、枯矾制成软膏外涂；治滴虫性阴道炎，多煎水灌洗或作栓剂外用。

3. 湿热淋证，尿闭不通　本品既能清热燥湿，又能利尿。治湿热蕴结之小便不利、灼热涩痛、尿闭不通，常与石韦、车前子、栀子等药同用。

【用法用量】 煎服，4.5~9 g。外用适量，煎汤洗患处。

【使用注意】 脾胃虚寒及阴虚津伤者忌用或慎用。不宜与藜芦同用。

【文献摘要】

（1）《本草衍义补遗》："苦参，能峻补阴气，或得之而致腰重者，因其气降而不升也，非伤肾之谓也。其治大风有功，况风热细疹乎。"

（2）《本草经百种录》："苦参，专治心经之火，与黄连功用相近。但黄连似去心脏之火为多，苦参似去心腑小肠之火为多，则以黄连之气味清，而苦参之气味浊也。按补中二字，亦取其苦以燥脾之义也。"

（3）《本草正义》："苦参，大苦大寒，退热泄降，荡涤湿火，其功效与芩、连、龙胆皆相近，而苦参之苦愈甚，其燥尤烈，故能杀湿热所生之虫，较之芩、连力量益烈。近人乃不敢以入煎剂，盖不特畏其苦味难服，亦嫌其峻厉而避之也。然毒风恶癞，非此不除，今人但以为洗疮之用，恐未免因噎而废食耳。"

【现代研究】

本品主含生物碱类成分（苦参碱、氧化苦参碱、异苦参碱、槐果碱等），还含黄酮类成分。具有抑制病原微生物、抗炎、抗过敏、抗心律失常、抗肿瘤、升高白细胞、保肝、抑制免疫、镇静、平喘等作用。

龙胆饮片

龙胆 Lóngdǎn

本品首载于《神农本草经》，为龙胆科植物条叶龙胆 *Gentiana manshurica* Kitag.、龙胆 *Gentiana scabra* Bge.、三花龙胆 *Gentiana triflora* Pall. 或坚龙胆 *Gentiana rigescens* Franch. 的根及根茎。前三种习称"龙胆"，后一种习称"坚龙胆"。龙胆主产于吉林、辽宁、黑龙江、内蒙古，因以东北产量最大，故习称"关龙胆"。坚龙胆主产于云南。春、秋二季采挖，洗净，干燥，切段。生用。处方中的常用名称：龙胆、龙胆草、胆草等。

—•笔记栏•—

【药性】 苦，寒。归肝、胆经。

【功效】 清热燥湿，泻肝胆火。

【应用】

1. 湿热黄疸，阴肿阴痒，带下，湿疹瘙痒 本品味苦性寒，清热燥湿，尤善清下焦湿热，常用治下焦湿热所致诸证。治湿热黄疸，常与苦参同用，如苦参丸(《杂病源流犀烛》)，或与栀子、大黄、白茅根等同用；治湿热下注，带下黄臭、阴肿阴痒、湿疹瘙痒，常配泽泻、木通、车前子等，如龙胆泻肝汤(《兰室秘藏》)。

2. 肝火头痛，目赤肿痛，耳鸣耳聋，胁痛口苦，强中，惊风抽搐 本品苦寒沉降，善泻肝胆实火。治肝火头痛，耳鸣耳聋，强中，胁痛口苦，常配伍柴胡、黄芩、栀子等，如龙胆泻肝汤(《兰室秘藏》)；治肝经热盛，热极生风所致之高热惊风抽搐，常配伍牛黄、黄连、钩藤等，如凉惊丸(《小儿药证直诀》)，或与大黄、芦荟、青黛等同用，如当归芦荟丸(《宣明论方》)。

【用法用量】 煎服，3~6 g。

【使用注意】 脾胃虚寒者忌用，阴虚津伤者慎用。

【文献摘要】

(1)《本草纲目》："疗咽喉痛，风热盗汗。相火寄在肝胆，有泻无补，故龙胆之益肝胆之气，正以其能泻肝胆之邪热也。但大苦大寒，过服恐伤胃中生发之气，反助火邪，亦久服黄连反从火化之义。"

(2)《本草经疏》："草龙胆味既大苦，性复大寒，纯阴之药也，虽能除实热，胃虚血少之人不可轻试。空腹饵之令人溺不禁，以其太苦则下泄太甚故也。"

(3)《本草正》："龙胆草，乃足厥阴、少阳之正药，大能泻火，但引以佐使，则诸火皆治。凡肝肾有余之火，皆其所宜。"

【现代研究】

本品主含环烯醚萜苷类成分(龙胆苦苷、当药苷、三叶苷、苦龙苷、苦樟苷等)，还含生物碱类成分。具有抑制病原微生物、抗炎、镇静、促进胃液及胃酸分泌、保肝、减缓心率、降血压及抗疟原虫等作用。

白鲜皮 Báixiānpí

白鲜皮饮片

本品首载于《神农本草经》，为芸香科植物白鲜 *Dictamnus dasycarpus* Turcz. 的根皮。主产于辽宁、河北、四川、江苏。春、秋二季采挖根部，除去泥沙及粗皮，剥取根皮，切片，干燥。生用。处方中的常用名称：白鲜皮、北鲜皮等。

【药性】 苦，寒。归脾、胃、膀胱经。

【功效】 清热燥湿，祛风解毒。

【应用】

1. 湿热疮毒，黄水淋漓，湿疹，风疹，疥癣疮癞 本品味苦性寒，有清热燥湿、泻火解毒、祛风止痒之功。治湿热疮毒、肌肤溃烂、黄水淋漓者，可配伍苍术、苦参、连翘等；治湿疹风疹、疥癣疮癞，常配伍苦参、防风、地肤子等，煎汤内服、外洗。

2. 湿热黄疸尿赤，风湿热痹 本品清热燥湿，又善祛风通痹。治湿热蕴蒸之黄疸、尿赤者，常配伍茵陈、栀子等；治风湿热痹，关节红肿热痛者，常与苍术、黄柏、薏苡仁等同用。

【用法用量】 煎服，5~10 g。外用适量，煎汤外洗或研粉外敷。

【使用注意】 脾胃虚寒者慎用。

【文献摘要】

(1)《神农本草经》："主头风，黄疸，咳逆，淋沥，女子阴中肿痛，湿痹死肌，不可屈伸、起止行步。"

—•笔记栏•—

（2）《药性论》："治一切热毒风，恶风，风疮、疥癣赤烂，眉发脱脆，皮肌急，壮热恶寒；主解热黄、酒黄、急黄、谷黄、劳黄等。"

（3）《本草原始》："白鲜皮，入肺经，故能去风，入小肠经，故能去湿，夫风湿既除，则血气自活而热亦去。治一切疥癞、恶风、疥癣、杨梅、诸疮热毒。"

【现代研究】

本品主含萜类成分（梣酮、黄柏酮等），还含生物碱、黄酮类成分。具有抗真菌、抗炎、解热、增加心肌收缩力、收缩子宫平滑肌、抗癌等作用。

秦皮 Qínpí

秦皮饮片

本品首载于《神农本草经》，为木犀科植物苦枥白蜡树 *Fraxinus rhynchophylla* Hance、白蜡树 *Fraxinus chinensis* Roxb.、尖叶白蜡树 *Fraxinus szaboana* Lingelsh. 或宿柱白蜡树 *Fraxinus stylosa* Lingelsh. 的枝皮或干皮。主产于陕西、河北、吉林、辽宁。春、秋二季剥取，晒干。生用。处方中的常用名称：秦皮、岑皮、白蜡树皮等。

【药性】　苦、涩，寒。归肝、胆、大肠经。

【功效】　清热燥湿，收涩止痢，止带，明目。

【应用】

1. 湿热泻痢，赤白带下　　本品苦涩性寒，功能清热燥湿、收涩止痢、止带。治湿热泻痢，里急后重，常与白头翁、黄连、黄柏等同用，如白头翁汤（《伤寒论》）。治湿热下注之带下，可与黄柏、泽泻等配伍。

2. 肝热目赤肿痛，目生翳膜　　本品清泻肝火、明目退翳。治肝经郁火所致目赤肿痛、目生翳膜，可单用煎水洗眼，或配伍栀子、黄连、夏枯草等。治肝经风热、目赤生翳，常配伍木贼、谷精草、桑叶等。

【用法用量】　煎服，6~12 g。外用适量，煎洗患处。

【使用注意】　脾胃虚寒者忌用。

【文献摘要】

（1）《本草纲目》："秦皮，治目病，惊痫，取其平木也，治下痢崩带，取其收涩也。又能治男子少精，取其涩而补也。此药乃惊、痫、崩、痢所宜，而人止知其治目一节，几于废弃，良为可惋。"

（2）《本草汇言》："秦皮，味苦性涩而坚，能收敛走散之精气。故仲景用白头翁汤，以此治下焦虚热而利者，取苦以涩之之意也。"

【现代研究】

本品主含香豆素类成分（秦皮甲素、秦皮乙素、秦皮素、秦皮苷等），还含酚类、皂苷、鞣质等成分。具有抑制病原微生物、抗炎、镇痛、利尿、促进尿酸排泄、抗氧化、抗肿瘤、保护血管、保肝等作用。

第三节　清热解毒药

本类药物多味苦性寒，具有清解热毒或火毒之功，主治热毒所致的痈疮疔疖、咽喉肿痛、丹毒、痄腮、痢疾等证；部分药物兼有泻火、凉血、收敛生肌、解毒消肿、利湿作用，兼可治温热病、水火烫伤、蛇虫咬伤、癌肿等病证及湿热证。因热毒证、火毒证范围广泛，本节药物数量较多，功效特性各异，因此，临床用药时，应根据各种证候的不同表现及兼证，结合各个药物的具体特点，有针对性地选择应用，并根据病情的需要给予相应的配伍。如热毒在血分者，可配伍清热凉血药；火热炽盛者，可配伍清热泻火药；夹有湿邪者，可配伍利湿、燥湿、化湿药；疮痈肿毒、咽喉肿痛者，可配伍活血消肿药或软坚散结药；热毒血痢、里急后重者，可配伍活血行气药等。

—·笔记栏·—

金银花饮片

本类药物多为苦寒,易伤脾胃,脾胃虚寒者慎用。

金银花 Jīnyínhuā

本品首载于《名医别录》,为忍冬科植物忍冬 *Lonicera japonica* Thunb. 的花蕾或带初开的花。全国大部分地区均产,主产于河南、山东等地。夏初花开放前采摘。阴干。生用或炒炭,或制成露剂使用。处方中的常用名称:金银花、双花、忍冬花、银花、金银花炭等。

【药性】 甘,寒。归肺、心、胃经。

【功效】 清热解毒,疏散风热。

【应用】

1. 痈肿疔疮　本品辛散苦泄,有清热解毒、消散痈肿之功,为治疮痈要药。治疮痈初起,红肿热痛,常与天花粉、当归、穿山甲等配伍,如仙方活命饮(《妇人良方》);治疔疮,疮形如粟,坚硬根深,多配伍紫花地丁、野菊花、蒲公英等,如五味消毒饮(《医宗金鉴》);治脱疽热毒内蕴,溃烂腐臭,疼痛剧烈,常与玄参、当归同用,如四妙勇安汤(《验方新编》);治肠痈腹痛,常与薏苡仁、大黄、红藤等同用;治肺痈咳吐脓血,常配鱼腥草、桔梗等。

2. 风热感冒,温病发热　本品气味芳香,具轻宣疏散之性,既善清肺经之邪以疏风透热,又能泄心胃之热以清解热毒,为治疗风热表证、温病初起的常用药,也可用于外感温热病的各个阶段。治风热表证或温病初起,常与连翘相须为用,并配薄荷、牛蒡子等,如银翘散(《温病条辨》);治温热病热入气分,宜与石膏、知母等同用;治热入营血,高热神昏,斑疹吐衄者,当与生地黄、玄参等同用,如清营汤(《温病条辨》)、神犀丹(《温热经纬》)。

3. 喉痹,热毒痢疾　本品清热解毒之力较强,又有凉血止痢之效。治咽喉肿痛,不论热毒内盛或风热外袭者,均为适用;治热毒痢疾,大便脓血者,可单用本品浓煎频服,或配伍白头翁、秦皮等。

此外,本品经蒸馏制成金银花露,有清解暑热作用,可用于暑热烦渴,以及小儿热疖、痱子等证。

【用法用量】 煎服,6~15 g。

【使用注意】 气虚疮疡脓清者忌用。

【文献摘要】

(1)《滇南本草》:"清热,解诸疮、痈疽发背、无名肿毒、丹瘤、瘰疬。"

(2)《本草拾遗》:"主热毒,血痢,水痢。浓煎服之。"

(3)《本草纲目》:"一切风湿气,及诸肿毒、痈疽疥癣、杨梅诸恶疮。散热解毒。"

【现代研究】

本品主含有机酸类成分(绿原酸、异绿原酸、咖啡酸等),还含挥发油、黄酮类、皂苷、鞣质等成分。具有抗菌、抗炎和解热作用。还有促进白细胞吞噬能力、提高淋巴细胞转化率、抑制多种皮肤真菌、抗内毒素等作用。

【附药】

山银花　为忍冬科植物灰毡毛忍冬 *Lonicera macranthoides* Hand.-Mazz.、红腺忍冬 *Lonicera hypoglauca* Miq.、华南忍冬 *Lonicera confusa* DC. 或黄褐毛忍冬 *Lonicera fulvotomentosa* Hsu et S. C. Cheng 的花蕾或带初开的花。其药性、功效、应用、用法用量及使用注意等均与金银花相似。

连翘饮片

连翘 Liánqiáo

本品首载于《神农本草经》,为木犀科植物连翘 *Forsythia suspensa* (Thunb.) Vahl 的果实。主产于山西、河南、陕西等地。秋季果实初熟尚带绿色时采收,蒸熟,晒干,习称"青翘";果实熟透时采收，晒干，习称“老翘”。种子作连翘心用。生用。处方中的常用名称：连翘、青翘、老翘、连翘心等。

—·笔记栏·—

【药性】　苦，微寒。归肺、心、小肠经。

【功效】　清热解毒，消肿散结，疏散风热。

【应用】

1. 痈疽，瘰疬，乳痈，丹毒　　本品味苦性寒，主归心经，长于清心火，解热毒，并有消痈散结之效，为治热毒疮痈之要药，有“疮家圣药”之称。治疮痈初起，红肿热痛，常与蒲公英、金银花、野菊花等同用；治疮疡红肿溃烂，脓出不畅，常配天花粉、皂角刺等；治热毒所致的咽喉肿痛，常与金银花、马勃等配伍，如银翘马勃散（《温病条辨》）；治瘰疬痰核、瘿瘤，多配伍海藻、昆布、浙贝母等，如海藻玉壶汤（《医宗金鉴》）。

2. 风热感冒，温热病　　本品外散风热，内解热毒，尤长于清泻心火，故常用于风热表证，以及温热病卫、气、营、血各阶段的多种证候，常与金银花相须为用，如银翘散、清营汤（《温病条辨》）等；治热邪内陷心包，高热，烦躁，神昏，常与玄参、莲子心、竹叶卷心等配伍，如清宫汤《温病条辨》。

3. 热淋涩痛　　本品味苦性寒，功能清心利尿。治湿热壅滞所致的小便不利、淋沥涩痛，可配竹叶、车前子等。

【用法用量】　煎服，6～15 g。

【使用注意】　气虚疮疡脓清者不宜用。

【文献摘要】

(1)《神农本草经》：“主寒热，鼠瘘，瘰疬，痈肿恶疮，瘿瘤，结热，蛊毒。”

(2)《珍珠囊》：“连翘之用有三：泻心经客热，一也；去上焦诸热，二也；为疮家圣药，三也。”

(3)《医学衷中参西录》：“连翘，具升浮宣散之力，流通气血，治十二经血凝气聚，为疮家要药。能透肌解表，清热逐风，又为治风热要药。”

【现代研究】

本品主含木脂素类成分（连翘苷、连翘苷元等），还含三萜皂苷、生物碱、香豆精类成分。具有抗菌、抗病毒、强心、利尿、降血压等作用。

案例

廿九日，温病渴甚，热甚，面赤甚，脉洪甚。石膏八钱，苦桔梗五钱，荆芥穗三钱，连翘三钱，杏仁泥五钱，广郁金二钱，银花二钱，姜半夏四钱，甘草三钱，薄荷三钱，煮三杯，分三次服。

吴瑭. 吴鞠通医案[M]. 北京：人民卫生出版社，1981：39.

问题：

1. 本案例中连翘与金银花同用有何配伍意义？
2. 重用石膏的机理为何？

板蓝根 Bǎnlángēn

板蓝根饮片

本品首载于《本草纲目》，为十字花科植物菘蓝 *Isatis indigotica* Fort. 的根。主产于河北、陕西、江苏等地。秋季采挖。晒干。切厚片，生用。处方中的常用名称：板蓝根、蓝根、大青根等。

【药性】　苦，寒。归心、胃经。

【功效】　清热解毒，凉血利咽。

—•笔记栏•—

【应用】

1. 温疫时毒，发热咽痛，温毒发斑　本品功善解毒利咽散结。可用于温热病的各个阶段及风热表证，尤多用治温病初起或风热表证，症见发热、咽痛较甚者，常配金银花、连翘、荆芥等；治温热病气血两燔，或热入营血，高热、发斑等症，常与黄芩、紫草、生地黄等配伍，如神犀丹(《温热经纬》)。

2. 大头瘟疫，丹毒，痄腮，痈肿　本品善清肺胃之热而利咽喉，又有清热解毒、凉血消肿之效，用治咽喉肿痛和多种瘟疫热毒之证。治大头瘟疫，头面红肿、咽喉不利，以及丹毒、痄腮，常与连翘、牛蒡子、玄参等配伍，如普济消毒饮(《东垣试效方》)。

【用法用量】　煎服，9~15 g。

【使用注意】　体虚而无实火热毒者忌服，脾胃虚寒者慎用。

【文献摘要】

(1)《分类草药性》："解诸毒恶疮，散毒去火，捣汁，或服或涂。"

(2)《本草便读》："板蓝根即靛青根，其功用性味与靛青叶同，能入肝胃血分，不过清热、解毒、辟疫、杀虫四者而已。"

(3)《日华子本草》："治天行热毒。"

【现代研究】

本品主含吲哚类成分(靛蓝、靛玉红等)，以及还喹唑酮、多糖类成分。具有解热、抑菌、抗内毒素、抗病毒、增强免疫、抑制血小板聚集、保肝、抗肿瘤等作用。

蒲公英 Púgōngyīng

蒲公英饮片

本品首载于《新修本草》，为菊科植物蒲公英 *Taraxacum mongolicum* Hand. -Mazz.、碱地蒲公英 *Taraxacum borealisinense* Kitam. 或同属数种植物的全草。中国各地均有分布。夏至秋季花初开时采收。晒干。生用；或鲜用。处方中的常用名称：蒲公英、公英、黄花地丁等。

【药性】　苦、甘，寒。归肝、胃经。

【功效】　清热解毒，消肿散结，利湿通淋。

【应用】

1. 疔疮肿毒，乳痈，肺痈，肠痈，瘰疬　本品味苦性寒，既能清解火热毒邪，又能消痈散结，主治内外热毒疮痈诸证，兼能疏郁通乳，故为治疗乳痈之要药。治疔毒肿痛，常与野菊花、紫花地丁、金银花等同用，如五味消毒饮(《医宗金鉴》)；治乳痈肿痛，可单用本品浓煎内服，或以鲜品捣汁内服，以渣敷患处，也可与瓜蒌、金银花、牛蒡子等同用；治肺痈吐脓，常与鱼腥草、冬瓜仁、芦根等同用；治肠痈腹痛，常与大黄、牡丹皮、桃仁等同用；治咽喉肿痛，常与板蓝根、玄参等同用；治毒蛇咬伤，可以鲜品外敷。

2. 热淋涩痛，湿热黄疸　本品味苦性寒，能清利湿热，利尿通淋。治热淋涩痛，常与白茅根、金钱草、车前子等同用；治湿热黄疸，常与茵陈、栀子、大黄等同用。

此外，本品尚能清肝明目作用，治肝火上炎所致的目赤肿痛。

【用法用量】　煎服，10~15 g。外用适量。

【使用注意】　用量过大可致缓泻。

【文献摘要】

(1)《新修本草》："主妇人乳痈肿。"

(2)《本草备要》："专治乳痈、疔毒，亦为通淋妙品。"

(3)《本草正义》："蒲公英，其性清凉，治一切疔疮、痈疡、红肿热毒诸证，可服可敷，颇有应验，而治乳痈乳疖，红肿坚块，尤为捷效。鲜者捣汁温服，干者煎服，一味亦可治之，而煎药方中必不可缺也。"

—•笔记栏•—

【现代研究】

本品主含黄酮类成分(芹菜素、芦丁、木犀草素等),还含香豆素、有机酸、萜类等成分。具有抗菌、利胆、保肝、增强免疫、利尿、健胃及轻泻作用。

鱼腥草 Yúxīngcǎo

鱼腥草饮片

本品首载于《名医别录》,为三白草科植物蕺菜 *Houttuynia cordata* Thunb. 的全草或地上部分。主产于长江以南各省。夏季茎叶茂盛花穗多时采收。晒干。生用。处方中的常用名称:鱼腥草、鲜鱼腥草、蕺菜等。

【药性】 辛,微寒。归肺经。

【功效】 清热解毒,消痈排脓,利尿通淋。

【应用】

1. 肺痈吐脓,痰热喘咳 本品专入肺经,长于清泄肺热,散痈排脓。治肺痈咳吐脓血,常与桔梗、芦根、薏苡仁等配伍;治肺热咳嗽,痰黄黏稠,多与桑白皮、贝母、瓜蒌等同用。

2. 痈肿疮毒 本品有清热解毒之功。治热毒疮痈,红肿热痛,常与蒲公英、野菊花、连翘等同用,或用鲜品捣烂外敷。

3. 热淋,热痢 本品能清热利尿通淋。治热淋小便涩痛,常与车前子、海金沙、金钱草等配伍;治湿热泻痢,常与金银花、黄连、黄芩等配伍。

【用法用量】 煎服,15~25 g,不宜久煎;鲜品用量加倍,水煎或捣汁服。外用适量,捣敷或煎汤熏洗患处。

【使用注意】 不宜久煎。虚寒证及阴证疮疡忌服。

【文献摘要】

(1)《本草纲目》:"散热毒痈肿。"

(2)《本草经疏》:"治痰热壅肺,发为肺痈吐脓血之要药。"

(3)《分类草药性》:"治五淋,消水肿,去食积,补虚弱,消膨胀。"

【现代研究】

本品主含挥发油类成分(月桂醛、月桂烯等),还含黄酮、生物碱、多糖类成分。具有利尿、抗菌、抗病毒、抗炎、镇咳、平喘等作用。

射干 Shègān

射干饮片

本品首载于《神农本草经》,为鸢尾科植物射干 *Belamcanda chinensis* (L.) DC. 的根茎。主产于湖北、河南、江苏等地。春初刚发芽或秋末茎叶枯萎时采挖。晒干。生用。处方中的常用名称:射干、嫩射干、扁竹等。

【药性】 苦,寒。归肺经。

【功效】 清热解毒,消痰,利咽。

【应用】

1. 热毒痰火郁结,咽喉肿痛 本品苦寒泄热,专入肺经,既善清热解毒,利咽消肿,又有清肺祛痰之功,为治咽喉肿痛的常用药,尤宜于热毒或肺热兼见痰浊阻滞者。治热毒壅盛之咽喉肿痛,可单味应用,或与升麻、马勃等同用,如射干汤(《幼幼新书》);治外感风热,咽痛音哑,宜与牛蒡子、蝉蜕等同用。

2. 痰涎壅盛,咳嗽气喘 本品有清肺火,祛痰浊之功。治肺热咳喘,痰稠色黄,常与桑白皮、桔梗等配伍。若治寒痰咳喘,须与麻黄、细辛、半夏等配用,如射干麻黄汤(《金匮要略》)。

【用法用量】 煎服,3~10 g。

— • 笔记栏 • —

【使用注意】 孕妇慎用。

【文献摘要】

(1)《神农本草经》:"主咳逆上气,喉痹咽痛,不得消息,散结气,腹中邪逆,食饮大热。"

(2)《滇南本草》:"治咽喉肿痛,咽闭喉风,乳蛾,痄腮红肿,牙根肿烂,攻散疮痈一切热毒等症。"

(3)《本草纲目》:"射干能降火,故古方治喉痹咽痛为要药。"

【现代研究】

本品主含黄酮类成分(鸢尾苷、鸢尾黄酮、鸢尾黄酮苷、鸢尾黄酮苷元等),还含萜类成分。具有抗炎、解热、抗病毒、镇咳、祛痰、平喘、利尿作用。

白头翁 Báitóuwēng

白头翁饮片

本品首载于《神农本草经》,为毛茛科植物白头翁 *Pulsatilla chinensis* (Bge.) Regel 的根。主产于东北、华北、华东等地。春、秋二季采挖。晒干。切薄片,生用。处方中的常用名称:白头翁。

【药性】 苦,寒。归胃、大肠经。

【功效】 清热解毒,凉血止痢。

【应用】

1. 热毒血痢　本品苦寒降泄,入大肠经,功擅清热解毒、凉血止痢,尤善清大肠热毒,为治热毒血痢之良药。治热毒痢疾,常与黄连、黄柏、秦皮等配伍,如白头翁汤(《伤寒论》);若治赤痢下血,日久不愈,腹中冷痛,可与干姜、赤石脂等配伍。

2. 阴痒,带下　本品有清泄湿热之功。治湿热下注所致的阴痒阴肿,带下过多等,可配苦参、黄柏、秦皮等。

【用法用量】 煎服,9~15 g。外用适量。

【使用注意】 虚寒泻痢者忌服。

【文献摘要】

(1)《药性论》:"止腹痛及赤毒痢,治齿痛,主项下瘰疬。"

(2)《伤寒蕴要》:"热毒下痢紫血鲜血者宜之。"

(3)《纲目拾遗》:"去肠垢,消积滞。"

【现代研究】

本品主含三萜皂苷。具有抗肿瘤、抗炎、抗氧化、抗病毒、抗血吸虫、增强免疫、镇静、镇痛、抗惊厥等作用。

大青叶 Dàqīngyè

大青叶饮片

本品首载于《名医别录》,为十字花科植物菘蓝 *Isatis indigotica* Fort. 的叶。主产于河北、陕西、江苏等地。夏、秋二季分 2~3 次采收。鲜用或晒干。生用。处方中的常用名称:大青叶、大青等。

【药性】 苦,寒。归心、胃经。

【功效】 清热解毒,凉血消斑。

【应用】

1. 痄腮,喉痹,丹毒,痈肿,口疮　本品味苦性寒,既能清肺胃心经实火,又善解瘟疫时毒,有解毒利咽、凉血消肿之效。治瘟毒上攻,痄腮、喉痹,常与金银花、拳参、大黄等配伍;治疮痈丹毒,可取鲜品捣烂外敷,或配蒲公英、紫花地丁、野菊花等煎汤内服;治心胃火盛,咽喉肿痛,口舌生疮,可用鲜品捣汁内服,或与生地黄、大黄、升麻等配伍。

2. 温病高热,神昏,发斑发疹　本品长于凉血消斑,兼可散表热。治风热表证或温病初起,发热头痛、咽喉肿痛,常与金银花、连翘、牛蒡子等配伍;治温热病热入营血,或气血两燔,高热、神昏、斑疹,每与玄参、生地黄等配伍,如大青汤(《证治准绳》)。

【用法用量】　煎服,9~15 g。鲜品 30~60 g。外用适量。

【使用注意】　脾胃虚寒者忌用。

【文献摘要】

(1)《名医别录》:"疗时气头痛,大热,口疮。"

(2)《本草正》:"治天行瘟疫,热毒发斑,风热斑疹,痈疡肿痛,除烦渴,止鼻衄,吐血……凡以热兼毒者,皆宜捣汁用之。"

(3)《本草纲目》:"主热毒痢,黄疸,喉痹,丹毒。"

【现代研究】

本品主含吲哚类成分(靛蓝、靛玉红等),以及还喹唑酮、多糖、苷类、有机酸类成分。具有抑菌、抗病毒、保肝、抗炎、解热、增强白细胞吞噬能力等作用。

青黛 Qīngdài

青黛饮片

本品首载于《药性论》,为爵床科植物马蓝 *Baphicacanthus cusia*(Nees) Bremek.、蓼科植物蓼蓝 *Polygonum tinctorium* Ait. 或十字花科植物菘蓝 *Isatis indigotica* Fort. 的叶或茎叶经加工制得后的粉末或团块、颗粒。主产于福建、河北、云南等地,以福建所产品质最优,称"建青黛"。夏、秋季采收茎叶后加工而成。研细用。处方中的常用名称:青黛、建青黛等。

【药性】　咸,寒。归肝经。

【功效】　清热解毒,凉血消斑,泻火定惊。

【应用】

1. 温毒发斑,血热吐衄　本品苦能清泄,咸入血分,其清热解毒、凉血消斑之功与大青叶、板蓝根相似,但解热作用较逊,多用治温热病温毒发斑,常与石膏、生地黄、栀子等配伍,如青黛石膏汤(《通俗伤寒论》);治血热妄行之吐血衄血等,轻者单用,水调服,重者多与生地黄、白茅根等配用。

2. 痄腮,喉痹,口疮,疮肿　本品有清热解毒散肿之功,内服外用均可。治痄腮肿痛,可单用,或与寒水石共研为末,外敷患处,如青金散(《普济方》);治咽痛口疮,可与板蓝根、甘草等配用,或配牛黄、冰片等吹撒患处;治热毒疮肿,多配伍蒲公英、紫花地丁等。

3. 肝火犯肺,胸痛咯血　本品长于泻肝火,兼泻肺热,又具凉血之功。善治肝火犯肺,咳嗽胸痛,咯血或痰中带血等症,常与海蛤壳同用,即黛蛤散(《卫生鸿宝》)。

4. 小儿惊痫　治小儿惊风抽搐,多与钩藤、牛黄等配伍,如凉惊丸(《小儿药证直诀》)。

【用法用量】　宜入丸散,1~3 g。外用适量。

【使用注意】　胃寒者慎用。

【文献摘要】

(1)《本草拾遗》:"解毒。小儿丹热,和水服之。"

(2)《开宝本草》:"主解诸药毒,小儿诸热,惊痫发热,天行头痛寒热,煎水研服之。亦摩敷热疮、恶肿、金疮、下血、蛇犬等毒。"

(3)《本经逢原》:"泻肝胆,散郁火。治温毒发斑及产后热痢下重……"

【现代研究】

本品主含吲哚类成分(靛蓝、靛玉红等)。具有抑菌、抗癌、保肝作用。

—•笔记栏•—

贯众饮片

贯众

贯众 Guànzhòng

本品首载于《神农本草经》，为鳞毛蕨科植物粗茎鳞毛蕨 *Dryopteris crassirhizoma* Nakai 的根茎及叶柄残基。主产于黑龙江、吉林、辽宁等地。秋季采挖，晒干。切片。生用或炒炭用。处方中的常用名称：贯众、绵马贯众、贯众炭等。

【药性】 苦，微寒；有小毒。归肝、胃经。

【功效】 清热解毒，驱虫，止血。

【应用】

1. 时疫感冒，温毒发斑，痄腮，疮疡　本品味苦性寒，既能清气分之实热，又能解血分之热毒，凡温热毒邪所致之证皆可用之，常与黄连、甘草等同用，如贯众散(《普济方》)；治时疫感冒、痄腮、温毒发斑等，常与金银花、板蓝根、大青叶等同用。

2. 虫积腹痛　本品有驱虫作用。用于绦虫、蛔虫、钩虫等肠道寄生虫病。

3. 血热出血　本品炒炭有止血作用。治血热妄行所致的吐血、衄血、便血、崩漏等，可与地榆、槐花等同用。

【用法用量】 煎服，5～10 g。清热解毒宜生用；止血宜炒炭用。

【使用注意】 本品有小毒，用量不宜过大；服用本品时忌油腻；孕妇、脾胃虚寒者慎用。用本品驱虫须用大量，而大量使用会损伤视神经，严重者引起失明，宜谨慎。

【文献摘要】

(1)《神农本草经》："主腹中邪热气，诸毒，杀三虫。"

(2)《本草纲目》："治下血、崩中、带下，产后血气胀痛，斑疹毒，漆毒，骨哽。"

(3)《玉楸药解》："治吐衄崩带，积聚痃癖，杀寸白诸虫。"

【现代研究】

本品主含间苯三酚类衍生物类成分(绵马酸类、黄绵马酸类)，还含挥发油、鞣质、树脂等成分。具有抗病毒、抗菌、收缩子宫、抗早孕、抗肿瘤、止血、保肝作用。

野菊花饮片

野菊花 Yějúhuā

本品首载于《本草正》，为菊科植物野菊 *Chrysanthemum indicum* L. 的头状花序。中国大部分地区均产。秋、冬二季花初开时采摘。晒干或蒸后晒干。生用或鲜用。处方中的常用名称：野菊花、鲜野菊花等。

【药性】 苦、辛，微寒。归肝、心经。

【功效】 清热解毒，泻火平肝。

【应用】

1. 疮痈疖肿，咽喉肿痛　本品辛散苦泄，清热解毒之力强，为治热毒疮痈之良药。治热毒炽盛的疮痈疖肿，常与蒲公英、紫花地丁、金银花等配伍，如五味消毒饮(《医宗金鉴》)；治热盛咽喉肿痛，多与板蓝根、山豆根、牛蒡子等同用。

2. 目赤肿痛，头痛眩晕　本品入肝经，有清泻肝火、平抑肝阳之功。治肝火上炎之目赤肿痛，多与菊花、密蒙花、决明子等配伍；治肝阳上亢之头痛眩晕，常与夏枯草、决明子、钩藤等配用。

【用法用量】 煎服，9～15 g。外用适量，煎汤外洗或制膏外涂。

【使用注意】 胃寒者慎用。

【文献摘要】

(1)《本草纲目》："治痈肿疔毒，瘰疬眼瘜。"

—•笔记栏•—

(2)《本草求真》:"凡痈毒疔肿,瘰疬,眼目热痛,妇人瘀血等症,无不得此则治。"

(3)《本草正》:"散火散气,消痈毒、疔肿、瘰疬,眼目热痛,亦破妇人瘀血。"

【现代研究】

本品主含黄酮类成分(槲皮素、蒙花苷等),还含挥发油类成分。具有抗菌、抗病毒、降血压、增加冠状动脉流量、保护心肌缺血、抑制血小板聚集、增强白细胞的吞噬能力作用。

白花蛇舌草 Báihuāshéshécǎo

白花蛇舌草饮片

本品首载于《广西中药志》,为茜草科植物白花蛇舌草 *Hedyotis diffusa* Willd. 的全草。主产于福建、广东、广西等地。夏、秋二季采收。鲜用或晒干。生用。处方中的常用名称:白花蛇舌草、蛇舌草等。

【药性】 微苦、甘,寒。归胃、大肠、小肠经。

【功效】 清热解毒,利湿通淋。

【应用】

1. 疮疡肿毒,咽喉肿痛,毒蛇咬伤　本品清热解毒、消散痈肿之功兼备,并能解蛇毒,为热毒诸证及蛇伤之常用药。治热毒疮痈,可单用捣烂外敷,亦可与蒲公英、野菊花、紫花地丁等配伍内服;治肠痈腹痛,常与大血藤、败酱草、牡丹皮等配伍;治咽喉肿痛,多与牛蒡子、玄参、射干等同用;治毒蛇咬伤,可单用鲜品捣烂绞汁内服或水煎服,以渣敷伤口,亦可与半边莲、紫花地丁、重楼等同用。

2. 湿热淋证　本品有清热除湿、利水通淋之功。治热淋小便涩痛,常与石韦、车前草等配用。

此外,取本品清热解毒消肿之功,现代亦用于癌症而见热毒内盛者。

【用法用量】 煎服,15~60 g。外用适量。

【使用注意】 阴疽及脾胃虚寒者忌用。

【文献摘要】

(1)《广西中药志》:"治小儿疳积,毒蛇咬伤,癌肿。外治白泡疮,蛇癞疮。"

(2)《广西中草药》:"清热解毒,活血利尿。治扁桃体炎,咽喉炎,阑尾炎,肝炎,痢疾,尿路感染,小儿疳积。"

(3)《广东中药》:"消肿解毒,驱风,止痛,消炎。主治蛇伤、癌症及盲肠炎、痢疾等症。"

【现代研究】

本品主含有机酸类成分(齐墩果酸、乌苏酸),还含黄酮苷、蒽醌类等成分。具有抑菌、抗肿瘤、抗炎、镇痛、镇静催眠、保肝、利胆作用等作用。

山豆根 Shāndòugēn

山豆根饮片

本品首载于《开宝本草》,为豆科植物越南槐 *Sophora tonkinensis* Gagnep. 的根及根茎。主产于广西、广东、贵州等地。秋季采挖。晒干。生用。处方中的常用名称:山豆根、苦豆根、广豆根等。

【药性】 苦,寒;有毒。归肺、胃经。

【功效】 清热解毒,消肿利咽。

【应用】

1. 火毒蕴结,乳蛾喉痹,咽喉肿痛　本品味苦性寒,功善清热解毒、利咽消肿,为治热毒蕴结,咽喉肿痛之要药。治咽喉肿痛,轻者可单味煎服或含漱,或磨醋含咽;重者,常配伍连翘、桔梗、黄芩等,如清凉散(《增补万病回春》)。治风热犯肺之咽痛,常配薄荷、牛蒡子等同用。治乳蛾喉痹，常与射干、天花粉、麦冬等配伍，如山豆根汤(《慈幼新书》)。

2. 齿龈肿痛，口舌生疮　本品有清泻胃火之功。治胃火炽盛，牙龈肿痛，可单用煎汤漱口，或与黄连、生石膏、升麻等同用。

此外，尚可治肺热咳嗽、湿热黄疸等。

【用法用量】 煎服，3~6 g。外用适量。

【使用注意】 本品大苦大寒，且有毒，过量服用易致恶心、呕吐、腹泻、腹痛、心悸胸闷、乏力、头昏头痛等，甚至四肢厥冷、抽搐，故用量不宜过大。

【文献摘要】

(1)《本草图经》:“采根用，今人寸截含之，以解咽喉肿痛极妙。”

(2)《本草汇言》:“山豆根，苦寒清肃，得降下之令，善除肺胃郁热。凡一切暴感热疾，凉而解毒，表里上下，无不宜之。”

(3)《本草求真》:“山豆根，功专泻心保肺，及降阴经火逆，解咽喉肿痛第一要药。”

【现代研究】

本品主含生物碱类成分(苦参碱、氧化苦参碱、槐果碱、臭豆碱、金雀花碱、山豆根碱等)，还含皂苷、多糖类成分。具有抗菌、抗炎、解热、保肝、抗肿瘤等作用。

穿心莲 Chuānxīnlián

穿心莲饮片

本品首载于《岭南采药录》，为爵床科植物穿心莲 *Andrographis paniculata* (Burm. f.) Nees 的地上部分。主产于广东、广西、福建等地。秋初茎叶茂盛时采收。晒干。切段，生用。处方中的常用名称：穿心莲、一见喜等。

【药性】 苦，寒。归心、肺、大肠、膀胱经。

【功效】 清热解毒，凉血，消肿，燥湿。

【应用】

1. 咽痛口疮，顿咳劳嗽，肺痈吐脓，温病初起　本品苦寒降泄，功善清热解毒，长于清肺热。治热毒咽喉肿痛，口舌生疮，可单味应用，或配伍射干、牛蒡子、大青叶等；治痰热壅肺，胸闷气促，顿咳劳嗽，常与黄芩、瓜蒌、地骨皮等同用；治肺痈咳吐脓血，多与鱼腥草、芦根、桔梗等同用；治外感风热或温病初起，发热头痛，常与金银花、连翘、薄荷等同用。

2. 痈肿疮疡，蛇虫咬伤　本品能清热泻火解毒，兼能凉血消肿。治热毒疮痈，常与野菊花、紫花地丁、重楼等同用；治毒蛇咬伤，可单用本品捣烂外敷，或配伍白花蛇舌草、重楼等同用。

3. 湿热泻痢，热淋涩痛，湿疹瘙痒　本品味苦性寒，能清热燥湿，可治多种湿热病证，如湿热泻痢、淋证，可单用或随证配伍应用；治湿疹瘙痒，可用本品研末，甘油调涂患处。

【用法用量】 煎服，6~9 g。外用适量。因本品味极苦，煎剂易致恶心呕吐，故现多作丸、片剂服用。外用适量。

【使用注意】 脾胃虚寒者忌用。孕妇忌用。

【文献摘要】

(1)《岭南采药录》:“能解蛇毒，又能理内伤咳嗽。”

(2)《泉州本草》:“清热解毒，消炎退肿。治咽喉炎症，痢疾，高热。”

(3)《福建中草药》:“清热泻火。治肺结核发热，热淋，鼻窦炎，中耳炎，胃火牙痛，汤火伤。”

【现代研究】

本品主含内酯类成分(穿心莲内脂、脱水穿心莲内脂)，还含黄酮类、皂苷、酚类、糖类等除成分。具有解热、抗炎、镇静、增强免疫、保肝、利胆、抗蛇毒、抗肿瘤、调节血脂、降血压等作用。

—•笔记栏•—

土茯苓饮片

土茯苓 Tǔfúlíng

本品首载于《滇南本草》，为百合科植物光叶菝葜 *Smilax glabra* Roxb. 的根茎。主产于长江流域及南部各省。夏、秋二季采挖，晒干。生用。处方中的常用名称：土茯苓。

【药性】 甘、淡，平。归肝、胃经。

【功效】 解毒，除湿，通利关节。

【应用】

1. 梅毒及汞中毒所致肢体拘挛，筋骨疼痛　　本品甘淡渗利，既善解毒利湿，又能通利关节、解汞毒，为治梅毒要药，用于梅毒或因梅毒服汞剂中毒而致肢体拘挛者。可单味大剂量水煎服，或配金银花、甘草等配伍；若治梅毒伴有肢体拘挛者，多与木瓜、薏苡仁等同用，如搜风解毒汤（《本草纲目》）。亦治疮痈疔毒、咽喉肿痛等。

2. 湿热淋浊，带下，疥癣，湿疹　　本品味甘淡性平偏凉，有清热利湿之功。治热淋，常与木通、车前子、海金沙等配伍；治湿热带下，常配伍黄柏、苦参等。本品亦可治疥癣，湿疹瘙痒等。

3. 痈肿，瘰疬　　本品能清热解毒，治痈肿、瘰疬等。

【用法用量】 煎服，15~60 g。外用适量。

【使用注意】 服药时忌饮茶；肝肾阴虚者慎用。

【文献摘要】

（1）《本草纲目》："健脾胃，强筋骨，去风湿，利关节，止泄泻。治拘挛骨痛，恶疮痈肿。解汞粉、银朱毒。"

（2）《本草正义》："利湿去热，能入络，搜剔湿热之蕴毒。其解水银、轻粉毒者，彼以升提收毒上行，而此以渗利下导为务，故专治杨梅毒疮，深入百络，关节疼痛，甚至腐烂，又毒火上行，咽喉痛溃，一切恶症。"

【现代研究】

本品主含黄酮类成分（落新妇苷、异落新妇苷等），还含生物碱、挥发油、鞣质、树脂、淀粉、甾醇等成分。具有抗菌、抗炎、利尿、镇痛、抗肿瘤等作用。

紫花地丁饮片

紫花地丁 Zǐhuādìdīng

本品首载于《本草纲目》，为堇菜科植物紫花地丁 *Viola yedoensis* Makino 的全草。主产于长江下游至南部各地。春、秋二季采收。晒干。生用或鲜用。处方中的常用名称：紫花地丁、紫地丁等。

【药性】 苦、辛，寒。归心、肝经。

【功效】 清热解毒，凉血消肿。

【应用】

1. 疔疮肿毒，痈疽发背，丹毒，乳痈，肠痈　　本品苦泄辛散，寒能清热，入心、肝经血分，功善清解热毒、凉血消肿、消痈散结，适用于热毒炽盛，血热壅滞所致之内外诸痈肿，尤为治疔疮之要药。治疔疮初起肿痛，可单用鲜品捣汁内服，以渣外敷，或配连翘、栀子等同用；治热毒疮痈，常与金银花、野菊花等配伍，如五味消毒饮（《医宗金鉴》）；治乳痈，常配蒲公英等煎汤内服，并以渣外敷，或熬膏贴患处；治肠痈，常配大黄、大血藤、白花蛇舌草等。

2. 毒蛇咬伤　　治毒蛇咬伤，可单用鲜品捣汁内服，或配伍鲜半边莲、鲜野菊花等，捣烂外敷。

【用法用量】 煎服，15~30 g。外用适量，捣烂敷患处。

【使用注意】 体质虚寒者忌服。

【文献摘要】

(1)《本草纲目》:"治一切痈疽发背,疔疮,瘰疬,无名肿毒,恶疮。"

(2)《本草正义》:"地丁,专为痈肿疔毒通用之药……然辛凉散肿,长于退热,惟血热壅滞、红肿焮发之外疡宜之。若谓通治阴疽发背寒凝之证,殊是不妥。"

【现代研究】

本品主含黄酮类成分(山柰酚-3-*O*-鼠李吡喃苷等),还含有机酸类成分。具有抗菌、抗病毒、解热、消炎、消肿等作用。

败酱草 Bàijiàngcǎo

败酱草饮片

本品首载于《神农本草经》,为败酱科植物黄花败酱 *Patrinia scabiosaefolia* Fisch. 、白花败酱 *Patrinia villosa* Juss. 的带根全草。主产于四川、江西、福建等地。夏、秋二季采收。鲜用,或阴干,生用。处方中的常用名称:败酱草、败酱等。

【药性】 辛、苦,微寒。归肝、胃、大肠经。

【功效】 清热解毒,消痈排脓,祛瘀止痛。

【应用】

1. 肠痈,肺痈,皮肤疮痈　本品苦泄辛散,性寒清热,主入大肠经,功善清热解毒、消痈排脓,为治肠痈要药,兼治肺痈、皮肤疮痈。治肠痈初起,常配大血藤、牡丹皮等;治肠痈脓已成者,每与清热排脓之品薏苡仁、附子同用,如薏苡附子败酱散(《金匮要略》);治肺痈吐脓,常与鱼腥草、桔梗、冬瓜子等同用;治皮肤疮痈肿痛,可用鲜品捣烂外敷,或单味煎汤顿服,或配紫花地丁、连翘等。

2. 产后瘀阻腹痛　本品兼能活血祛瘀止痛。治产后瘀滞腹痛,可单用,或与五灵脂、蒲黄等同用。

【用法用量】 煎服,9~15 g。大剂量 15~30 g。

【使用注意】 孕妇慎用。

【文献摘要】

(1)《名医别录》:"除痈肿,浮肿,结热,风痹不足,产后疾痛。"

(2)《药性论》:"治毒风顽痹,主破多年瘀血,能化脓为水及产后诸病。"

(3)《本草纲目》:"善排脓破血,故仲景治痈,及古方妇人科皆用之。"

【现代研究】

本品主含三萜类成分(黄花败酱皂苷、常春藤皂苷、齐墩果酸等),还含挥发油、黄酮类等成分。具有抗菌、抗病毒、保肝、利胆等作用。

附　其他清热解毒药(表 10-2)

表 10-2　其他清热解毒药

药名	处方中的常用名称	药　性	功　效	应　用	用法用量	使用注意
大血藤	大血藤、红藤	苦,平。归大肠、肝经	清热解毒,活血,祛风止痛	肠痈腹痛,热毒疮痈,经闭,痛经,跌扑肿痛,风湿痹痛	煎服,9~15 g。外用适量	孕妇慎用
马勃	马勃、马卜、马勃绒	辛,平。归肺经	清肺利咽,止血	风热郁肺咽痛,音哑,咳嗽,鼻衄,创伤出血	煎服,2~6 g。外用适量,敷患处	风寒伏肺咳嗽失音者禁服

续 表

—•笔记栏•—

药名	处方中的常用名称	药 性	功 效	应 用	用法用量	使用注意
木蝴蝶	木蝴蝶、千层纸、玉蝴蝶	苦、甘，凉。归肺、肝、胃经	清肺利咽，疏肝和胃	肺热咳嗽，喉痹，音哑，肝胃气痛	煎服，1.5~3 g	青光眼患者禁用
马齿苋	马齿苋、马齿菜	酸，寒。归肝、大肠经	清热解毒，凉血止血，止痢	热毒血痢，痈肿疔疮，湿疹，丹毒，崩漏下血，痔血，便血	煎服，9~15 g。鲜品用量加倍。外用适量	脾胃虚寒者及孕妇慎用
鸦胆子	鸦胆子、鸦蛋子	苦，寒；有小毒。归大肠、肝经	清热解毒，截疟，止痢；外用腐蚀赘疣	痢疾，疟疾，外治赘疣，鸡眼	内服，0.5~2 g，用龙眼肉包裹或装入胶囊吞服。外用适量	胃肠出血及肝肾病患者应忌用；孕妇及小儿慎用
拳参	拳参、紫参	苦、涩，微寒。归肺、肝、大肠经	清热解毒，消肿，止血	赤痢热泻，痈肿瘰疬，蛇虫咬伤，血热吐衄，痔疮出血	煎服，5~9 g。外用适量	阴证疮疡患者忌服
白蔹	白蔹、白蔹根、白蔹片	苦，微寒。归心、胃经	清热解毒，消痈散结，敛疮生肌	痈疽发背，疔疮，瘰疬，烧烫伤	5~10 g。外用适量。煎汤洗或研成极细粉敷患处	不宜与川乌、草乌、附子等同用
漏芦	漏芦、野兰、榔头花	苦，寒。归胃经	清热解毒，消痈，下乳，舒筋通脉	乳痈肿痛，痈疽发背，瘰疬疮毒，乳汁不通，湿痹拘挛	煎服，5~9 g	孕妇慎用
山慈菇	山慈菇、毛慈菇、山茨菇	甘、微辛，凉。归肝、脾经	清热解毒，化痰散结	痈疽疔毒，瘰疬痰核，癥瘕痞块	煎服，3~9 g。外用适量	正虚体弱者慎用
熊胆粉	熊胆粉、熊胆、胆仁	苦，寒。归肝、胆、心经	清热解毒，清肝明目，息风止痉	惊痫抽搐，肝热目赤，热毒疮痈，痔疮肿痛	内服，1~2 g，多入丸散。外用适量	脾胃虚寒者忌服。虚寒证禁用
四季青	四季青	苦、涩，凉。归肺、大肠、膀胱经	清热解毒，消肿祛瘀	肺热咳嗽，咽喉肿痛，热淋，烧烫伤，皮肤溃疡	煎服，15~60 g。外用适量，水煎外涂	脾胃虚寒，肠滑泄泻者慎用
千里光	千里光、千里明、九里明	苦，寒。归肺、肝经	清热解毒，明目，利湿	痈肿疮毒，目赤肿痛，泄泻，痢疾	煎服，9~15 g，鲜品30 g。外用适量	脾胃虚寒者慎服
金荞麦	金荞麦、天荞麦、野荞麦	微辛、涩，凉。归肺经	清热解毒，排脓祛瘀	肺痈吐脓，肺热咳嗽，乳蛾肿痛	15~45 g。用水或黄酒隔水密闭炖服。外用适量	—
地锦草	地锦草	辛，平。归肝、大肠经	清热解毒，凉血止血，利湿退黄	痢疾，泄泻，疮疔痈肿，咯血，尿血，便血，崩漏，湿热黄疸	煎服，9~20 g。外用适量	—
绿豆	绿豆	甘，寒。归心、胃经	清热解毒，消暑，利尿	疮痈肿毒，药食中毒，暑热烦渴、小便短赤	煎服，15~30 g。外用适量	脾胃虚寒，肠滑泄泻者慎用
半边莲	半边莲	辛，平。归心、小肠、肺经	清热解毒，利尿消肿	疮痈肿毒，蛇虫咬伤，臌胀水肿	煎服，10~15 g。鲜品30~60 g。外用适量	虚证水肿忌用
重楼	重楼、蚤休、七叶一枝花	苦，微寒；有小毒。归肝经	清热解毒，消肿止痛，凉肝定惊	疔疮痈肿，咽喉肿痛，蛇虫咬伤，跌扑伤痛，惊风抽搐	煎服，3~9 g。外用适量	阴证疮疡忌用

—•笔记栏•—

第四节 清热凉血药

本类药物味多苦或咸，性寒，主归心、肝经，有清解营分、血分热邪之功，主治热入营分，症见舌绛，身热夜甚，心烦不寐，脉细数，甚则神昏谵语，斑疹隐隐；或热入血分，热盛迫血，症见舌色深绛，吐血衄血，尿血便血，斑疹紫暗，躁扰不安，甚或昏狂等。部分药物尚具有养阴生津或活血散瘀作用。

生地黄 Shēngdìhuáng

生地黄饮片

本品首载于《神农本草经》，为玄参科植物地黄 *Rehmannia glutinosa* Libosch. 的块根。主产于河南，为"四大怀药"之一。秋季采收，烘焙至约八成干。切片，生用。处方中的常用名称：生地黄、生地、干地黄、怀地黄等。

【药性】 甘，寒。归心、肝、肾经。

【功效】 清热凉血，养阴生津。

【应用】

1. 热入营血，温毒发斑，血热出血　本品甘润苦泄寒清，质柔润，入心、肝经血分，为清热凉血要药。治温热病热入营血，身热口干，神昏舌绛，常与玄参、牡丹皮、黄连等配伍，如清营汤（《温病条辨》）；治热毒斑疹色紫暗，多与赤芍、紫草、玄参等同用；治热病后期，余热未清，夜热早凉，常与知母、鳖甲、牡丹皮等配伍，如青蒿鳖甲汤（《温病条辨》）；治血热之吐血、衄血，常配荷叶、艾叶、侧柏叶等，如四生丸（《校注妇人良方》）；治血热之便血、尿血，常配小蓟、地榆、槐花等；治血热崩漏下血，常配苎麻根、茜草等。

2. 阴虚发热，骨蒸劳热　本品味甘性寒，入肾经，能滋肾阴，降虚火，泄伏热。治阴虚内热，潮热骨蒸，可配知母、地骨皮同用；治温病后期，余热未尽，阴津已伤，夜热早凉，配青蒿、鳖甲、知母等，如青蒿鳖甲汤（《温病条辨》）。

3. 热病伤阴，舌绛烦渴，津伤便秘，内热消渴　本品善清热养阴、生津润燥，为治阴虚津亏燥热证的常用药。治热病伤阴，烦渴多饮，常与沙参、麦冬、玉竹等配伍，如益胃汤（《温病条辨》）；治阴虚消渴，多与人参、葛根、天花粉等配伍，如玉泉丸（《沈氏尊生书》）；治热伤津液，大便秘结，多与玄参、麦冬同用，即增液汤（《温病条辨》）。

【用法用量】 煎服，10~15 g。鲜品用量加倍，或以鲜品捣汁入药。

【使用注意】 脾虚便溏者不宜使用。

【文献摘要】

（1）《珍珠囊》："凉血，生血，补肾水真阴。"

（2）《本草新编》："凉头面之火，清肺肝之热，热血妄行，或吐血，或衄血，或下血，宜用之为主。"

（3）《本经逢原》："干地黄，内专凉血滋阴，外润皮肤荣泽，患者虚而有热者宜加用之……用此于清热药中，通其秘结最妙，以其有润燥之功，而无滋润之患也。"

【现代研究】

本品主含苷类成分（紫醇、毛蕊花糖苷等），还含糖类、氨基酸、有机酸类成分。具有增强体液免疫和细胞免疫、降血糖、抗胃溃疡、促造血、止血、抗菌、抗氧化、抗肿瘤、延缓衰老等作用。

玄参 Xuánshēn

玄参饮片

本品首载于《神农本草经》，为玄参科植物玄参 *Scrophularia ningpoensis* Hemsl. 的根。主产于浙江、江苏、四川等地。冬季茎叶枯萎时采挖。晒或烘至半干，堆放 3~6 天，反复数次至干燥。切片，生用。处方中的常用名称：玄参、元参等。

—·笔记栏·—

【药性】 甘、苦、咸，微寒。归肺、胃、肾经。

【功效】 清热凉血，滋阴降火，解毒散结。

【应用】

1. 热入营血，温毒发斑 本品咸寒入血，苦寒泄热，功善清热凉血、泻火解毒。治温热病热入营血，身热口干，神昏舌绛，常与生地黄、牡丹皮、黄连等配伍，如清营汤(《温病条辨》)；治热入心包，神昏谵语，宜配莲子心、竹叶卷心等，如清宫汤(《温病条辨》)；治温热病气血两燔，身发斑疹，多与石膏、知母等配伍，如化斑汤(《温病条辨》)。

2. 热病伤阴，舌绛烦渴，骨蒸劳嗽，津伤便秘 本品能滋阴降火、生津润燥，为治阴虚津亏证之常品。治肺阴虚，劳嗽咳血，常配百合、川贝母等，如百合固金汤(《医方集解》)；治阴虚发热，骨蒸劳热，常与知母、地骨皮等配伍；治内热消渴，每与麦冬、五味子等同用；治津伤便秘，常与生地黄、麦冬配伍，如增液汤(《温病条辨》)。

3. 咽痛，目赤，瘰疬，疮痈，脱疽 本品既能滋阴降火、解毒散结，又兼能利咽。治热毒壅盛，咽喉肿痛，大头瘟，常与连翘、板蓝根、黄芩等配伍，如普济消毒饮(《东垣试效方》)；治阴虚肺燥、虚火上炎之咽喉疼痛，干咳少痰，常与生地黄、麦冬、川贝母等配伍，如养阴清肺汤(《重楼玉钥》)；治肝火上攻，目赤肿痛，可配栀子、夏枯草等同用；治瘰疬痰核，常与牡蛎、浙贝母等配伍，如消瘰丸(《医学心悟》)；治热毒疮痈，脱疽，每配金银花、当归、甘草等，如四妙勇安汤(《验方新编》)。

【用法用量】 煎服，9~15 g。

【使用注意】 脾虚便溏者不宜服用；不宜与藜芦同用。

【文献摘要】

(1)《本草品汇精要》:“消咽喉之肿，泻无根之火。”

(2)《本草纲目》:“滋阴降火，解斑毒，利咽喉，通小便血滞。”

(3)《本草正》:“能退无根浮游之火，散周身痰结热痈。”

【现代研究】

本品主含环烯醚萜苷类成分(哈巴苷、玄参苷等)，还含生物碱、氨基酸等成分。具有抑菌、抗炎、抗氧化、降压、强心、保肝、解热、抗血栓、抗疲劳等作用。

案例

闫某，男，12岁。患温热病，日久失治，温热之邪下伤肝肾之阴。证见：午后潮热如焚，睡则呓语呢喃，面色枯白，身体羸瘦，饮食不进，哭而无泪。病已至此，其父母认为无望，束手待毙。其亲戚有周君者，与先生为友，力请诊治。切其脉来细数而任按，舌红形如石榴花。视其两目之神不败，口虽干而齿不枯。童子元阴未漓，病虽危而犹可活。为疏：生地黄30 g，玄参18 g，麦冬18 g，生甘草6 g，丹皮6 g，广犀角6 g，竹叶6 g，嘱药煎2次，分4次服之，每4小时服一次。服1剂后，竟酣然熟睡而呓语停止，午后潮热有所减轻。又服2剂，则鼻有涕，眼有泪，此乃津液复生，阳热之邪渐退之兆。

陈明，刘燕华，李芳. 刘渡舟临证验案精选[M]. 北京：学苑出版社，1996：15.

问题：

1. 玄参和生地黄的性能特点怎样？

2. 本案例重用玄参和生地黄的目的是什么？

牡丹皮 Mǔdānpí

牡丹皮饮片

本品首载于《神农本草经》，毛茛科植物牡丹 *Paeonia suffruticosa* Andr. 的根皮。主产于安

—•笔记栏•—

徽、山东、河北等地。秋季采挖。晒干。切片，生用或炒用。处方中的常用名称：牡丹皮、丹皮、炒丹皮、丹皮炭等。

【药性】 苦、辛，微寒。归心、肝、肾经。

【功效】 清热凉血，活血化瘀。

【应用】

1. 热入营血，温毒发斑，吐血衄血　本品既能清热凉血，又善活血散瘀，有凉血而不留瘀、活血而不妄行之特点，为治温热病热入血分证的常用药。治热入营血，斑疹吐衄，可与水牛角、生地黄、赤芍等配伍，如解毒地黄汤（《千金方》）；治温毒发斑，常与栀子、大黄、黄芩等配伍，如牡丹汤（《圣济总录》）；治血热妄行之吐血、衄血等，常与侧柏叶、茜草、白茅根等配伍，如十灰散（《十药神书》）。

2. 经闭痛经，跌打伤痛，痈肿疮毒　本品味辛，有活血通经、散瘀止痛之功，可用于瘀滞经闭、痛经，癥瘕积聚，跌打损伤等多种瘀血证，因性寒，故多用于对血瘀有热者。治瘀滞经闭、痛经，常配丹参、当归等；治癥瘕积聚，常与桂枝、桃仁等配伍，如桂枝茯苓丸（《金匮要略》）；治跌打损伤，常配乳香、没药等；治火毒壅盛、血热瘀滞之疮痈肿毒，常与金银花、连翘、蒲公英等同用；治肠痈腹痛，每与大黄、桃仁等同用，如大黄牡丹皮汤（《金匮要略》）。

3. 夜热早凉，无汗骨蒸　本品辛散苦泄，有清透阴分伏热之效。治温病伤阴，邪伏阴分，夜热早凉，骨蒸无汗，或低热不退等，常与青蒿、鳖甲等配伍，如青蒿鳖甲汤（《温病条辨》）。

【用法用量】 煎服，6~12 g。清热凉血宜生用，活血祛瘀宜酒炙用。

【使用注意】 血虚有寒、月经过多者不宜使用；孕妇慎用。

【文献摘要】

（1）《神农本草经》："主寒热，中风瘛疭、痉、惊痫邪气，除癥坚瘀血留舍肠胃，安五脏，疗痈疮。"

（2）《日华子本草》："除邪气，悦色，通关腠血脉，排脓，通月经，消扑损瘀血，续筋骨，除风痹，落胎下胞，产后一切女人冷热血气。"

（3）《珍珠囊》："治肠胃积血，衄血，吐血，无汗骨蒸。"

【现代研究】

本品主含酚类成分（丹皮酚），还含苷类、有机酸、挥发油等成分。具有解热、镇静、抗惊厥、镇痛、抗炎、抑菌、保肝、抗肿瘤、抗血栓、抗凝、抗心脑缺血、抗过敏、降血压、降血糖、抗抑郁等作用。

赤芍 Chìsháo

赤芍饮片

本品首载于《神农本草经》，为毛茛科植物芍药 *Paeonia lactiflora* Pall. 或川赤芍 *Paeonia veitchii* Lynch 的根。芍药主产于黑龙江、吉林、辽宁等地；川赤芍主产于四川、西藏、山西等地。春、秋二季采挖。晒干。切片，生用，或炒用。处方中的常用名称：赤芍、赤芍药、炒赤芍等。

【药性】 苦、微寒。归肝经。

【功效】 清热凉血，散瘀止痛。

【应用】

1. 热入营血，温毒发斑，吐血衄血　本品味苦性微寒，专入肝经，走血分，善清血分郁热，既凉血又活血，其清热凉血、活血化瘀之功与牡丹皮相似，常相须为用。治温热病热入营血证和气血两燔证，常与牡丹皮、生地黄、玄参等配伍，如清瘟败毒饮（《疫疹一得》）；治因血热所致吐血、衄血，常配白茅根、生地黄等。

2. 经闭痛经，癥瘕腹痛，跌打瘀痛，肝郁胁痛　本品能活血祛瘀、通经止痛，为治瘀血诸证之常品，并能清泻肝火。治血滞经闭痛经，癥瘕腹痛，常与当归、川芎、延胡索等同用，如少腹逐瘀汤；治瘀滞伤痛，常与乳香、没药等配伍；治肝郁血滞，胁肋胀痛，常与牡丹皮、柴胡、延胡索等配伍。

3. 目赤肿痛，痈肿疮疡　本品能清肝泻火，治肝火上攻，目赤肿痛，或目生翳障，常与夏枯草、决明子等同用；治热毒痈肿疮疡，常与金银花、天花粉等同用，如仙方活命饮（《校注妇人良方》）。

【用法用量】 煎服，6～12 g。

【使用注意】 血虚经闭者不宜用。不宜与藜芦同用。

【文献摘要】

（1）《神农本草经》："主邪气腹痛，除血痹，破坚积，寒热疝瘕，止痛，利小便，益气。"

（2）《本草要略》："泻肝家火。"

（3）《本草汇言》："泻肝火，消积血，散疮疡。（治）目痛赤肿，血脉缠睛，痈疡肿溃，疮疹痛痒，或妇人癥瘕腹痛，月经阻滞，或痢疾瘀积，红紫不清。"

【现代研究】

本品主含苷类成分（芍药苷、氧化芍药苷等），还含有机酸、酚类成分。具有抗炎、抗血小板聚集、抗凝、抗血栓形成、抗动脉粥样硬化、抗心肌缺血、保肝护肝、抗内毒素、抗肿瘤、抗抑郁、改善学习记忆能力等作用。

紫草 Zǐcǎo

紫草饮片

本品首载于《神农本草经》，为紫草科植物新疆紫草 *Arnebia euchroma*（Royle）Johnst. 或内蒙紫草 *Arnebia guttata* Bunge 的根。新疆紫草主产于新疆、西藏，内蒙紫草主产于内蒙古、河北、甘肃。春、秋二季采挖。晒干。切片，生用。处方中的常用名称：紫草、紫草根、紫根等。

【药性】 甘、咸，寒。归心，肝经。

【功效】 清热凉血，活血解毒，透疹消斑。

【应用】

1. 血热毒盛，斑疹紫黑，麻疹不透　本品味咸性寒，入心、肝经，既能清热凉血解毒，又能活血、透疹。治温毒发斑，血热毒盛，斑疹紫黑，常与赤芍、蝉蜕、甘草等同用，如紫草快斑汤（《张氏医通》）；治麻疹不透，疹色紫暗，兼咽喉肿痛，常用与牛蒡子、山豆根、连翘等药同用。与甘草配伍，水煎服，可用于预防麻疹。

2. 疮疡，湿疹，水火烫伤　本品有凉血解毒、活血消痈之效。治疮痈溃不收口，常与当归、血竭、白芷等配伍，如生肌玉红膏（《外科正宗》）；治湿疹瘙痒，每与黄连、黄柏等配伍，如紫草膏（《仁斋直指方》）；若治水火烫伤，可将本品用植物油浸泡，滤取油液，涂患处；或与大黄、牡丹皮等配伍，麻油熬膏外搽。

【用法用量】 煎服，5～10 g。外用适量，熬膏或用植物油浸泡涂擦。

【使用注意】 脾虚便溏者慎用。

【文献摘要】

（1）《药性论》："能治恶疮，瘑癣。"

（2）《本草纲目》："其功长于凉血活血，利大小肠。故痘疹欲出未出，血热毒盛，大便闭涩者，宜用之。已出而紫黑便闭者，亦可用。若已出而红活，及白陷大便利者，切宜忌之。"

【现代研究】

本品主含萘醌类成分（左旋紫草素、β,β'-二甲基丙烯酰阿卡宁等），还含生物碱等成分。具有抗炎、抑菌、抗病毒、解热、抗肿瘤、保肝、抗凝血、抗生育等作用。

—·笔记栏·—

水牛角饮片

水牛角 Shuǐniújiǎo

本品首载于《名医别录》，为牛科动物水牛 *Bubalus bubalis* Linnaeus 的角。主产于华南、华东地区。全年可采收，取角后，水煮，除去角塞，干燥，镑片或锉成粗粉。生用，或制为浓缩粉用。处方中的常用名称：水牛角、水牛角粉等。

【药性】 苦，寒。归心、肝经。

【功效】 清热凉血，解毒，定惊。

【应用】

1. 温病高热，神昏谵语，惊风，癫狂　本品味苦性寒，入心、肝经，有清热凉血解毒，定惊之功。治温病热入营血，高热不退，甚则神昏谵语，常与生地黄、玄参、金银花等配伍；治高热惊风抽搐，多与羚羊角、石膏、玄参等同用；治痰热癫狂，常配石菖蒲、玄参、连翘等。

2. 血热毒盛，发斑发疹，吐血衄血　本品清热凉血解毒。治热入营血，发斑发疹，吐血衄血，常配生地黄、牡丹皮、赤芍等同用。

此外，清热解毒之功，亦治热毒壅盛，咽喉肿痛，痈肿疮疡，常与黄连、黄芩、连翘等同用。

【用法用量】 镑片或粗粉煎服，15～30 g，宜先煎 3 h 以上；其浓缩粉冲服，1.5～3 g，每日 2 次。

【使用注意】 脾胃虚寒者忌用。

【文献摘要】

(1)《日华子本草》："水牛角，煎，治热毒风并壮热。"

(2)《陆川本草》："凉血解毒，止衄。治热病昏迷，麻痘斑疹，吐血，衄血，血热溺赤。"

【现代研究】

本品主含胆甾醇、蛋白质、肽类及多种氨基酸、微量元素等。具有解热、镇静、抗惊厥、抗炎、止血、强心、降血压等作用。

第五节　清虚热药

本类药物性寒凉，主归肝、肾经，以清虚热、退骨蒸为主要功效，主治肝肾阴虚，虚火内扰所致的骨蒸潮热、午后发热、手足心热、虚烦不寐、盗汗遗精、舌红少苔、脉细数等。亦可治温热病后期，邪热未尽，阴液伤耗，而致夜热早凉、热退无汗、舌质红绛、脉细数等。本类药物常配清热凉血药及清热养阴药同用。

青蒿饮片

青蒿

青蒿 Qīnghāo

本品首载于《神农本草经》，为菊科植物黄花蒿 *Artemisia annua* L. 的地上部分。中国大部分地区均有分布。夏、秋二季采收。鲜用或阴干。切段，生用。处方中的常用名称：青蒿、黄花蒿、香青蒿、青蒿梗等。

【药性】 苦、辛，寒。归肝、胆经。

【功效】 清虚热，除骨蒸，解暑热，截疟，退黄。

【应用】

1. 阴虚发热，骨蒸劳热，温邪伤阴，夜热早凉　本品味苦辛性寒，苦寒泄降清热，辛香透散，能清透阴分伏热，清虚热、除骨蒸。治阴虚内热，虚劳骨蒸，日晡潮热，手足心热，舌红少苔，常配知母、胡黄连、银柴胡等，如清骨散（《证治准绳》）；治热病后期，余热未清，伤阴发热，夜热

—•笔记栏•—

早凉，常与鳖甲、知母等同用，如青蒿鳖甲汤(《温病条辨》)。

2. 感暑发热 本品善能清热解暑。治暑天外感，发热头痛，烦渴脉数，常与滑石、西瓜翠衣等配伍，如清凉涤暑汤(《时病论》)。

3. 疟疾寒热 本品有截疟之效，为治疟疾寒热的要药。可用大剂量鲜青蒿绞汁服用，或与草果等同用。

4. 湿热黄疸 本品苦寒泄降，入肝、胆经，能利湿热、退黄疸。治湿热黄疸，常与茵陈、栀子等同用。

【用法用量】 煎服，6~12 g，不宜久煎；或鲜用绞汁服。

【使用注意】 脾胃虚寒者忌服。

【文献摘要】

(1)《本草纲目》："青蒿，治疟疾寒热。"

(2)《本草新编》："专解骨蒸劳热，尤能泄暑热之火。"

(3)《玉楸药解》："清肝退热，泄湿，除蒸。"

【现代研究】

本品主含倍半萜类化合物(青蒿素、青蒿甲素、青蒿乙素、青蒿酸等)，还含香豆素、黄酮类成分。具有抗疟、抑菌、抗病毒、解热、抗炎、降血压、抗心律失常、抗内毒素、抗肿瘤、抗寄生虫等作用。

案例

治寒热诸疟方第十六·治疟病方：……又方，青蒿一握，以水二升渍，绞取汁，尽服之。

葛洪.肘后备急方[M].天津：天津科学技术出版社，2000：57.

问题：

1. 青蒿的性能特点怎样？

2. 本案例治疗疟疾之法对现代抗疟药的研究有何贡献？

白薇 Báiwēi

白薇饮片

本品首载于《神农本草经》，为萝藦科植物白薇 *Cynanchum atratum* Bge. 或蔓生白薇 *Cynanchum versicolor* Bge. 的根及根茎。主产于山东、安徽、辽宁等地。春、秋二季采挖。晒干。切段，生用。处方中的常用名称：白薇、香白薇等。

【药性】 苦、咸，寒。归胃、肝、肾经。

【功效】 清热凉血，利尿通淋，解毒疗疮。

【应用】

1. 温邪伤营发热，阴虚发热，产后血虚发热，阴虚外感 本品善入血分而清热凉血、退虚热。治温病热入营血之高热烦躁，舌绛红者，常配生地黄、水牛角等同用；治阴虚发热，骨蒸潮热，多与知母、地骨皮等配伍；治产后血虚，低热不退，常与当归、人参等配伍，如白薇汤(《全生指迷方》)；治阴虚外感，发热咽干，心烦口渴，常与玉竹、薄荷等配伍，如加减葳蕤汤(《重订通俗伤寒论》)。

2. 热淋，血淋 本品既清热凉血，又能利尿通淋。治热淋、血淋，常与车前草、木通、石韦等配伍。

3. 痈疽肿毒 本品能清热解毒、消肿疗疮。治热毒疮痈，可单味捣烂外敷，或配蒲

—•笔记栏•—

公英、连翘等药水煎内服；治咽喉肿痛，常与射干、山豆根等同用；若治毒蛇咬伤，可捣烂外敷。

【用法用量】 煎服，5～10 g。

【使用注意】 脾胃虚寒者不宜服用；不宜大量内服。

【文献摘要】

(1)《本草纲目》："治风温灼热多眠，及热淋，遗尿，金疮出血。"

(2)《要药分剂》："清虚火，除血热。"

(3)《本草正义》："凡阴虚有热者，自汗、盗汗者，久疟伤津者，病后阴液未复，余热未清者，皆为必不可少之药。而妇女血热，又为恒用之品矣。"

【现代研究】

本品主含甾体苷类成分（直立白薇苷 A～F、直立白薇新苷 A～D 等），还含挥发油、强心苷等成分。具有抗炎、解热、利尿、祛痰、平喘、抗肿瘤、强心、抑制黑色素瘤细胞、抑制糖尿病神经病变等作用。

地骨皮饮片

地骨皮 Dìgǔpí

本品首载于《神农本草经》，为茄科植物枸杞 *Lycium chinense* Mill. 或宁夏枸杞 *Lycium barbarum* L. 的根皮。枸杞主产于河南、山西、江苏等地；宁夏枸杞主产于宁夏、甘肃。春初或秋后采挖。剥取根皮，晒干。切段，生用。处方中的常用名称：地骨皮、枸杞根皮等。

【药性】 甘，寒。归肺、肝、肾经。

【功效】 凉血除蒸，清肺降火。

【应用】

1. 阴虚潮热，骨蒸盗汗　本品甘寒清润，入肝、肾经，长于清虚热、除骨蒸，为凉血退热除蒸之佳品。治阴虚发热，骨蒸潮热，心烦盗汗，常与知母、银柴胡等配伍，如清骨散（《证治准绳》）。

2. 血热出血　本品性寒，能清热凉血。治血热妄行所致咳血、吐血、衄血、尿血等，可单用煎服，或配白茅根、侧柏叶等同用。

3. 肺热咳嗽　本品味苦性寒，入肺经，能清肺降火。治肺火郁结，气逆不降，咳嗽气喘，每与桑白皮、甘草等同用，如泻白散（《小儿药证直诀》）。

此外，本品甘寒生津，可治内热消渴，可与生地黄、天花粉、五味子等同用。

【用法用量】 煎服，9～15 g。

【使用注意】 外感发热及脾虚便溏者不宜用。

【文献摘要】

(1)《本草纲目》："去下焦肝肾虚热。"

(2)《珍珠囊》："解骨蒸肌热，消渴，风湿痹，坚筋骨，凉血。"

(3)《汤液本草》："泻肾火，降肺中伏火，去胞中火，退热，补正气。"

【现代研究】

本品主含生物碱类成分（甜菜碱、苦可胺 A），还含有机酸、酚类、甾醇等成分。具有解热、镇痛、降血压、降血脂、降血糖、抑菌等作用。

银柴胡饮片

银柴胡 Yínchái hú

本品首载于《本草纲目》，为石竹科植物银柴胡 *Stellaria dichotoma* L. var. *lanceolata* Bge. 的根。主产于宁夏、甘肃、内蒙古等地。春、夏间植株萌发或秋后枝叶枯萎时采挖。晒干。切片，

—•笔记栏•—

生用。处方中的常用名称：银柴胡。

【药性】 甘，微寒。归肝、胃经。

【功效】 清虚热，除疳热。

【应用】

1. 阴虚发热，骨蒸劳热　本品味甘性寒，善清退虚热。治阴虚发热，骨蒸劳热，潮热盗汗，多与地骨皮、青蒿、鳖甲同用，如清骨散(《证治准绳》)。

2. 小儿疳热　本品能清虚热，除疳热。治小儿疳积发热，腹大消瘦，毛发焦枯，常与胡黄连、鸡内金等同用。

【用法用量】 煎服，3~10 g。

【使用注意】 外感风寒，血虚无热者忌用。

【文献摘要】

(1)《本草经疏》："治劳热骨蒸。"

(2)《本草从新》："治虚劳肌热骨蒸，劳疟，热从髓出，小儿五疳羸热。"

(3)《本草正义》："退热而不苦泄，理阴而不升腾，固虚热之良药。"

【现代研究】

本品主含甾醇类成分(α-菠菜甾醇、豆甾醇等)，还含生物碱、酚酸类成分。具有解热、抗过敏、抗癌等作用。

胡黄连 Húhuánglián

胡黄连饮片

本品首载于《新修本草》，为玄参科植物胡黄连 *Picrorhiza scrophulariiflora* Pennell 的根茎。主产于西藏、云南。秋季地上部分枯萎时采挖。晒干。切片或用时捣碎。生用。处方中的常用名称：胡黄连。

【药性】 苦，寒。归肝、胃、大肠经。

【功效】 退虚热，除疳热，清湿热。

【应用】

1. 阴虚发热，骨蒸劳热　本品性寒，入肝经血分，能退虚热，除骨蒸。治阴虚发热，骨蒸劳热，潮热盗汗，常与银柴胡、地骨皮等同用，如清骨散(《证治准绳》)。

2. 小儿疳热　本品清虚热，除疳热。治小儿疳积发热，消化不良，腹胀体瘦，低热不退，常与党参、白术、山楂等同用，如肥儿丸(《医宗金鉴》)。

3. 湿热泻痢，黄疸尿赤，痔疮肿痛　本品味苦性寒，入胃、肠经，能清热燥湿。治湿热泻痢，常与黄芩、黄柏、白头翁等配伍；治黄疸尿赤，常配栀子、茵陈等；治痔疮肿痛，可研末，以鹅胆汁调涂局部，或与刺猬皮、麝香配伍内服，如胡连追毒丸(《外科正宗》)；亦可治血淋尿血，配凉血止血、利尿通淋药同用。

【用法用量】 煎服，3~10 g。

【使用注意】 脾胃虚寒者慎用。

【文献摘要】

(1)《新修本草》："主骨蒸劳热，补肝胆，明目，治冷热泄痢，益颜色，厚肠胃，治妇人胎蒸虚惊，三消五痔，大人五心烦热。解巴豆毒。以人乳浸点目甚良。"

(2)《药品化义》："独入血分而清热，主治血虚骨蒸，五心烦热，日晡肌热，脏毒痔疮。"

(3)《要药分剂》："为除清湿热之品。"

【现代研究】

本品主含环烯醚萜苷类成分(胡黄连苷Ⅰ~Ⅲ等)，还含有机酸类成分。具有抑菌、利胆、保肝、抗炎、抗氧化、降血脂、降血糖、抗胃溃疡、抗哮喘、抗肿瘤等作用。

—•笔记栏•—

小　　结

主要清热药的兼有功效及代表药物归纳

清热药	疏散风热	金银花、连翘、大青叶、贯众
	活血化瘀	败酱草、大血藤、牡丹皮、赤芍、紫草、金荞麦
	养阴	知母、生地黄、玄参
	利湿	栀子、芦根、苦参、蒲公英、鱼腥草、土茯苓、白薇
	化痰	芦根、射干、山慈菇
	消散郁结	夏枯草、连翘、山慈菇
	平抑肝阳	决明子、野菊花
	解蛇毒	半边莲、白花蛇舌草、穿心莲、地锦草、金荞麦、紫花地丁
	清解暑热	金银花、青蒿、绿豆
	截疟	青蒿、鸦胆子
	定惊	青黛、水牛角、熊胆粉

第十一章　泻 下 药

泻下药是指以泻下通便为主要功效，常用于治疗里实积滞证的药物。

笔记栏

第十一章授课视频及习题

本类药为沉降之品，主归大肠经，泻下通便，用于大便秘结，胃肠积滞，实热内结，水肿停饮等，即《素问·至真要大论》："留者攻之，燥者濡之。"

根据泻下药性能和使用范围，常分为攻下药、润下药和峻下逐水药三类。

本类药常配行气药同用，还应根据患者证候、年龄、体质等进行配伍。里实兼表证，宜先解表后攻里，或表里双解；里实正虚者，宜攻补兼施。因宿食、痰湿、瘀血、肠道寄生虫等引起的积滞诸证，需分别配伍消食药、化痰祛湿药、活血化瘀药、驱虫药。

攻下药及峻下逐水药作用较强，应奏效即止，不可过剂；又因易伤正气及脾胃，年老体虚、脾胃虚弱者慎用；妇女胎前产后及月经期应忌用。有毒药物应严格炮制法度，遵照用法，控制用量，避免中毒。

现代研究表明，本类药物具有刺激胃肠道黏膜使肠蠕动增加的致泻作用，以及对某些病毒、真菌、致病性原虫的抗感染作用。此外，大多药物还具有利胆、抗炎、抗肿瘤及增强机体免疫功能的作用。

第一节　攻 下 药

本类药物味苦能泄，性寒清热，主入大肠经，具有较强的泻下通便作用，并能清热泻火。主要适用于大便秘结，燥屎坚结及实热积滞之证。

本类药物的清热泻火功效，可治温热病高热神昏、谵语发狂；脏腑火热上炎所致的头痛、目赤、咽喉肿痛、牙龈肿痛；火热炽盛所致的吐血、衄血、咳血等上部出血证。本类药物能起到上病下治，"釜底抽薪"之作用。

大黄 Dàhuáng

大黄饮片

本品首载于《神农本草经》，为蓼科植物掌叶大黄 *Rheum palmatum* L.、唐古特大黄 *Rheum tanguticum* Maxim. ex Balf. 或药用大黄 *Rheum officinale* Baill. 的根和根茎。掌叶大黄和唐古特大黄药材称北大黄，主产于青海、甘肃等地；药用大黄药材称南大黄，主产于四川。秋末茎叶枯萎或次春发芽前采挖，除去细根，刮去外皮，切瓣或段后干燥。生用，或酒炒，酒蒸，炒炭用。处方中的常用名称：大黄、将军、熟大黄、酒大黄、大黄炭等。

【药性】　苦，寒。归脾、胃、大肠、肝、心包经。

【功效】　泻下攻积，清热泻火，凉血解毒，逐瘀通经，利湿退黄。

【应用】

1. 实热积滞便秘　本品味苦能泄，性寒清热，泻下攻积力强，能荡涤肠胃，推陈致新，为治疗积滞便秘之要药。治大便燥结不通、肠胃实热积滞者，常与芒硝、厚朴、枳实等配伍，如大承气汤（《伤寒论》）；若治热结而气血不足者，可配人参、当归等，如黄龙汤（《伤寒六书》）；若治热结津伤者，可配麦冬、生地黄、玄参等，如增液承气汤（《温病条辨》）；若治脾阳不足，冷积便秘，则须与附子、干姜等配伍，如温脾汤（《千金方》）。

2. 目赤咽肿，牙龈肿痛，血热吐衄　本品味苦降泄，能使上炎之火下泄，具有清热泻火，

—•笔记栏•—

凉血止血之功。治脏腑火热上炎所致的目赤、咽喉肿痛、牙龈肿痛，每与黄芩、栀子等配伍，如凉膈散(《太平惠民和剂局方》)；治血热妄行之吐血、衄血、咯血，每与黄连、黄芩配伍，如泻心汤(《金匮要略》)。

3. 热毒疮痈　本品性寒，有清热解毒之功，并能通便泄热。治热毒痈肿疔疮，常与金银花、蒲公英、连翘等配伍；治肠痈腹痛，可与牡丹皮、桃仁、芒硝等配伍，如大黄牡丹汤(《金匮要略》)；若治乳痈，可与甘草共研末，酒熬成膏外敷，如金黄散(《妇人大全良方》)；治口疮糜烂，多与枯矾等份为末用于患处。

4. 瘀血病证　本品味苦性寒，具有逐瘀通经作用，既可下瘀血，又能清瘀热，可治多种瘀血病证。治妇女产后瘀阻腹痛、恶露不尽者，常与桃仁、土鳖虫等配伍，如下瘀血汤(《金匮要略》)；治妇女瘀血经闭，可与桃核、桂枝等配伍，如桃核承气汤(《伤寒论》)；治跌打损伤，瘀血凝积肿痛，常与杏仁研细，酒服，如鸡鸣散(《三因极一病证方论》)。

5. 湿热痢疾，黄疸，淋证　本品苦寒泻下通便，可导湿热外出。治肠道湿热积滞的痢疾，可单用，或与黄芩、黄连、白芍等配伍；治湿热黄疸，常配茵陈、栀子，如茵陈蒿汤(《伤寒论》)；治湿热淋证者，常配木通、车前子、栀子等，如八正散(《太平惠民和剂局方》)。

此外，本品外用可治烧烫伤，可单用大黄粉，或配地榆粉，用麻油调敷患处。

【用法用量】　3~15 g。用于泻下不宜久煎。外用适量，研末敷于患处。生大黄泻下力强，久煎则泻下力减弱。酒大黄泻下力较弱，善清上焦血分热毒，用于目赤咽肿、齿龈肿痛；且活血作用较好，宜用于瘀血病证。熟大黄泻下力缓、泻火解毒，用于火毒疮疡。大黄炭凉血化瘀止血，用于血热有瘀出血病症。

【使用注意】　本品为峻烈攻下之品，易伤正气，如非实证，不宜妄用。本品苦寒，易伤胃气，脾胃虚弱者慎用；其性沉降，且善活血祛瘀，故孕妇及月经期、哺乳期慎用。

【文献摘要】

(1)《神农本草经》："下瘀血，血闭，寒热，破癥瘕积聚，留饮宿食，荡涤肠胃，推陈致新，通利水谷，调中化食，安和五脏。"

(2)《药性论》："主寒热，消食，炼五脏，通女子经候，利水肿，破痰实，冷热积聚，宿食，利大小肠，贴热毒肿，主小儿寒热时疾，烦热，蚀脓，破留血。"

(3)《本草纲目》："下痢赤白，里急腹痛，小便淋沥，实热燥结，潮热谵语，黄疸，诸火疮。"

【现代研究】

本品主含蒽醌衍生物(番泻苷 A~F、大黄酸、大黄酚、大黄素、芦荟大黄素、大黄素甲醚等)，还含鞣质、有机酸类成分。具有泻下、保肝利胆、抗急性胰腺炎、利尿、止血、改善血液流变性、降血脂、抗病原体、抗炎、抗肿瘤、免疫调节等作用。

芒硝 Mángxiāo

芒硝饮片

本品首载于《名医别录》，为硫酸盐类矿物芒硝族芒硝，经加工精制而成的结晶体，主含含水硫酸钠($Na_2SO_4 \cdot 10H_2O$)。主产于沿海各产盐区及四川、内蒙古、新疆等内陆盐湖。将天然芒硝(朴硝)用热水溶解，滤过，放冷析出结晶，通称"皮硝"。取适量鲜萝卜，加水与皮硝共煮，取上清液，放冷，析出结晶，即为芒硝。芒硝经风化失去结晶水而成白色粉末称玄明粉。处方中的常用名称：芒硝、皮硝、牙硝、玄明粉、元明粉等。

【药性】　咸、苦，寒。归胃、大肠经。

【功效】　泻下通便，润燥软坚，清火消肿。

【应用】

1. 实热积滞，腹满胀痛，大便燥结　本品味苦能泄，泻下攻积，且性寒能清热，味咸润燥软坚，对实热积滞，腹满胀痛，大便燥结者尤为适宜，常与大黄相须为用，如大承气汤(《伤寒论》)。

2. 肠痈腹痛　本品有泻下通便，清火消肿之功，治肠痈腹痛，可与大黄、牡丹皮、桃仁等药配伍，如大黄牡丹汤（《金匮要略》）；肠痈初起，也可与大黄、大蒜配伍，捣烂外敷。

3. 乳痈，咽痛口疮，目赤肿痛，痔疮肿痛　本品外用有清火消肿作用。治乳痈初起，可用本品化水或用纱布包裹外敷；治疮肿热赤，与升麻配伍，如升麻膏（《备急千金要方》）；治痔疮肿痛，可取本品溶入热水中，外洗。

此外，本品外用可回乳。

【用法用量】 6~12 g，一般不入煎剂，待汤剂煎成后，溶入汤剂中服用。外用适量。

【使用注意】 哺乳期妇女慎用，孕妇慎用。不宜与硫黄、三棱同用。

【文献摘要】

（1）《神农本草经》："除寒热邪气，逐六腑积聚、结固、留癖，能化七十二种石。"

（2）《珍珠囊》："其用有三：去实热，一也；涤肠中宿垢，二也；破坚积热块，三也。"

【现代研究】

本品主含硫酸钠（Na_2SO_4），还含少量氯化钠、硫酸镁、硫酸钙等无机盐。具有促进肠蠕动、导泻作用。

番泻叶 Fānxièyè

番泻叶饮片

本品首载于《饮片新参》，为豆科植物狭叶番泻 *Cassia angustifolia* Vahl 或尖叶番泻 *Cassia acutifolia* Delile 的小叶。主产于印度，我国广东、广西、云南亦有栽培。通常于 9 月采收，晒干。生用。处方中的常用名称：番泻叶、泻叶等。

【药性】 甘、苦，寒。归大肠经。

【功效】 泻热行滞，通便，利水。

【应用】

1. 热结积滞，便秘腹痛　本品苦寒降泄，既能泻下导滞，又能清导实热，适用于热结便秘，亦可用于习惯性便秘及老年便秘。大多单味泡服，小剂量可起缓泻作用，大剂量则可攻下；若热结便秘，腹满胀痛者，可与枳实、厚朴等药配伍，以增强泻下导滞作用。

2. 水肿胀满　本品能泻下行水消胀，用于水肿胀满，单味泡服，或与牵牛子、大腹皮等药配伍。

【用法用量】 煎服，2~6 g，后下，或开水泡服。

【使用注意】 孕妇及哺乳期、月经期慎用。剂量过大，可导致恶心、呕吐、腹痛等副作用。

【文献摘要】

《饮片新参》："泄热，利肠腑，通大便。"

【现代研究】

本品主含双蒽酮类成分（番泻苷 A~D 等），还含有游离蒽醌类成分（大黄酸、芦荟大黄素、大黄酚等）。具有泻下和抑菌作用。

芦荟 Lúhuì

芦荟饮片

本品首载于《药性论》，为百合科植物库拉索芦荟 *Aloe barbadensis* Miller、好望角芦荟 *Aloe ferox* Miller 或其他同属近缘植物叶的汁液浓缩干燥物。前者习称"老芦荟"，后者习称"新芦荟"。前者主产于南美洲北海岸附近的库拉索，我国云南、广东、广西等地亦有栽培；后者主产于南非的开普州，我国海南等地亦有栽培。全年可采，割取植物的叶片，收集流出的液质，置锅内熬成稠膏，倾入容器，冷却凝固，砸成小块用。处方中的常用名称：芦荟、真芦荟、象

—•笔记栏•—

胆等。

【药性】 苦，寒。归肝、胃、大肠经。

【功效】 泻下通便，清肝泻火，杀虫疗疳。

【应用】

1. 热结便秘　本品苦寒降泄，既能泻下通便，又能清泻肝火，除烦热。治热结便秘，兼见心肝火旺，烦躁失眠之证，如更衣丸（《本草经疏》）；治肝火内壅，胃气不化，胁腹疼胀，大便闭结，脉数大者，与大黄、当归、朱砂等药配伍，如当归龙荟丸（《医略六书》）。

2. 惊痫抽搐　本品有较好的凉肝泻火作用。治小儿急惊、发搐，与朱砂、麝香等药配伍，如朱砂散（《小儿卫生总微论方》）。

3. 小儿疳积　本品能杀虫疗疳。治小儿疳积，与使君子、黄连、白术等药配伍，如肥儿丸（《丹溪心法》）。

4. 外治癣疮　取本品杀虫止痒之效，研末调敷，外治癣疮。

【用法用量】 2~5 g，宜入丸散。外用适量，研末敷患处。

【使用注意】 孕妇、哺乳期及脾胃虚弱、食少便溏者慎用。

【文献摘要】

（1）《药性论》："杀小儿疳蛔。主吹鼻杀脑疳，除鼻痒。"

（2）《本草汇言》："芦荟，凉肝杀虫之药也。凡属肝脏为病，有热者，用之必无疑也。但味极苦，气极寒，诸苦寒药无出其右者。其功力主消不主补，因内热气强者可用，如内虚泄泻食少者禁之。"

【现代研究】

本品主含蒽醌类成分（芦荟苷、芦荟大黄素苷、异芦荟大黄素苷、7-羟基芦荟大黄素苷），还含多糖、甾醇及脂肪酸类成分。具有刺激性泻下作用。

第二节　润 下 药

本类药物多为植物种子和种仁，富含油脂，味甘质润，多入大肠经，能润滑大肠，促使排便而不致峻泻。主要适用于津亏、血虚、气滞等所致的肠燥便秘。

使用时应根据患者病情，适当配伍其他药物。若兼气虚者，可配伍补气药；兼血虚者，可配伍补血药；兼气滞者，可配伍行气药；兼实热者，可配伍清热药。

火麻仁 Huǒmárén

火麻仁饮片

本品首载于《神农本草经》，为桑科植物大麻 *Cannabis sativa* L. 的成熟果实。主产于山东、河北、黑龙江等地。秋季果实成熟时采收，除去杂质，晒干。生用或炒用，用时打碎。处方中的常用名称：火麻仁、麻子仁、大麻仁、大麻子等。

【药性】 甘，平。归脾、胃、大肠经。

【功效】 润肠通便。

【应用】

血虚津亏，肠燥便秘　本品味甘性平，质润多脂，能润肠通便，兼能滋养补虚。适用于老人、产妇、体弱等因血虚津亏所致肠燥便秘，常与郁李仁、瓜蒌仁、紫苏子等同用，或与大黄、厚朴等同用，如麻子仁丸（《伤寒论》）。

【用法用量】 煎服，10~15 g。

【使用注意】 本品不宜大量应用。

【文献摘要】

(1)《神农本草经》:“补中益气,久服肥健。”

(2)《药品化义》:“麻仁,能润肠,体润能去燥,专利大肠气结便秘。凡年老血液枯燥,产后气血不顾,病后元气未复,或禀弱不能运行者皆治。”

【现代研究】

本品主含脂肪油(饱和脂肪酸、油酸、亚油酸及亚麻酸等),还含生物碱类成分。具有润肠通便、降血压、降血脂作用。

郁李仁 Yùlǐrén

郁李仁饮片

本品首载于《神农本草经》,为蔷薇科植物欧李 *Prunus humilis* Bge.、郁李 *Prunus japonica* Thunb. 或长柄扁桃 *Prunus pedunculata* Maxim. 的成熟种子。前两种习称“小李仁”,后一种习称“大李仁”。主产于辽宁、吉林、黑龙江等地。夏、秋二季采收成熟果实,除去果肉及核壳,取出种子,干燥。生用,用时捣碎。处方中的常用名称:郁李仁、小李仁、大李仁等。

【药性】　辛、苦、甘,平。归脾、大肠、小肠经。

【功效】　润肠通便,下气利水。

【应用】

1. 肠燥便秘　　本品质润而性降,具有润燥滑肠之功,并能行大肠之气滞。治气滞腹胀,肠燥便秘,常与火麻仁、杏仁、柏子仁等配伍,如五仁丸(《世医得效方》);治疗产后肠胃燥热,大便秘结,可配当归、何首乌等同用,如郁李仁饮(《圣济总录》)。

2. 水肿,小便不利,脚气浮肿　　本品能利水消肿。治水肿胀满,小便不利,常与桑白皮、赤小豆、陈皮等配伍,如郁李仁汤(《圣济总录》);治脚气肿痛,常与木瓜、蚕沙等同用。

【用法用量】　煎服,6~10 g,打碎入煎,或入丸散用。

【使用注意】　孕妇慎用。

【文献摘要】

(1)《神农本草经》:“主大腹水肿,面目四肢浮肿,利小便水道。”

(2)《本草纲目》:“郁李甘苦而润,其性降,故能下气利水。”

(3)《药性论》:“治肠中结气,关格不通。”

【现代研究】

本品主含黄酮类成分(阿弗则林、山柰苷、郁李仁苷等),还含有机酸、三萜、氰苷、脂肪油、皂苷等成分。具有泻下及抗炎、镇痛作用。

松子仁 Sōngzǐrén

松子仁饮片

本品首载于《开宝本草》,为松科乔木红松 *Pinus koraiensis* Sieb. et Zucc 的种仁。主产于东北。果实成熟后采收,晒干,去硬壳,取出种子。生用。处方中的常用名称:松子仁、松子等。

【药性】　甘,温。归大肠、肺经。

【功效】　润肠通便,润肺止咳。

【应用】

1. 肠燥便秘　　本品味甘质润气香,具有润肠通便作用。治老人津亏液少,大便虚秘,常与柏子仁、麻子仁、黄芪等同用。

2. 肺燥干咳　　本品甘润入肺经,具有润肺止咳作用。治肺燥津亏,失于宣降,咳嗽少痰或干咳无痰者,可与胡桃肉、蜂蜜等配伍,如凤髓汤(《玄感传尸方》)。

【用法用量】　煎服,5~10 g。或入膏、丸剂。

—•笔记栏•—

【使用注意】 脾虚便溏及痰湿壅盛者忌用。

【文献摘要】

(1)《开宝本草》:“主骨节风,头眩,去死肌,变白,散水气,润五脏,不饥。”

(2)《本草纲目》:“润肺,治燥结咳嗽。”

(3)《本草通玄》:“益肺止嗽,补气养血,润肠止渴,温中搜风,润皮肤,肥五脏。阴虚多燥者珍为神丹。”

【现代研究】

本品主含脂肪油类成分(油酸酯、亚油酸酯),还含生物碱、蛋白质、挥发油类成分。具有降血脂、抗动脉粥样硬化、体外溶石等作用。

第三节 峻下逐水药

本类药物多味苦性寒,均有毒性,药力峻猛,服药后能引起剧烈腹泻,或兼有利尿作用,将体内潴留水饮排出体外,消除肿胀。主要适用于水肿胀满,胸腹积水及痰饮积聚、喘满壅实等正气未衰,邪盛证急之证。

本类药攻伐力强,易伤正气,应中病即止,不可久服。使用时或可配补虚药以固护正气。体虚者慎用,孕妇禁用。

甘遂 Gānsuí

甘遂饮片

本品首载于《神农本草经》,为大戟科植物甘遂 *Euphorbia kansui* T. N. Liou ex T. P. Wang 的块根。主产于陕西、河南、山西等地。春季开花前或秋末茎叶枯萎后采挖,除去外皮,晒干。生用或醋制用。处方中的常用名称:甘遂、醋甘遂、制甘遂等。

【药性】 苦,寒;有毒。归肺、肾、大肠经。

【功效】 泻水逐饮,消肿散结。

【应用】

1. 水肿胀满,胸腹积水,痰饮喘满 本品味苦性降,善行经隧之水湿,泻水逐饮力峻。用于水肿胀满,胸腹积水,痰饮喘满,而正气未衰者,可单味应用,或与京大戟、芫花等药配伍,如十枣汤(《伤寒论》);治水饮与热邪结聚所致的水饮结胸,可与大黄、芒硝等配伍,如大陷胸汤(《伤寒论》)。

2. 风痰癫痫 本品有驱逐痰涎之功。治风痰癫痫,可以甘遂末入猪心煨后,与辰砂末为丸服,如遂心丹(《济生方》)。

3. 痈肿疮毒 本品能消肿散结。治疮痈肿毒,多用甘遂末水调外敷。

【用法用量】 内服宜醋制,0.5~1.5 g,多入丸、散剂。外用适量,生用。

【使用注意】 孕妇禁用。不宜与甘草同用。

【文献摘要】

(1)《神农本草经》:“主大腹疝瘕,腹满,面目浮肿,留饮宿食,破症坚积聚,利水谷道。”

(2)《本草纲目》:“泻肾经及隧道水湿,脚气,阴囊肿坠,痰迷癫痫,噎膈痞塞。”

(3)《珍珠囊》:“味苦气寒,苦性泄,寒胜热,直达水热所结之处,乃泄水之圣药。水结胸中,非此不能除,故仲景大陷胸汤用之,但有毒,不可轻用。”

【现代研究】

本品主含萜类成分(大戟二烯醇、α-大戟醇、甘遂醇等),还含有机酸类成分。具有导泻、利尿、镇痛、引产作用。

—•笔记栏•—

京大戟 Jīngdàjǐ

京大戟饮片

本品首载于《神农本草经》,为大戟科植物大戟 *Euphorbia pekinensis* Rupr. 的根。主产于江苏、四川、江西等地。秋、冬二季采挖,洗净,晒干。生用或醋制用。处方中的常用名称:京大戟、大戟、醋京大戟等。

【药性】 苦,寒;有毒。归肺、脾、肾经。

【功效】 泻水逐饮,消肿散结。

【应用】

1. 水肿胀满,胸腹积水,痰饮喘满　本品味苦性降,善行脏腑之水湿,有泻水逐饮之功。治水肿、胸腹积水而正气未衰者,可与甘遂、芫花等配伍,如十枣汤(《伤寒论》)或舟车丸(《景岳全书》);治痰湿水饮停于胸膈而致胁肋隐痛、痰唾黏稠者,可与甘遂、白芥子等同用。

2. 痈肿疮毒,瘰疬痰核　本品能消肿散结。治热毒痈肿疮毒,可鲜用捣烂外敷;治痰火凝聚之瘰疬痰核,可与夏枯草、玄参、浙贝母等同用。

【用法用量】 煎服,1.5~3 g;入丸散服,每次 1 g;内服宜醋制用。外用适量,生用。

【使用注意】 孕妇禁用。不宜与甘草同用。

【文献摘要】

(1)《神农本草经》:"主十二水,腹满急痛,积聚,中风皮肤疼痛,吐逆。"

(2)《本草正》:"性峻利,善逐水邪痰涎,泻湿热胀满。"

(3)《本草经疏》:"大戟,苦寒下泄,故能逐诸有余之水。苦辛甘寒,故散颈腋痈肿。"

【现代研究】

本品主含萜类成分(京大戟素、大戟二烯醇等),还含黄酮、生物碱、有机酸、鞣质、树脂胶、多糖等成分。具有导泻、兴奋子宫、扩张毛细血管等作用。

【附药】

红大戟　本品为茜草科植物红大戟 *Knoxia valerianoides* Thorelet Pitard 的根。又名红芽大戟、广大戟。其药性、功效、应用、用法用量、使用注意等均与京大戟相同。

芫花 Yuánhuā

芫花饮片

本品首载于《神农本草经》,为瑞香科植物芫花 *Daphne genkwa* Sieb. et Zucc. 的花蕾。主产于安徽、江苏、浙江等地。每年春季花未开放时采收,采取花蕾,除去杂质,干燥。生用或醋制用。处方中的常用名称:芫花、醋芫花等。

【药性】 苦、辛,温;有毒。归肺、脾、肾经。

【功效】 泻水逐饮,祛痰止咳;外用杀虫疗疮。

【应用】

1. 水肿胀满,胸腹积水,痰饮喘满　本品有泻水逐饮之功,作用与甘遂、京大戟相似而力逊,兼能祛痰止咳,善消胸胁伏饮痰癖。用于水肿胀满,胸腹积水,痰饮喘满,而正气未衰者,与甘遂、京大戟等配伍,如十枣汤(《伤寒论》)。

2. 疥癣秃疮,冻疮,痈肿　本品外用能杀虫疗疮。治头疮、白秃、顽癣等皮肤病,可单用研末,或配雄黄用猪脂调敷;治痈肿,可用本品研末,胶和如粥敷之。

【用法用量】 煎服,1.5~3 g;研末吞服,每次 0.6~0.9 g,内服宜醋制用。外用适量。

【使用注意】 孕妇禁用。不宜与甘草同用。

【文献摘要】

(1)《神农本草经》:"主咳逆上气,喉鸣喘,咽肿短气……疝瘕,痈肿,杀虫鱼。"

笔记栏

（2）《名医别录》："消胸中痰水，喜唾，水肿，五水在五藏皮肤及腰痛，下寒毒、肉毒。"

（3）《集效方》："治白秃疮，芫花为末，猪脂和傅之。"

（4）《日华子诸家本草》："疗咳嗽瘴疟。"

【现代研究】

本品主含黄酮类成分（芫花素、3-羟基芫花素、芹菜素、木犀草素、芫根苷），还含二萜类成分。具有导泻、利尿、抗菌作用。

【附药】

狼毒　为大戟科植物月腺大戟 *Euphorbia ebracteolata* Hayata 或狼毒大戟 *Euphorbia fischeriana* Steud. 的干燥根。春、秋二季采摘，洗净，切片，晒干。性味辛平，有毒，归肝、脾经。功能：散结，杀虫。外用治淋巴结结核、皮癣，以及灭蛆。熬膏外敷，内服宜慎。不宜与密陀僧同用。

牵牛子 Qiānniúzǐ

牵牛子饮片

本品首载于《名医别录》，为旋花科植物裂叶牵牛 *Pharbitis nil*（L.）Choisy 或圆叶牵牛 *Pharbitis purpurea*（L.）Voigt 的成熟种子。全国大部分地区均产，主产于辽宁。秋末果实成熟、果壳未开裂时采收，晒干，打下种子，除去杂质。生用或炒用，用时捣碎。处方中的常用名称：牵牛子、炒牵牛子、二丑、黑丑、白丑等。

【药性】　苦，寒；有毒。归肺、肾、大肠经。

【功效】　泻水通便，消痰涤饮，杀虫攻积。

【应用】

1. 水肿胀满，二便不通　本品味苦性寒，其性降泄，能通利二便以排泄水湿。治水肿，臌胀，二便不利而正气未衰者，可单用，研末服；或与茴香为末，姜汁调服；若病情较重者，可与甘遂、京大戟等配伍，如舟车丸（《景岳全书》）。

2. 痰饮积聚，气逆喘咳　本品能消痰涤饮。治肺气壅滞，痰饮咳喘，面目浮肿者，多与葶苈子、杏仁、厚朴配用。

3. 虫积腹痛　本品能杀虫攻积，并可通便排虫。治蛔虫、绦虫及虫积腹痛者，可与槟榔、使君子等配伍，研末服。

【用法用量】　煎服，3~6 g。入丸散服，每次 1.5~3 g。本品炒用可缓和药性。

【使用注意】　孕妇禁用。不宜与巴豆、巴豆霜同用。

【文献摘要】

（1）《名医别录》："主下气，疗脚满水肿，除风毒，利小便。"

（2）《本草纲目》："逐痰消饮，通大肠气秘风秘，杀虫。"

（3）《日华子诸家本草》："治腰痛，下寒性脓液，为泻蛊毒药，疗一切气滞。"

【现代研究】

本品主含苷类成分（牵牛子苷等），还含生物碱、有机酸、脂肪油及糖类等成分。具有导泻、引产作用。

巴豆霜饮片

巴豆霜 Bādòushuāng

巴豆霜

本品首载于《神农本草经》，为大戟科植物巴豆 *Croton tiglium* L. 干燥净仁的炮制加工品。主产于四川、广西、云南。秋季果实成熟时采收，堆置 2~3 天，摊开，干燥。去皮取净仁，制成"巴豆霜"。处方中的常用名称：巴豆霜、巴霜等。

【药性】　辛，热；有大毒。归胃、大肠经。

【功效】 峻下冷积,逐水退肿,豁痰利咽;外用蚀疮。

【应用】

1. 寒积便秘 本品味辛性热,能峻下冷积。治寒邪实积郁结肠道,大便秘结,心腹胀满疼痛而气血未衰者,可与大黄、干姜制丸服,如三物备急丸(《金匮要略》)。

2. 小儿乳食停积 本品泻下利水,消积祛痰。用于小儿乳食不消,腹中胀满,常与丁香、砂仁、乌梅等配伍,如消积丸(《小儿药证直诀》)。

3. 腹水臌胀,二便不通 本品峻泻,逐水退肿力强,治腹水臌胀,可与杏仁配伍。

4. 喉风,喉痹 本品祛痰力强,并能利咽。治喉风,或喉痹痰涎壅塞气道,呼吸急促,可与贝母、桔梗等配伍。

5. 痈肿脓成未溃,疥癣恶疮 本品外用可蚀腐肉、疗疮毒。治痈肿脓成未溃,可与乳香熬膏外敷;外用亦可治疥癣恶疮。

【用法用量】 多入丸散用,0.1~0.3 g。外用适量。

【使用注意】 孕妇禁用。不宜与牵牛子同用。

【文献摘要】

(1)《神农本草经》:"破癥瘕结聚、坚积、留饮痰癖、大腹水胀,荡涤五脏六腑,开通闭塞,利水谷道,去恶肉。"

(2)《本草通玄》:"巴豆禀阳刚雄猛之性,有斩关夺门之功,气血未衰,积邪坚固者,诚有神功,老羸衰弱之人,轻妄投之,祸不旋踵。巴豆、大黄,同为攻下之剂,但大黄性冷,腑病多热者宜之;巴豆性热,脏病多寒者宜之。故仲景治伤寒传里恶热者,多用大黄。东垣治五积属脏者,多用巴豆。"

【现代研究】

本品主含脂肪酸类成分(巴豆油酸、巴豆酸、棕榈酸、月桂酸、巴豆醇),还含毒蛋白类成分。具有抑菌、导泻、镇痛等作用。

【附药】

巴豆 为大戟科植物巴豆的成熟果实。性味辛热,有大毒,归胃、大肠经。功能:蚀疮。适用于恶疮疥癣,疣痣。外用适量,研末涂患处,或捣烂以纱布包擦患处。孕妇及虚弱者禁用;不宜与牵牛子同用。本品专供外用,不作内服。

附 其他峻下逐水药(表 11-1)

表 11-1 其他峻下逐水药

药名	处方中的常用名称	药 性	功 效	应 用	用法用量	使用注意
商陆	商陆、醋商陆	苦,寒;有毒。归肺、脾、肾、大肠经	逐水消肿,通利二便;外用解毒散结	水肿胀满,二便不通,外治痈肿疮毒	煎服,3~9 g。外用适量,煎汤熏洗	孕妇禁用
千金子	千金子、续随子、千金子霜	辛,温;有毒。归肝、肾、大肠经	泻下逐水,破血消癥;外用疗癣蚀疣	二便不通,水肿,痰饮,积滞胀满,血瘀经闭,外治顽癣,赘疣	生千金子 1~2 g,去壳,去油用;千金子霜 0.5~1 g。多入丸散服。外用适量,捣烂敷患处	孕妇及体弱便溏者禁用

小 结

主要泻下药的兼有功效及代表药物归纳

笔记栏

类别	功效	药物
泻下药	清热泻火	大黄、芒硝、番泻叶、芦荟、牵牛子
	杀虫	芦荟、芫花、牵牛子
	散结消肿	甘遂、大戟、商陆
	消痰	芫花、牵牛子、巴豆霜
	利咽	巴豆霜
	滋养补虚	火麻仁
	利水	番泻叶、郁李仁、牵牛子、巴豆霜、商陆
	活血	大黄、千金子

第十二章　祛风湿药

笔记栏

第十二章授课视频及习题

祛风湿药是指以祛除风湿之邪为主要功效，常用于治疗风湿痹证的药物。

本类药物味多辛苦，主归肝、肾、脾经。辛能散风，苦以燥湿，肝主筋，肾主骨，脾主肌肉，故本类药物能祛除留着于肌肉、经络、筋骨的风湿之邪，部分药物还兼有舒筋、活血、通络、止痛或补肝肾、强筋骨等作用。

根据祛除风湿药作用效果和临床应用的侧重点，一般将其分为祛风寒湿药、祛风湿热药、祛风湿强筋骨药三类。

祛风湿药适用于风湿痹证之肌肉、筋骨、关节等部位疼痛、重着、麻木、屈伸不利，甚或关节肿大等。部分药物适用于肝肾亏虚，腰膝酸软，下肢痿弱等。

本类药物应用时，除根据各类药物的不同作用效果而随证选用外，尚需针对痹证的类型、病患部位、病程新久等进行配伍。如风邪偏盛的行痹，宜选择善能祛风的祛风湿药，应配活血养营药；湿邪偏盛的着痹，宜选用温燥的祛风湿药，应配健脾渗湿之品；寒邪偏盛的痛痹，当选用温性较强的祛风湿药，应佐以通阳温经之品；风湿热三气杂至所致的热痹及外邪入里而从热化或郁久化热者，当选寒凉的祛风湿药，酌情配伍凉血清热解毒药；感邪初期，邪在表，当配散风胜湿的解表药；病邪入里，须配活血通络药；夹有痰浊、瘀血者，须配祛痰、散瘀药；久病体虚，肝肾亏虚，气血不足者，应选用强筋骨的祛风湿药，配伍补肝肾、益气血之品，扶正以祛邪。

祛风湿药中辛温性燥者，易伤阴耗血，故阴血亏虚者应慎用。痹证多属慢性疾病，为服用方便，祛风湿药可制成酒剂或丸散剂，也可制成外敷剂型，直接用于患处。

现代研究表明，本类药物具有抗炎、镇痛、调节机体免疫等作用。部分药物还具有抗菌、抗肿瘤、降血压、抑制血小板聚集等作用。

第一节　祛风寒湿药

本类药物味多辛苦，性温，入肝、肾、脾经。辛能祛风，苦能燥湿，温能祛寒。具有较好的祛风、除湿、散寒、止痛、通经络等作用，尤长于止痛，主治风寒湿痹，肢体关节疼痛，痛有定处，遇寒加重等。经配伍亦可用于风湿热痹。

独活 Dúhuó

独活饮片

本品首载于《神农本草经》，为伞形科植物重齿毛当归 *Angelica pubescens* Maxim. f. *biserrata* Shan et Yuan 的根。主产于四川、湖北。春初苗刚发芽或秋末茎叶枯萎时采挖，除去须根和泥沙，烘至半干，堆置 2~3 天，发软后再烘至全干。切薄片，生用。处方中的常用名称：独活、香独活、川独活、大活等。

【药性】　辛、苦，微温。归肾、膀胱经。

【功效】　祛风除湿，通痹止痛，解表。

【应用】

1. 风寒湿痹，腰膝疼痛　　本品辛散苦燥，温通，功善祛风湿，止痹痛，为治风湿痹痛主药，凡风寒湿邪所致之痹证，无论新久，均可应用。因主入肾经，善下行，故尤以下半身风寒湿痹为宜。治风寒湿痹，肌肉、腰背、手足疼痛，可与当归、白术、牛膝等同用；治痹证日久，腰膝酸软，关

—•笔记栏•—

节屈伸不利，常与桑寄生、杜仲、人参等配伍，如独活寄生汤(《备急千金要方》)。

2. 风寒夹湿头痛　本品辛散苦燥温通，有类似羌活而较弱的散风寒湿邪作用。治外感风寒夹湿所致的恶寒发热，无汗，头痛头重，一身尽痛，常配羌活、藁本等。

3. 少阴伏风头痛　本品善入肾经而搜伏风，可治风扰肾经，伏而不出之少阴头痛，痛连齿颊，见风即痛等，常与细辛、川芎等同用。

此外，其祛风湿之功，亦治皮肤瘙痒，内服或外洗皆可。

【用法用量】 煎服，3~10 g。

【使用注意】 阴虚血燥者慎服。

【文献摘要】

(1)《名医别录》:“治诸风，百节痛风无问久新者。”

(2)《药性论》:“主中诸风湿冷，奔喘逆气，皮肌苦痒，手足痛，劳损，主风毒齿痛。”

(3)《药品化义》:“独活，能宣通气道，自顶至膝，以散肾经伏风，凡颈项难舒，臀腿疼痛，两足痿痹，不能动移，非此莫能效也。能治风，风则胜湿，专疏湿气，若腰背酸重，四肢挛痿，肌黄作块，称为良剂。又佐血药，活血舒筋，殊为神妙。”

【现代研究】

本品主含蛇床子素、香柑内酯、异欧前胡素、二氢欧山芹醇当归酸酯、二氢山芹醇、二氢山芹醇乙酸酯、当归醇等成分。具有抗炎、镇痛、镇静、抗心律失常、抑制血小板聚集等作用。

威灵仙 Wēilíngxiān

威灵仙饮片

本品首载于《新修本草》，为毛茛科植物威灵仙 *Clematis chinensis* Osbeck、棉团铁线莲 *Clematis hexapetala* Pall. 或东北铁线莲 *Clematis manshurica* Rupr. 的根及根茎。主产于辽宁、吉林、黑龙江等地。秋季采挖，除去泥沙，晒干。切段，生用。处方中的常用名称：威灵仙、灵仙、铁脚威灵仙等。

【药性】 辛、咸，温。归膀胱经。

【功效】 祛风湿，通经络，止痛。

【应用】

风湿痹痛，肢体麻木，筋脉拘挛，屈伸不利　本品辛散温通，性猛善走，既能祛风湿，又能通经络而止痛，为治风寒痹痛要药。凡风寒湿痹所致关节麻木疼痛，筋脉拘挛，屈伸不利，无论上下皆可应用，尤宜于风邪偏盛，拘挛掣痛，游走不定者。可单用为末服，也可与蕲蛇、当归、附子等配伍。

此外，本品味咸，能软坚而消骨鲠，可单用或与砂糖、醋煎后慢慢咽下。尚能通络止痛之功，还可治跌打伤痛、头痛等。

【用法用量】 煎服，6~10 g。

【使用注意】 气血虚弱者慎服。

【文献摘要】

(1)《开宝本草》:“主诸风，宣通五脏，去腹内冷滞，心膈痰水久积，癥瘕痃癖气块，膀胱宿脓恶水，腰膝冷疼，及疗折伤。”

(2)《本草正义》:“以走窜消克为能事，积湿停痰，血凝气滞，诸实宜之。”

(3)《药品化义》:“灵仙，性猛急，善走而不守，宣通十二经络。”

【现代研究】

本品主含威灵仙皂苷 A、B，橙皮苷，柚皮素，大豆素，染料木素，齐墩果酸等。具有镇痛、抗炎、抗利尿、保肝、利胆及松弛平滑肌等作用。

—•笔记栏•—

川乌 Chuānwū

川乌饮片

本品首载于《神农本草经》，为毛茛科植物乌头 *Aconitum carmichaelii* Debx. 的母根。主产于四川、云南、陕西。6 月下旬至 8 月上旬采挖，除去子根、须根及泥沙，晒干。生用或制后用。处方中的常用名称：川乌、川乌头、制川乌等。

【药性】 辛、苦，热。归心、肝、肾、脾经。生川乌有大毒，制川乌有毒。

【功效】 祛风除湿，温经止痛。

【应用】

1. 风寒湿痹，关节疼痛　　本品辛热苦燥，善于驱逐寒湿、温经止痛，止痛作用强，为治寒湿痹痛之佳品，“一切沉寒痼冷之症，用此无不奏效”，尤宜于寒邪偏盛之痹痛。治寒湿侵袭，历节疼痛，不可屈伸，常与麻黄、芍药、甘草等配伍，如乌头汤（《金匮要略》）；治寒湿瘀血留滞经络，肢体筋脉挛痛，关节屈伸不利，日久不愈者，需与草乌、地龙、乳香等同用，如小活络丹（《太平惠民和剂局方》）。

2. 心腹冷痛，寒疝作痛　　本品辛散温通，散寒止痛之功显著，故又常用于阴寒内盛之心腹冷痛。治心痛彻背，背痛彻心，常配赤石脂、干姜、花椒等，如乌头赤石脂丸；治寒疝，绕脐腹痛，手足厥冷，多与蜂蜜同煎，如大乌头煎。

3. 麻醉止痛　　本品止痛，除治跌打损伤，骨折瘀肿疼痛外，古方又常以本品作为麻醉止痛药，多以生品与生草乌并用，配伍羊踯躅、姜黄等。

【用法用量】 制川乌煎服，1.5~3 g，宜先煎、久煎。生品外用，适量。

【使用注意】 一般炮制后用；孕妇忌用。制川乌孕妇慎用。不宜与半夏、川贝母、浙贝母、平贝母、伊贝母、湖北贝母、瓜蒌、瓜蒌皮、瓜蒌子、天花粉、白及、白蔹同用。

【文献摘要】

（1）《汤液本草》：“主中风，恶风洗洗，出汗除寒湿痹，咳逆上气，破积聚，寒热。消胸上痰冷，食不下，心腹冷疾，脐间痛，肩胛痛，不可俯仰，目中痛，不可久视，堕胎。其汁煎之，名射罔，杀禽兽。”

（2）《长沙药解》：“乌头，温燥下行，其性疏利迅速，开通关腠，驱逐寒湿之力甚捷，凡历节、脚气、寒疝、冷积、心腹疼痛之类并有良功。”

（3）《本草正义》：“乌头主治，温经散寒，虽与附子大略相似，而温中之力较为不如。且长为祛除外风外寒之响导者。”

【现代研究】

本品主含多种生物碱，主要为乌头碱、次乌头碱、新乌头碱等，以及乌头多糖等。制川乌主含苯甲酰乌头胺、苯甲酰次乌头胺、苯甲酰中乌头胺等。具有抗炎、镇痛及免疫抑制等作用。

【附药】

草乌　　本品为毛茛科植物北乌头 *Aconitum kusnezoffii* Reichb. 的干燥根。本品的药性、功效、应用、用法用量、使用注意与川乌相同，但草乌毒性更强。

蕲蛇 Qíshé

蕲蛇饮片

本品首载于《雷公炮炙论》，为蝰科动物五步蛇 *Agkistrodon acutus*（Güenther）的干燥体。主产于浙江、江西、福建等地。多于夏、秋二季捕捉，剖开蛇腹，除去内脏，洗净，用竹片撑开腹部，盘成圆盘状，干燥后拆除竹片，去头、鳞，切成寸段。生用或酒炙用。处方中的常用名称：蕲蛇、白花蛇、大白花蛇、五步蛇、蕲蛇肉等。

【药性】 甘、咸，温；有毒。归肝经。

【功效】 祛风，通络，止痉。

【应用】

1. 风湿顽痹，麻木拘挛　本品具走窜之性，性温通络，能内走脏腑，外达肌表而透骨搜风，以祛内外之风邪，为截风要药，又能通经络，凡风湿痹证无不宜之，尤善治病深日久之风湿顽痹，经络不利，麻木拘挛，常与防风、羌活、当归等配伍，如白花蛇酒。

2. 中风口眼㖞斜，半身不遂　本品"透经络，搜风邪"，功善祛风，通经活络，故可治中风口眼㖞斜，半身不遂，抽搐痉挛，常与全蝎、蜈蚣、天南星等药配伍。

3. 小儿惊风，破伤风，抽搐痉挛　本品入肝经，既能祛外风，又能息内风，尤以搜风见长，为治痉挛抽搐常用药。治小儿急慢惊风、破伤风之痉挛抽搐，多与乌梢蛇、蜈蚣同用。

4. 麻风，疥癣　本品能外走肌表而祛风止痒，兼以毒攻毒，故风毒之邪壅于肌肤亦为常用之品。治麻风，常与大黄、蝉蜕、皂角刺等配伍；治疥癣，常与荆芥、薄荷、天麻等同用。

此外，本品有毒，能以毒攻毒，可治瘰疬、梅毒、恶疮。

【用法用量】 煎服，3~9 g；研末吞服，一次 1~1.5 g，一日 2~3 次。或酒浸、熬膏，或入丸、散服。

【使用注意】 血虚生风者慎服。

【文献摘要】

(1)《药性论》："主治肺风鼻塞，身生白癜风，疬疡，斑点及浮风隐疹。"

(2)《开宝本草》："主中风湿痹不仁，筋脉拘急，口面㖞斜，半身不遂，骨节疼痛，大风疥癞及暴风瘙痒，脚弱不能久立。"

(3)《本草纲目》："白花蛇能透骨搜风，截惊定搐，为风痹、惊搐、癞癣恶疮要药。取其内走脏腑，外彻皮肤，无处不到也。凡服蛇酒药，切忌见风。"

【现代研究】

本品主含蛋白质类及脂肪类成分。蕲蛇酶等蛇毒成分为蛋白质类成分。具有抗炎、抗血栓、镇静、镇痛等作用。

【附药】

金钱白花蛇　本品为眼镜蛇科动物银环蛇 *Bungarus multicinctus* Blyth 的幼蛇干燥体。本品药性、功效、应用、使用注意与蕲蛇相似而力较强。煎服，2~5 g；研粉吞服，1~1.5 g。亦可浸酒服。

乌梢蛇 Wūshāoshé

乌梢蛇饮片

本品首载于《药性论》，为游蛇科动物乌梢蛇 *Zaocys dhumnades* (Cantor) 的干燥体。主产于浙江、江苏、安徽等地。多于夏、秋二季捕捉，剖开蛇腹或先剥去蛇皮留头尾，除去内脏，盘成圆盘状，干燥后去头及鳞片，切寸段。生用或酒炙用。处方中的常用名称：乌梢蛇、乌蛇等。

【药性】 甘，平。归肝经。

【功效】 祛风，通络，止痉。

【应用】

1. 风湿顽痹，麻木拘挛　本品性走窜，能搜风邪，利关节，通经络，常用于风湿痹证，尤宜于风湿顽痹，日久不愈。治风痹，手足麻木拘挛，不能伸举，常配全蝎、天南星、防风等。以治顽痹挛急疼痛，可以之制酒饮。

2. 中风口眼㖞斜，半身不遂　本品功善祛风，通经活络，故可治中风口眼㖞斜，半身不遂，痉挛抽搐，常配全蝎、蜈蚣、天南星等。

3. 小儿惊风，破伤风，痉挛抽搐　本品能入肝祛风以定惊搐，治小儿急慢惊风，可与天麻、钩藤等同用；治破伤风之抽搐痉挛，常配伍蕲蛇、蜈蚣等。

—•笔记栏•—

4. 麻风，疥癣　　本品善于祛风止痒、除湿杀虫，治麻风、干湿癣等。治麻风，需配白附子、大风子、白芷等；治干湿癣，可配枳壳、荷叶等。

此外，本品又可治瘰疬、恶疮。

【用法用量】 煎服，6~12 g。

【使用注意】 血虚生风者慎服。

【文献摘要】

(1)《本草纲目》："性善无毒。其肉治诸风顽痹，皮肤不仁，风瘙隐疹，疥癣。其膏以绵裹豆许塞耳，治耳聋神效。其胆治大风疠疾，木舌胀塞。其皮治风毒瓦斯，眼生翳，唇紫唇疮。其卵治大风癞疾。"

(2)《得配本草》："得酿酒。治皮肤不仁，疗风淫热毒，配麝香、荆芥，治小儿撮口。功用与白花蛇同。但白花蛇主肺风，为白癜风之要药，乌梢蛇主肾风，为紫云风之专药。"

(3)《本草分经》："内走脏腑，外彻皮肤，透骨搜风，截惊定搐，治风湿瘫痪疥癞。无毒而力浅，大者力更减。"

【现代研究】

本品主含蛋白质类及脂肪类成分。具有抗炎、镇静、镇痛、抗惊厥、增强免疫等作用。

【附药】

蛇蜕　　本品为游蛇科动物黑眉锦蛇 *Elaphe taeniura* Cope、锦蛇 *Elaphe carinata* (Guenther)，或乌梢蛇 *Zaocys dhumnades* (Cantor)等蜕下的表皮膜。性味咸甘平，归肝经。功能：祛风，定惊，退翳，解毒。适用于小儿惊风，抽搐痉挛，翳障，喉痹，疔肿，皮肤瘙痒。煎服，2~3 g；研末吞服，每次 0.3~0.6 g。外用适量。

木瓜 Mùguā

木瓜饮片

木瓜

本品首载于《名医别录》，为蔷薇科植物贴梗海棠 *Chaenomeles speciosa* (Sweet) Nakai 的近成熟果实。主产于安徽、湖南、湖北等地，安徽宣城产者称"宣木瓜"，质量较好。夏、秋二季果实绿黄时采收，置沸水中烫至外皮灰白色，对半纵剖，晒干。切片，生用。处方中的常用名称：木瓜、宣木瓜、川木瓜、皱皮木瓜、光皮木瓜等。

【药性】 酸，温。归肝、脾经。

【功效】 舒筋活络，和胃化湿。

【应用】

1. 湿痹拘挛，腰膝关节酸重疼痛　　本品味酸入肝，善于舒筋活络，除痹止痛。尤善去湿除痹，为湿痹筋脉拘挛之要药，亦常用于腰膝关节酸重疼痛。治筋急项强，不可转侧，常与乳香、没药同用；治脚膝疼重，不能远行久立，常与羌活、独活同用。

2. 暑湿吐泻，转筋挛痛　　本品温香入脾，能化湿和胃，湿去则中焦得运，泄泻可止；味酸入肝，舒筋活络而缓挛急。治湿阻中焦之腹痛吐泻转筋，偏寒湿，常配吴茱萸、小茴香等；偏暑湿，常配薏苡仁等。

3. 脚气水肿　　本品温通，去湿舒筋，为脚气浮肿常用药。治感受风湿，脚气肿痛不可忍，多配吴茱萸、槟榔、紫苏等。

此外，本品尚有消食作用，用于消化不良；并能生津止渴，可治津伤口渴。

【用法用量】 煎服，6~9 g。

【使用注意】 胃酸过多者不宜服用。

【文献摘要】

(1)《名医别录》："主湿痹邪气，霍乱大吐下，转筋不止。"

(2)《本草衍义》："益筋与血病，病腰肾脚膝无力，此物不可阙也。"

—•笔记栏•—

(3)《本草纲目》:"木瓜所主霍乱吐利转筋、脚气,皆脾胃病,非肝病也。肝虽主筋,而转筋则由湿热、寒湿之邪袭伤脾胃所致,故筋转必起于足腓,腓及宗筋皆属阳明。"

【现代研究】

本品主含齐墩果酸、熊果酸、苹果酸、酒石酸、枸橼酸、4-甲氧基苯甲酸、3-苯基丙烯酸、琥珀酸、苯甲酸等成分。具有镇痛、抗炎、保肝、调节免疫、松弛胃肠道平滑肌及抑菌等作用。

伸筋草 Shēnjīncǎo

伸筋草饮片

本品首载于《本草拾遗》,为石松科植物石松 *Lycopodium japonicum* Thunb. 的全草。主产于湖北。夏、秋二季茎叶茂盛时采收,除去杂质,晒干。切段,生用。处方中的常用名称:伸筋草、筋骨草等。

【药性】 微苦、辛,温。归肝、脾、肾经。

【功效】 祛风除湿,舒筋活络。

【应用】

1. 风寒湿痹,关节酸痛,屈伸不利　本品辛温善行,功能活血通络,尤以擅长舒缓筋急而得名。可用治风湿痹痛,关节酸痛,屈伸不利,常配羌活、独活、桂枝等。治肢体软弱,肌肤麻木,可配松节、威灵仙等。

2. 跌打损伤　本品辛能行散以舒筋活络,消肿止痛,治跌打损伤,瘀肿疼痛,多配苏木、土鳖虫、红花等,内服外洗均可。

【用法用量】 煎服,3~12 g。外用适量。

【使用注意】 孕妇慎用。

【文献摘要】

(1)《本草拾遗》:"主人久患风痹,脚膝疼冷,皮肤不仁,气力衰弱。"

(2)《滇南本草》:"其性走而不守,其用沉而不浮,得槟榔良。故消胸中痞满横格之气,推胃中隔宿之食,去年久腹中之坚积,消水肿。"

(3)《生草药性备要》:"消肿,除风湿。浸酒饮,舒经活络。其根治气结疼痛,损伤,金疮内伤,祛痰止咳。"

【现代研究】

本品主含石松碱、棒石松宁碱、棒石松毒、烟碱、α-芒柄花醇、石松三醇、石松四醇酮、千层塔烯二醇、香草酸、阿魏酸等成分。具有抗炎、镇痛、调节免疫、镇静等作用。

海风藤 Hǎifēngténg

海风藤饮片

本品首载于《本草从新》,为胡椒科植物风藤 *Piper kadsura* (Choisy) Ohwi 的藤茎。主产于福建、海南、浙江。夏、秋二季采割,除去根、叶,晒干。切厚片,生用。处方中的常用名称:海风藤、风藤等。

【药性】 辛、苦,微温。归肝经。

【功效】 祛风湿,通经络,止痹痛。

【应用】

1. 风寒湿痹,肢节疼痛,筋脉拘挛,屈伸不利　本品辛散、苦燥、温通,功能祛风湿,通经络,止痹痛,为治风寒湿痹,肢节疼痛,筋脉拘挛,屈伸不利的常用药,每与羌活、独活、当归等配伍,如蠲痹汤(《医学心悟》)。亦可入膏药方中外用。

2. 跌打损伤　本品能通络止痛,治跌打损伤,瘀肿疼痛,可与三七、土鳖虫、红花等配伍。

【用法用量】 煎服,6~12 g。

—•笔记栏•—

【文献摘要】

(1)《本草再新》:"行经络,和血脉,宽中理气,下湿除风,理腰脚气,治疝,安胎。"

(2)《浙江中药手册》:"宣痹化湿,通络疏筋。治腿膝痿痹,关节疼痛。"

【现代研究】

本品主含海风藤酮、海风藤酚、甲基海风藤酚、α-侧柏烯、月桂烯等成分。具有抗炎、镇痛、抑制血小板活化因子、脑缺血保护等作用。

青风藤 Qīngfēngténg

青风藤饮片

本品首载于《本草纲目》,为防己科植物青藤 *Sinomenium acutum* (Thunb.) Rehd. et Wils. 及毛青藤 *Sinomenium acutum* (Thunb.) Rehd. et Wils. var. *cinereum* Rehd. et Wils. 的藤茎。主产于浙江、江苏、湖北等地。秋末冬初采割,扎把或切长段,晒干。切片,生用。处方中的常用名称:青风藤、青藤等。

【药性】 苦、辛,平。归肝、脾经。

【功效】 祛风湿,通经络,利小便。

【应用】

风湿痹痛,关节肿胀,麻痹瘙痒　　本品辛散苦燥,通经活络,祛风除湿。治风湿痹痛,关节肿胀,或风湿麻木,可单用;亦常与防己、防风等同用。治疗风湿浸淫,皮肤瘙痒,可与苦参、白鲜皮、防风等同用。

此外,本品又能利小便。用于水肿,脚气肿痛。

【用法用量】 煎服,6~12 g。

【文献摘要】

(1)《本草图经》:"风疾。治风湿流,历节鹤膝,麻痹瘙痒,损伤疮肿。入酒药中用。"

(2)《江西草药》:"祛风活血。"

(3)《全国中草药汇编》:"主治关节炎,跌打损伤,陈旧腰痛。"

【现代研究】

本品主含青藤碱、异青藤碱、双青藤碱、四氢表小檗碱,还含脂类、甾醇类等成分。具有镇痛、镇咳、抗炎、调节免疫、抑制胃肠收缩、促组胺释放、抑制中枢神经及抗心律失常等作用。

路路通 Lùlùtōng

路路通饮片

本品首载于《本草纲目拾遗》,为金缕梅科植物枫香树 *Liquidambar formosana* Hance 的成熟果序。主产于江苏、浙江、江西等地。冬季果实成熟后采收,除去杂质,干燥。生用。处方中的常用名称:路路通、六通、陆通、枫果等。

【药性】 苦,平。归肝、肾经。

【功效】 祛风活络,利水,通经。

【应用】

1. 风湿痹痛,麻木拘挛,中风半身不遂　　本品既能祛风湿,又能舒筋络,通经脉。善治风湿痹痛,麻木拘挛,常配伸筋草、络石藤、秦艽等;治气血瘀滞,脉络痹阻,中风后半身不遂,可与黄芪、川芎等同用。

2. 水肿胀满　　本品味苦降泄,能利水消肿,治水肿胀满,多与茯苓、猪苓、泽泻等同用。

3. 跌打损伤　　本品能通行血脉而散瘀止痛,治跌打损伤,瘀肿疼痛,常配桃仁、红花、苏木等。

4. 经行不畅,经闭,乳少,乳汁不通　　本品主归肝经,具有疏肝理气而通经下乳之功,故

—•笔记栏•—

妇人肝气郁结所致经闭、产后乳汁不通或乳房胀痛等常选用。治气滞血瘀之经行不畅或经闭，常与当归、川芎等配伍；治乳汁不通，乳房胀痛，或乳少之证，常配穿山甲、王不留行等。

此外，本品能祛风止痒，用于风疹瘙痒，内服或外洗。

【用法用量】 煎服，5~10 g。外用适量。

【使用注意】 月经过多及孕妇忌用。

【文献摘要】

(1)《本草纲目拾遗》："辟瘴却瘟，明目，除湿，舒筋络拘挛，周身痹痛，手脚及腰痛，焚之嗅其烟气皆愈。"

(2)《岭南采药录》："治风湿流注疼痛及痈疽肿毒。"

(3)《浙江药用植物志》："行气宽中，活血通络，利水。治胃痛腹胀，风湿痹痛，乳中结块，乳汁不通，小便不利，月经不调，荨麻疹。"

【现代研究】

本品主含路路通酸、路路通内酯、熊果酸、齐墩果酸等、β-松油烯、β-蒎烯、柠檬烯、三叶草苷、金丝桃苷、异槲皮素、芸香苷等成分。具有抗炎、镇痛、保肝等作用。

附 其他祛风寒湿药(表 12-1)

表 12-1 其他祛风寒湿药

药名	处方中的常用名称	药 性	功 效	应 用	用法用量	使用注意
徐长卿	徐长卿、寥刁竹	辛，温。归肝、胃经	祛风，化湿，止痛，止痒	用于风湿痹痛，胃痛胀满，牙痛，腰痛，跌扑伤痛，风疹，湿疹	煎服，3~12 g，后下	—
蚕沙	蚕沙、蚕矢、原蚕沙、晚蚕沙	甘、辛，温。归肝、脾、胃经	祛风除湿，化湿和胃	用于风湿痹证，吐泻转筋，风疹湿疹瘙痒	煎服，5~15 g；宜布包入煎。外用适量。	—
油松节	油松节、松节、松节片	苦、辛，温。归肝、肾经	祛风除湿，通络止痛	用于风寒湿痹，历节风痛，转筋挛急，跌打伤痛	煎服，9~15 g	阴虚血燥者慎用
丁公藤	丁公藤、包公藤、麻辣子藤、斑鱼烈	辛，温；有小毒。归肝、脾、胃经	祛风除湿，消肿止痛	用于风湿痹痛，半身不遂，跌扑肿痛	3~6 g，用于配制酒剂，内服或外搽。	有强烈的发汗作用，虚弱者慎用；孕妇禁用
昆明山海棠	昆明山海棠、火把花	苦、辛，微温；有大毒。归肝、脾、肾经	祛风除湿，活血止痛，续筋接骨	用于风湿痹证，跌打损伤，骨折，	煎服，6~15 g，宜先煎；或酒浸服。外用适量，研末敷，或煎水涂，或鲜品捣敷	体弱者不宜使用。孕妇禁用。小儿及育龄期妇女慎服
穿山龙	穿山龙、地龙骨、穿地龙	甘、苦，温。归肝、肾、肺经	祛风除湿，舒筋通络，活血止痛，止咳平喘	用于风湿痹痛，关节肿胀，疼痛麻木，跌扑损伤，闪腰岔气，咳嗽气喘	煎服，9~15 g；也可制成酒剂用	粉碎加工时，注意防护，以免发生过敏反应

第二节 祛风湿热药

本类药物味多辛苦，性寒，入肝、脾、肾经。辛能行散，苦能燥湿，寒能清热。能祛风除湿，通络止痛，清热消肿，主治风湿热痹，关节红肿热痛。经配伍亦可用于风寒湿痹。

—•笔记栏•—

秦艽饮片

秦艽 Qínjiāo

本品首载于《神农本草经》，为龙胆科植物秦艽 *Gentiana macrophylla* Pall.、麻花秦艽 *Gentiana straminea* Maxim.、粗茎秦艽 *Gentiana crassicaulis* Duthie ex Burk. 或小秦艽 *Gentiana dahurica* Fisch. 的根。前三种按性状不同分别习称“秦艽”和“麻花艽”，后一种习称“小秦艽”。主产于甘肃、青海、内蒙古、陕西、山西。春、秋二季采挖，除去泥沙；秦艽及麻花艽晒软，堆置“发汗”至表面呈红黄色或灰黄色时，摊开晒干，或不经“发汗”直接晒干；小秦艽趁鲜时搓去黑皮，晒干。切厚片，生用。处方中的常用名称：秦艽、西秦艽、川秦艽、麻花艽、小秦艽等。

【药性】 辛、苦，平。归胃、肝、胆经。

【功效】 祛风湿，清湿热，止痹痛，退虚热。

【应用】

1. 风湿痹痛，筋脉拘挛，骨节酸痛　本品辛散苦泄，质偏润而不燥，善于祛风湿，舒筋络，止痹痛，为“风药中之润剂”，凡风湿痹痛，筋脉拘挛，骨节酸痛，无问寒热新久，均可配伍应用。因其性平偏凉，兼有清热作用，故对热痹尤为适宜，多配防己、络石藤、忍冬藤等；若配天麻、羌活、川芎等，可治风寒湿痹。

2. 中风半身不遂　本品既能祛风邪，又善舒筋络，可用于中风半身不遂，口眼㖞斜，四肢拘急，舌强不语等，单用或配伍均可。治中风口眼㖞斜，言语不利，恶风恶寒，可与升麻、葛根、防风等配伍；治血虚中风，常与当归、熟地黄、白芍等同用。

3. 湿热黄疸　本品苦以降泄，能清肝胆湿热而退黄。治湿热黄疸，即可单用为末服，亦可与茵陈、栀子、大黄等配伍。

4. 骨蒸潮热，小儿疳积发热　本品能退虚热，除骨蒸，为治虚热要药。治骨蒸日晡潮热，常与青蒿、地骨皮、知母等同用，如秦艽鳖甲散；治肺痿骨蒸劳嗽，可与人参、鳖甲、柴胡等配伍；治小儿疳积发热，多配银柴胡、地骨皮等。

【用法用量】 煎服，3~10 g。

【文献摘要】

(1)《神农本草经》：“主寒热邪气，寒湿风痹，肢节痛，下水，利小便。”

(2)《名医别录》：“疗风，无问久新；通身挛急。”

(3)《本草纲目》：“手足不遂，黄疸，烦渴之病须之，取其去阳明之湿热也。阳明有湿则身体酸痛烦热，有热则日晡潮热骨蒸。”

【现代研究】

本品主含龙胆苦苷、秦艽苷、当药苦苷、马钱苷酸、龙胆碱、龙胆次碱等成分。具有抗炎、镇痛、降压和保肝等作用。

防己饮片

防己

防己 Fángjǐ

本品首载于《神农本草经》，为防己科植物粉防己 *Stephania tetrandra* S. Moore 的根。习称“汉防己”。主产于浙江、江西、安徽等地。秋季采挖，洗净，除去粗皮，晒至半干，切段，个大者再纵切，干燥。切厚片，生用。处方中的常用名称：防己、汉防己、粉防己等。

【药性】 苦，寒。归膀胱、肺经。

【功效】 祛风止痛，利水消肿。

【应用】

1. 风湿痹痛　本品辛能行散，苦寒降泄，既能祛风除湿止痛，又能清热。对风湿痹证湿热偏盛，肢体酸重，关节红肿疼痛，以及湿热身痛，尤为要药，常与滑石、薏苡仁、蚕沙等配伍，如宣痹汤；若治风寒湿痹，四肢挛急，需配麻黄、肉桂、威灵仙等。

2. 水肿脚气，小便不利　本品苦寒降泄，能清热利水，善走下行而泄下焦膀胱湿热，尤宜于下肢水肿，小便不利者。治风水脉浮，身重汗出恶风，常与黄芪、白术、甘草等配伍，如防己黄芪汤(《金匮要略》)；治一身悉肿，小便短少，需与茯苓、黄芪、桂枝等同用，如防己茯苓汤(《金匮要略》)；治湿热腹胀水肿，需与椒目、葶苈子、大黄合用，如己椒苈黄丸(《金匮要略》)。治脚气足胫肿痛、重着、麻木，可与吴茱萸、槟榔、木瓜等同用；治脚气肿痛，则配伍木瓜、牛膝、桂枝等。

3. 湿疹疮毒　本品苦以燥湿，寒以清热，治湿疹疮毒，可配伍苦参、金银花等。

此外，本品有降血压作用，可用于高血压病。

【用法用量】　煎服，5~10 g。

【使用注意】　胃纳不佳及阴虚体弱者慎用。

【文献摘要】

(1)《神农本草经》："主风寒温疟，热气诸痫，除邪，利大小便。"

(2)《医学启源》："疗腰以下至足湿热肿盛，脚气。祛膀胱留热。"

(3)《本草求真》："防己，辛苦大寒，性险而健，善走下行，长于除湿、通窍、利道，能泻下焦血分湿热，及疗风水要药。"

【现代研究】

本品主含粉防己碱、防己诺林碱、轮环藤酚碱、氧防己碱、小檗胺等成分。具有抗炎、镇痛、抑制免疫、抗心肌缺血、抗心律失常及降血压等作用。

桑枝 Sāngzhī

桑枝饮片

本品首载于《本草图经》，为桑科植物桑 *Morus alba* L. 的嫩枝。主产于江苏、浙江。春末夏初采收，去叶，晒干，或趁鲜切片，晒干。生用或炒用。处方中的常用名称：桑枝、嫩桑枝、双枝、炒桑枝等。

【药性】　微苦，平。归肝经。

【功效】　祛风湿，利关节。

【应用】

风湿痹痛，肩臂、关节酸痛麻木　本品性平，祛风湿而善达四肢经络，通利关节，痹证新久、寒热均可应用，尤宜于风湿热痹，肩臂、关节酸痛麻木者。《普济本事方》单用煎服治风热痹痛，《景岳全书》一味熬膏治筋骨酸痛、四肢麻木。但因本品单用力弱，多随寒热新久之不同，配伍其他药物。偏寒者，配桂枝、威灵仙、徐长卿等；偏热者，配络石藤、忍冬藤、防己等；偏气血虚者，配黄芪、鸡血藤、当归等。

【用法用量】　煎服，9~15 g。

【文献摘要】

(1)《本草图经》："桑枝不冷不热，可以常服。""疗遍体风痒干燥，脚气风气，四肢拘挛，上气，眼晕，肺气嗽，消食，利小便。兼疗口干。"

(2)《本草述》："祛风养筋，治关节湿痹诸痛。"

(3)《岭南采药录》："去骨节风疾，治老年鹤膝风。"

【现代研究】

本品主含桑酮、桑素、桑色素、桑色烯素、环桑素、槲皮素、山柰酚等成分。具有抗炎、镇痛、增强免疫、降血糖、降血脂等作用。

豨莶草 Xīxiāncǎo

豨莶草饮片

本品首载于《新修本草》，为菊科植物豨莶 *Siegesbeckia orientalis* L.、腺梗豨莶 *Siegesbeckia*

—•笔记栏•—

pubescens Makino 或毛梗豨莶 *Siegesbeckia glabrescens* Makino 的地上部分。我国大部分地区均产。夏、秋二季花开前及花期均可采割，除去杂质，晒干。切段，生用或酒蒸制用。处方中的常用名称：豨莶草、豨莶。

【药性】 辛、苦，寒。归肝、肾经。

【功效】 祛风湿，利关节，解毒。

【应用】

1. 风湿痹痛，筋骨无力，腰膝酸软，四肢麻痹　本品辛散苦燥，能祛筋骨间风湿，通经络，利关节。生用性寒，宜于风湿热痹；酒制后寓补肝肾之功，常用于风湿痹痛，筋骨无力，腰膝酸软，四肢麻痹，可单用为丸服；或与臭梧桐合用，如豨桐丸。

2. 中风半身不遂　本品味辛能散能行，功能祛风通络，治中风口眼㖞斜，半身不遂，可与蕲蛇、当归、地龙等同用。

3. 风疹，湿疮，疮痈　本品辛能散风，生用苦寒能清热解毒，除湿热。治风疹湿疮，可单用内服或外洗，亦可配刺蒺藜、地肤子、白鲜皮等；治疮痈肿毒，红肿热痛，可配蒲公英、野菊花等；治发背、疔疮，可配小蓟、紫花地丁等。

此外，本品能降血压，可治高血压病。

【用法用量】 煎服，9～12 g。治风湿痹痛、半身不遂宜制用，治风疹湿疮、痈肿疮毒宜生用。

【文献摘要】

(1)《本草图经》："治肝肾风气，四肢麻痹，骨间疼，腰膝无力者。""兼主风湿疮，肌肉顽痹。"

(2)《履巉岩本草》："医软瘫风疾，筋脉缓弱。"

(3)《本草纲目》："豨，生捣汁服则令人吐，故云有小毒；九蒸九暴则补人，去痹，故云无毒。生则性寒，熟则性温，云热者非也。"

【现代研究】

本品主含奇壬醇、豨莶精醇、豨莶酸、豨莶糖苷，以及内酯类、甾醇类等成分。具有抗炎、镇痛、免疫抑制、抗血栓及抗病原体等作用。

臭梧桐叶 Chòuwútóngyè

臭梧桐叶饮片

本品首载于《本草图经》，为马鞭草科植物海州常山 *Clerodendrum trichotomum* Thunb. 的叶。主产于浙江、江苏、江西。夏季尚未开花时采收，晒干。切丝，生用。处方中的常用名称：臭梧桐叶、臭梧桐、八角梧桐、矮梧桐等。

【药性】 辛、苦、甘，凉。归肝经。

【功效】 祛风湿，通经络，平肝。

【应用】

1. 风湿痹证　本品辛散苦燥，能祛风湿，通经络。治风湿痹痛，四肢麻木，可单用，或与豨莶草配伍，如豨桐丸。

2. 中风半身不遂　本品味辛能散能行，功能祛风通络。治中风口眼㖞斜，半身不遂，可与蕲蛇、当归、地龙等同用。

3. 风疹，湿疮　本品辛能散风，苦燥除湿，治风疹、湿疮等皮肤瘙痒，可单用煎洗或外敷，也可与防风、苦参、地肤子等配伍。

4. 肝阳上亢，头痛眩晕　本品性凉入肝，能凉肝平肝。治肝阳上亢，头痛眩晕，可单用，或与豨莶草同用，或与钩藤、菊花、夏枯草等配伍。现常用于高血压病。

【用法用量】 煎服，5～15 g；研末服，每次 3 g。外用适量。用于高血压病不宜久煎。

【文献摘要】

(1)《本草纲目拾遗》："洗鹅掌风，一切疮疥，煎汤洗汗斑……并治一切风湿，止痔肿，煎酒服。治臁疮，捣烂作饼，加桐油贴。”

(2)《岭南采药录》：“治一切痈疽，捣烂罨之。”

【现代研究】

本品主含刺槐素-α-二葡萄糖醛酸苷，臭梧桐糖苷，海常山苦素，海州常山素 A、B 等成分。具有镇痛、镇静及降血压等作用。

络石藤 Luòshíténg

络石藤饮片

本品首载于《神农本草经》，为夹竹桃科植物络石 *Trachelospermum jasminoides*（Lindl.）Lem. 的带叶藤茎。主产于浙江、江苏、湖北等地。冬季至次春采割，除去杂质，晒干。切段，生用。处方中的常用名称：络石藤、络石、络石屯、爬山虎等。

【药性】 苦，微寒。归心、肝、肾经。

【功效】 祛风通络，凉血消肿。

【应用】

1. 风湿热痹，筋脉拘挛，腰膝酸痛　本品苦能燥湿，微寒清热，善于祛风通络，尤宜于风湿热痹，筋脉拘挛，腰膝酸痛，每与忍冬藤、秦艽、地龙等配伍；亦可单用酒浸服。

2. 喉痹，痈肿　本品入心、肝经血分，味苦性微寒，能清热凉血，利咽消肿，故可用于热毒壅盛之喉痹、痈肿。治热毒之咽喉肿痛，可单用水煎，慢慢含咽；治痈肿疮毒，可与皂角刺、乳香等配伍。

3. 跌扑损伤　本品能通经络，凉血而消肿止痛。治跌扑损伤，瘀滞肿痛，可与伸筋草、透骨草、红花等同用。

【用法用量】 煎服，6~12 g。

【文献摘要】

(1)《神农本草经》：“主风热死肌，痈伤，口干舌焦，痈肿不消，喉舌肿闭，水浆不下。”

(2)《本草纲目》：“气味平和，其功主筋骨关节风热痈肿。”

(3)《要药分剂》：“络石之功，专于舒筋活络。凡病人筋脉拘挛，不易屈伸者，服之无不效，不可忽之也。”

【现代研究】

本品主含牛蒡苷、络石苷、二苯丁酸内酯类木质素、三萜等成分。具有抗炎、镇痛、镇静、降血压及抗肿瘤的作用。

雷公藤 Léigōngténg

雷公藤饮片

本品首载于《本草纲目拾遗》，为卫矛科植物雷公藤 *Tripterygium wilfordii* Hook. f. 的根或根的木质部。主产于浙江、安徽、福建等地。秋季挖取根部，去净泥土，晒干，或去皮晒干。切厚片，生用。处方中的常用名称：雷公藤、黄藤根、断肠草等。

【药性】 苦、辛，寒；有大毒。归肝、肾经。

【功效】 祛风除湿，活血通络，消肿止痛，杀虫解毒。

【应用】

1. 风湿顽痹　本品有较强的祛风湿，活血通络之功，为治风湿顽痹要药，苦寒清热力强，消肿止痛功效显著，尤宜于关节红肿热痛、肿胀难消、晨僵、功能受限，甚至关节变形。可单用内服或外敷，能改善功能活动，减轻疼痛。亦常与威灵仙、独活、防风等同用，并配伍黄芪、党参、鸡血藤等，以防久服而克伐正气。

2. 麻风病，顽癣，湿疹，疥疮　本品苦燥除湿止痒，杀虫攻毒，可用治多种皮肤病。治麻

—•笔记栏•—

风病，可单用煎服，或配金银花、黄柏、当归等；治顽癣可单用，或随证配伍祛风止痒药内服或外用。

此外，现代也用治肾小球肾炎、肾病综合征、红斑狼疮、口眼干燥综合征、白塞综合征。

【用法用量】 煎服，1~3 g，先煎。外用适量，研粉或捣烂敷；或制成酊剂、软膏涂擦。

【使用注意】 有大毒，内服宜慎。外敷不可超过半小时，否则起疱。凡有心、肝、肾器质性病变和白细胞减少者慎用；孕妇禁用。

【文献摘要】

(1)《草药方》："蒸酒服，治风气。"

(2)《湖南药物志》："杀虫，消炎，解毒。"

(3)《福建药物志》："祛风活络，破瘀镇痛。主治类风湿关节炎，风湿性关节炎，坐骨神经痛，末梢神经炎，麻风，骨髓炎，手指瘭疽。"

【现代研究】

本品主含雷公藤碱、雷公藤次碱、雷公藤戊碱、雷公藤新碱、雷公藤碱乙、雷公藤碱丁、雷公藤碱戊、雷公藤甲素（雷公藤内酯醇）、雷公藤乙素、雷公藤酮、雷公藤内酯甲、雷公藤内酯乙等成分。具有免疫抑制、抗炎、镇痛、改善血液流变学、抗肿瘤、抗生育等作用。

附　其他祛风湿热药（表 12-2）

表 12-2　其他祛风湿热药

药名	处方中的常用名称	药　性	功　效	应　用	用法用量	使用注意
老鹳草	老鹳草	辛、苦，平。归肝、肾、脾经	祛风湿，通经络，止泻痢	用于风湿痹痛，麻木拘挛，筋骨酸痛，泄泻痢疾	煎服，9~15 g。外用适量	—
丝瓜络	丝瓜络	甘，平。归肺、胃、肝经	祛风，通络，活血，下乳	用于风湿痹痛，筋脉拘挛，胸胁胀痛，乳汁不通，乳痈肿痛	煎服，5~12 g。外用适量	—

第三节　祛风湿强筋骨药

本类药物主归肝、肾经，除祛风湿外，兼能补肝肾、强筋骨，主治风湿日久，肝肾虚损，腰膝酸软，脚弱无力等。亦可用于肾虚腰痛，骨痿，软弱无力者。

五加皮 Wǔjiāpí

五加皮饮片

五加皮

本品首载于《神农本草经》，为五加科植物细柱五加 *Acanthopanax gracilistylus* W. W. Smith 的根皮。习称"南五加皮"。主产于湖北、湖南、浙江等地。夏、秋二季采挖根部，洗净，剥取根皮，晒干。切厚片，生用。处方中的常用名称：五加皮、南五加皮、南五加等。

【药性】 辛、苦，温。归肝、肾经。

【功效】 祛风除湿，补益肝肾，强筋壮骨，利水消肿。

【应用】

1. 风湿痹证　本品辛能散风，苦能燥湿，温能祛寒，且兼补益之功，尤宜于老人及久病体虚者。治风湿痹证，腰膝疼痛，筋脉拘挛，可单用或配当归、牛膝，如五加皮酒（《本草纲目》）；亦可与木瓜、松节等同用。

—•笔记栏•—

2. 筋骨痿软，小儿行迟，体虚乏力　本品有温补之效，能补肝肾，强筋骨。常用于肝肾不足，筋骨痿软，常与牛膝、杜仲等配伍；治小儿发育不良，骨软行迟，则与龟甲、牛膝、木瓜等同用。

3. 水肿，脚气　本品能利水消肿。治水肿，小便不利，每与茯苓皮、大腹皮、生姜皮配伍，如五皮散（《太平惠民和剂局方》）；治寒湿壅滞之脚气肿痛，可与木瓜、蚕沙、吴茱萸等同用。

【用法用量】　煎服，5～10 g；或酒浸、入丸散服。

【文献摘要】

（1）《神农本草经》："益气疗躄，小儿不能行，疽疮阴蚀。"

（2）《名医别录》："疗男子阴痿，囊下湿，小便余沥，女人阴痒及腰脊痛，两脚疼痹风弱，五缓虚羸，补中益精，坚筋骨，强志意。"

（3）《本草纲目》："治风湿痿痹，壮筋骨。"

【现代研究】

本品主含刺五加苷、无梗五加苷、紫丁香苷，还含萜类、多糖、脂肪酸及挥发油等成分。具有抗炎、镇痛、镇静、抗疲劳与耐缺氧、抗肿瘤、抗诱变等作用。

桑寄生 Sāngjìshēng

桑寄生饮片

本品首载于《神农本草经》，为桑寄生科植物桑寄生 *Taxillus chinensis*（DC.）Danser 的带叶茎枝。主产于广西、广东。冬季至次春采割，除去粗茎，切段，干燥，或蒸后干燥。切厚片或短段，生用。处方中的常用名称：桑寄生、桑上寄生、广寄生等。

【药性】　苦、甘，平。归肝、肾经。

【功效】　祛风湿，补肝肾，强筋骨，安胎元。

【应用】

1. 风湿痹痛，腰膝酸软，筋骨无力　本品苦燥甘补，既能祛风湿，又长于补肝肾、强筋骨，对痹证日久，损及肝肾，腰膝酸软，筋骨无力者尤宜，常与独活、杜仲、牛膝等同用，如独活寄生汤（《千金要方》）。

2. 崩漏经多，妊娠漏血，胎动不安　本品能补肝肾，养血，而固冲任，安胎元。治肝肾亏虚，崩漏，月经过多，妊娠下血，胎动不安，每与阿胶、续断、香附等配伍，如寿胎丸。

3. 头晕目眩　本品尚能补益肝肾以平肝降压，用于高血压病头晕目眩属肝肾不足者。

【用法用量】　煎服，9～15 g。

【文献摘要】

（1）《神农本草经》："主腰痛，小儿背强，痈肿。安胎，充肌肤，坚发齿，长须眉。"

（2）《药性本草》："能令胎牢固，主怀妊漏血不止。"

（3）《本草求真》："桑寄生，号为补肾补血要剂。缘肾主骨，发主血，苦入肾，肾得补则筋骨有力，不致痿痹而酸痛矣。甘补血，血得补则发受其灌荫而不枯脱落矣。故凡内而腰痛、筋骨笃疾、胎堕，外而金疮、肌肤风湿，何一不借此以为主治乎。"

【现代研究】

本品主含广寄生苷、槲皮素、金丝桃苷、槲皮苷、苯甲酰、苯二烯、桉树脑等成分。具有镇痛、抗炎、降血脂及抗肿瘤等作用。

狗脊 Gǒujǐ

狗脊饮片

本品首载于《神农本草经》，为蚌壳蕨科植物金毛狗脊 *Cibotium barometz*（L.）J. Sm. 的根茎。产于四川、浙江、福建等地。秋、冬二季采挖，除去泥沙，干燥；或去硬根、叶柄及金黄色绒毛，切厚片，干燥，为"生狗脊片"；蒸后，晒至六七成干，切厚片，干燥，为"熟狗脊片"。生用或砂烫用。处方中的常用名称：狗脊、金毛狗脊、毛狗等。

【药性】 苦、甘，温。归肝、肾经。

【功效】 祛风湿，补肝肾，强腰膝。

【应用】

1. 风湿痹痛 本品苦温能温散风寒湿邪，甘温以补肝肾、强腰膝、坚筋骨，能行能补，对肝肾不足，兼有风寒湿邪之腰痛脊强，不能俯仰者最为适宜。常与杜仲、续断、五加皮等同用。

2. 腰膝酸软，下肢无力 本品有补肝肾，强腰膝之功，治肝肾虚损，腰膝酸软，下肢无力，可与杜仲、牛膝、鹿角胶等配伍。

3. 肾虚不固，遗尿尿频，带下清稀 本品又有温补固摄作用。治肾虚不固之遗尿尿频，可与补骨脂、益智仁、杜仲等配伍；若治冲任虚寒，带下过多清稀，宜与鹿茸、艾叶、桑螵蛸等同用。

此外，狗脊的绒毛有止血作用，外敷可用于金疮出血。

【用法用量】 煎服，6～12 g。

【使用注意】 肾虚有热，小便不利或短涩黄赤者慎用。

【文献摘要】

(1)《神农本草经》："主腰背强，关机缓急，周痹寒湿膝痛。颇利老人。"

(2)《本草求真》："因其味苦，苦则能以燥湿。又因其味甘，甘则能以益血。又因其气温，温则能以补肾养气。盖湿除而气自周，气周而溺不失，血补而筋自强，筋强而风不作，是补而能走之药也。故凡一切骨节诸疾，有此药味燥入，则关节自强，而俯仰亦利。"

(3)《本草纲目拾遗》："金狗脊止诸疮出血，治顽痹，黑色者杀虫更效。"

【现代研究】

本品主含金粉蕨素、金粉蕨素-2′-*O*-葡萄糖苷、金粉蕨素-2′-*O*-阿洛糖苷、欧蕨伊鲁苷、原儿茶酸、绵马酚等成分。具有抗炎、镇痛、止血、增加心肌血流量等作用，其绒毛有止血作用。

附 其他祛风湿强筋骨药(表 12-3)

表 12-3 其他祛风湿强筋骨药

药名	处方中的常用名称	药 性	功 效	应 用	用法用量	使用注意
千年健	千年健、千年见、年见、年健	苦、辛，温。归肝、肾经	祛风湿，壮筋骨	用于风寒湿痹，腰膝冷痛，拘挛麻木，筋骨痿软	煎服，5～10 g；或酒浸服	阴虚内热者慎用
雪莲花	雪莲花、雪莲、雪荷花	甘、微苦，温。归肝、肾经	祛风湿，强筋骨，补肾阳，调冲任	用于风湿痹证，肾虚阳痿，月经不调，经闭痛经，崩漏带下	煎服，6～12 g。外用适量	孕妇慎用
天山雪莲	天山雪莲、天山雪莲花	微苦，温	温肾助阳，祛风胜湿，通经活血	用于风寒湿痹痛、类风湿性关节炎，小腹冷痛，月经不调	水煎或酒浸服，3～6 g。外用适量	孕妇忌用

小 结

主要祛风湿药的兼有功效及代表药物归纳

笔记栏

- 祛风湿药
  - 发散风寒：独活
  - 止痉：蕲蛇、金钱白花蛇、乌梢蛇
  - 化湿和中：木瓜、蚕沙
  - 消骨鲠：威灵仙
  - 清虚热：秦艽
  - 利水消肿：防己、五加皮、桑枝、路路通、青风藤
  - 清肺化痰：穿山龙、丝瓜络
  - 活血：穿山龙、丝瓜络、昆明山海棠、雷公藤
  - 安胎：桑寄生

第十三章　化 湿 药

化湿药是指以化湿运脾为主要功效，常用于治疗湿阻中焦证的药物，因气味芳香，又称芳香化湿药。

本类药物辛香温燥，主归脾、胃经。芳香之品能醒脾化湿，温燥之药能燥湿健脾。另辛能行气，香能通气，能消除因湿阻中焦，脾胃气滞之证。此外，部分药兼有解暑、辟秽等作用。

化湿药适用于湿浊内阻，脾为湿困，运化失常所致的脘腹痞满、呕吐泛酸、大便溏薄、食少体倦、口甘多涎、舌苔白腻等。部分药物还适用于湿温、暑湿等证。

本类药物应用时，应根据湿困的不同情况及兼证而进行适当的选择和配伍。如湿阻气滞，脘腹胀满、痞闷者，常配伍行气药；如湿阻而偏于寒湿，脘腹冷痛者，多配温中祛寒药；如脾虚湿阻，脘痞纳呆，倦怠乏力者，常配补气健脾药；如湿温、湿热、暑湿者，常配清热燥湿、解暑、利湿之品。

化湿药多属辛温香燥之品，易耗气伤阴，故阴虚血燥及气虚者慎用；其气味芳香，多含挥发油，一般入散剂疗效较好，入汤剂不宜久煎，以免降低疗效。

现代研究表明，本类药物能促进胃液分泌，增强胃肠蠕动，以增加食欲，促进消化，排除肠道积气等作用。

—•笔记栏•—

第十三章授课视频及习题

广藿香 Guǎnghuòxiāng

广藿香饮片

本品首载于《名医别录》，为唇形科植物广藿香 *Pogostemon cablin* (Blanco) Benth. 的地上部分。主产于广东、海南等地。枝叶茂盛时采割，日晒夜闷，反复至干。切段，生用。处方中的常用名称：广藿香、藿香等。

【药性】 辛，微温。归脾、胃、肺经。

【功效】 芳香化湿，和中止呕，发表解暑。

【应用】

1. 湿浊中焦，脘腹痞闷　　本品味辛性温，气味芳香，为芳香化湿浊之要药。多用于湿阻中焦所致的脘腹痞闷，少食作呕，神疲体倦，大便溏薄等，常与苍术、厚朴、陈皮等同用，如不换金正气散（《太平惠民和剂局方》）。

2. 呕吐　　本品既能芳香化湿浊，又能和中止呕，为和中止呕要药。尤宜于湿浊中阻所致呕吐。治寒湿中阻之呕吐，常与半夏、丁香同用，如藿香半夏汤（《太平惠民和剂局方》）；治湿热呕吐，配黄连、竹茹、陈皮等；治妊娠呕吐，配砂仁、紫苏梗等；治脾胃虚弱、胃气上逆之呕吐，常配党参、白术等。

3. 暑湿表证，湿温初起，发热倦怠，胸闷不舒；寒湿闭暑，腹痛吐泻　　本品芳香，内能化湿浊、快脾胃以化湿和中；外能宣化湿浊，透毛窍、散表邪以发表解暑。治暑月外感风寒，内伤湿滞之恶寒发热，头痛，胸闷不舒，腹痛吐泻的寒湿闭暑证，常配紫苏叶、白芷、半夏等，如藿香正气散（《太平惠民和剂局方》）；治湿温病初起，湿热并重，多与滑石、茵陈、黄芩等同用，如甘露消毒丹（《温热经纬》）。

【用法用量】 煎服，3～10 g。鲜品加倍。

【使用注意】 阴虚血燥者不宜用。

【文献摘要】

（1）《名医别录》："疗风水毒肿，去恶气，疗霍乱，心痛。"

(2)《本草图经》:“治脾胃吐逆,为最要之药。”

(3)《本草正义》:“藿香,辛香微温,香甜不峻。但藿香气正能助脾醒胃辟诸恶,故凡防外来恶气内侵,而见霍乱呕吐不止者,须用此投服”

【现代研究】

本品主含广藿香醇、百秋李醇、苯甲醛、丁香油酚、桂皮醛、竹烯、生物碱等成分。具有促进胃液分泌、调节胃肠功能、止咳、祛痰、平喘、抗炎、镇痛等作用。

佩兰 Pèilán

佩兰饮片

本品首载于《神农本草经》,为菊科植物佩兰 *Eupatorium fortunei* Turcz. 的地上部分。主产于江苏、浙江、河北等地。夏、秋二季分两次采割,除去杂质,晒干。切段,生用。处方中的常用名称:佩兰、兰草等。

【药性】 辛,平。归脾、胃、肺经。

【功效】 芳香化湿,醒脾开胃,发表解暑。

【应用】

1. 湿浊中焦,脘痞呕恶　本品气味芳香,其化湿和中作用与藿香相似,治湿阻中焦证,常与藿香相须为用,并配苍术、厚朴、豆蔻等以增强芳香化湿之效。

2. 脾经湿热,口中甜腻,口臭,多涎　本品性平,芳香化湿浊,醒脾开胃以去陈腐,治脾经湿热,口中甜腻、多涎、口臭等脾瘅症状,可单用煎汤服,或配伍黄芩、白芍、甘草等。

3. 暑湿表证,湿温初起,发热倦怠,胸闷不舒　本品辛平性散,气香味清,化湿又能解暑,常用于暑湿表证,湿温初起,发热倦怠,胸闷不舒。治暑湿表证,常与广藿香、荷叶、青蒿等同用;治湿温初起,可与滑石、薏苡仁、广藿香等同用。

【用法用量】 煎服,3~10 g。

【文献摘要】

(1)《神农本草经》:“主利水道,杀蛊毒,辟不祥。久服益气,轻身,不老,通神明。”

(2)《本草经疏》:“开胃除恶,清肺消痰,散郁结之圣药。”

(3)《本草便读》:“功用相似泽兰,而辛香之气过之,故能解郁散结,杀蛊毒,除陈腐,濯垢腻,辟邪气。”

【现代研究】

本品主含聚伞花素(对异丙基甲苯)、乙酸橙花醇酯、百里香酚甲醚、宁德络菲碱、蒲公英甾醇等成分。具有促消化、抗炎、抗病原微生物、祛痰等作用。

苍术 Cāngzhú

苍术饮片

本品首载于《神农本草经》,为菊科植物茅苍术 *Atractylodes lancea* (Thunb.) DC. 或北苍术 *Atractylodes chinensis* (DC.) Koidz. 的根茎。前者主产于江苏、湖北、河南等地,以产于江苏茅山一带者质量最好,故名茅苍术;后者主产于内蒙古、山西、辽宁等地。春、秋二季采挖,除去泥沙,晒干,撞去须根。切厚片,生用或麸炒用。处方中的常用名称:苍术、茅苍术、北苍术、麸苍术、炒苍术。

【药性】 辛、苦,温。归脾、胃、肝经。

【功效】 燥湿健脾,祛风散寒,明目。

【应用】

1. 湿阻中焦,脘腹胀满,泄泻,水肿　本品辛香苦温,主入脾、胃经,为燥湿健脾要药。治湿阻中焦,脾失健运而致脘腹胀闷,呕恶食少,吐泻乏力,舌苔白腻等,常与厚朴、陈皮、甘草等配伍,如平胃散。治脾虚湿聚,水湿停滞的痰饮、泄泻、水肿,需与茯苓、猪苓、泽泻等同用,如胃苓汤（《证治准绳》）。

2. 风湿痹痛，脚气痿躄　　本品辛散苦燥，长于祛湿，故痹证湿胜者尤宜，常与薏苡仁、独活、羌活等同用，如薏苡仁汤（《类证治裁》）。治湿热痹痛，可配石膏、知母、甘草等药，如白虎加苍术汤（《普济本事方》）；治湿热下注，脚气痿躄，可与黄柏、薏苡仁、牛膝同用，如四妙散（《成方便读》）；治湿热下注带下、湿疮、湿疹等，可与龙胆、黄芩、栀子等同用。

3. 风寒感冒　　本品辛香燥烈，能开肌腠而发汗，祛肌表之风寒表邪，又因其长于胜湿，故以风寒表证挟湿者最为适宜。常与羌活、白芷、细辛等同用。

4. 夜盲，眼目昏涩　　本品尚能明目。治夜盲症，眼目昏涩，可单用；或与羊肝、猪肝蒸煮同食。

【用法用量】　煎服，3~9 g。

【文献摘要】

（1）《神农本草经》："主风寒湿痹，死肌痉疸。"

（2）《本草纲目》："治湿痰留饮……脾湿下流，浊沥带下，滑泄肠风。"

（3）《药品化义》："专入脾胃，主治风寒湿痹，山岚瘴气，皮肤水肿，皆辛烈逐邪之功也。统治三部之湿……"

【现代研究】

本品主含苍术醇、苍术素、苍术酮、维生素 A 样物质、B 族维生素及菊糖等成分。具有调节胃肠运动、抑制子宫平滑肌、抗病原微生物、抗溃疡、镇痛等作用。

厚朴 Hòupò

厚朴饮片

本品首载于《神农本草经》，为木兰科植物厚朴 *Magnolia officinalis* Rehd. et Wils. 或凹叶厚朴 *Magnolia officinalis* Rehd. et Wils. var. *biloba* Rehd. et Wils. 的干皮、根皮及枝皮。主产于四川、湖北、浙江等地。4~6 月剥取，根皮及枝皮直接阴干；干皮置沸水中微煮后堆置阴湿处，"发汗"至内表面变紫褐色或棕褐色时，蒸软，取出，卷成筒状，干燥。切丝，姜制用。处方中的常用名称：厚朴、川朴、烈朴、赤朴、姜厚朴等。

【药性】　苦、辛，温。归脾、胃、肺、大肠经。

【功效】　燥湿消痰，下气除满。

【应用】

1. 湿滞伤中，脘痞吐泻　　本品苦燥辛散，能燥湿，又下气除胀满，为消除胀满的要药。治湿阻中焦，脘痞吐泻，常与苍术、陈皮等同用，如平胃散（《太平惠民和剂局方》）。

2. 食积气滞，腹胀便秘　　本品行气宽中，消积导滞，治积滞便秘，腹部胀满疼痛，常与大黄、枳实同用，如厚朴三物汤（《金匮要略》）；治热结便秘，脘腹痞满，腹痛拒按，配大黄、芒硝、枳实等，如大承气汤（《伤寒论》）。

3. 痰饮喘咳　　本品能燥湿消痰，下气平喘。治痰饮阻肺，肺气不降，咳喘胸闷，可与紫苏子、陈皮、半夏等同用，如苏子降气汤（《太平惠民和剂局方》）；治寒饮化热，胸闷气喘，喉间痰声辘辘，烦躁不安，与麻黄、石膏、苦杏仁等同用，如厚朴麻黄汤（《金匮要略》）；治宿有喘病，因外感风寒而发，可与桂枝、苦杏仁、甘草等同用，如桂枝加厚朴杏子汤（《伤寒论》）；治七情郁结，痰气互阻，咽中如有物梗阻，咽之不下，吐之不出的梅核气证，可配伍半夏、茯苓、紫苏叶等，如半夏厚朴汤（《金匮要略》）。

【用法用量】　煎服，3~10 g。

【使用注意】　气虚津亏者及孕妇慎用。

【文献摘要】

（1）《神农本草经》："主治中风，伤寒，头痛，寒热，惊悸，气血痹，死肌，去三虫。"

（2）《名医别录》："主温中，益气，消痰下气，治霍乱及腹痛，胀满，胃中冷逆，胸中呕逆不止，

—•笔记栏•—

泄痢，淋露，除惊，去留热，止烦满，厚肠胃。”

(3)《医学衷中参西录》：“治胃气上逆，恶心呕哕，胃气郁结胀满疼痛，为温中下气之要药。”

【现代研究】

本品主含厚朴酚、和厚朴酚、木兰醇、β-桉油醇等成分。具有调节胃肠运动、抗病原微生物、抗炎、镇痛、抗抑郁等作用。

【附药】

厚朴花　本品为木兰科科厚朴或凹叶厚朴的干燥花蕾。性味苦微温，归脾、胃经。功能：芳香化湿，理气宽中。其功似厚朴而力缓。适用于脾胃湿阻气滞，胸脘痞闷胀满，纳谷不香。煎服，3~9 g。

砂仁饮片

砂仁

砂仁 Shārén

本品首载于《药性论》，为姜科植物阳春砂 *Amomum villosum* Lour.、绿壳砂 *Amomum villosum* Lour. var. *xanthioides* T. L. Wu et Senjen 或海南砂 *Amomum longiligulare* T. L. Wu 的成熟果实。阳春砂主产于广东、广西、云南等地；绿壳砂主产于广东、云南等地；海南砂主产于海南及雷州半岛等地。于夏、秋间果实成熟时采收，晒干或低温干燥。用时打碎生用。处方中的常用名称：砂仁、春砂仁、阳春砂、缩砂仁等。

【药性】　辛，温。归脾、胃、肾经。

【功效】　化湿开胃，温脾止泻，理气安胎。

【应用】

1. 湿浊中阻，脾胃气滞，脘痞不饥　本品气味芳香，辛散温通，主入脾、胃经，化湿开胃，行气温中效佳，“为醒脾调胃要药”。凡湿阻或气滞所致之脘腹胀痛、脘痞不饥等脾胃不和诸证常用，尤其是寒湿气滞者最为适宜，常与厚朴、陈皮、枳实等同用；治脾胃气滞，可与陈皮、木香、枳实同用，如香砂枳术丸(《景岳全书》)；治脾胃虚弱，气机阻滞而食少便溏，腹胀脘痞，可配党参、白术、茯苓等，如香砂六君子汤(《太平惠民和剂局方》)。

2. 脾胃虚寒，呕吐泄泻　本品辛香，温而不燥，温中暖胃以达止呕止泻之功，重在温脾。治脾胃虚寒，呕吐泄泻，可单用研末吞服，或与干姜、附子、紫苏叶等同用。

3. 妊娠恶阻，胎动不安　本品能行气和中而止呕安胎。治妊娠呕逆不能食，可单用，如缩砂散(《济生方》)，或与紫苏梗、白术等同用；治气血不足，胎动不安，可与人参、白术、熟地黄等配伍，如泰山磐石散(《古今医统》)。

【用法用量】　煎服，3~6 g，后下。

【使用注意】　阴虚血燥者慎用。

【文献摘要】

(1)《药性论》：“主冷气腹痛，止休息气痢劳损，消化水谷，温暖脾胃，治冷滑下痢不禁。”

(2)《开宝本草》：“主虚劳冷泻，宿食不消，赤白泄痢，腹中虚痛，下气。”

(3)《本草蒙筌》：“止恶心，却腹痛。”

【现代研究】

本品主含乙酸龙脑酯、右旋樟脑、樟脑、樟烯、柠檬烯、橙花叔醇、皂苷等成分。具有增强胃动力、利胆、止泻、抗炎、镇痛、降血糖等作用。

豆蔻饮片

豆蔻 Dòukòu

本品首载于《名医别录》，为姜科植物白豆蔻 *Amomum kravanh* Pierre ex Gagnep. 或爪哇白豆蔻 *Amomum compactum* Soland ex Maton 的成熟果实。又名白豆蔻。主产于泰国、柬埔寨、越南，

—•笔记栏•—

我国云南、广东、广西等地亦有栽培；按产地不同分为“原豆蔻”和“印尼白蔻”。于秋季果实由绿色转成黄绿色时采收，晒干。生用，用时捣碎。处方中的常用名称：豆蔻、白豆蔻等。

豆蔻

【药性】 辛，温。归肺、脾、胃经。

【功效】 化湿行气，温中止呕，开胃消食。

【应用】

1. 湿浊中阻，脾胃气滞，不思饮食，胸腹胀痛，食积不消　本品味辛性温，气芳香，长于化湿行气。治湿浊中阻，脘腹痞满，不思饮食，常与藿香、佩兰、陈皮等同用；治脾虚湿阻气滞之胸腹虚胀，不思饮食，乏力，常与黄芪、白术、人参等同用，如白豆蔻丸（《太平圣惠方》）；治脾虚气滞，食积不消，可与陈皮、枳实、木香等同用。

2. 湿温初起，胸闷不饥　本品辛散入肺而宣化湿邪，常用于湿温初起，胸闷不饥。若湿邪偏重，常与薏苡仁、苦杏仁、半夏等同用，如三仁汤（《温病条辨》）；若热重于湿，多与黄芩、滑石、通草等同用，如黄芩滑石汤（《温病条辨》）。

3. 寒湿呕逆　本品能行气宽中，温胃止呕，故寒湿阻胃，气滞呕吐最为适宜。可单用为末服，或配广藿香、半夏、陈皮等；治小儿胃寒，吐乳不食，可与砂仁、甘草等研细末服。

【用法用量】 煎服，3～6 g，后下。

【使用注意】 阴虚血燥者慎用。

【文献摘要】

（1）《开宝本草》：“主积冷气，止吐逆反胃，消谷下气。”

（2）《本草通玄》：“白豆蔻，其功全在芳香之气，一经火炒，便减功力；即入汤液，但当研细，待诸药煎好，乘沸点服尤妙。”

（3）《本草纲目》：“治噎膈，除疟疾，寒热，解酒毒。”

【现代研究】

本品主含桉油精、β-蒎烯、α-蒎烯、丁香烯、乙酸龙脑酯等成分。具有促进消化、止呕、解酒等作用。

草豆蔻 Cǎodòukòu

草豆蔻饮片

本品首载于《雷公炮炙论》，为姜科植物草豆蔻 *Alpinia katsumadai* Hayata 的近成熟种子。主产于广西、广东、云南等地。夏、秋二季采收，晒至九成干，或用水略烫，晒至半干，除去果皮，取出种子团，晒干。生用，用时捣碎。处方中的常用名称：草豆蔻、草蔻等。

【药性】 辛，温。归脾、胃经。

【功效】 燥湿行气，温中止呕。

【应用】

1. 寒湿内阻，脾胃气滞，脘腹胀满冷痛，不思饮食　本品芳香温燥，长于燥湿化浊，温中散寒，行气消胀。尤宜于脾胃寒湿偏重，气机不畅，脘腹胀满冷痛，常与干姜、厚朴、陈皮等同用。

2. 嗳气，呕逆　本品可温中散寒燥湿，温中止呕，治寒湿阻滞，胃气上逆，嗳气呕逆，不思饮食，多与肉桂、高良姜、陈皮等同用。

此外，取本品温燥之性，温脾燥湿，可除中焦之寒湿而止泻痢。治寒湿内盛，清浊不分之腹痛泻痢，可与苍术、厚朴、木香等同用。

【用法用量】 煎服，3～6 g。

【使用注意】 阴虚血燥者慎用。

【文献摘要】

（1）《名医别录》：“主温中，心腹痛，呕吐，去口臭气。”

（2）《珍珠囊》：“益脾胃，去寒，又治客寒心胃痛。”

—•笔记栏•—

(3)《本草经疏》:“辛能破滞,香能入脾,温热能祛寒燥湿,故主温中及寒客中焦、心腹痛、中寒呕吐也。”

【现代研究】

本品主含桉油精、蛇麻烯、反-麝子油醇、樟脑、山姜素、乔松素等成分。具有促进消化、止呕、抑制幽门螺杆菌、抗病原微生物、抗氧化等作用。

草果 Cǎoguǒ

草果饮片

本品首载于《饮膳正要》,为姜科植物草果 *Amomum tsao-ko* Crevost et Lemaire 的成熟果实。主产于云南、广西、贵州等地。秋季果实成熟时采收,除去杂质,晒干或低温干燥。清炒去壳取仁。生用或姜汁炙,用时捣碎。处方中的常用名称:草果、草果仁、煨草果、制草果等。

【药性】 辛,温。归脾、胃经。

【功效】 燥湿温中,截疟除痰。

【应用】

1. 寒湿内阻,脘腹胀痛,痞满呕吐　本品辛温燥烈,气浓味厚,其燥湿、温中之力皆优于草豆蔻。故多治寒湿偏盛之脘腹冷痛,痞满呕吐,舌苔浊腻,常配吴茱萸、干姜、半夏等。

2. 疟疾寒热,瘟疫发热　本品芳香辟浊,温脾燥湿,除痰截疟。治疟疾寒热往来,多与常山、知母、槟榔等同用;治瘟疫发热,可与青蒿、黄芩、贯众等配伍。

【用法用量】 煎服,3~6 g。

【使用注意】 阴虚血燥者慎用。

【文献摘要】

(1)《饮膳正要》:“治心腹痛,止呕,补胃,下气。”

(2)《本草正义》:“辛温燥烈,善除寒湿而温燥中宫,故为脾胃寒湿主药。”

(3)《本草求真》:“温胃逐寒。然此气味浮散,凡冒巅雾不正瘴疟,服之直入病所而皆有效。”

【现代研究】

本品主含桉油精、α-蒎烯、β-蒎烯、香叶醇、对-聚伞花素及多种微量元素等成分。具有调节胃肠运动功能、抗胃溃疡、抗病原微生物、镇痛等作用。

小　结

主要化湿药的兼有功效及代表药物归纳

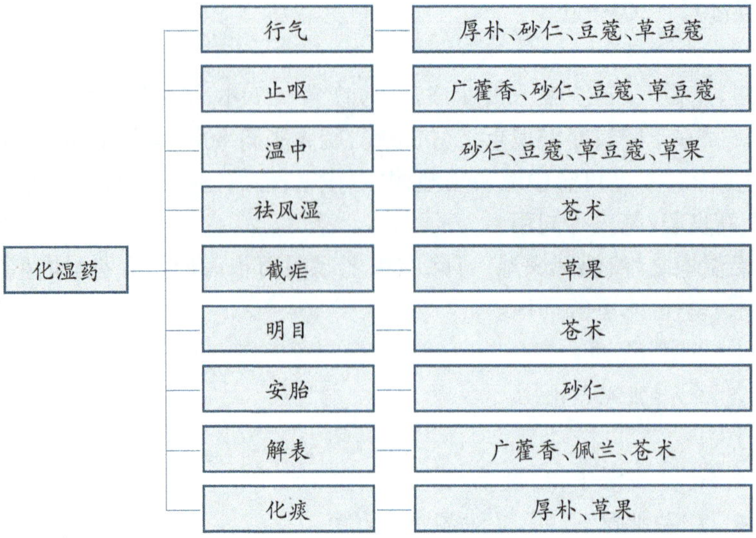

第十四章　消 食 药

·笔记栏·

消食药是指以消化食积为主要功效，常用于治疗饮食积滞证的药物。

本类药物多味甘性平，主归脾、胃经。有消食化积、健胃、和中的作用，部分药物兼有行气、活血、祛痰等功效。

消食药主要适用于饮食积滞所致的脘腹胀痛、嗳腐吞酸、恶心呕吐、不思饮食、大便失调等，以及脾胃虚弱，消化不良者。

第十四章授课视频及习题

本类药物多属渐消缓散之品，适用于病情较缓，积滞不甚者。由于积滞性质不同，且兼证较多，除根据药物的不同作用效果随证选用外，尚需针对具体的病证进行配伍。如食积内停，气机阻滞者，应配理气药；积滞化热者，应配清热药；兼中焦虚寒者，当配温中健脾药；兼外感表邪者，当配解表药；兼便秘或大便不爽者，宜配缓泻药；积滞伤脾，脾湿不运者，当配化湿药；肝郁乘脾而致食积者，当配疏肝解郁药。

消食药大多药性平和，作用和缓，但仍有耗气之弊，故气虚而无积滞者慎用。

现代研究表明，本类药物一般具有不同程度的助消化作用，个别药物还具有降血脂、强心、增加冠状动脉流量及抗心肌缺血、降血压、抗菌等作用。

山楂 Shānzhā

山楂饮片

本品首载于《本草经集注》，为蔷薇科植物山里红 *Crataegus pinnatifida* Bge. var. *major* N. E. Br. 或山楂 *Crataegus pinnatifida* Bge. 的成熟果实。主产于山东、河南、河北等地。秋季果实成熟时采收，切片，干燥。生用或炒黄、炒焦用。处方中的常用名称：山楂、生山楂、焦山楂、山楂炭、炒山楂等。

【药性】　酸、甘，微温。归脾、胃、肝经。

【功效】　消食健胃，行气散瘀，化浊降脂。

【应用】

1. 肉食积滞，胃脘胀满，腹痛泄泻　　本品味酸而甘，微温不热，功善消食化积，可治多种食积证。尤为消化油腻肉食积滞之要药。治肉食积滞，胃脘胀满，嗳气吞酸，腹痛泄泻，单用即可奏效；常配伍六神曲、麦芽等，以增强消食之力，如保和丸（《丹溪心法》）；若治食积气滞、脘腹胀痛较甚，可与木香、青皮等配伍。

2. 泻痢腹痛，疝气疼痛　　本品又可行气散瘀，炒用兼能止泻止痢。治泻痢腹痛初起，可单用焦山楂水煎内服，亦可与木香、槟榔等同用；治痢疾初起，湿热壅盛，身热腹痛，常配伍黄连、黄芩等；治疝气疼痛，可配伍橘核、荔枝核等。

3. 血瘀经闭，产后瘀阻，心腹刺痛，胸痹心痛　　本品能入肝经血分，通行气血，有活血祛瘀之功，广泛用治血瘀证。治产后瘀阻腹痛、恶露不尽，或血滞痛经、经闭，单用本品煎汤加入糖水煎服；亦可配伍当归、红花、香附等；治瘀滞胸痹心痛，可与川芎、丹参、红花等同用。

4. 高脂血症　　本品可化浊降脂，治高脂血症、高血压、冠心病等，单用或配伍丹参、三七、葛根等。

【用法用量】　煎服，9～12 g。生山楂长于消食散瘀；炒山楂缓和对胃的刺激性，长于消食健胃；焦山楂消食导滞作用更强。

【使用注意】　脾胃虚弱而无积滞、胃酸分泌过多者均慎用。

—•笔记栏•—

【文献摘要】

(1)《本草新编》:“消食理滞,是其所长。”

(2)《本草备要》:“泻破气,消积,散瘀,化痰。”

(3)《本草纲目》:“化饮食,消肉积,癥瘕,痰饮痞满吞酸,滞血通胀。”

【现代研究】

本品主含熊果酸、齐墩果酸、山楂酸、槲皮素、绿原酸、枸橼酸单甲酯、枸橼酸二甲酯等成分。具有抗心肌缺血、抗菌、调节免疫、降血脂等作用。

六神曲 Liùshénqǔ

六神曲饮片

本品首载于《药性论》,为面粉或麸皮与苦杏仁泥、赤小豆粉,以及鲜青蒿、鲜苍耳、鲜辣蓼自然汁为原料,混合拌匀,保温发酵1周,长出黄菌丝时取出,切成小块,晒干。生用或炒用。处方中的常用名称:六神曲、神曲、六曲、焦神曲、炒神曲等。

【药性】 甘、辛,温。归脾、胃经。

【功效】 消食和胃。

【应用】

饮食积滞　本品味甘而辛,气香性温,有消食化滞、和胃调中之效。治食积不化、脘腹胀满、食少纳呆、肠鸣腹泻,常与麦芽、山楂等同用;又因略能解表退热,故尤宜于食积兼有表证者。此外,尚能助金石类药物之消化。

【用法用量】 煎服,6~15 g。消食宜炒焦用。

【文献摘要】

(1)《药性论》:“化水谷宿食,癥结积滞,健脾暖胃。”

(2)《本草纲目》:“消食下气,除痰逆霍乱,泄痢胀满诸气。”

【现代研究】

本品主含酵母菌、淀粉酶、维生素B复合体、麦角甾醇等成分。具有调节肠道菌群、增进食欲等作用。

【附药】

建神曲　本品为面粉、麸皮和紫苏叶、荆芥、防风、羌活、薄荷、藿香、柴胡、厚朴、青皮、白术、木香、枳实等40多味药物经混合发酵而成。因历代主产于福建泉州范志县,故名范志曲,又名泉州神曲,通称建曲。性味苦温,归脾、胃经。功能:消食化积,与六神曲相似,兼能理气化湿、发散风寒。适用于食积不化,或兼风寒表证者。煎服,6~15 g。

麦芽 Màiyá

麦芽饮片

本品首载于《药性论》,为禾本科植物大麦 *Hordeum vulgare* L. 的成熟果实经发芽而成的加工品。全国各地均可生产。将麦粒用水浸泡后,保持适宜温、湿度,待幼芽长至约5 mm时,晒干或低温干燥。生用、炒黄或炒焦用。处方中的常用名称:麦芽、生麦芽、炒麦芽、焦麦芽等。

【药性】 甘,平。归脾、胃经。

【功效】 行气消食,健脾开胃,回乳消胀。

【应用】

1. 食积不消,脘腹胀满,脾虚食少　本品味甘性平,甘能健脾益气,性平和胃调中,故有消食除胀之效,为消补兼施之剂,尤能促进淀粉类食物的消化,主治米、面、薯、芋类积滞,常与山楂、六神曲等配伍;治小儿乳食积滞,可单用本品煎服或研末服;治脾胃虚弱、运化无力而致食积不消、食后腹胀,可与党参、白术、陈皮等配伍。

—•笔记栏•—

2. 乳汁郁积，乳房胀痛，妇女断乳　本品有回乳除胀之效，用于妇女断乳或乳汁郁积之乳房胀痛，可单用生麦芽或炒麦芽 120 g（或生、炒麦芽各 60 g），煎服。

3. 肝郁胁痛，肝胃气痛　本品兼有疏肝行气作用，可治肝郁胁痛、肝胃气痛等。但其疏肝之力较弱，仅作辅助药应用，常配伍柴胡、香附等。

【用法用量】 煎服，10~15 g；回乳炒用 60 g。生麦芽健脾和胃，疏肝行气，用于脾虚食少，乳汁郁积；炒麦芽行气消食回乳，用于食积不消，妇女断乳；焦麦芽消食化滞，用于食积不消，脘腹胀痛。

【使用注意】 哺乳期妇女不宜使用。

【文献摘要】

（1）《药性论》："消化宿食，破冷气，去心腹胀满。"

（2）《医学衷中参西录》："因其善于消化，微兼破血之性，故又善回乳。"

（3）《本草纲目》："消化一切米、面、诸果食积。"

【现代研究】

本品主含大麦芽碱、大麦芽新碱 A、大麦芽新碱 B、淀粉酶、腺嘌呤、胆碱、蛋白质、氨基酸及多种维生素等成分。具有促性激素分泌、调节肠道菌群等作用。

稻芽 Dàoyá

稻芽饮片

本品首载于《名医别录》，为禾本科植物稻谷 *Oryza sativa* L. 的成熟果实经发芽而成的加工品。主产于南方各省区。将稻谷用水浸泡后，保持适宜的温度和湿度，待须根长至约 1 cm 时，干燥。生用或炒焦用。处方中的常用名称：稻芽、炒稻芽、焦稻芽等。

【药性】 甘，温。归脾、胃经。

【功效】 消食和中，健脾开胃。

【应用】

食积不消，腹胀口臭，脾胃虚弱，不饥食少　本品具有消食开胃之效，作用和缓，消食而不伤胃气，以食积兼脾胃虚寒者为宜。治食积，常与麦芽相须为用。治脾虚不饥食少，常与砂仁、白术等同用，如谷神丸；治脾胃虚弱，食积泄泻，可与茯苓、建曲、山楂等同用。

【用法用量】 煎服，9~15 g。炒稻芽偏于消食，用于不饥食少；焦稻芽善化积滞，用于积滞不化。

【文献摘要】

（1）《名医别录》："主寒中，下气，除热。"

（2）《本草纲目》："消导米面诸果食积。"

【现代研究】

本品主含淀粉、淀粉酶、蛋白质、脂肪及多种氨基酸等成分。具有助消化、抗过敏等作用。

【附药】

谷芽　本品为禾本科植物粟 *Setaria italica*（L.）Beauv. 的成熟果实经发芽干燥的炮制加工品。谷芽的性能、功效、应用、用法用量均与稻芽相似，我国北方地区多习用。

莱菔子 Láifúzǐ

莱菔子饮片

本品首载于《日华子本草》，为十字花科植物萝卜 *Raphanus sativus* L. 的成熟种子。全国各地均有生产。夏季果实成熟时采割植株，晒干，搓出种子，除去杂质，再晒干。生用或炒用，用时捣碎。处方中的常用名称：莱菔子、炒莱菔子、萝卜子等。

【药性】 辛、甘，平。归肺、脾、胃经。

—•笔记栏•—

【功效】 消食除胀，降气化痰。

【应用】

1. 饮食停滞，脘腹胀痛，大便秘结，积滞泻痢　本品味辛而甘，生用性平，炒用性温。性味辛散而利气，甘温和胃以降逆，具有良好的消食开胃、行气除胀之效。治食积气滞之脘腹胀满或疼痛，常配伍山楂、六神曲、麦芽等，如保和丸（《丹溪心法》）；治食积兼脾虚，常配伍白术等。

2. 痰壅喘咳　本品味辛能利肺气而宽胸膈，炒用能消痰饮而定喘嗽。常用治痰涎壅盛，气喘咳嗽而兼胸膈痞闷，或食积食少等，可单用研末服；或与白芥子、苏子等同用，如三子养亲汤。

此外，古代常单用生品研服以涌吐痰涎，但现代很少用。

【用法用量】 煎服，5～12 g。炒用消食下气化痰，生用涌吐风痰。

【使用注意】 气虚无积滞、痰滞者慎用。

【文献摘要】

(1)《本草纲目》："下气定喘，治痰，消食，除胀，利大小便，止气痛，下痢后重，发疮疹。"

(2)《医林纂要》："生用，吐风痰，宽胸膈，托疮疹；熟用，下气消痰，攻坚积，疗后重。"

【现代研究】

本品主含莱菔素、芥子碱、芥酸、亚油酸、亚麻酸、β-谷甾醇及多种氨基酸等成分。具有镇咳、祛痰、调节胃肠功能、降压等作用。

鸡内金 Jīnèijīn

鸡内金饮片

本品首载于《神农本草经》，为雉科动物家鸡 *Gallus gallus domesticus* Brisson 的砂囊内壁。杀鸡后，取出鸡肫，立即剥下内壁，洗净，干燥。生用、炒用或醋制用。处方中的常用名称：鸡内金、内金、炙鸡内金、炒鸡内金等。

【药性】 甘，平。归脾、胃、小肠、膀胱经。

【功效】 健胃消食，涩精止遗，通淋化石。

【应用】

1. 食积不消，呕吐泻痢，小儿疳积　本品有较强的消食化积作用，并能健运脾胃，为治疗饮食积滞之要药，可广泛用于米、面、薯、芋、乳、肉、果酒等各种食积。若病情较轻，可单用研末服；若食积较重，常与山楂、麦芽等同用。治脾胃虚寒、食少泄泻，可配伍白术、干姜等。治小儿疳积之脾虚，常配伍白术、山药、使君子等。

2. 遗精，遗尿　本品可固精缩尿止遗。治遗精，可单味炒焦研末，温酒送服。治遗尿，常与菟丝子、桑螵蛸等配伍。

3. 石淋涩痛，胆胀胁痛　本品入膀胱经，有消积化滞、通淋排石之功。治小便淋沥，痛不可忍，可研末服，如《医林集要》以本品五钱"烧存性"，研末一次吞服。现代常用本品与金钱草等药同用，治砂石淋证或胆结石。

【用法用量】 煎服，3～10 g；研末服效果优于煎剂，每次 1.5～3 g。

【使用注意】 脾虚无积滞者慎用。

【文献摘要】

(1)《神农本草经》："主泄利。"

(2)《日华子本草》："止泄精，并尿血、崩中、带下、肠风泄痢。"

(3)《滇南本草》："宽中健脾，消食磨胃。治小儿乳食结滞，肚大筋青，痞积疳积。"

【现代研究】

本品主含胃激素、角蛋白、微量胃蛋白酶、淀粉酶、多种维生素、微量元素及 18 种氨基酸等成分。具有调节胃肠运动功能、促进胃液分泌、抗凝血、降血脂、降血糖及缓解乳腺增生等作用。

—•笔记栏•—

小　　结

主要消食药的兼有功效及代表药物归纳

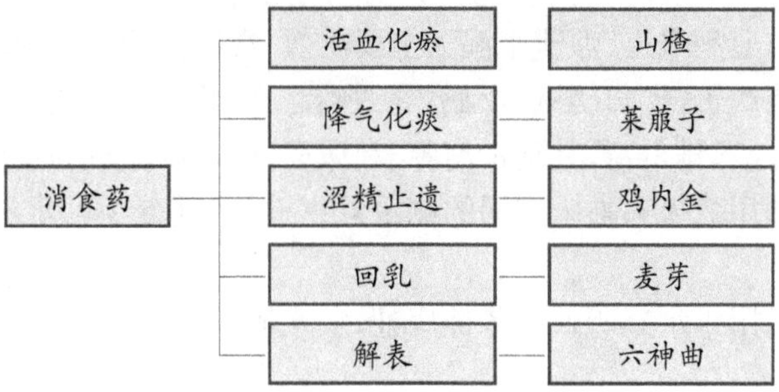

·笔记栏·

第十五章 利水渗湿药

第十五章授课视频及习题

利水渗湿药是指以通利水道，渗泄水湿为主要功效，常用于治疗水湿内停病证的药物。

本类药物味多甘淡或苦，主归膀胱、小肠、肾、脾经，偏于下行，淡能渗利，苦能降泄，可使尿量增加，促进体内水湿之邪排出，具有利水消肿、利尿通淋、利湿退黄等功效。

根据利水渗湿药作用效果和临床应用的侧重点，一般将其分为利水消肿药、利尿通淋药、利湿退黄药三类。

利水渗湿药主要适用于水湿所致的各种病证，如水肿、小便不利、泄泻、痰饮、淋证、黄疸、湿疮、带下、湿温、湿痹等。

本类药物应用时，除根据各类药物的不同作用效果随证选用外，尚需针对具体病证进行适当配伍。如水肿骤起有表证者，应配宣肺解表药；湿热合邪者，应配清热燥湿药；寒湿并重者，应配温里祛寒药；热伤血络而尿血者，应配凉血止血药；脾虚泄泻者，常配健脾化湿药；水肿日久，脾肾阳虚者，当配温补脾肾药。此外，气行则水行，气滞则水停，故利水渗湿药常与行气药同用，以增强疗效。

利水渗湿药易耗伤津液，故阴亏津少、肾虚遗精遗尿者，宜慎用或忌用。通利作用较强的药物，孕妇应慎用。

现代研究表明，本类药物能利尿、利胆、保肝、抗病原体等。部分药物还具有降血糖、降血压、降血脂、调节免疫等作用。

第一节 利水消肿药

本类药物多味甘淡，性平或微寒，淡能渗泄水湿，使小便畅利，水肿消退，主治水湿内停所致的水肿、小便不利，以及泄泻、痰饮等。

茯苓 Fúlíng

茯苓饮片

本品首载于《神农本草经》，为多孔菌科真菌茯苓 *Poria cocos* (Schw.) Wolf 的菌核。寄生于松科植物赤松或马尾松等树根上。野生或栽培，主产于云南、安徽、湖北等地。产云南者称“云苓”，质较优。多于7~9月采挖，除去泥沙，堆置“发汗”后，摊开晾至表面干燥，再“发汗”，反复数次至现皱纹、阴干，称为“茯苓个”；或将鲜茯苓按不同部位切制，阴干，分别称为“茯苓块”和“茯苓片”。生用。处方中的常用名称：茯苓、白茯苓、云苓等。

【药性】 甘、淡，平。归心、肺、脾、肾经。

【功效】 利水渗湿，健脾，宁心。

【应用】

1. 水肿尿少　本品性味甘淡而平，甘补淡渗，既可祛邪，又可扶正，利水而不伤正气，可治寒热虚实各种水肿，为利水消肿之要药。治水湿内停所致之水肿、小便不利，常与泽泻、白术、桂枝等同用，如五苓散（《伤寒论》）；治脾肾阳虚水肿，可与附子、白术、生姜等同用，如真武汤（《伤寒论》）；治水热互结，阴虚小便不利水肿，可与泽泻、滑石、阿胶等同用，如猪苓汤（《伤寒论》）。

2. 痰饮眩悸　本品善渗泄水湿，使湿无所聚，痰无由生，可治痰饮之目眩心悸，常与桂枝、白术、甘草同用，如苓桂术甘汤（《金匮要略》）；治饮停于胃而呕吐，多与半夏、生姜合用，如

—•笔记栏•—

小半夏加茯苓汤(《金匮要略》)。

3. 脾虚食少,便溏泄泻　本品健脾渗湿而止泻,尤宜于脾虚湿盛泄泻,可与白术、薏苡仁、砂仁等同用,如参苓白术散(《太平惠民和剂局方》);治疗脾胃虚弱,倦怠乏力,食少便溏,常配人参、白术、甘草等,如四君子汤(《太平惠民和剂局方》)。

4. 心神不安,惊悸失眠　本品味甘入心、脾经,补益心脾而宁心安神。常用治心脾两虚,气血不足之心悸、失眠、健忘,多与黄芪、当归、远志等同用,如归脾汤(《济生方》);若治心气虚,不能藏神,心神不宁,惊恐而不安卧,常与人参、龙齿、远志等同用,如安神定志丸。

【用法用量】　煎服,10~15 g。

【文献摘要】

(1)《神农本草经》:"主胸胁逆气,忧恚惊邪恐悸,心下结痛,寒热,烦满,咳逆,口焦舌干,利小便。久服安魂、养神、不饥、延年。"

(2)《药性论》:"开胃,止呕逆,善安心神。主肺痿痰壅。治小儿惊痫,心腹胀满,妇人热淋。"

(3)《日华子本草》:"补五劳七伤,安胎,暖腰膝,开心益智,止健忘。"

【现代研究】

本品主含β-茯苓聚糖、茯苓酸、茯苓素、块苓酸、麦角甾醇、蛋白质、脂肪、卵磷脂等成分。具有利尿、镇静、抗肿瘤、降血糖、增强免疫、护肝、抗胃溃疡等作用。

【附药】

1. 茯苓皮　本品为茯苓菌核的干燥外皮。性味甘淡平,归肺、脾、肾经。功能:利水消肿。适用于水肿,小便不利。多治皮肤水肿。煎服,15~30 g。

2. 茯神　本品为茯苓菌核中间带有松根的部分。性味甘淡平,归脾、肾、心经。功能:宁心安神。适用于心神不安,惊悸,健忘,失眠。煎服,10~15 g。

薏苡仁 Yìyǐrén

薏苡仁饮片

本品首载于《神农本草经》,为禾本科植物薏米 *Coix lacryma-jobi* L. var. *ma-yuen* (Roman.) Stapf 的成熟种仁。主产于福建、河北、辽宁等地。秋季果实成熟时采割植株,晒干,打下果实,再晒干,除去外壳、黄褐色种皮及杂质,收集种仁。生用或炒用。处方中的常用名称:薏苡仁、薏仁、米仁、苡米、炒薏苡仁、熟米仁等。

【药性】　甘、淡,凉。归脾、胃、肺经。

【功效】　利水渗湿,健脾止泻,除痹,排脓,解毒散结。

【应用】

1. 水肿,小便不利,脚气浮肿　本品淡渗甘补,既利水消肿,又健脾补中。常用治脾虚湿盛之水肿腹胀,小便不利,多与茯苓、白术、黄芪等药同用;治水肿喘急,可与郁李仁汁煮饭服食;治脚气浮肿,可与防己、木瓜、苍术等同用。

2. 脾虚泄泻　本品渗除脾湿,健脾止泻,尤宜用于脾虚湿盛之泄泻,常与人参、茯苓、白术等配伍,如参苓白术散(《太平惠民和剂局方》)。

3. 湿痹拘挛　本品渗湿除痹,舒筋脉,缓拘挛。治湿痹而筋脉挛急疼痛,可与独活、羌活、苍术等同用;治风湿久痹,筋脉挛急,用薏苡仁煮粥服;治湿温初起或暑湿邪在气分,头痛恶寒,胸闷身重,常配苦杏仁、豆蔻、滑石等,如三仁汤(《温病条辨》)。

4. 肺痈,肠痈　本品清肺肠之热,排脓消痈。治肺痈胸痛,咳吐脓痰,常与苇茎、冬瓜仁、桃仁等同用,如苇茎汤(《千金方》);治肠痈,可与附子、败酱草同用,如薏苡附子败酱散(《金匮要略》)。

5. 赘疣,癌肿　本品解毒散结,治赘疣、癌肿。

—•笔记栏•—

【用法用量】 煎服，9~30 g。清利湿热宜生用，健脾止泻宜炒用。

【使用注意】 孕妇慎用。

【文献摘要】

(1)《神农本草经》：“主筋急拘挛，不可屈伸，风湿痹，下气。”

(2)《本草纲目》：“薏苡仁属土，阳明药也，故能健脾益胃。虚则补其母，故肺痿、肺痈用之。筋骨之病，以治阳明为本，故拘挛筋急、风痹者用之。土能胜水除湿，故泄痢、水肿用之。”

(3)《本草经疏》：“性燥能除湿，味甘能入脾补脾，兼淡能渗泄，故主筋急拘挛不可屈伸及风湿痹，除筋骨邪气不仁，利肠胃，消水肿，令人能食。”

【现代研究】

本品主含甘油三油酸酯、薏苡仁酯、薏苡仁内酯、薏苡多糖 A~C、氨基酸和维生素 B_1 等成分。具有调节胃肠运动、抗肿瘤、降糖、减肥、镇痛等作用。

猪苓 Zhūlíng

猪苓饮片

本品首载于《神农本草经》，为多孔菌科真菌猪苓 *Polyporus umbellatus* (Pers.) Fries 的菌核。主产于陕西、山西、河北等地。春、秋二季采挖，去泥沙，晒干。切片入药，生用。处方中的常用名称：猪苓、猪屎苓等。

【药性】 甘、淡，平。归肾、膀胱经。

【功效】 利水渗湿。

【应用】

1. 水肿，小便不利，泄泻　本品甘淡渗泄，利水作用较强，用于水湿停滞的各种水肿，单用即有效。治通身肿满，小便不利，单用一味猪苓为末，热水调服；治水湿内停所致之水肿、小便不利，常与茯苓、泽泻、白术用，如四苓散(《明医指掌》)；治肠胃寒湿，濡泻无度，嗜卧不食，常与肉豆蔻、黄柏同用。

2. 淋浊，带下　本品药性沉降，入肾、膀胱经，善通利水道。治热淋，小便不通，淋沥涩痛，多配生地黄、滑石、木通等，如十味导赤汤(《医宗金鉴》)；治湿浊带下，多与茯苓、白术、泽泻等同用。

【用法用量】 煎服，6~12 g。

【文献摘要】

(1)《神农本草经》：“主治痎疟，解毒，蛊疰不祥，利水道。”

(2)《本草纲目》：“开腠理，利小便，与茯苓同功。但入补药不如茯苓也。”

(3)《用药心法》：“猪苓，苦以泄滞，甘以助阳，淡以利窍，故能除湿利小便。”

【现代研究】

本品主含猪苓葡聚糖Ⅰ等猪苓多糖、麦角甾醇等甾类化合物、有机酸、蛋白等成分。具有利尿、抗肾结石形成、抗肿瘤、抗诱变、调节免疫等作用。

泽泻 Zéxiè

泽泻饮片

本品首载于《神农本草经》，为泽泻科植物东方泽泻 *Alisma orientale* (Sam.) Juzep. 或泽泻 *Alisma plantago-aquatica* Linn. 的块茎。主产于福建、四川、江西等地。冬季茎叶开始枯萎时采挖，洗净，干燥，除去须根及粗皮。切片，生用或盐水炒用。处方中的常用名称：泽泻、建泽泻、福泽泻、炒泽泻等。

【药性】 甘、淡，寒。归肾、膀胱经。

【功效】 利水渗湿，泄热，化浊降脂。

【应用】

1. 水肿胀满，小便不利，泄泻尿少　本品甘淡渗利，利水渗湿作用较强，治疗水湿停蓄、膀胱气化不利之水肿，小便不利，常和茯苓、白术、桂枝配伍，如五苓散(《伤寒论》)；治脾胃伤冷，水谷不分，泄泻不止而尿少，取其利小便而实大便，常与厚朴、苍术、白术等配伍，如胃苓汤(《丹溪心法》)。

2. 痰饮眩晕　本品利水渗湿以消痰饮，常治痰饮停聚，清阳不升之头目昏眩，常与白术等同用，如泽泻汤(《金匮要略》)。

3. 热淋涩痛，遗精　本品性寒，既清膀胱之热，又泄肾经之虚火，下焦湿热者尤为适宜。治湿热蕴结，热淋涩痛，常与木通、车前子、滑石等同用；治肾阴不足，相火偏亢之盗汗遗精、骨蒸潮热，多与熟地黄、山茱萸、牡丹皮等同用，如六味地黄丸(《小儿药证直诀》)。

4. 高脂血症　本品利水渗湿，可化浊降脂，常用于治疗高脂血症，多与决明子、山楂、何首乌等同用。

【用法用量】　煎服，6～10 g。

【文献摘要】

(1)《药性论》："主肾虚精自出，治五淋，利膀胱热，宣通水。"

(2)《本草要略》："除湿通淋，止渴，治水肿，止泻痢，以猪苓佐之。"

(3)《本草正义》："泽泻，最善渗泄水道，专能通行小便。"

【现代研究】

本品主含泽泻醇 A～C、23-乙酰泽泻 B、泽泻醇 A 乙酸酯、泽泻醇 B 单乙酸酯、泽泻醇 C 乙酸酯及挥发油、生物碱等成分。具有利尿、调脂、降糖、抗肝损伤等作用。

冬瓜皮 Dōngguāpí

冬瓜皮饮片

本品首载于《开宝本草》，为葫芦科植物冬瓜 *Benincasa hispida* (Thunb.) Cogn. 的外层果皮。全国大部分地区有产。食用冬瓜时，洗净，削取外层的果皮，晒干。切块或宽丝，生用。处方中的常用名称：冬瓜皮。

【药性】　甘，凉。归脾、小肠经。

【功效】　利尿消肿，清热解暑。

【应用】

1. 水肿胀满，小便不利　本品味甘，药性平和，善于利水消肿。治水肿胀满，小便不利，常配五加皮、生姜皮、茯苓皮等药；治体虚浮肿，常与赤小豆、红糖同煮，食豆服汤。

2. 暑热口渴，小便短赤　本品性凉，有清热解暑之效。治夏日暑热口渴，小便短赤，与西瓜皮等同用，煎水代茶饮；治暑湿证，多配伍薏苡仁、滑石、扁豆花等。

【用法用量】　煎服，9～30 g。

【文献摘要】

(1)《滇南本草》："止渴，消痰，利小便。"

(2)《药性切用》："行皮间水湿，善消肤肿。"

(3)《本草再新》："走皮肤，祛湿追风，补脾泻火。"

【现代研究】

本品主含挥发性成分、三萜类成分、胆甾醇衍生物、烟酸、胡萝卜素、葡萄糖、果糖、蔗糖、维生素 B_1、维生素 B_2、维生素 C 等成分。具有利尿作用。

【附药】

冬瓜子　本品为冬瓜的干燥成熟种子。性味甘微寒，归肺、脾、大肠经。功能：清热化痰，利湿，排脓。适用于肺热咳嗽，肺痈，肠痈，带下，白浊，水肿，淋证。煎服，10～15 g。

—•笔记栏•—

香加皮饮片

香加皮 Xiāngjiāpí

本品首载于《中药志》，为萝藦科植物杠柳 *Periploca sepium* Bge. 的根皮。主产于山西、河南、河北等地。春、秋二季采挖根部，剥取根皮，晒干。切厚片，生用。处方中的常用名称：香加皮、北五加皮等。

【药性】 辛、苦，温；有毒。归肝、肾、心经。

【功效】 利水消肿，祛风湿，强筋骨。

【应用】

1. 下肢浮肿，心悸气短　本品辛散温能，有利水消肿作用。治水肿，小便不利，可单用，或配伍陈皮、大腹皮、茯苓皮等；治下肢浮肿，心悸气短，常与黄芪、葶苈子、桂枝等同用。

2. 风寒湿痹，腰膝酸软　本品辛散苦燥，有祛风湿、强筋骨之功，为治风湿痹证的常用药。治风寒湿痹，腰膝酸软，常与独活、桑寄生、淫羊藿等同用；治筋骨痿软行迟，多与怀牛膝、狗脊、巴戟天等配伍。

【用法用量】 煎服，3～6 g。

【使用注意】 不宜长期服用或过量服用。

【文献摘要】

(1)《四川中药志》："镇痛，除风湿。治风寒湿痹，脚膝拘挛，筋骨疼痛。"

(2)《陕甘宁青中草药选》："祛风湿，壮筋骨，强腰膝。"

【现代研究】

本品主含杠柳毒苷、杠柳皂甘、4-甲氧基水杨醛、对二甲氨基苯甲醚、对羟基苯甲酸丁酯等成分。具有抗肿瘤、抗炎、强心等作用。

附　其他利水消肿药（表 15-1）

表 15-1　其他利水消肿药

药名	处方中的常用名称	药　性	功　效	应　用	用法用量	使用注意
玉米须	玉米须	甘，平。归肾、肝经	利尿消肿，利湿退黄	用于水肿尿少，黄疸	煎服，15～30 g。鲜者加倍	—
葫芦	葫芦、陈葫芦、葫芦壳	甘，平。归肺、脾、肾经	利水消肿，通淋，退黄	用于水肿，腹胀，淋证，黄疸	煎服，15～30 g	—
枳椇子	枳椇、枳椇果、万寿果、鸡巨子	甘，平。归胃经	利水消肿，解酒毒	用于水肿，小便不利，醉酒	煎服，10～15 g	—

第二节　利尿通淋药

本类药物多味苦性寒，或味甘淡性寒。苦能降泄，寒能清热，尤善利下焦湿热，以利尿通淋为主要作用，主治热淋、血淋、石淋、膏淋等。

车前子饮片

车前子 Chēqiánzǐ

本品首载于《神农本草经》，为车前科植物车前 *Plantago asiatica* L. 或平车前 *Plantago*

—•笔记栏•—

depressa Willd. 的成熟种子。前者分布全国各地，后者分布北方各省。夏、秋二季种子成熟时采收果穗。晒干，搓出种子，除去杂质。生用或盐水炙用。处方中的常用名称：车前子、炒车前子、盐车前子等。

【药性】 甘，寒。归肝、肾、肺、小肠经。

【功效】 清热利尿通淋，渗湿止泻，明目，祛痰。

【应用】

1. 热淋涩痛，水肿胀满　　本品甘寒而利，通利水道，清膀胱热。治湿热下注，小便淋沥涩痛，常与木通、滑石、瞿麦等同用，如八正散（《太平惠民和剂局方》）；治水湿停滞水肿，小便不利，可与猪苓、茯苓、泽泻同用；治病久肾虚，腰重脚肿，常与牛膝、熟地黄、山茱萸、肉桂等同用，如济生肾气丸（《济生方》）。

2. 暑湿泄泻　　本品能利水湿，分清浊而止泻，即"利小便以实大便"。尤宜于湿盛小便不利之水泻，单用本品研末，米饮送服；治脾虚湿盛泄泻，需与白术同用；治暑湿泄泻，常与香薷、茯苓、猪苓等同用。

3. 目赤肿痛，目暗昏花　　车前子善清肝热而明目。治目赤涩痛，常与菊花、决明子等同用；治肝肾阴亏，两目昏花，常与熟地黄、菟丝子等同用，如驻景丸（《太平圣惠方》）；治风热目暗，可与黄连同用。

4. 痰热咳嗽　　本品入肺经，能清肺化痰止咳。治肺热咳嗽痰多，多与瓜蒌、浙贝母、枇杷叶等同用。

【用法用量】 煎服，9～15 g。包煎。

【使用注意】 孕妇及肾虚精滑者慎用。

【文献摘要】

（1）《神农本草经》："味甘，寒。主气癃。止痛，利水道小便，除湿痹。"

（2）《名医别录》："男子伤中，女子淋沥，不欲食。养肺强阴益精，令人有子，明目疗赤痛。"

（3）《本草纲目》："导小肠热，止暑湿泻痢。"

【现代研究】

本品主含京尼平苷酸、毛蕊花糖苷、消旋-车前子苷、车前子酸，琥珀酸等成分。具有利尿、镇咳、祛痰、抗炎、预防肾结石形成等作用。

【附药】

车前草　　本品为车前或平车前的干燥全草。性味甘寒，归肝、肾、肺、小肠经。功能：清热利尿通淋，祛痰，凉血，解毒。适用于热淋涩痛，水肿尿少，暑湿泄泻，痰热咳嗽，吐血衄血，痈肿疮毒。煎服，9～30 g。

滑石 Huáshí

滑石饮片

本品首载于《神农本草经》，为硅酸盐类矿物滑石族滑石，主含含水硅酸镁[$Mg_3(Si_4O_{10})(OH)_2$]。主产于山东、广西、辽宁等地。全年可采。采挖后，除去泥沙及杂石，洗净，砸成碎块，粉碎成细粉，或水飞晾干用。处方中的常用名称：滑石、滑石粉、飞滑石等。

【药性】 甘、淡，寒。归膀胱、肺、胃经。

【功效】 利尿通淋，清热解暑；外用祛湿敛疮。

【应用】

1. 热淋，石淋，尿热涩痛　　滑石性滑利窍，寒能清热，故为治淋证常用药。治湿热下注之小便不利，热淋，尿闭，常与木通、车前子、瞿麦等同用，如八正散；治石淋，可与海金沙、金钱草、木通等同用。

2. 暑湿烦渴，湿温初起，湿热水泻　　本品甘淡而寒，利水湿，解暑热，为治暑湿之常用药。

—•笔记栏•—

治暑热烦渴，小便短赤，与甘草同用，如六一散（《伤寒标本》）；治湿温初起及暑温夹湿，头痛恶寒，身重胸闷，与薏苡仁、白蔻仁、杏仁等同用，如三仁汤（《温病条辨》）；治湿热水泻，常与甘草同用，或配伍茯苓、车前子、薏苡仁等。

3. 湿疹，湿疮，痱子　本品外用能清热收湿敛疮。治湿疮，湿疹，可单用或与枯矾、黄柏等为末，撒布患处；治痱子，可与薄荷、甘草等制粉外用。

【用法用量】 煎服，10~20 g。先煎、包煎。外用适量。

【使用注意】 脾虚、热病伤津及孕妇慎用。

【文献摘要】

（1）《神农本草经》："主身热泄澼，女子乳难，癃闭，利小便，荡胃中积聚寒热。"

（2）《本草纲目》："疗黄疸，水肿脚气，吐血衄血，金创出血，诸疮肿毒。"

【现代研究】

本品主含含水硅酸镁，还含氧化铝、氧化镍等成分。具有利尿、保护创面、抑菌等作用。

木通 Mùtōng

木通饮片

木通

本品首载于《神农本草经》，为木通科植物木通 *Akebia quinata*（Thunb.）Decne.、三叶木通 *Akebia trifoliata*（Thunb.）Koidz. 或白木通 *Akebia trifoliata*（Thunb.）Koidz. var. *australis*（Diels）Rehd. 的藤茎。主产于江苏、湖南、湖北。秋季采收，截取茎部，除去细枝，阴干。切片，生用。处方中的常用名称：木通等。

【药性】 苦，寒。归心、小肠、膀胱经。

【功效】 利尿通淋，清心除烦，通经下乳。

【应用】

1. 淋证，水肿　本品能利尿通淋，使湿热之邪下行从小便排出。治膀胱湿热，小便短赤，淋沥涩痛，常与车前子、滑石、栀子等配伍，如八正散（《外科正宗》）；治水肿，可与猪苓、桑白皮等同用。

2. 心烦尿赤，口舌生疮　本品味苦性寒，通利而清降，上清心经之火，下泄小肠之热。治心火上炎，口舌生疮，或心烦尿赤，多与生地黄、甘草、竹叶等配伍，如导赤散（《小儿药证直诀》）。

3. 经闭乳少，湿热痹痛　本品入血分，通经下乳。治血瘀经闭，可与红花、桃仁、丹参等同用；治乳汁短少或不通，可与王不留行、穿山甲等配伍；治湿热痹痛，可与桑枝、薏苡仁等同用。

【用法用量】 煎服，3~6 g。

【使用注意】 内无湿热、精亏、精滑及孕妇慎用。

【文献摘要】

（1）《神农本草经》："去恶虫，除脾胃寒热，通利九窍血脉关节，令人不忘。"

（2）《药性论》："主治五淋，利小便，开关格，治人多睡，主水肿浮大，除烦热。"

（3）《本草纲目》："上能通心清肺，治头痛，利九窍，下能泄湿热，利小便，通大肠，治遍身拘痛。"

【现代研究】

本品主含常春藤皂苷元、齐墩果酸、木通皂苷、白桦脂醇、木通苯乙醇苷 B 类等成分。具有抗炎、抗菌、利尿、抗血栓等作用。

【附药】

川木通　本品为毛茛科植物小木通 *Clematis armandii* Franch.、绣球藤 *Clematis montana* Buch. -Ham. 的干燥藤茎。性味苦寒，归心、小肠、膀胱经。功能：利尿通淋，清心除烦，通经下乳。适用于淋证，水肿，心烦尿赤，口舌生疮，经闭乳少，湿热痹痛。煎服，3~6 g。

通草 Tōngcǎo

通草饮片

本品首载于《本草拾遗》，为五加科植物通脱木 *Tetrapanax papyrifer* (Hook.) K. Koch 的茎髓。主产四川、贵州、云南、广西等地。秋季割取茎，截成段，趁鲜时取出髓部，理直，晒干。切厚片，生用。处方中的常用名称：通草、方通草、白通草等。

【药性】 甘、淡，微寒。归肺、胃经。

【功效】 清热利尿，通气下乳。

【应用】

1. 湿热淋证，水肿尿少　本品性微寒、味淡而体轻，引热下行而利小便。尤宜热淋之小便不利，淋沥涩痛，可与冬葵子、滑石、石韦同用；治石淋，可与金钱草、海金沙等同用；治血淋，可与石韦、白茅根、蒲黄等同用；治水湿停蓄之水肿，可与猪苓、地龙、麝香，共研为末，米汤送服。

2. 乳汁不下　本品入胃经，通胃气而下乳汁。治产后乳汁不畅或不下，可与穿山甲、甘草、猪蹄同用，如通乳汤。

【用法用量】 煎服，3~5 g。

【使用注意】 孕妇慎用。

【文献摘要】

(1)《日华子本草》："明目，退热，催生，下胞，下乳。"

(2)《医学启源》："通阴窍涩不利，利小便，除水肿，癃闭，五淋。"

【现代研究】

本品主含竹节参皂苷V、通脱木皂苷及多糖、氨基酸等成分。具有利尿、调节免疫、促进乳汁分泌、抗氧化、抗炎、解热等作用。

瞿麦 Qúmài

瞿麦饮片

本品首载于《神农本草经》，为石竹科植物瞿麦 *Dianthus superbus* L. 或石竹 *Dianthus chinensis* L. 的地上部分。主产于河北、湖北、河南、辽宁、江苏等地。夏、秋二季花果期采割，除去杂质，干燥。切段，生用。处方中的常用名称：瞿麦、瞿麦穗等。

【药性】 苦，寒。归心、小肠经。

【功效】 利尿通淋，活血通经。

【应用】

1. 热淋，血淋，石淋，小便不通，淋沥涩痛　本品苦寒泄降，能清心火，导热下行，为治淋证之常用药。治热淋，可与萹蓄、木通、车前子同用，如八正散(《太平惠民和剂局方》)；治血淋涩痛，可与栀子、甘草等同用，如立效散；治石淋，可与石韦、滑石、冬葵子配伍，如石韦散。

2. 经闭瘀阻，月经不调　本品能活血通经，尤宜于血热瘀阻之经闭或月经不调，常与桃仁、红花、丹参等同用。

【用法用量】 煎服，9~15 g。

【使用注意】 孕妇慎用。

【文献摘要】

(1)《神农本草经》："主关格诸癃结，小便不通，出刺，决痈肿，明目去翳，破胎堕子，下闭血。"

(2)《本草备要》："降心火，利小肠，逐膀胱邪热，为治淋要药。"

【现代研究】

本品主含丁香酚、苯乙醇、苯甲酸苄酯、水杨酸苄酯、石竹皂苷等成分。具有利尿、抗衣原体、抗氧化、抑菌等作用。

—•笔记栏•—

萹蓄饮片

萹蓄 Biǎnxù

本品首载于《神农本草经》，为蓼科植物萹蓄 *Polygonum aviculare* L. 的地上部分。主产于河南、四川、浙江等地。夏季叶茂盛时采收，除去杂质，晒干。切段，生用。处方中的常用名称：萹蓄、萹蓄草等。

【药性】 苦，微寒。归膀胱经。

【功效】 利尿通淋，杀虫，止痒。

【应用】

1. 热淋涩痛，小便短赤　本品性微寒，清下焦湿热。治热淋、石淋，可与木通、瞿麦、车前子同用，如八正散；治血淋，可与大蓟、小蓟、白茅根等同用。

2. 虫积腹痛，皮肤湿疹，阴痒带下　本品苦燥湿，微寒清热，善"杀三虫"，有止痒之效，治蛔虫、蛲虫、钩虫。治蛔虫腹痛，可单味浓煎服用；治小儿蛲虫，下体痒，可单味水煎，空腹饮之，或用本品煎汤，熏洗肛门；治湿疹、湿疮、阴痒等证，单味煎水外洗，或配伍地肤子、蛇床子、荆芥等煎水外洗。

【用法用量】 煎服，9~15 g。外用适量，煎洗患处。

【文献摘要】

(1)《神农本草经》："主浸淫疥瘙，疽痔。杀三虫。"

(2)《本草纲目》："治霍乱，黄疸，利小便。"

(3)《滇南本草》："利水便。治五淋白浊，热淋，瘀精涩闭关窍，并治妇人气郁，胃中湿热，或白带之症。"

【现代研究】

本品主含杨梅苷、槲皮素、木犀草素、萹蓄苷、槲皮苷、咖啡酸、绿原酸等成分。具有利尿、抗菌、止血、降血压、降血糖等作用。

海金沙饮片

海金沙 Hǎijīnshā

本品首载于《嘉祐本草》，为海金沙科植物海金沙 *Lygodium japonicum*（Thunb.）Sw. 的干燥成熟孢子。主产于江西、湖南、湖北等地。秋季孢子未脱落时采割藤叶，晒干，搓揉或打下孢子，除去藤叶。生用。处方中的常用名称：海金沙。

【药性】 甘、咸，寒。归膀胱、小肠经。

【功效】 清利湿热，通淋止痛。

【应用】

热淋，石淋，血淋，膏淋，尿道涩痛　本品其性下降，清利湿热，善止尿道疼痛，为治诸淋涩痛之要药。治热淋涩痛，如《泉州本草》以本品为末，甘草汤送服；治血淋，如《普济方》以本品为末，新汲水或砂糖水送服；治石淋，可与鸡内金、金钱草等配伍；治膏淋，可与滑石、萆薢等同用。

【用法用量】 煎服，6~15 g。包煎。

【文献摘要】

(1)《嘉祐本草》："主通利小肠。"

(2)《本草纲目》："治湿热肿满，小便热淋、膏淋、血淋、石淋、茎痛，解热毒气。"

(3)《本草汇言》："主通关窍，利水道。"

【现代研究】

本品主含棕榈酸、油酸、亚油酸等脂肪酸类成分，还含金沙素等成分。具有抗菌、利胆、降血糖等作用。

—•笔记栏•—

【附药】

海金沙藤　本品为海金沙的干燥地上部分。性能功效与海金沙相似，兼能清热解毒。除治淋证涩痛外，亦用于痈肿疮毒、痄腮和黄疸。煎服，15~30 g。外用适量，煎汤外洗或捣敷。

石韦 Shíwěi

石韦饮片

本品首载于《神农本草经》，为水龙骨科植物庐山石韦 *Pyrrosia sheareri*（Bak.）Ching、石韦 *Pyrrosia lingua*（Thunb.）Farwell 或有柄石韦 *Pyrrosia petiolosa*（Christ）Ching 的叶。主产于浙江、湖北、河北等地。全年均可采收，除去根茎及根，洗去泥沙，晒干或阴干。切段，生用。处方中的常用名称：石韦。

【药性】　甘、苦，微寒。归肺、膀胱经。

【功效】　利尿通淋，清肺止咳，凉血止血。

【应用】

1. 热淋，血淋，石淋，小便不通，淋沥涩痛　本品性寒凉，利尿通淋，兼可止血，尤宜于血淋，膀胱湿热兼小便淋沥涩痛诸淋者亦常应用。治血淋，可与当归、蒲黄、芍药同用；治热淋，如《太平圣惠方》以本品与滑石为末服；治石淋，如《古今录验》以滑石为末，用米饮或蜜冲服。

2. 肺热喘咳　本品苦降寒清，善入肺经，能清肺热，止咳喘。治肺热喘咳痰多，可与鱼腥草、黄芩、芦根等同用。

3. 血热出血　石韦凉血止血，治血热妄行之吐血、衄血、尿血、崩漏尤为适合，可单用或配伍侧柏叶、栀子、白茅根等。

【用法用量】　煎服，6~12 g。

【文献摘要】

(1)《神农本草经》："主劳热邪气，五癃闭不通，利小便水道。"

(2)《日华子本草》："治淋沥遗溺。"

(3)《本草纲目》："主崩漏金疮，清肺气。"

【现代研究】

本品主含绿原酸、山柰酚、槲皮素、异槲皮素、三叶豆苷、甘草苷等成分。具有保肾、镇咳、祛痰、降血糖等作用。

萆薢 Bìxiè

萆薢饮片

本品首载于《神农本草经》，为薯蓣科植物绵萆薢 *Dioscorea spongiosa* J. Q. Xi, M. Mizuno et W. L. Zhao、福州薯蓣 *Dioscorea futschauensis* Uline ex R. Kunth、粉背薯蓣 *Dioscorea hypoglauca* Palibin 的根茎。前两种称"绵萆薢"，主产浙江、福建等地；后一种称"粉萆薢"，主产浙江、安徽、江西等地。秋、冬二季采挖，除去须根，洗净，切片，晒干。生用。处方中的常用名称：萆薢、绵萆薢、粉萆薢等。

【药性】　苦，平。归肾、胃经。

【功效】　利湿去浊，祛风除痹。

【应用】

1. 膏淋，白浊，白带过多　本品利湿去浊，为治膏淋要药。治膏淋，小便混浊，白如米泔，可与乌药、益智仁等同用，如萆薢分清饮（《杨氏家藏方》）；治妇女白带属湿盛，可与猪苓、白术等同用。

2. 风湿痹痛，关节不利，腰膝疼痛　本品能祛风除湿，通络止痛，善治腰膝痹痛，筋脉关节屈伸不利。若偏寒湿，可与附子、牛膝同用，如萆薢丸（《圣济总录》）；若偏湿热，可与黄柏、忍冬藤、防己等配伍。

—•笔记栏•—

【用法用量】 煎服,9~15 g。

【使用注意】 肾阴亏虚,遗精滑精者慎用。

【文献摘要】

(1)《神农本草经》:"主腰背痛,强骨节,风寒湿周痹,恶疮不瘳,热气。"

(2)《本草纲目》:"治白浊,茎中痛,痔瘘坏疮。"

【现代研究】

本品主含薯蓣皂苷、粉萆皂苷 A、原粉萆皂苷 A、纤细薯蓣皂苷、原纤细薯蓣皂苷等多种甾体皂苷类成分。具有抗痛风、抗骨质疏松、抗心肌缺血、抗肿瘤、抗菌等作用。

附 其他利尿通淋药(表 15-2)

表 15-2 其他利尿通淋药

药名	处方中的常用名称	药 性	功 效	应 用	用法用量	使用注意
地肤子	地肤子、地葵、地麦	辛、苦,寒。归肾、膀胱经	清热利湿,祛风止痒	用于小便涩痛,阴痒带下,风疹,湿疹,皮肤瘙痒	煎服,9~15 g。外用适量,煎汤熏洗	—
冬葵子	冬葵子、葵子、葵菜子	甘、涩,凉。归大肠、小肠、膀胱经	清热利尿,下乳,润肠	用于淋证,水肿,尿闭,乳汁不通,乳房胀痛,肠燥便秘	煎服,3~9 g	寒润滑利,脾虚便溏者与孕妇慎用
灯心草	灯心草、灯芯草、灯草、白灯草	甘、淡,微寒。归心、肺、小肠经	清心火,利小便	用于心烦失眠,尿少涩痛,口舌生疮	煎服,1~3 g	—

第三节 利湿退黄药

本类药物多味苦性寒,主归脾、胃、肝、胆经。苦寒则能清泄湿热,以利湿退黄为主要作用,主治湿热黄疸,症见目黄、身黄、小便黄等。

茵陈 Yīnchén

茵陈饮片

本品首载于《神农本草经》,为菊科植物滨蒿 *Artemisia scoparia* Waldst. et Kit. 或茵陈蒿 *Artemisia capillaris* Thunb. 的干燥地上部分。主产于陕西、山西、河北等地。春季幼苗高 6~10 cm 时采收或秋季花蕾长成时采割。春季采收的习称"绵茵陈",秋季采割的习称"花茵陈"或"茵陈蒿"。除去杂质及老茎,晒干。生用。处方中的常用名称:茵陈、绵茵陈、茵陈蒿等。

【药性】 苦、辛,微寒。归脾、胃、肝、胆经。

【功效】 清利湿热,利胆退黄。

【应用】

1. 黄疸尿少　本品苦燥寒清,性降泄,主入肝、胆经,善利肝胆湿热从小便而出,退黄效佳,为治黄疸之要药。治身目发黄,小便短赤之阳黄证,与栀子、黄柏、大黄同用,如茵陈蒿汤(《伤寒论》);治黄疸湿重于热,可与茯苓、猪苓同用,如茵陈五苓散(《金匮要略》);治脾胃寒湿瘀滞,阳气不运之阴黄,多与附子、干姜等同用,如茵陈四逆汤。

2. 湿温暑湿　本品苦寒中禀清香芳化之性,既能清利湿热,又能芳化湿浊之邪出表,治外感湿温或暑湿,身热倦怠,胸闷腹胀,小便不利,常与滑石、黄芩、广藿香同用,如甘露消毒丹

—•笔记栏•—

(《医效秘传》)。

3. 湿疮瘙痒　本品清利湿热之功,用治湿热内蕴之湿疮、湿疮瘙痒,风瘙隐疹,可单味煎汤外洗,亦可与黄柏、苦参、地肤子等同用。

【用法用量】 煎服,6~15 g。外用适量。煎汤熏洗。

【使用注意】 蓄血发黄者及血虚萎黄者慎用。

【文献摘要】

(1)《神农本草经》:"主风湿寒热邪气,热结黄疸。"

(2)《名医别录》:"通身发黄,小便不利,除头痛,去伏瘕。"

(3)《医学入门》:"消遍身疮疥。"

【现代研究】

本品主含滨蒿内酯、东莨菪素、茵陈黄酮、异茵陈黄酮、绿原酸、水杨酸等成分。具有利胆、保肝、抗病原微生物、利尿、解热、降血压、降血脂、镇痛、抗肿瘤等作用。

案例

一僧因伤寒后发汗不彻,有留热,面身皆黄,多热,期年不愈。医作食黄治不对,而食不减。予与此药,服五日病减三分之一,十日减三分之二,二十日病悉去。方用山茵陈、山栀子各三分,秦艽、升麻各四钱,为散。每用三钱,水四合,煎二合,去滓,食后温服,以知为度。

夏翔,王庆其.历代名医医案精选[M].上海:上海人民出版社,2004:117

问题:

茵陈作为利水渗湿药,在治疗湿热黄疸时需注意些什么?

金钱草 Jīnqiáncǎo

金钱草饮片

本品首载于《本草纲目拾遗》,为报春花科植物过路黄 *Lysimachia christinae* Hance 的全草。主产于四川。夏、秋二季采收。除去杂质,晒干,切段,生用。习称"大金钱草"。处方中的常用名称:金钱草、金钱草、过路黄等。

【药性】 甘、咸,微寒。归肝、胆、肾、膀胱经。

【功效】 利湿退黄,利尿通淋,解毒消肿。

【应用】

1. 湿热黄疸,胆胀胁痛　本品寒以清热,善入肝、胆经,既能清肝胆之火,又能除下焦湿热,有利湿退黄之功,为湿热黄疸所常用。治湿热黄疸,可与茵陈、栀子等同用;治肝胆结石,胁肋胀痛,可配茵陈、大黄、郁金等。

2. 石淋,热淋,小便涩痛　本品味咸性寒,性通利,有清热利尿、通淋排石之效,善消结石,为治石淋、热淋之要药。治石淋,可单用大剂量煎汤代茶饮,或与海金沙、鸡内金等同用;治热淋,小便涩痛,可与车前子、萹蓄等同用。

3. 痈肿疔疮,蛇虫咬伤　本品能清热解毒消肿,治恶疮肿毒,毒蛇咬伤,可用鲜品捣汁内服或捣烂外敷,或配蒲公英、野菊花等同用。

【用法用量】 煎服,15~60 g。鲜用加倍。外用适量。

【文献摘要】

(1)《本草纲目拾遗》:"反胃噎膈,水肿臌胀,黄白火疸。"

(2)《本草便方》:"除风毒。"

【现代研究】

本品主含槲皮素、山柰素等黄酮类成分，还含苷类、鞣质、挥发油、氨基酸等成分。具有利胆、抗尿路结石、抗氧化、抗炎等作用。

【附药】

1. 连钱草　本品为唇形科植物活血丹 *Glechoma longituba*（Nakai）Kupr. 的干燥地上部分。习称江苏金钱草。性味辛微苦微寒，归肝、肾、膀胱经。功能：利湿通淋，清热解毒，散瘀消肿。适用于热淋，石淋，湿热黄疸，疮痈肿痛，跌打损伤。煎服，15～30 g。外用适量，煎汤洗。

2. 广金钱草　本品为豆科植物广金钱草 *Desmodium styracifolium*（Osb.）Merr. 的干燥地上部分。为广东、广西所习用。性味甘淡凉，归肝、肾、膀胱经。功能：利湿退黄，利尿通淋。适用于黄疸尿赤，热淋，石淋，小便涩痛，水肿尿少。煎服，15～30 g。

3. 江西金钱草　本品为伞形科植物白毛天胡荽 *Hydrocotyle sibthorpiodes* Lam. var. batrachium（Hance）Hand. Mazz. 的干燥地上部分。为江西所习用。性味辛微苦凉，归肝、胆、肾经。功能：清热利湿，解毒消肿。适用于湿热黄疸，痢疾，淋证，水肿。煎服，9～15 g。

4. 小金钱草　本品为旋花科植物马蹄金 *Dichondra repens* Forst. 的干燥地上部分。为四川部分地区所习用。性味苦辛凉，归肺、肝、胆经。功能：清热利湿，利水消肿，活血解毒。适用于湿热黄疸，湿热下痢，热淋，水肿，小便不利，疔疮肿毒，跌打损伤。煎服，9～15 g。

虎杖 Hǔzhàng

虎杖饮片

本品首载于《名医别录》，为蓼科植物虎杖 *Polygonum cuspidatum* Sieb. et Zucc. 的根茎和根。主产于江苏、江西等地。春、秋二季采挖，除去须根，洗净，趁鲜切短段或厚片，晒干。生用。处方中的常用名称：虎杖、斑杖等。

【药性】　微苦，微寒。归肝、胆、肺经。

【功效】　利湿退黄，清热解毒，散瘀止痛，止咳化痰。

【应用】

1. 湿热黄疸，淋浊，带下　本品味微苦性微寒，善入肝、胆经，清湿热，利小便，湿热黄疸多用，单用本品煎服即效，亦可与茵陈、黄柏、栀子等同用；治湿热蕴结膀胱之小便涩痛，淋浊带下等，可以此为末，米饮送下；治淋证，可配伍车前子、泽泻、猪苓等。

2. 痈肿疮毒，水火烫伤，毒蛇咬伤　本品入血分，有凉血清热解毒之功，又有活血化瘀止痛之效。治水火烫伤而致肤腠灼痛或溃后流黄水，单用研末，香油调服，亦可与地榆、冰片共研末，调油敷患处；治热毒蕴结肌肤所致痈肿疮毒，可烧灰贴，或煎汤洗患处；治毒蛇咬伤，取鲜品捣烂敷患处，亦可煎浓汤内服。

3. 经闭，癥瘕，跌打损伤　本品善入肝经血分，有活血散瘀止痛、通经消癥之功。治经闭、痛经，可与桃仁、延胡索、红花等配伍；治癥瘕，可配伍牛膝；治跌打损伤疼痛，可与当归、乳香、没药等同用。

4. 肺热咳嗽　本品既能苦降泄热，又能化痰止咳。治肺热咳嗽，单用煎服，也可与浙贝母、苦杏仁、枇杷叶等配伍。

此外，本品能泻热通便，治热结便秘。

【用法用量】　煎服，9～15 g。外用适量，制成煎液或油膏涂敷。

【使用注意】　孕妇慎用。

【文献摘要】

（1）《名医别录》："主通利月水，破留血癥结。"

（2）《本草纲目》："治男妇诸般淋疾。"

（3）《日华子本草》："治产后恶血不下，心腹胀满。排脓，主疮疖痈毒，妇人血晕，扑损瘀血，破风毒结气。”

【现代研究】

本品主含大黄素、虎杖苷、大黄酚、大黄素甲醚、白藜芦醇、白藜芦醇苷及多糖、氨基酸、鞣质等成分。具有抗肝损伤、降血压、降血脂、降血糖、祛痰、止血、镇痛、抗动脉粥样硬化等作用。

附 其他利湿退黄药(表 15-3)

表 15-3 其他利湿退黄药

药名	处方中的常用名称	药 性	功 效	临床应用	用法用量	使用注意
地耳草	地耳草、田基黄	苦，凉。归肝、胆经	利湿退黄，清热解毒，活血消肿	用于湿热黄疸，肺痈，肠痈，痈肿疮毒，跌打损伤	煎服，15～30 g。外用适量	—
垂盆草	垂盆草	甘、淡，凉。归肝、胆、小肠经	利湿退黄，清热解毒	用于湿热黄疸，小便不利，痈肿疮疡	煎服，15～30 g	—
鸡骨草	鸡骨草、黄石草、红母鸡草、猪腰草	甘、微苦，凉。归肝、胃经	利湿退黄，清热解毒，疏肝止痛	用于湿热黄疸，胁肋不舒，胃脘胀痛，乳痈肿痛	煎服，15～30 g	—
珍珠草	珍珠草	甘、苦，凉。归肝、肺经	利湿退黄，清热解毒，明目，消积	用于湿热黄疸，泄痢，淋证，疮疡肿毒，毒蛇咬伤，目赤肿痛，小儿疳积	煎服，15～30 g。外用适量	苦凉之品，阳虚体弱者慎用

小 结

主要利水渗湿药的兼有功效及代表药物归纳

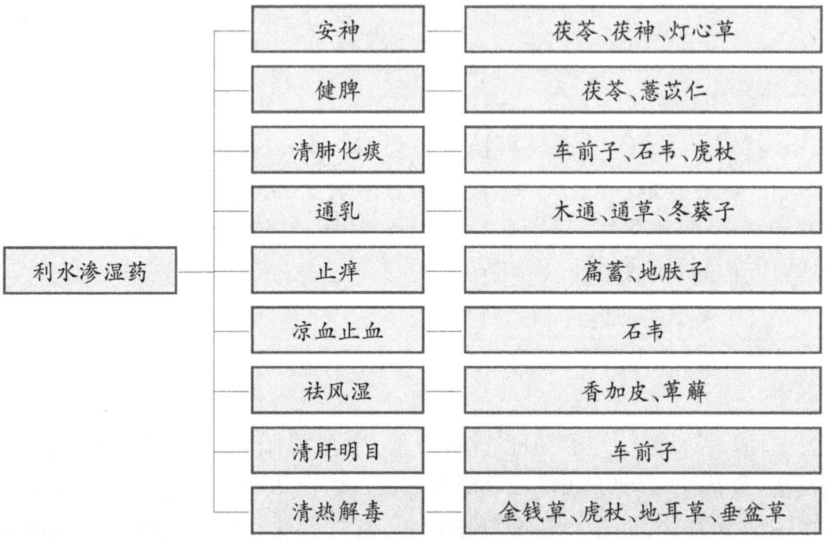

—•笔记栏•—

第十六章授课视频及习题

第十六章　温 里 药

温里药是指以温里祛寒为主要功效，常用于治疗里寒证的药物，又称祛寒药。

本类药物味辛而性温热，辛能散、行，温能通，善走脏腑而能温里祛寒，温经止痛，即《素问·至真要大论》所谓"寒者热之"、《神农本草经》所谓"疗寒以热药"之意。个别药物尚能助阳、回阳。

温里药适用于里寒证，尤以里寒实证为主，个别药物适用于虚寒证、亡阳证。又因其主要归经的不同而有多种效用。主归脾、胃经，能温中散寒止痛，可治外寒入侵，直中脾胃或脾胃虚寒证，症见脘腹冷痛、呕吐泄泻、舌淡苔白等；主归肺经，能温肺化饮，治肺寒痰饮证，症见痰鸣咳喘、痰白清稀、舌淡苔白滑等；主归肝经，能暖肝散寒止痛，治寒侵肝经的少腹痛、寒疝腹痛或厥阴头痛等；主归肾经，能温肾助阳，治肾阳不足证，症见阳痿宫冷、腰膝冷痛、夜尿频多、滑精遗尿等；主归心、肾经，能温阳通脉，治心肾阳虚证，症见心悸怔忡、畏寒肢冷、小便不利、肢体浮肿等；或回阳救逆，治亡阳厥逆证，症见畏寒蜷卧、汗出神疲、四肢厥逆、脉微欲绝等。

本类药物应用时，除根据药物的不同作用效果随证选用外，尚需针对具体的病证进行配伍。如外寒入里，表寒仍未解者，当配辛温解表药；寒凝经脉、气滞血瘀者，应配行气活血药；寒湿内阻者，宜配芳香化湿或温燥祛湿药；脾肾阳虚者，宜配温补脾肾药；亡阳气脱者，宜与大补元气药同用。

温里药多辛热燥烈，易耗阴动火，故天气炎热时或素体火旺者当减少用量；热伏于里，热深厥深，真热假寒证禁用；凡实热证、阴虚火旺、津血亏虚者忌用；孕妇慎用。

现代研究表明，本类药物具有不同程度的镇痛、抗血栓形成、抗溃疡、抗腹泻、抗血小板聚集、抗缺氧、扩张血管等作用，部分药物还有强心、抗休克、抗惊厥、调节胃肠运动、促进胆汁分泌等作用。

附子饮片

附子 Fùzǐ

本品首载于《神农本草经》，为毛茛科植物乌头 *Aconitum carmichaelii* Debx. 的子根的加工品。主产于四川、湖北、湖南等地。6 月下旬至 8 月上旬采挖，除去母根、须根及泥沙，习称"泥附子"。加工炮制为盐附子、黑附片（黑顺片）、白附片、淡附片、炮附片。处方中的常用名称：制附子、熟附子、黑顺片、白附片、淡附片、炮附子等。

【药性】 辛、甘，大热；有毒。归心、肾、脾经。

【功效】 回阳救逆，补火助阳，散寒止痛。

【应用】

1. 亡阳虚脱，肢冷脉微　　本品能上助心阳、中温脾阳、下补肾阳，为"回阳救逆第一品药"。治吐利汗出，发热恶寒，四肢拘急，手足厥冷，或大汗、大吐、大泻所致亡阳证，常与干姜、甘草同用，如四逆汤（《伤寒论》）；治亡阳兼气虚欲脱，常与大补元气之人参同用，如参附汤（《正体类要》）；若治寒邪入里，直中三阴而见四肢厥冷，恶寒蜷卧，吐泻腹痛，脉沉迟无力或无脉，可与干姜、肉桂、人参同用，如回阳急救汤（《伤寒六书》）。

2. 肾阳虚衰，阳痿宫冷，虚寒吐泻，脘腹冷痛，阴寒水肿，心阳不足，胸痹心痛，阳虚外感　　本品辛甘温煦，有峻补元阳、益火消阴之效，凡肾、脾、心诸脏阳气衰弱者均可应用。治肾阳不足，命门火衰所致阳痿滑精、宫寒不孕、腰膝冷痛、夜尿频多，常与肉桂、山茱萸、熟地黄等同用，如右归丸（《景岳全书》）；治脾肾阳虚、寒湿内盛所致脘腹冷痛、大便溏泻等，常与党参、白术、干姜等同用，如附子理中汤（《太平惠民和剂局方》）；治脾肾阳虚，水气内停所致小便不利、肢体浮肿，常与茯苓、白术等同用，如真武汤（《伤寒论》）；若治心阳衰弱，心悸气短、胸痹心痛，可与人参、桂枝等同用；治阳虚兼外感风寒，常与麻黄、细辛同用，如麻黄附子细辛汤（《伤寒论》）。

3. 寒湿痹痛　本品气雄性悍，走而不守，能温经通络，逐经络中风寒湿邪，故有较强的散寒止痛作用。凡风寒湿痹周身骨节疼痛者均可用之，尤善治寒痹痛剧，常与桂枝、白术、甘草同用，如甘草附子汤（《伤寒论》）。

【用法用量】　煎服，3~15 g；先煎，久煎，口尝无麻辣感为度。

【使用注意】　孕妇慎用。反半夏、瓜蒌、贝母、白蔹、白及。生品外用，内服须炮制。若内服过量，或炮制、煎煮方法不当，可引起中毒。

【文献摘要】

(1)《神农本草经》："主风寒咳逆邪气，温中，金疮，破癥坚积聚，血瘕，寒湿踒躄，拘挛膝痛，不能行步。"

(2)《本草汇言》："附子，回阳气，散阴寒，逐冷痰，通关节之猛药也。诸病真阳不足，虚火上升，咽喉不利，饮食不入，服寒药愈甚，附子乃命门主药，能入其窟穴而招之，引火归原，则浮游之火自熄矣。凡属阳虚阴极之候，肺肾无热证，服之有起死之殊功。"

(3)《本草正义》："附子，本是辛温大热，其性善走，故为通十二经纯阳之要药，外则达皮毛而除表寒，里则达下元而温痼冷，彻内彻外，凡三焦经络，诸脏诸腑，果有真寒，无不可治。"

【现代研究】

本品主含乌头碱、新乌头碱、中乌头碱、次乌头碱、去甲乌头碱、苯甲酰新乌头原碱、苯甲酰乌头原碱、苯甲酰次乌头原碱、异飞燕草碱、新乌宁碱、乌胺及尿嘧啶等成分。具有强心、扩血管、抗炎、镇痛、抗氧化、抗肿瘤、增强免疫、抗缺氧、抗寒冷等作用。

干姜 Gānjiāng

干姜饮片

本品首载于《神农本草经》，为姜科植物姜 *Zingiber officinale* Rosc. 的根茎。主产于四川、广东、广西等地。冬季采收，除去须根和泥沙，晒干或低温干燥。趁鲜切片晒干或低温干燥者称为"干姜片"。生用。处方中的常用名称：干姜。

【药性】　辛，热。归脾、胃、肾、心、肺经。

【功效】　温中散寒，回阳通脉，温肺化饮。

【应用】

1. 脾胃寒证，脘腹冷痛，呕吐泄泻　本品辛热燥烈，主入脾、胃经而长于温中散寒、健运脾阳，为温暖中焦之主药。治脾胃虚寒，脘腹冷痛，多与党参、白术等同用，如理中丸（《伤寒论》）；治寒邪直中脏腑所致腹痛，如《外台秘要》单用本品研末服；治胃寒呕吐，常配高良姜，如二姜丸（《太平惠民和剂局方》）；治上热下寒，寒热格拒、食入即吐，可与黄芩、黄连、人参等同用，如干姜黄芩黄连人参汤（《伤寒论》）；治中寒水泻，可单用为末服，亦可与党参、白术、甘草等同用。

2. 亡阳证，肢冷脉微　本品味辛性热，入脾、心、肾经，有温阳守中，回阳通脉的功效。治心肾阳虚，阴寒内盛所致亡阳厥逆，脉微欲绝，每与附子相须为用，既助附子回阳救逆，又可降低其毒性，如四逆汤（《伤寒论》）。

3. 寒饮喘咳　本品味辛性热，入肺经，善能温肺散寒化饮。治寒饮喘咳，形寒背冷，痰多清稀，常与细辛、五味子、麻黄等同用，如小青龙汤（《伤寒论》）。

【用法用量】　煎服，3~10 g。

【使用注意】　本品辛热燥烈，阴虚内热、血热妄行者忌用。孕妇慎用。

—•笔记栏•—

【文献摘要】

(1)《神农本草经》:"主治胸满咳逆上气,温中,止血,出汗,逐风湿痹,肠澼下痢。生者尤良。"

(2)《珍珠囊》:"干姜其用有四: 通心阳,一也;去脏腑沉寒痼冷,二也;发诸经之寒气,三也;治感寒腹痛,四也。"

(3)《本草求真》:"干姜,大热无毒,守而不走,凡胃中虚冷,元阳欲绝,合以附子同投,则能回阳立效,故书则有附子无姜不热之句。"

【现代研究】

本品主含挥发油类成分(姜烯、水芹烯、莰烯、姜烯酮、姜辣素、姜酮、龙脑、姜醇、柠檬醛等)。具有镇痛、抗炎、解热、抗消化性溃疡、止泻、利胆、镇吐、抗缺氧等作用。

肉桂 Ròuguì

肉桂饮片

肉桂

本品首载于《神农本草经》,为樟科植物肉桂 *Cinnamomum cassia* Presl 的树皮。主产于广东、广西、海南、云南等地;多于秋季剥取,阴干。因剥取部位及品质的不同而加工成多种规格,常见的有企边桂、板桂、油板桂等。生用,用时捣碎。处方中的常用名称: 肉桂、牡桂、筒桂、油桂、官桂等。

【药性】 辛、甘,大热。归肾、脾、心、肝经。

【功效】 补火助阳,引火归原,散寒止痛,温经通脉。

【应用】

1. 肾阳不足,命门火衰,阳痿宫冷,腰膝冷痛　本品辛甘大热,能补火助阳,益阳消阴,作用温和持久,为治命门火衰之要药。治肾阳不足,命门火衰之阳痿宫冷,腰膝冷痛,夜尿频多,滑精遗尿等,常配附子、熟地黄、山茱萸等,如肾气丸(《金匮要略》)、右归饮(《景岳全书》)。

2. 心腹冷痛,虚寒吐泻,寒疝腹痛　本品甘热助阳以补虚,辛热散寒以止痛,善去痼冷沉寒。治寒邪内侵或脾胃虚寒的脘腹冷痛,可单用研末,酒煎服;或与干姜、高良姜、荜茇等同用;治胸阳不振、寒邪内侵之胸痹心痛,可与附子、干姜、薤白等同用;治寒疝腹痛,多与吴茱萸、小茴香等同用。

3. 冲任虚寒、寒凝血滞之痛经经闭,寒湿痹痛,阴疽流注　本品辛散温通,能行气血、运经脉、散寒止痛。治冲任虚寒,寒凝血滞的闭经、痛经,可与当归、川芎、小茴香等同用,如少腹逐瘀汤(《医林改错》);治风寒湿痹,尤以治寒痹腰痛为主,常与独活、桑寄生、杜仲等同用,如独活寄生汤(《千金方》);治阳虚寒凝,血滞痰阻的阴疽、流注,可与鹿角胶、炮姜、麻黄等同用,如阳和汤(《外科证治全生集》)。

4. 肾虚作喘,虚阳上浮,眩晕目赤　本品大热,入肝、肾经,能使因下元虚衰所致上浮之虚阳回归故里,故曰引火归原。治元阳亏虚,虚阳上浮的眩晕目赤、面赤、虚喘、汗出、心悸、失眠、脉微弱,常与山茱萸、五味子、牡蛎等同用。

此外,久病体虚气血不足,在补气益血方中少量加入肉桂,有鼓舞气血生长之效,如十全大补汤(《太平惠民和剂局方》)。

【用法用量】 煎服,1~5 g,宜后下或焗服;研末冲服,每次 1~2 g。

【使用注意】 有出血倾向者及孕妇慎用;不宜与赤石脂同用。

【文献摘要】

(1)《神农本草经》:"主上气咳逆结气,喉痹吐吸,利关节,补中益气。"

(2)《汤液本草》:"补命门不足,益火消阴。"

(3)《本草求真》:"大补命门相火,益阳治阴。凡沉寒痼冷、营卫风寒、阳虚自汗、腹中冷痛、咳逆结气、脾虚恶食、湿盛泄泻、血脉不通、胎衣不下、目赤肿痛,因寒因滞而得者,用此治无不效。"

【现代研究】

本品主含桂皮醛、肉桂醇、肉桂醇醋酸酯、肉桂酸乙酯及香豆素、黏液、鞣质等成分。具有抗消化性溃疡、调节胃肠运动、止泻、利胆、降血糖、抗血小板凝集、镇痛等作用。

吴茱萸 Wúzhūyú

本品首载于《神农本草经》，为芸香科植物吴茱萸 *Euodia rutaecarpa*（Juss.）Benth.、石虎 *Euodia rutaecarpa*（Juss.）Benth. var. *officinalis*（Dode）Huang 或疏毛吴茱萸 *Euodia rutaecarpa*（Juss.）Benth. var. *bodinieri*（Dode）Huang 的近成熟果实。主产于贵州、湖南、浙江等地。8～11 月果实尚未开裂时采收，晒干或低温干燥。生用或制用。处方中的常用名称：吴茱萸、吴萸、制吴茱萸、制吴萸等。

【药性】　辛、苦，热；有小毒。归肝、脾、胃、肾经。

【功效】　散寒止痛，降逆止呕，助阳止泻。

【应用】

1. 寒滞肝脉，厥阴头痛，经行腹痛，寒疝腹痛，寒湿脚气　　本品辛散苦泄，性热祛寒，主入肝经，既散肝经之寒邪，又疏肝气之郁滞，为治肝寒气滞诸痛之主药。治厥阴头痛，干呕吐涎沫，苔白脉迟等，每与生姜、人参等同用，如吴茱萸汤（《伤寒论》）；治冲任虚寒，瘀血阻滞之痛经，可与桂枝、当归、川芎等同用，如温经汤（《金匮要略》）；治寒疝腹痛，常与小茴香、川楝子、木香等配伍，如导气汤（《医方简义》）；治寒湿脚气肿痛，或上冲入腹，与木瓜、苏叶、槟榔等配伍，如鸡鸣散。

2. 脘腹胀痛，呕吐吞酸　　本品辛散苦泄，性热祛寒，善能散寒止痛，还能疏肝解郁，降逆止呕，兼能制酸止痛。治霍乱心腹痛，呕吐不止，常与干姜、甘草同用；治外寒内侵、胃失和降之呕吐，与半夏、生姜等同用；治肝郁化火，肝胃不和，胁痛口苦，呕吐吞酸，常配伍黄连，如左金丸（《丹溪心法》）。

3. 脾肾阳虚，五更泄泻　　本品味辛性热，能温脾益肾，助阳止泻，为治脾肾阳虚，五更泄泻之常用药，多与补骨脂、肉豆蔻、五味子等同用，如四神丸（《校注妇人良方》）。

【用法用量】　煎服，2～5 g。外用适量。

【使用注意】　本品辛热燥烈，易耗气动火，故不宜多用、久服。阴虚有热者忌用。孕妇慎用。

【文献摘要】

（1）《神农本草经》："主温中下气，止痛，咳逆寒热，除湿，血痹，逐风邪，开腠理。"

（2）《本草纲目》："开郁化滞，治吞酸，厥阴痰涎头痛，阴毒腹痛，疝气血痢，喉舌口疮。"

（3）《本草经疏》："吴茱萸，辛温暖脾胃而散寒邪，则中自温、气自下，而诸证悉除。"

【现代研究】

本品主含吴茱萸碱、吴茱萸次碱、吴茱萸新碱、吴茱萸酸、吴茱萸烯、柠檬苦素、吴茱萸苦素等成分。具有抑制胃肠道运动、抗溃疡、止泻、抑制血小板聚集、保护心肌缺血、抗炎、镇痛等作用。

案例

高存之夫人，患心口痛，一日忽大发，胸中有一物上升冲心，三妇人用力捺之不止，叫号欲绝。存之曾预求仲淳立此方，是日急煎服之，服一盏，冲上者立堕下，腹中作痛不升矣；再服，腹中痛者亦消。二日后，以病愈起洗沐，又忽作呕，头痛如劈。存之曰：此即前证，煎前药服之，立安。

— • 笔记栏 • —

吴茱萸饮片

— • 笔记栏 • —

白芍药酒炒三钱，炙甘草五分，吴茱萸汤泡三次八分，白茯苓二钱，胡索醋煮切片一钱，苏子炒研一钱五分，橘红盐水润过一钱二分，后加半夏一钱姜汁拌炒，旋覆花一钱，木通七分，竹茹一钱。

夏翔，王庆其．历代名医医案精选[M]．上海：上海人民出版社，2004：150~151.

问题：

1. 吴茱萸的性能特点怎样？
2. 吴茱萸在治疗里寒证时需注意些什么？

小茴香 Xiǎohuíxiāng

小茴香饮片

本品首载于《新修本草》，为伞形科植物茴香 *Foeniculum vulgare* Mill. 的成熟果实。全国各地均有栽培。秋季果实初熟时采割植株，晒干，打下果实，除去杂质。生用或盐水炙用。处方中的常用名称：小茴香、小茴、茴香、炒茴香、盐茴香等。

【药性】 辛，温。归肝、肾、脾、胃经。

【功效】 散寒止痛，理气和胃。

【应用】

1. 寒疝腹痛，睾丸偏坠胀痛，少腹冷痛，痛经　本品味辛性温，能温肾暖肝，散寒止痛，治寒疝腹痛，常与乌药、青皮、高良姜等配伍，如天台乌药散（《医学发明》）；亦可用本品炒热，布裹温熨腹部。治肝气郁滞，睾丸偏坠胀痛，与橘核、山楂等同用；治肝经受寒之少腹冷痛，或冲任虚寒之痛经，可与当归、川芎、肉桂等同用，如少腹逐瘀汤（《医林改错》）。

2. 脘腹胀痛，食少吐泻　本品味辛性温，能温中散寒止痛，并善理脾胃之气而开胃止呕。治胃寒气滞之脘腹胀痛，可与高良姜、香附、乌药等同用；治脾胃虚寒的脘腹胀痛、呕吐食少，可与白术、陈皮、生姜等同用。

【用法用量】 煎服，3~6 g。外用适量。

【使用注意】 阴虚火旺者慎用。

【文献摘要】

(1)《新修本草》："主诸瘘，霍乱及蛇伤。"

(2)《日华子本草》："得酒良。治干湿脚气，并肾劳，颓疝气，开胃下食，治膀胱痛，阴疼。入药炒。"

(3)《本草汇言》："温中快气之药也。方龙潭曰，此药辛香发散，甘平和胃，故《唐本草》善主一切诸气，如心腹冷气、暴疼心气、呕逆胃气、腰肾虚气、寒湿脚气、小腹弦气、膀胱水气、阴颓疝气、阴汗湿气、阴子冷气、阴肿水气、阴胀滞气。其温中散寒，立行诸气，及小腹少腹至阴之分之要品也。"

【现代研究】

本品主含反式茴香脑、茴香醛、柠檬烯、小茴香酮、爰草脑、樟脑、甲氧苯基丙酮等挥发油类成分，还含脂肪油等成分。具有镇痛、促进胆汁分泌、促进肝组织再生、抗菌等作用。

【附药】

八角茴香　本品为木兰科植物八角茴香 *Illicium verum* Hook. f. 的干燥成熟果实。又名大茴香、八角。性味辛温，归肝、肾、脾、胃经。功能：温阳散寒，理气止痛。适用于寒疝腹痛，肾虚腰痛，胃寒呕吐，脘腹冷痛。煎服，3~6 g。

—•笔记栏•—

丁香饮片

丁香 Dīngxiāng

本品首载于《雷公炮炙论》，为桃金娘科植物丁香 *Eugenia caryophyllata* Thunb. 花蕾。习称公丁香。主产于坦桑尼亚、马来西亚、印度尼西亚，我国主产于广东、海南等地。通常于9月至次年3月，花蕾由绿转红时采摘，晒干。生用。处方中的常用名称：丁香、公丁香、紫丁香、雄丁香等。

【药性】 辛，温。归脾、胃、肾经。

【功效】 温中降逆，散寒止痛，温肾助阳。

【应用】

1. 脾胃虚寒，呃逆呕吐，食少吐泻　　本品辛温芳香，暖脾胃而行气滞，尤善降逆，故有温中散寒、降逆止呕、止呃之功，为治胃寒呕吐呃逆之要药。治虚寒呕逆，常与柿蒂、党参、生姜等同用，如丁香柿蒂汤（《症因脉治》）；治脾胃虚寒之吐泻、食少，与白术、砂仁等同用，如丁香散；治妊娠恶阻，可与人参、藿香等同用。

2. 心腹冷痛　　本品辛散温通，能温中散寒止痛。治胃寒脘腹冷痛，常与干姜、高良姜、延胡索等同用；治胸痹心冷痛，可与附子、薤白、川芎等配伍。

3. 肾虚阳痿，宫冷　　本品性味辛温，入肾经，有温肾助阳起痿之功。治肾虚阳痿，宫冷不孕，可与附子、肉桂、淫羊藿等同用。

【用法用量】 煎服，1~3 g。内服或研末外敷。

【使用注意】 不宜与郁金同用。

【文献摘要】

(1)《日华子本草》："治口气，反胃，疗肾气，奔豚气，阴痛，壮阳，暖腰膝。"

(2)《本草正》："温中快气。治上焦呃逆，除胃寒泻痢、七情五郁。"

(3)《得配本草》："丁香，得五味子治奔豚，配甘蔗、姜汁治干呕。"

【现代研究】

本品主含挥发油，油中主要成分是丁香酚、乙酰丁香酚、β-丁香烯等，还含齐墩果酸、山柰素等成分。具有调节胃肠运动、抗溃疡、抗炎、镇痛、抗腹泻、利胆、抗凝血等作用。

【附药】

母丁香　　本品为丁香的干燥近成熟果实，又名鸡舌香。性味归经、功效主治、用法用量、使用注意与公丁香相似，但气味较淡，功力稍逊。

高良姜饮片

高良姜 Gāoliángjiāng

本品首载于《名医别录》，为姜科植物高良姜 *Alpinia officinarum* Hance 的根茎。主产于广东、广西、海南等地。夏末秋初采挖，除去须根及残留鳞片，洗净，切段，晒干。切薄片，生用。处方中的常用名称：高良姜、良姜等。

【药性】 辛，热。归脾、胃经。

【功效】 温胃止呕，散寒止痛。

【应用】

1. 胃寒脘腹冷痛　　本品辛散温通，能散寒止痛，为治胃寒脘腹冷痛之常用药，每与炮姜相须为用，如二姜丸（《太平惠民和剂局方》）；治胃寒肝郁，脘腹胀痛，多与香附合用，如良附丸（《良方集腋》）；治猝然心腹绞痛如刺，两胁支满，烦闷不可忍，可与川芎、当归、桂心等同用。

2. 胃寒呕吐，嗳气吞酸　　本品性热，能温散寒邪，和胃止呕。治胃寒呕吐，多与半夏、生姜等同用;治虚寒呕吐,常与党参、茯苓、白术等同用。

【用法用量】 煎服,3~6 g。

【文献摘要】

(1)《名医别录》:“主暴冷,胃中冷逆,霍乱腹痛。”

(2)《本草汇言》:“高良姜,祛寒湿、温脾胃之药也。若老人脾肾虚寒,泄泻自利,妇人心胃暴痛,因气怒、因寒痰者,此药辛热纯阳,除一切沉寒痼冷,功与桂、附同等。苟非客寒犯胃,胃冷呕逆,及伤生冷饮食,致成霍乱吐泻者,不可轻用。”

【现代研究】

本品主含高良姜酚、桉油精、高良姜素、山柰素、山柰酚、槲皮素、异鼠李素等成分。具有调节胃肠运动、抗溃疡、镇痛、抗炎、抗真菌、抗腹泻、抗血栓形成等作用。

花椒 Huājiāo

花椒饮片

本品首载于《神农本草经》,为芸香科植物青椒 *Zanthoxylum schinifolium* Sieb. et Zucc. 或花椒 *Zanthoxylum bungeanum* Maxim. 的成熟果皮。我国大部分地区有分布,以四川产者为佳,故又名川椒、蜀椒;秋季采收成熟果实,晒干,除去种子及杂质,生用或炒用。处方中的常用名称:花椒、川椒、蜀椒等。

【药性】 辛,温。归脾、胃、肾经。

【功效】 温中止痛,杀虫止痒。

【应用】

1. 脘腹冷痛,呕吐泄泻 本品辛散温燥,入脾、胃经,长于温中燥湿、散寒止痛、止呕止泻。治疗外寒内侵,胃寒冷痛、呕吐,常与生姜、白豆蔻等同用;治脾胃虚寒,脘腹冷痛、呕吐、不思饮食,常与干姜、人参等同用,如大建中汤(《金匮要略》);治夏伤湿冷,泄泻不止,可与肉豆蔻、砂仁同用。

2. 虫积腹痛 本品有驱蛔杀虫之功。治疗虫积腹痛,手足厥逆,烦闷吐蛔等,常与乌梅、干姜、黄柏等同用,如乌梅丸(《伤寒论》);治小儿蛲虫病,肛周瘙痒,单用煎液作保留灌肠。

3. 湿疹,阴痒 本品外用有杀虫止痒之功。治妇人阴痒不可忍,可与吴茱萸、蛇床子等同用,水煎熏洗;治湿疹瘙痒,可单用或与苦参、蛇床子、地肤子等,煎汤外洗。

【用法用量】 煎服,3~6 g。外用适量,煎汤熏洗。

【文献摘要】

(1)《神农本草经》:“味辛,温。主邪气咳逆,温中,逐骨节皮肤死肌,寒湿痹痛,下气。”

(2)《本草纲目》:“椒,纯阳之物,乃手足太阴,右肾命门气分之药。其味辛而麻,其气温以热。禀南方之阳,受西方之阴,故能入肺散寒治咳嗽;入脾除湿治风寒湿痹、水肿泻痢;入右肾补火,治阳衰溲数,足弱,久痢诸症。”

【现代研究】

本品主含挥发油(柠檬烯、1,8-桉叶素、月桂烯、α-蒎烯、β-蒎烯等)。具有调节胃肠运动、抗溃疡、抗炎、镇痛、抗菌等作用。

【附药】

椒目 本品为芸香科植物青椒或花椒的种子。性味苦寒,归肺、肾、膀胱经。功能:利水消肿,降气平喘。适用于水肿胀满、痰饮咳喘等。煎服,3~10 g。

附 其他温里药(表16-1)

表16-1 其他温里药

药名	处方中的常用名称	药 性	功 效	临床应用	用法用量	使用注意
胡椒	胡椒、白胡椒、黑胡椒、黑川、白川	辛,热。归胃、大肠经	温中散寒,下气,消痰	用于胃寒呕吐,腹痛泄泻,食欲不振,癫痫痰多	研末吞服,每次0.6~1.5 g。外用适量	—
荜茇	荜茇、荜拨、必卜	辛,热。归胃、大肠经	温中散寒,下气止痛	用于脘腹冷痛,呕吐,泄泻,寒凝气滞,胸痹心痛,头痛,牙痛	煎服,1~3 g,外用适量,研末塞龋齿孔中	—
荜澄茄	荜澄茄、毕澄茄、澄茄	辛,温。归脾、胃、肾、膀胱经	温中散寒,行气止痛	用于胃寒呕逆,脘腹冷痛,寒疝腹痛,寒湿郁滞,小便浑浊	煎服,1~3 g	—

小 结

主要温里药的兼有功效及代表药物归纳

温里药
- 行气止痛 — 吴茱萸、小茴香、荜澄茄、荜茇
- 杀虫止痒 — 花椒
- 补肾助阳 — 附子、肉桂、丁香
- 回阳救逆 — 附子、干姜
- 温肺化饮 — 干姜
- 引火归原 — 肉桂
- 降逆止呕 — 吴茱萸、丁香、荜茇

第十七章　理　气　药

笔记栏

第十七章授课视频及习题

理气药是指以疏理气机为主要功效，常用于治疗气机失调之气滞证或气逆证的药物，又称行气药。其中行气作用强者，又称破气药。

本类药物多辛香苦温，辛香行散，味苦降泄，性温通行，主归脾、胃、肝、肺经，有疏理气机的基本功效，可达到止痛、散结、降逆等效果。

理气药主要适用于气机失调，因作用部位及作用特点的不同，功效有理气健脾、疏肝解郁、理气宽胸、行气止痛、降逆止呕等之别。分别用于脾胃气滞所致脘腹胀痛、嗳气吞酸、恶心呕吐、食欲不振、大便秘结或泻痢不爽等；肝郁气滞所致情志不舒、急躁易怒、胁肋胀痛、乳房胀痛、月经失调、疝气疼痛等；肺气壅滞所致胸闷不畅、咳嗽气喘等；肺气上逆所致咳喘、胸闷；胃气上逆所致嗳气、呃逆、呕吐等。

本类药物应用时，除根据药物的不同作用效果随证选用外，尚需针对气滞证的成因，脾、胃、肝、肺的脏腑不同及具体病证进行配伍。如脾胃气滞证宜选用理气调中药：其因饮食积滞者，应配消食药；因脾胃气虚者，应配健脾益气药。如肝郁气滞证宜选用疏肝理气药：其因肝血不足者，应配养血柔肝药；因寒凝肝脉者，应配暖肝散寒药；兼瘀血阻滞者，应配活血祛瘀药。如肺气壅滞证宜选用理气宽胸药：其因外邪袭肺者，应配解表药；因痰饮阻肺者，当配化痰药。

理气药多辛温香燥，易耗气伤阴，故气阴不足者慎用。破气药作用峻猛，孕妇慎用。

现代研究表明，本类药物能抑制或兴奋胃肠平滑肌、促进消化液分泌、利胆、舒张支气管平滑肌、调节子宫平滑肌等作用；部分药物还有升高血压、增加冠状动脉血流量等作用。

陈皮 Chénpí

陈皮饮片

陈皮

本品首载于《神农本草经》，为芸香科植物橘 *Citrus reticulata* Blanco 及其栽培变种的成熟果皮。主产于广东、福建、四川等地，产于广东新会者称为新会皮、广陈皮。秋季果实成熟时采收，剥取果皮，晒干或低温干燥。切丝，生用。处方中的常用名称：陈皮、橘皮、广陈皮、新会皮等。

【药性】 苦、辛，温。归脾、肺经。

【功效】 理气健脾，燥湿化痰。

【应用】

1. 脾胃气滞、湿阻之脘腹胀满、食少吐泻　本品辛香走窜，温通苦燥，入脾、胃经，有行气，除胀，燥湿之功，为治脾胃气滞、湿阻之脘腹胀满、食少吐泻之佳品，尤对寒湿中阻者最为适宜。治寒湿中阻之脾胃气滞，脘腹胀痛，恶心呕吐，常与苍术、厚朴等配伍，如平胃散（《太平惠民和剂局方》）；治食积气滞，脘腹胀痛，可配山楂、六神曲等，如保和丸（《丹溪心法》）；治外感风寒，内伤湿滞之腹痛、呕吐、泄泻，可配藿香、苏叶等同用，如藿香正气散（《太平惠民和剂局方》）；治脾虚气滞，脘痛喜按，不思饮食，食后腹胀，便溏舌淡，则与白术、党参、茯苓等配伍，如异功散（《小儿药证直诀》）；治肝郁乘脾，腹痛泄泻，常与白芍、白术、防风配伍，如痛泻要方（《丹溪心法》）。

2. 湿痰寒痰，咳嗽痰多　本品味苦性温，入脾经，能燥湿健脾，以杜生痰之源；入肺经，能宣畅肺气，化痰除湿，为治湿痰、寒痰之要药。治湿痰咳嗽，胸闷气促，呕吐痰涎，色白量多，常与半夏、茯苓等配伍，如二陈汤（《太平惠民和剂局方》）；治寒饮咳喘，痰多清稀，宜与麻黄、细辛、干姜等配伍。

3. 呕吐，呃逆　本品苦降，辛散温通，能燥湿健脾，调畅中焦使之升降有序，而奏良好的和胃止呕之功，为治呕吐、呃逆的佳品。治痰湿阻滞，胃失和降之恶心呕哕，可配生姜，如橘皮汤（《金匮要略》）；治胃虚有热之呃逆或干呕，虚烦少气，口干，常配竹茹、人参等同用，如橘皮竹茹汤（《金匮要略》）。

4. 胸痹　本品辛行温通，入肺走胸，能行气通痹止痛。治疗痰气交阻之胸痹，胸闷气短，可配伍枳实、生姜等，如橘皮枳实生姜汤（《金匮要略》）。

【用法用量】 煎服，3~10 g。

【文献摘要】

（1）《神农本草经》："主胸中瘕热，逆气，利水谷，久服去臭，下气。"

（2）《名医别录》："下气，止呕咳。""主脾不能消谷，气冲胸中，吐逆霍乱，止泄。"

（3）《本草纲目》："疗呕哕反胃嘈杂，时吐清水，痰痞咳疟，大便闭塞，妇人乳痈。入食料，解鱼腥毒。""其治百病，总取其理气燥湿之功。同补药则补，同泻药则泻，同升药则升，同降药则降。"

【现代研究】

本品主含橙皮苷、新橙皮苷、陈皮素、肌醇、对羟福林、挥发油、维生素等成分。具有调节胃肠平滑肌、抑制子宫平滑肌、扩张支气管、镇咳、祛痰、强心、升高血压、抗血小板聚集、抗氧化、降脂等作用。

【附药】

1. 橘叶　本品为芸香科植物橘及栽培变种的干燥叶。性味辛苦平，归肝经。功能：疏肝行气，化痰，散结消肿。适用于胁肋作痛，乳痈，乳房结块，咳嗽，胸膈痞满，疝气等。煎服，4.5~9 g。

2. 橘核　本品为芸香科植物橘及栽培变种的成熟种子。性味苦平，归肝、肾经。功能：理气，散结，止痛。适用于疝气疼痛，睾丸肿痛，乳痈乳癖。煎服，3~9 g。

3. 橘络　本品为芸香科植物橘及栽培变种的中果皮与内果皮之间的维管束群。性味甘苦平，归肝、肺经。功能：行气通络，化痰止咳。适用于痰滞经络、胸胁作痛、咳嗽痰多等。煎服，3~5 g。

4. 橘红　本品为芸香科植物橘及其栽培变种的干燥外层果皮。性味辛苦温，归肺、脾经。功能：理气宽中，燥湿化痰。适用于咳嗽痰多、食积伤酒、呕恶痞闷。煎服，3~10 g。

5. 化橘红　本品为芸香科植物化州柚 *Citrus grandis* 'Tomentosa' 或柚 *Citrus grandis* (L.) Osbeck 的未成熟或近成熟的外层果皮。前者习称"毛橘红"，后者习称"光七爪""光五爪"。性味苦辛温，归肺、脾经。功能：理气宽中，燥湿化痰。适用于咳嗽痰多、食积伤酒、呕恶痞闷等。煎服，3~6 g。

青皮 Qīngpí

青皮饮片

本品首载于《本草图经》，为芸香科植物橘 *Citrus reticulata* Blanco 及其栽培变种的幼果或未成熟果皮。主产于广东、福建、四川等地。5~6 月期间自动脱落的幼果称为"个青皮"，7~8 月期间未成熟的果实，在果实上纵剖四瓣至基部，除尽瓤瓣，晒干，习称"四花青皮"。切厚片或丝，生用或醋炙用。处方中的常用名称：青皮、醋青皮、麸炒青皮等。

【药性】 苦、辛，温。归肝、胆、胃经。

【功效】 疏肝破气，消积化滞。

【应用】

1. 肝郁气滞，胸胁胀痛，疝气疼痛，乳癖乳痈　本品苦泄、辛散、温通，性较峻烈，善入肝、胆经，能疏肝胆，破气滞，常用治肝胆气滞诸证。治肝郁气滞之胁肋胀痛，常与柴胡、郁金、香附等配伍；治乳房胀痛或结块，可与浙贝母、橘叶等配伍；治乳痈，则与蒲公英、瓜蒌、金银花等配伍；治寒疝腹痛，常与小茴香、木香、高良姜等配伍，如天台乌药散（《医学发明》）。

2. 食积气滞，脘腹胀痛　本品辛行苦降，有消积化滞、行气止痛之功。善治食积气滞，脘腹胀痛，常与山楂、六神曲、麦芽等配伍，如青皮丸（《沈氏尊生书》）；若治气滞脘腹胀痛，可与木香、枳壳、大腹皮同用。

3. 癥瘕积聚，久疟痞块　本品性猛，苦泄、辛散、温通力强，能破气散结。治气滞血瘀之癥瘕积聚、久疟痞块，可与三棱、莪术、丹参等配伍。

【用法用量】 煎服，3～10 g。醋炙用增强疏肝止痛之力。

【使用注意】 气虚者慎用。

【文献摘要】

（1）《本草图经》："主气滞，下食，破积结及膈气。"

（2）《本草纲目》："治胸膈气逆，胸痛，小腹疝痛，消乳肿，疏肝胆，泻肺气。""青橘皮，其色青气烈，味苦而辛，治之以醋，所谓肝欲散，急食辛以散之，以酸泄之，以苦降之也。"

（3）《本草汇言》："青橘皮，破滞气，削坚积之药也……此剂苦能泄，辛能散。芳香能辟邪消瘴，运行水谷，诚专功也。"

【现代研究】

本品主含橙皮苷、*D*-柠檬烯、芳樟醇、伞花烃等成分。具有抑制肠道平滑肌、舒张胆囊平滑肌、利胆、促进消化液分泌、升高血压、兴奋心肌、扩张支气管、祛痰、平喘等作用。

枳实 Zhǐshí

枳实饮片

本品首载于《神农本草经》，为芸香科植物酸橙 *Citrus aurantium* L. 及其栽培变种或甜橙 *Citrus sinensis* Osbeck 的幼果。主产于江西、四川、湖南等地。5～6 月期间采收，横剖成两半，晒干或低温干燥。切薄片，生用或麸炒用。处方中的常用名称：枳实、江枳实、炒枳实等。

【药性】 苦、辛、酸，微寒。归脾、胃经。

【功效】 破气消积，化痰散痞。

【应用】

1. 积滞内停，痞满胀痛，泻痢后重，大便不通　本品辛行苦降，入脾、胃经，善破气除痞、消积导滞，凡胃肠积滞、气机不畅，无论寒热虚实均可应用。治饮食积滞，脘腹胀痛，嗳腐吞酸，常与莱菔子、山楂、神曲等配伍，如曲麦枳术丸（《医学正传》）；治热结便秘，腹满胀痛，可与大黄、芒硝、厚朴等配伍，如大承气汤（《伤寒论》）；治湿热积滞，脘痞腹满或泻痢后重，常与大黄、黄连、黄芩等配伍，如枳实导滞丸（《内外伤辨惑论》）；治脾胃虚弱，食后脘腹痞满胀闷，可与白术配伍，如枳术丸（《内外伤辨惑论》）。

2. 痰阻气滞，胸痹，结胸　本品行滞降泄力强，能行气化痰消痞，破气除满止痛。治痰浊阻闭，胸阳不振，胸痹心痛，常与薤白、桂枝、瓜蒌等配伍，如枳实薤白桂枝汤（《金匮要略》）；治痰热结胸，可与瓜蒌、半夏、黄连等配伍，如小陷胸加枳实汤（《温病条辨》）；治脾虚气滞，寒热互结，心下痞满，常与厚朴、黄连、半夏等配伍，如枳实消痞丸治（《兰室秘藏》）。

3. 脏器下垂　本品可治脾气虚、中气下陷之胃扩张、胃下垂、子宫脱垂、脱肛等脏器下垂证，可单用本品，或配伍黄芪、白术等补中益气之品。

【用法用量】 煎服，3～10 g。麸炒后药性较平和。

【使用注意】 孕妇慎用。

【文献摘要】

（1）《神农本草经》："主大风在皮肤中如麻豆苦痒，除寒热结，止痢，长肌肉，利五脏，益气轻身。"

（2）《名医别录》："除胸胁痰癖，逐停水，破结实，消胀满，心下急痞痛，逆气，胁风痛，安胃气，止溏泄，明目。"

（3）《本草纲目》："枳实、枳壳大抵其功皆能利气，气下则痰喘止，气行则痰满消，气通则痛刺止，气利则后重除。"

【现代研究】

本品主含橙皮苷、新橙皮苷、柚皮苷、*N*-甲基酪胺、对羟福林、去甲肾上腺素、色胺诺林、柠檬苦素及挥发油等成分。具有调节胃肠运动、抗溃疡、利胆、调节子宫功能、升高血压、强心等作用。

【附药】

枳壳　本品为芸香科植物酸橙及其栽培变种的干燥未成熟果实。生用或麸炒用。性味苦辛酸微寒，归脾、胃经。功能：理气宽中，行滞消胀。适用于胸胁气滞，胀满疼痛，食积不化，痰饮内停，脏器下垂。煎服，3~10 g。孕妇慎用。

木香 Mùxiāng

木香饮片

本品首载于《神农本草经》，为菊科植物木香 *Aucklandia lappa* Decne. 的根。主产于云南、广西、四川等地。秋、冬季采挖，切段，大的再纵剖成瓣，晒干或烘干后去粗皮。切厚片，生用或煨用。处方中的常用名称：木香、煨木香、云木香、川木香、广木香等。

【药性】　辛、苦，温。归脾、胃、大肠、三焦、胆经。

【功效】　行气止痛，健脾消食。

【应用】

1. 脘腹胀痛，食积不消，不思饮食　本品辛行苦泄温通，善行脾胃之气滞，为行气调中止痛之佳品，善治中焦气滞诸证。又能健脾消食，故食积气滞尤宜。治脾胃气滞，脘腹胀痛，可单用本品磨汁，或与砂仁、枳壳、厚朴、陈皮等配伍；治食滞中焦、脘痞腹痛，可与陈皮、半夏、枳实等同用；治寒凝中焦，食积气滞，可与干姜、小茴香、枳实等同用；治脾虚气滞，脘腹胀满、食少便溏，常与陈皮、白术、党参等配伍，如香砂六君子汤（《时方歌括》）；治脾虚食少，兼食积气滞，可配砂仁、枳实、白术等，如香砂枳术丸（《摄生秘剖》）。

2. 泻痢后重　本品辛行苦降，善行大肠之滞气，使肠腑气机通畅，大便通调，后重自除，为治泻痢后重之要药。治湿热壅滞大肠，泻痢后重，常与黄连配伍，如香连丸（《太平惠民和剂局方》）；治积滞内停，脘腹痞满胀痛，泻而不爽，常与槟榔、大黄、青皮等配伍，如木香槟榔丸（《儒门事亲》）。

3. 胸胁胀痛，黄疸　本品辛香能行，味苦能泄，走三焦和胆经，能疏理肝胆和三焦之气机，治湿热郁蒸，肝失疏泄，气机阻滞之胸胁胀痛，甚或黄疸。治湿热郁蒸，气机不畅之胸胁胀满疼痛，可与柴胡、郁金、枳实等配伍；治湿热黄疸，常与茵陈、大黄、金钱草等配伍。

此外，本品芳香醒脾开胃，在补益方中应用，能减轻补益药的腻胃和滞气之弊，如归脾汤（《济生方》）中配伍木香，能使补气养血药补而不滞。

【用法用量】　煎服，3~6 g。生用行气力强，煨用实肠止泻，用于泄泻腹痛。

【文献摘要】

（1）《日华子本草》："治心腹一切气，膀胱冷痛，呕逆反胃，霍乱泄泻痢疾，健脾消食，安胎。"

（2）《本草纲目》："木香乃三焦气分之药，能升降诸气。"

（3）《本草求真》："木香，下气宽中，为三焦气分要药。然三焦则又以中为要……中宽则上下皆通，是以号为三焦宣滞要剂。"

【现代研究】

本品主含去氢木香内酯、木香烃内酯、木香烯、单紫杉烯等成分。具有调节胃肠道、促进消

笔记栏

化液分泌、抗溃疡、松弛气管平滑肌、镇痛、抑菌、利尿、促进纤维蛋白溶解等作用。

沉香 Chénxiāng

沉香饮片

本品首载于《名医别录》，为瑞香科植物白木香 *Aquilaria sinensis*（Lour.）Gilg 含树脂的木材。主产于海南、广东、台湾等地。全年采收，割取含树脂的木材，阴干。劈成小块，用时捣碎或研成细粉，生用。处方中的常用名称：沉香、沉水香、海南沉等。

【药性】 辛、苦，微温。归脾、胃、肾经。

【功效】 行气止痛，温中止呕，纳气平喘。

【应用】

1. 寒凝气滞，胸腹胀闷疼痛　本品味辛行散，性温祛寒，善于行气散寒止痛。治寒凝气滞之胸腹胀痛，常与乌药、木香、槟榔等配伍，如沉香四磨汤（《卫生家宝》）；治脾胃虚寒之脘腹冷痛，常与干姜、附子、肉桂等配伍。

2. 胃寒呕吐呃逆　本品辛温散寒，味苦质重性降，能温中降气止呕。治寒邪犯胃，呕吐清水，常与陈皮、荜澄茄等配伍，如沉香丸；治脾胃虚寒，呕吐呃逆，经久不愈，可与丁香、柿蒂、人参等配伍。

3. 肾虚气逆喘息　本品能温肾纳气、降逆平喘，常用治肾虚气逆喘息。治下元虚冷、肾不纳气之虚喘证，可与肉桂、附子、补骨脂等配伍，如黑锡丹（《太平惠民和剂局方》）；治上盛下虚之痰饮咳喘，可与半夏、苏子、厚朴等同用，如苏子降气汤（《太平惠民和剂局方》）。

【用法用量】 煎服，1～5 g，后下。

【使用注意】 阴虚火旺者慎用。

【文献摘要】

（1）《名医别录》："悉治风水毒肿，去恶气。"

（2）《本草经疏》："沉香治冷气，逆气，气结，殊为要药。"

（3）《本草通玄》："沉香温而不燥，行而不泄，扶脾而运行不倦，达肾而导火归元，有降气之功，无破气之害，洵为良品。"

【现代研究】

本品主含白木香酸、白木香醛、白木香醇、沉香螺旋醇、呋喃白木香醛、呋喃白木香醇、苄基丙酮、对甲氧基苄基丙酮等成分。具有抑制胃肠平滑肌收缩、平喘、镇痛、抗炎、抑菌等作用。

檀香 Tánxiāng

檀香饮片

本品首载于《名医别录》，为檀香科植物檀香 *Santalum album* L. 树干的心材。主产于海南、广东、云南等地。全年均可采伐，以夏季采伐为佳。镑片或锯成小段，劈成小碎块，生用。处方中的常用名称：檀香、白檀香、黄檀香等。

【药性】 辛，温。归脾、胃、心、肺经。

【功效】 行气温中，开胃止痛。

【应用】

寒凝气滞，胸膈不舒，胸痹心痛，脘腹疼痛，呕吐食少　本品辛温芳香，善理脾胃，利胸膈，温中止痛。治寒凝气滞，胸膈不舒，可配伍豆蔻、砂仁、丁香等；治疗寒凝气滞之胸痹心痛，可配伍延胡索、高良姜等；治胃脘冷痛，呕吐食少，可以本品研末，干姜汤泡服，或配伍沉香、豆蔻、砂仁等。

【用法用量】 煎服，2～5 g，宜后下。

—·笔记栏·—

【文献摘要】

(1)《日华子本草》:"止心腹痛。"

(2)《本经逢原》:"善调膈上诸气……兼通阳明之经,郁抑不舒、呕逆吐食宜之。"

(3)《本草备要》:"调脾肺,利胸膈,为理气要药。"

【现代研究】

本品主含挥发油,其中主要为 α-檀香醇、β-檀香醇、β-檀香萜烯、檀香酸、檀香酮、檀油醇、丁香醛等成分。具有调节胃肠运动、抗心律失常、镇静等作用。

川楝子 Chuānliànzǐ

川楝子饮片

本品首载于《神农本草经》,为楝科植物川楝 *Melia toosendan* Sieb. et Zucc. 的成熟果实。产于南方,以四川产者为佳。冬季果实成熟时采收,干燥。生用或麸炒用。用时捣碎。处方中的常用名称:川楝子、金铃子、楝实、炒川楝子、醋川楝子等。

【药性】 苦,寒;有小毒。归肝、小肠、膀胱经。

【功效】 疏肝泄热,行气止痛,杀虫。

【应用】

1. 肝郁化火,胸胁、脘腹胀痛,疝气疼痛　本品苦寒清泄,既清肝泻热,又行气止痛,为治肝郁气滞疼痛之良药,尤善治肝郁化火诸痛证。治肝郁化火或肝胃不和所致胸胁、脘腹疼痛,以及疝气疼痛,常与延胡索配伍,如金铃子散(《素问病机气宜保命集》);治寒疝腹痛,常与小茴香、吴茱萸等配伍,如导气汤(《医方简义》)。

2. 虫积腹痛　本品既能驱杀肠道寄生虫,又能行气止痛。治蛔虫腹痛,可与槟榔、鹤虱等配伍。

此外,本品外用可杀虫疗癣,治头癣、秃疮,可单用本品焙黄研末,以油调膏,外涂。

【用法用量】 煎服,5~10 g,炒用寒性减弱。外用适量,研末调涂。

【使用注意】 本品苦寒有毒,不宜过量或持续服用,脾胃虚寒者慎用;孕妇慎用。

【文献摘要】

(1)《本草纲目》:"楝实,导小肠膀胱之热,因引心包相火下行,故心腹痛及疝气为要药。"

(2)《本草经疏》:"楝实,主温病伤寒,大热狂烦者,邪在阳明也,苦寒能散阳明之邪热,则诸证自除。"

(3)《本经逢原》:"川楝,苦寒性降,能导湿热下走渗道,人但知其治疝之功,而不知其荡热止痛之用。"

【现代研究】

本品主含川楝素、苦楝子酮、脂苦楝子醇、川楝醛、甘楝毒素、山柰醇及脂肪油等。具有镇痛、抗炎、抗菌、促进胆汁排泄等作用。

乌药 Wūyào

乌药饮片

本品首载于《本草拾遗》,为樟科植物乌药 *lindera aggregate* (Sims) kosterm. 的块根。主产于浙江、安徽、陕西等地。全年均可采挖,洗净,趁鲜切片,晒干,或直接晒干。切薄片,生用。处方中的常用名称:乌药、台乌、天台乌药、台乌药等。

【药性】 辛,温。归肺、脾、肾、膀胱经。

【功效】 行气止痛,温肾散寒。

【应用】

1. 寒凝气滞,胸腹胀痛,气逆喘急,疝气疼痛,经寒腹痛　本品味辛行散,性温祛寒,入

— • 笔记栏 • —

肺、脾、肾经，能理气、散寒、止痛，治三焦寒凝气滞疼痛证。治胸闷胁痛，可与薤白、延胡索、瓜蒌等配伍；治脘腹胀痛，可与沉香、木香、枳实等配伍，如五磨饮子（《医方考》）；治寒凝气滞之痛经，常与当归、香附等配伍；治寒疝腹痛，常与小茴香、青皮、川楝子等配伍，如天台乌药散（《医学发明》）；治寒郁气滞，气逆喘急，可与麻黄、沉香、小茴香等药同用。

2. 肾阳不足，膀胱虚冷，遗尿尿频　本品辛散温通，入肾、膀胱经，能温肾散寒，缩尿止遗。治肾阳不足、膀胱虚冷之遗尿、尿频，常与山药、益智仁配伍，如缩泉丸（《校注妇人大全良方》）。

【用法用量】 煎服，6～10 g。

【文献摘要】

（1）《本草衍义》："乌药和来气少，走泄多，但不甚刚猛，与沉香同磨作汤，治胸腹冷气，甚稳当。"

（2）《药品化义》："乌药，气雄性温，故快气宣通，疏散凝滞，甚于香附。外解表而理肌，内宽中而顺气。以之散寒气，则客寒冷气自除；驱邪气则天行疫瘴即却；开郁气，中恶腹痛，胸膈胀痛，顿然可减；疏经气，中风四肢不遂，初产血气凝滞，渐次能通，皆藉其气雄之功也。"

（3）《本草求真》："凡一切病之属于气逆，而见胸腹不快，皆宜用此。功与木香、香附同为一类。但木香苦温，入脾爽滞，每于食积则宜；香附辛苦入肝胆二经，开郁散结，每于忧郁则妙。此则逆邪横胸，无处不达，故用以为胸腹逆邪要药耳。"

【现代研究】

本品主含乌药醚内酯、伪新乌药醚内酯、乌药醇、乌药根烯、木姜子碱、波尔定碱、去甲异波尔定碱、龙脑、柠檬烯等成分。具有调节胃肠道平滑肌、促进消化液分泌、保肝、镇痛、抗炎、抗疲劳等作用。

荔枝核 Lìzhīhé

荔枝核饮片

本品首载于《本草衍义》，为无患子科植物荔枝 *Litchi chinensis* Sonn. 的成熟种子。主产于福建、广东、广西等地。夏季采摘成熟果实，除去果皮和肉质假种皮，洗净，晒干。捣碎，生用或盐水炙用。处方中的常用名称：荔枝核、荔仁、盐荔枝核等。

【药性】 甘、微苦，温。归肝、肾经。

【功效】 行气散结，祛寒止痛。

【应用】

寒疝腹痛，睾丸肿痛　本品入肝经，能疏肝行气，散结消肿，祛寒止痛，治寒凝气滞之疝气疼痛、睾丸肿痛，常与小茴香、青皮、乌药等配伍；若治睾丸肿痛属湿热，可与龙胆、川楝子、黄柏等同用。

【用法用量】 煎服，5～10 g。

【文献摘要】

（1）《本草衍义》："治心痛及小肠气。"

（2）《本草纲目》："行散滞气，治㿗疝气痛，妇人血气痛。"

（3）《本草备要》："入肝肾，散滞气，辟寒邪，治胃脘痛，妇人血气痛。"

【现代研究】

本品主含 3-羟基丁酮、丁二醇、葎草烯、菖蒲烯、黄根醇、棕榈酸等成分。具有降血糖、调血脂、抗氧化、抗病毒、抗肿瘤、抗肝损伤、增强免疫等作用。

香附 Xiāngfù

香附饮片

本品首载于《名医别录》，为莎草科植物莎草 *Cyperus rotundus* L. 的根茎。主产于广东、河

—•笔记栏•—

南、山东等地。秋季采挖，燎去毛须，晒干或置沸水中略煮、蒸透后晒干。切厚片或碾碎生用或醋炙用。处方中的常用名称：香附、香附子、莎草、醋香附等。

【药性】 辛、微苦、微甘，平。归肝、脾、三焦经。

【功效】 疏肝解郁，理气宽中，调经止痛。

【应用】

1. 肝郁气滞，胸胁胀痛，疝气疼痛　本品辛香行散，味苦疏泄，主入肝经，善理肝气之郁结并止痛，为疏肝解郁之要药，肝郁气滞诸痛症均宜。治肝气郁结，胁肋胀痛，常与柴胡、白芍、川芎等配伍，如柴胡疏肝散（《景岳全书》）；治寒凝气滞，肝气犯胃之胃脘疼痛，常与高良姜配伍，如良附丸（《良方集腋》）；治寒凝肝脉之疝气腹痛，或睾丸偏坠疼痛，可与吴茱萸、小茴香、乌药等配伍。

2. 肝郁气滞，月经不调，经闭痛经，乳房胀痛　本品疏肝理气，善于调经止痛，为妇科调经止痛之要药。治肝郁气滞之月经不调、痛经，可单用，或与柴胡、当归、川芎等配伍；治肝郁血滞，经闭腹痛，可与桃仁、红花、五灵脂等同用；治乳房胀痛或结块，可与柴胡、橘核、青皮等配伍。

3. 脾胃气滞，脘腹痞闷，胀满疼痛　本品味辛能行，入脾经，有行气宽中之功，常用于治疗脾胃气滞证。治气滞脘腹胀痛、胸膈噎塞、嗳气吞酸、纳呆，可与砂仁、乌药、苏梗等同用；治外感风寒兼脾胃气滞，可与苏叶、陈皮同用，如香苏散（《太平惠民和剂局方》）；治气、血、痰、火、湿、食六郁所致胸膈痞满、脘腹胀痛、呕吐吞酸、饮食不化等，可与川芎、苍术、栀子等同用，如越鞠丸（《丹溪心法》）。

【用法用量】 煎服，6~10 g。

【文献摘要】

（1）《本草纲目》："利三焦，解六郁，消饮食积聚、痰饮痞满，胕肿腹胀，脚气，止心腹、肢体、头目、齿耳诸痛……妇人崩漏带下，月候不调，胎前产后百病。""乃气病之总司，女科之主帅也。"

（2）《本草求真》："香附，专属开郁散气，与木香行气，貌同实异，木香气味苦劣，故通气甚捷，此则苦而不甚，故解郁居多，且性和于木香，故可加减出入，以为行气通剂，否则宜此而不宜彼耳。"

（3）《本草正义》："香附，辛味甚烈，香气颇浓，皆以气用事，故专治气结为病。"

【现代研究】

本品主含香附烯、异香附醇、β-蒎烯、莰烯、柠檬烯、芹子三烯、β-芹子烯、α-香附酮、β-香附酮、香附醇酮等，还含三萜类、黄酮类及生物碱等成分。具有减弱未孕子宫平滑肌收缩、促进胆汁分泌、保肝、抑制肠管收缩、解热、镇痛、镇静、抗炎等作用。

案例

先安人因亡女，忽患腰痛，转侧艰苦，至不能张口受食，投以鹿角胶不效，以湿痰疗之亦不效。遍走使延仲淳，曰：此非肾虚也，如肾虚不能延至今日矣。用白芍药三钱，橘红二钱，白芷二钱，炙甘草一钱，香附童便浸炒三钱，肉桂二钱，乳香、没药各七分半灯芯同研细，临服下之。一剂，腰脱然，觉遍体疼。仲淳曰：愈矣。再煎滓服，立起。予骇问故。仲淳曰：此在《素问》木郁则达之，顾诸君不识尔！

夏翔，王庆其. 历代名医医案精选[M]. 上海：上海人民出版社，2004：152.

问题：

1. 本案例为什么用香附？
2. 香附在治疗气滞证时需注意些什么？

—•笔记栏•—

佛手饮片

佛手 Fóshǒu

本品首载于《滇南本草》，为芸香科植物佛手 *Citrus medica* L. var. *sarcodactylis* Swingle 的果实。主产于广东、四川、浙江等地。秋季果实尚未变黄或刚变黄时采收，纵切成薄片，晒干或低温干燥。生用。处方中的常用名称：佛手、佛手柑、佛手片等。

【药性】 辛、苦、酸，温。归肝、脾、胃、肺经。

【功效】 疏肝理气，和胃止痛，燥湿化痰。

【应用】

1. 肝胃气滞，胸胁胀痛　本品辛香行散，味苦疏泄，入肝经，能疏肝解郁，行气止痛。治肝气郁滞及肝胃不和之胸胁胀痛，脘腹痞满，常与柴胡、郁金、枳实等同用。

2. 脾胃气滞，胃脘痞满，食少呕吐　本品又归脾、胃经，能醒脾开胃，理气和中止痛。治脾胃气滞，脘腹胀痛，呕恶食少，可与枳壳、陈皮、木香等配伍。

3. 咳嗽痰多　本品兼入肺经，苦温燥湿化痰，辛香又能行气，善治湿痰壅肺，咳嗽痰多，胸闷气急作痛，可与半夏、陈皮、瓜蒌皮等配伍。

【用法用量】 煎服，3~10 g。

【文献摘要】

（1）《本草纲目》："煮酒饮，治痰气咳嗽。煎汤，治心下气痛。"

（2）《本草再新》："治气舒肝，和胃化痰，破积，治噎膈反胃，消癥瘕瘰疬。"

（3）《本草便读》："佛手，理气快膈，惟肝脾气滞者宜之，阴血不足者，亦嫌其燥耳。"

【现代研究】

本品主含柠檬烯、萜品油烯、β-月桂烯、β-蒎烯、佛手内酯、柠檬内酯、枸橼醛、芳樟醇、邻氨基苯甲酸甲酯、柚皮苷、新橙皮苷等成分。具有调节胃肠道平滑肌、平喘、祛痰、抗炎、增加冠状动脉血流量、降血压、调节免疫、抗肿瘤等作用。

香橼饮片

香橼 Xiāngyuán

本品首载于《本草拾遗》，为芸香科植物枸橼 *Citrus medica* L. 或香圆 *Citrus wilsonii* Tanaka 的成熟果实。主产于浙江、江苏、广东等地。秋季果实成熟时采收，趁鲜切片，晒干或低温干燥。香圆亦可整个或对剖两半后，晒干或低温干燥。打成小块或切丝，生用。处方中的常用名称：香橼、香橼皮、香圆、陈香橼等。

【药性】 辛、苦、酸，温。归肝、脾、肺经。

【功效】 疏肝理气，宽中，化痰。

【应用】

1. 肝胃气滞，胸胁胀痛　本品辛散苦泄，入肝经，能疏理肝气而止痛。治肝郁胸胁胀痛，常配柴胡、郁金、佛手等同用。本品功同佛手，但效力较逊。

2. 脾胃气滞，脘腹痞满，呕吐噫气　本品辛行苦泄，气香醒脾，入脾、胃经，能行气宽中。治脾胃气滞之脘腹胀痛，嗳气吞酸，呕恶食少，可与木香、砂仁、藿香等同用。

3. 痰多咳嗽　本品苦燥降泄以化痰止咳，辛行入肺而理气宽胸。治痰多、咳嗽、胸闷等，常配伍生姜、半夏、茯苓等。

【用法用量】 煎服，3~10 g。

【文献摘要】

（1）《本草通玄》："香橼性中和，单用多用亦损正气，与参、术同行则无弊也。"

（2）《本草从新》："平肝舒郁，理肺气，通经利水。"

—•笔记栏•—

（3）《本草便读》："下气消痰，宽中快膈。"

【现代研究】

本品主含柚皮苷、橙皮苷、柠檬酸、苹果酸及挥发油等成分。具有促进胃肠运动、抗炎、抗病毒、健胃及祛痰等作用。

薤白 Xièbái

薤白饮片

本品首载于《神农本草经》，为百合科植物小根蒜 *Allium macrostemon* Bge. 或薤 *Allium chinense* G. Don 的鳞茎。主产于江苏、浙江、吉林等地。夏秋季节采挖，蒸透或沸水中烫透，晒干。生用。处方中的常用名称：薤白、薤根、小根蒜等。

【药性】　辛、苦，温。归心、肺、胃、大肠经。

【功效】　通阳散结，行气导滞。

【应用】

1. 胸痹心痛　　本品辛散温通，上入心、肺经，能散阴寒之凝滞，通胸阳之闭结，为治胸痹要药。治寒痰阻滞，胸阳不振之胸痹，常与瓜蒌、半夏、枳实、桂枝等同用，如瓜蒌薤白白酒汤、瓜蒌薤白半夏汤、瓜蒌薤白桂枝汤（《金匮要略》）；治痰凝血瘀之胸痹，可与丹参、川芎等配伍。

2. 脘腹痞满胀痛，泻痢后重　　本品辛行苦降，又入胃、肠经，有行气导滞、消胀止痛之功。治胃寒气滞之脘腹痞满胀痛，可与木香、砂仁、高良姜等配伍；治湿热内蕴，胃肠气滞之泻痢后重，可与黄连、黄柏、枳实等配伍。

【用法用量】　煎服，5～10 g。

【文献摘要】

（1）《本草纲目》："治少阴病厥逆泄痢及胸痹刺痛，下气散血。"

（2）《长沙药解》："肺病则逆，浊气不降，故胸膈痹塞；肠病则陷，清气不升，故肛门重坠。薤白，辛温通畅，善散壅滞，故痹者下达而变冲和，重者上达而化轻清。"

（3）《本草求真》："薤，味辛则散，散则能使在上寒滞立消；味苦则降，降则能使在下寒滞立下；气温则散，散则能使在中寒滞立除；体滑则通，通则能使久痼寒滞立解。是以下痢可除，瘀血可散，喘急可止，水肿可敷，胸痹刺痛可愈，胎产可治，汤火及中恶卒死可救，实通气、滑窍、助阳佳品也。"

【现代研究】

本品主含甾体皂苷类成分（薤白苷 A～K 等）；还含前列腺素 A_1、前列腺素 B_1、生物碱及含氮化合物等成分。具有扩张血管、抗心肌缺血、抗血小板凝集、降血脂、止泻、抗动脉粥样硬化、抗氧化、镇痛、抑菌、抗炎等作用。

大腹皮 Dàfùpí

大腹皮饮片

本品首载于《开宝本草》，为棕榈科植物槟榔 *Areca catechu* L. 的果皮。主产于海南、云南、广西等地。冬季至次春采收未成熟的果实，煮后干燥，纵剖两瓣，剥取果皮，习称"大腹皮"；春末至秋初采收成熟果实，煮后干燥，剥取果皮，打松，晒干，习称"大腹毛"。生用。处方中的常用名称：大腹皮、槟榔皮、槟榔壳、槟壳、榔壳等。

【药性】　辛，微温。归脾、胃、大肠、小肠经。

【功效】　行气宽中，行水消肿。

【应用】

1. 湿阻气滞，脘腹胀闷，大便不爽　　本品辛散，入脾、胃、大肠经，能行脾、胃、大肠之气滞，治三焦湿郁，升降失常，胸闷腹胀，常与藿香、厚朴、杏仁等同用；治食积气滞，脘腹胀满，嗳气

—•笔记栏•—

吞酸，便秘或泻而不爽，常与莱菔子、山楂、木香等配伍。

2. 水肿胀满，脚气浮肿，小便不利　本品能行气利水消肿，治水肿，小便不利，常与茯苓皮、生姜皮、陈皮等配伍，如五皮饮(《麻科活人全书》)；治脚气肿痛，常与吴茱萸、木瓜等配伍。

【用法用量】 煎服，5~10 g。

【文献摘要】

(1)《本草纲目》："降逆气，消肌肤中水气浮肿，脚气壅逆，瘴疟痞满，胎气恶阻胀闷。"

(2)《本草经疏》："方龙谭曰，主一切冷热之气上攻心腹，消上下水肿之气四体虚浮，大肠壅滞之气二便不利，开关膈痰饮之气阻塞不通，能疏通下泄，为畅达脏腑之剂。"

(3)《本经逢原》："槟榔性沉重，泄有形之积滞，腹皮性轻浮，散无形之滞气。故痞满胀，水气浮肿，脚气壅逆者宜之。惟虚胀禁用，以其能泄真气也。"

【现代研究】

本品主含槟榔碱、去甲基槟榔碱、槟榔次碱、α-儿茶素等成分。具有兴奋胃肠道平滑肌、促进胃肠动力、促进纤维蛋白溶解、杀绦虫等作用。

刀豆 Dāodòu

刀豆饮片

本品首载于《救荒本草》，为豆科植物刀豆 *Canavalia gladiate* (Jacq.) DC. 的成熟种子。主产于江苏、安徽、湖北等地。秋季果实成熟时采收，剥取种子，晒干。生用。处方中的常用名称：刀豆、刀豆子、大刀豆、关刀豆、炒刀豆等。

【药性】 甘，温。归胃、肾经。

【功效】 温中，下气，止呃。

【应用】

1. 虚寒呃逆，呕吐　本品甘温沉降，归胃经，能温中、降气、止呃。治中焦虚寒之呕吐、呃逆，可与丁香、柿蒂等配伍。

2. 肾虚腰痛　本品味甘性温，入肾经，能温助肾阳。单用力弱，多入复方用，治肾虚腰痛，可与杜仲、桑寄生、续断等配伍。

【用法用量】 煎服，6~9 g。

【文献摘要】

(1)《本草纲目》："温中下气，利肠胃，止呃逆，益肾补元。""主治胸脘滞气，脾肾亏损，壮元阳。"

(2)《食物考》："烧灰，利肠止虚呃逆。"

【现代研究】

本品主含刀豆四胺、γ-胍氧基丙胺等，还含赤霉素 A21、赤霉素 A22、淀粉、蛋白质等成分。具有抗代谢、抗肿瘤等作用。

柿蒂 Shìdì

柿蒂饮片

本品首载于《本草拾遗》，为柿树科植物柿 *Diospyros kaki* Thunb. 的宿萼。主产于四川、广东、广西等地。冬季果实成熟时采摘或食用时收集，洗净，晒干。生用。处方中的常用名称：柿蒂、柿丁、柿子把等。

【药性】 苦、涩，平。归胃经。

【功效】 降逆止呃。

【应用】

呃逆　本品味苦降泄，主入胃经，善降胃气，为止呃逆之要药，可治各种呃逆之证。治胃寒气逆呃逆,与丁香、生姜配伍,如柿蒂汤(《济生方》);治脾胃虚寒呃逆,可与人参、丁香等配伍,如丁香柿蒂汤(《症因脉治》);治胃热呃逆,可与竹茹、黄连等配伍;治痰湿壅滞之呃逆,可与半夏、旋覆花、赭石等配伍。

【用法用量】　煎服,5~10 g。

【文献摘要】

(1)《本草纲目》:"古方单用柿蒂煮汁饮之,取其苦温能降逆气也。《济生》柿蒂散加以丁香、生姜之辛热,以开痰散郁,盖从治之法,而昔人常用之收效矣。"

(2)《本草求真》:"柿蒂味苦性平,虽与丁香同为止呃之味,然一辛热一苦平,合用兼得寒热兼济之妙。"

【现代研究】

本品主含三叶豆苷、金丝桃苷、山柰素、墩果酸、白桦脂酸、熊果酸、没食子酸、棕榈酸、琥珀酸、丁香酸、香草酸等成分。具有抗心律失常、镇静、抗惊厥等作用。

附　其他理气药(表 17-1)

表 17-1　其他理气药

药名	处方中的常用名称	药　性	功　效	临床应用	用法用量	使用注意
玫瑰花	玫瑰花、刺玫花	甘、微苦,温。归肝、脾经	行气解郁,和血,止痛	用于肝胃气痛,食少呕恶,月经不调,跌扑伤痛	煎服,3~6 g	—
娑罗子	娑罗子、苏罗子	甘,温。归肝、胃经	疏肝理气,和胃止痛	用于肝胃气滞,胸腹胀闷,胃脘疼痛	煎服,3~9 g	—
九香虫	九香虫、生九香虫,炒九香虫	咸,温。归肝、脾、肾经	理气止痛,温中助阳	用于胃寒胀痛,肝胃气痛,肾虚阳痿,腰膝酸痛	煎服,3~9 g	—
甘松	甘松、香松	辛、甘,温。归脾、胃经	理气止痛,开郁醒脾;外用祛湿消肿	用于脘腹胀满,食欲不振,呕吐;外用治牙痛,脚气肿毒	煎服,3~6 g。外用适量,泡汤漱口或煎汤洗脚或研末敷患处	—

小　　结

主要理气药的兼有功效及代表药物归纳

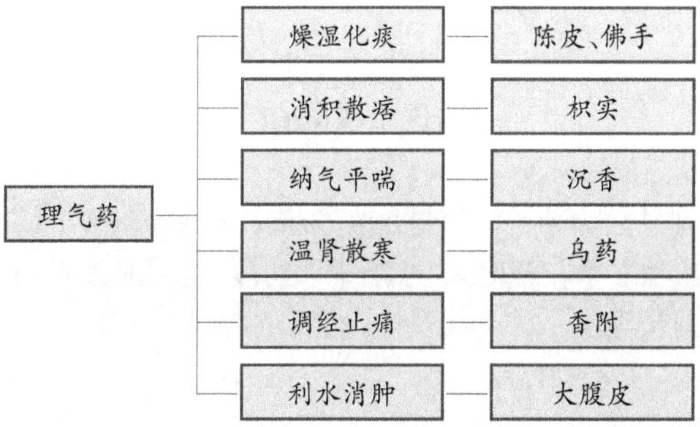

第十八章　止 血 药

—•笔记栏•—

第十八章授课视频及习题

止血药是指以制止体内外出血为主要功效，常用于治疗各种出血病证的药物。

本类药物均入血分，因心主血、肝藏血、脾统血，故主归心、肝、脾经。本类药物均有止血基本功效，因药性有寒、温、散、敛之别，故功效有凉血止血、化瘀止血、收敛止血和温经止血之异。根据止血药作用效果和临床应用的侧重点，一般将其分为凉血止血药、化瘀止血药、收敛止血药和温经止血药四类。

止血药适用于各种出血病证，如咯血、咳血、吐血、衄血、尿血、便血、崩漏、紫癜及创伤出血等。

本类药物应用时，除根据各类药物的不同作用效果而随证选用外，尚需针对出血的寒、热、瘀、虚等不同成因和具体病证进行配伍。如出血因血热妄行者，应选凉血止血药，并配清热泻火药或清热凉血药；因阴虚火旺及阴虚阳亢者，应选凉血止血药，并配滋阴降火或滋阴潜阳药；因瘀血内阻，血不循经者，应选化瘀止血药，并配活血化瘀药；虚寒性出血，应选温经止血药和收敛止血药，并配益气健脾温阳之品；若出血过多，气随血脱者，宜配大补元气药以益气固脱、益气摄血，即所谓"有形之血不能速生，无形之气所当急固"。此外，还需根据出血的上下部位进行配伍，正所谓"下血必升举，吐衄必降气"，如下部之便血、痔血、崩漏、月经过多等，宜配升举之品；上部出血之吐血、衄血，宜配降气之品。

"止血不留瘀"是止血药运用时必须始终注意的问题。凉血止血药及收敛止血药易凉遏恋邪，有留瘀之弊，故出血兼瘀者不宜单独使用，宜少佐行气、活血之品。一般而言，炒炭后药味多苦、涩，止血作用增强，正如李时珍曰："烧灰诸黑药，皆能止血。"但不可一概而论地认为止血药炒炭后止血作用更佳，有些药物炒炭后止血作用反而降低。因此，止血药是否炒炭，应以提高止血疗效为原则。

现代研究表明，本类药物主要能促进血液凝固和抑制纤溶，增加血小板数目及功能，收缩局部血管，通过物理因素促进止血等。部分药物还具有抗炎、抗病原微生物、镇痛、调节心血管功能等作用。

第一节　凉 血 止 血 药

本类药物性寒凉，味多甘苦，入血分，能止血兼清血热，主治血热妄行所致的各种出血证。原则上不宜治虚寒性出血，不宜过量久服。

小蓟 Xiǎojì

小蓟饮片

本品首载于《名医别录》，为菊科植物刺儿菜 *Cirsium setosum* (Willd.) MB. 的地上部分。全国大部分地区均产。夏、秋二季花开时采收，晒干。切段，生用或炒炭用。处方中的常用名称：小蓟、小蓟草、猫蓟、小蓟炭等。

【药性】 苦、甘，凉。归心、肝经。

【功效】 凉血止血，散瘀解毒消痈。

【应用】

1. 血热吐血，衄血，尿血，血淋，便血，崩漏，外伤出血　本品性寒凉，善清血分之热，有凉血止血作用，用于血热妄行的吐血、咯血、衄血、尿血、血淋、便血及崩漏等。临床治疗多种出血证，常与侧柏叶、大蓟、白茅根等同用，如十灰散(《十药神书》)。因兼能利尿，故以治尿血、血淋最为适宜，可单味应用，也可与生地黄、蒲黄、藕节等同用，如小蓟饮子(《济生方》)。

2. 痈肿疮毒　本品味苦性凉，有清热解毒消痈作用，用于热毒疮疡肿毒初起肿痛，可单用或与蒲公英、紫花地丁等同用，亦可取鲜品捣烂敷于患处。

【用法用量】 煎服，5~12 g；鲜品加倍。外用适量，捣敷患处。

【文献摘要】

(1)《本草拾遗》："破宿血，止新血、暴下血、血痢、金疮出血、呕吐等，绞取汁温服；作煎和糖，合金疮及蜘蛛蛇蝎毒，服之亦佳。"

(2)《本草纲目拾遗》："清火、疏风、豁痰，解一切疔疮痈疽肿毒。"

(3)《本草求原》："大蓟、小蓟二味根、叶，俱苦甘气平，能升能降，能破血，又能止血。小蓟则甘平胜，不甚苦，专以退热去烦，使火清而血归经，是保血在于凉血。"

【现代研究】

本品主含蒙花苷、原儿茶酸、绿原酸、咖啡酸及蒲公英甾醇等成分。具有止血、抗炎、抗菌、降脂、利胆、利尿等作用。

大蓟 Dàjì

大蓟饮片

本品首载于《名医别录》，为菊科植物蓟 *Cirsium japonicum* Fisch. ex DC. 的地上部分。主产于安徽、山东、江苏等地。夏、秋二季花开时采割，晒干，生用或炒炭用。处方中的常用名称：大蓟、大蓟草、虎蓟、大蓟炭等。

【药性】 甘、苦，凉。归心、肝经。

【功效】 凉血止血，散瘀解毒消痈。

【应用】

1. 血热吐血，衄血，尿血，血淋，便血，崩漏，外伤出血　本品性凉，入血分有凉血止血之功，治血热妄行之吐血、咯血、衄血、尿血、崩漏等，因其性凉降，故尤多用于吐血、咳血、衄血之上部出血及妇女肝经血热之崩漏下血，单用煎服或鲜品捣汁服，亦常与小蓟相须为用，如十灰散(《十药神书》)。

2. 痈肿疮毒　本品性凉味苦，有散瘀解毒消痈之功。可单用，以鲜品为佳，鲜品捣汁服或捣敷患处，亦可与其他清热解毒药同用。

【用法用量】 煎服，9~15 g；鲜品加倍。外用适量，捣敷患处。

【文献摘要】

(1)《名医别录》："主女子赤白沃，安胎，止吐血鼻衄，令人肥健。"

(2)《本草经疏》："大蓟根最能凉血，血热解则诸症自愈也。"

(3)《本草新编》："大蓟，破血止血甚奇，消肿安崩亦效，去毒亦神。"

【现代研究】

本品主含柳穿鱼叶苷、蒲公英甾醇乙酸酯、豆甾醇、丁香烯及多糖等成分。具有缩短凝血时间、兴奋子宫、抗菌、抗病毒、抗炎、降血压、利尿等作用。

地榆 Dìyú

地榆饮片

本品首载于《神农本草经》，为蔷薇科植物地榆 *Sanguisorba officinalis* L. 或长叶地榆 *Sanguisorba officinalis* L. var. *longifolia* (Bert.) Yü et Li 的根。地榆主产于东北及内蒙古、山西、陕西等地；长叶地榆主产于安徽、浙江、江西等地。后者习称"绵地榆"。春季将发芽时或秋季植

—·笔记栏·—

株枯萎后采挖，干燥，或趁鲜切厚片，干燥。未切片者切厚片，生用或炒炭用。处方中的常用名称：地榆、生地榆、地榆炭等。

【药性】 苦、酸、涩，微寒。归肝、大肠经。

【功效】 凉血止血，解毒敛疮。

【应用】

1. 便血，痔血，血痢，崩漏　本品味苦性微寒，功善清热而凉血止血，同时味酸、涩，具有良好的收敛止血作用。又因其性下降，尤多用于下焦血热所致的便血、痔血、血痢及崩漏等。治血热便血，可与生地黄、黄芩、槐花等同用；治痔疮出血，血色鲜红，常配槐角、防风、黄芩等，如槐角丸（《太平惠民和剂局方》）；治血痢，常配马齿苋、仙鹤草、当归等；治血热崩漏，量多色红，常配生地黄、黄芩、牡丹皮等。

2. 水火烫伤，湿疹　本品味苦性寒能泻火解毒，味涩能敛疮，为治烧烫伤要药。治烧烫伤，可单用研末麻油调敷，或配大黄粉，或配冰片粉、紫草，麻油调敷；治湿疹及皮肤溃烂，可以本品浓煎外洗，或以纱布沾药汁湿敷，或配煅石膏、枯矾研末加凡士林调涂。

3. 痈肿疮毒　本品清热凉血，又能泻火解毒。对痈疽初起未成脓，可单用地榆煎汁浸洗，或湿敷患处；若已成脓，可用单味鲜地榆，亦可与三七、地耳草等捣烂外敷局部，以散瘀解毒。

【用法用量】 煎服，9～15 g。外用适量，研末涂敷患处。止血多炒炭用，解毒敛疮生用。

【使用注意】 虚寒性出血或有瘀者慎用。大面积烧伤，不宜外涂。

【文献摘要】

（1）《日华子本草》："止吐血、鼻洪、月经不止、血崩、产前后诸血疾，赤白痢并水泻，浓煎止肠风。"

（2）《本草纲目》："地榆，除下焦热，治大小便血证。"

（3）《本草求真》："性主收敛，既能清降，又能收涩，则清不虑其过泄，涩亦不虑其或滞，实为解热止血药也。"

【现代研究】

本品主含地榆素、1,2,6－三没食子酰－β－D－葡萄糖等鞣质、地榆糖苷、地榆皂苷等三萜皂苷类成分。具有止血、抗菌、抗炎、抗烫伤、抗肿瘤、抗氧化、促进造血等作用。

槐花 Huáihuā

槐花饮片

本品首载于《日华子本草》，为豆科植物槐 *Sophora japonica* L. 的花及花蕾。前者习称"槐花"，后者习称"槐米"。主产于辽宁、河北、河南等地。夏季采收，干燥。生用、炒黄或炒炭用。处方中的常用名称：槐花、槐米、槐花炭、槐米炭等。

【药性】 苦，微寒。归肝、大肠经。

【功效】 凉血止血，清肝泻火。

【应用】

1. 血热便血，痔血，血痢，崩漏，吐血，衄血　本品味苦性微寒，功能凉血止血，凡血热所致的各种出血证均可运用。因其性下降，善清大肠之火热而凉血止血，故对便血、痔血、血痢最为适宜。治便血、痔血、崩漏，常与地榆相须为用；治大肠热盛，出血鲜红，可配黄芩、栀子等；治吐血、衄血，或单用研末服或配仙鹤草、白茅根等；治热毒血痢，下血不止，可配金银花、白头翁等。

2. 肝热目赤，头痛眩晕　本品味苦性微寒，长于清泻肝火，适用于肝火上炎所致的目赤、头痛、眩晕，可单用本品煎汤代茶饮，或与夏枯草、决明子、菊花等同用。

【用法用量】 煎服，5～10 g。止血多炒炭用，清热泻火生用。

—•笔记栏•—

【文献摘要】

(1)《日华子本草》:"治五痔,心痛,眼赤,杀腹藏虫及热,治皮肤风,并肠风泻血,赤白痢。"

(2)《本草汇言》:"槐花,苦寒下降,凉大肠、清血热之药也。"

(3)《本草备要》:"入肝、大肠血分而凉血,治风热目赤、赤白泻痢、五痔肠风、吐崩诸血。"

【现代研究】

本品主含槲皮素、芦丁、异鼠李素等黄酮类成分,赤豆皂苷、大豆皂苷、槐花皂苷等三萜类及挥发油等成分。具有止血、抗病原微生物、抗氧化、增强免疫、降血糖、降血压等作用。

【附药】

槐角　本品为豆科植物槐的干燥成熟果实,性味苦寒,归肝、大肠经。功能:清热泻火,凉血止血。适用于肠热便血、痔疮出血、肝热头痛、眩晕目赤等。煎服,6~9 g。

侧柏叶 Cèbǎiyè

侧柏叶饮片

本品首载于《名医别录》,为柏科植物侧柏 *Platycladus orientalis* (L.) Franco 的枝梢及叶。全国各地均有产。多在夏、秋二季采收,阴干。生用或炒炭用。处方中的常用名称:侧柏叶、侧柏、柏叶、侧柏炭等。

【药性】　苦、涩,寒。归肺、肝、脾经。

【功效】　凉血止血,化痰止咳,生发乌发。

【应用】

1. 吐血,衄血,咳血,便血,崩漏下血　本品既能凉血止血,又能收敛止血,有较好的止血作用。适用于各种出血证,尤以血热者为宜。治血热妄行之吐血、衄血,常配生地黄、艾叶、荷叶,均取鲜品捣汁服之,如四生丸(《校注妇人良方》);治肠风、痔血或血痢,常配槐花、地榆等;治尿血、血淋,常配蒲黄、小蓟、白茅根;若治中焦虚寒性吐血,常配艾叶、炮姜等。

2. 肺热咳嗽　本品苦降寒清,有清泄肺热,化痰止咳之功,适用于肺热咳嗽,痰黄稠难咯之证,可单用,或配黄芩、瓜蒌、浙贝母等。

3. 血热脱发,须发早白　本品入肝经,能凉血祛风而生发乌发,可治血热脱发及须发早白,常制成酊剂外涂;治须落发焦,枯燥不荣,可配生地黄、制何首乌、黄精等。

【用法用量】　煎服,6~12 g。外用适量。止血多炒炭用,化痰止咳生用。

【文献摘要】

(1)《名医别录》:"主吐血,衄血,痢血,崩中赤白。"

(2)《本草正》:"善清血凉血,去湿热湿痹,骨节疼痛。捣烂可敷火丹,散痄腮肿痛热毒。"

(3)《医林纂要》:"泄肺逆,泻心火,平肝热,清血分之热。"

【现代研究】

本品主含槲皮苷、槲皮素、山柰酚等黄酮类成分,柏木脑、萜烯、乙酸松油酯等挥发油及鞣质等成分。具有止血、抗炎、抗菌、抗病毒、镇咳、祛痰、平喘等作用。

白茅根 Báimáogēn

白茅根饮片

本品首载于《神农本草经》,为禾本科植物白茅 *Imperata cylindrica* Beauv. var. *major* (Nees) C. E. Hubb. 的根茎。全国各地均有产。春、秋二季采挖,晒干。切段,生用或炒炭用。处方中的常用名称:白茅根、鲜茅根、茅根、茅草根、茅根炭等。

【药性】　甘,寒。归肺、胃、膀胱经。

【功效】　凉血止血,清热利尿。

• 笔记栏 •

【应用】

1. 血热咳血，吐血，衄血，尿血　本品味甘性寒，入血分，有凉血止血作用。对血热妄行之咳血、吐血、衄血、尿血等出血证皆可选用，可单用或配伍应用。治吐血，衄血，可以本品煎汁或鲜品捣汁服用；治咳血，可与藕同用，均取鲜品煮汁服。因其性下降，入膀胱经，能清热利尿，导热下行，故对下焦血热之尿血、血淋尤为适宜，可单用大量煎服，或配大蓟、小蓟、茜草根等。

2. 湿热黄疸，水肿尿少，热淋涩痛　本品能清热利尿通淋，常用治热淋涩痛，小便不利，水肿尿少，可单用或配伍车前子、金钱草、冬瓜皮等；治湿热黄疸，小便短赤，常与茵陈蒿、栀子等同用。

3. 热病烦渴，肺热咳嗽，胃热呕逆　本品味甘性寒，归肺、胃经，能清肺热而止咳，又能清胃热而止呕。治胃热呕逆，常配芦根、竹茹等；治肺热咳嗽，常配桑白皮、黄芩、地骨皮等；治热病津伤烦渴，可单用鲜白茅根煎汤代茶饮，或配芦根、天花粉、石斛等。

【用法用量】　煎服，9～30 g。鲜品加倍。多生用，止血亦可炒炭用。

【文献摘要】

(1)《神农本草经》："主劳伤虚羸，补中益气，除瘀血、血闭，寒热，利小便。"

(2)《本草纲目》："止吐衄诸血，伤寒哕逆，肺热喘急，水肿，黄疸，解酒毒。"

(3)《本草正义》："寒凉而味甚甘，能清血分之热而不伤于燥，又不黏腻，故凉血而不虑其积瘀，以主吐衄呕血。"

【现代研究】

本品主含芦竹素、白茅素、印白茅素等三萜类成分，白头翁素等内酯类成分，以及有机酸、甾醇等成分。具有止血、利尿、抗菌、调节免疫等作用。

苎麻根 Zhùmágēn

苎麻根饮片

本品首载于《名医别录》，为荨麻科植物苎麻 *Boehmeria nivea*（L.）Gaud. 的根和根茎。主产于江苏、山东、陕西等地。冬、春二季采挖，晒干。切片，生用。处方中的常用名称：苎麻根。

【药性】　甘，寒。归心、肝经。

【功效】　凉血止血，安胎，清热解毒。

【应用】

1. 血热出血　本品性寒而入血分，有凉血止血作用。适用于血热妄行之吐血、衄血、尿血、崩漏、紫癜等，以及外伤出血，尤以尿血、血淋较为常用。可单用煎服，或配伍侧柏叶、小蓟、茜草等。

2. 热盛胎动不安，胎漏下血　本品既能止血，又能清热安胎，为安胎要药。凡胎热不安，胎漏下血，皆可使用，可单用，或配当归、阿胶、地黄等。

3. 痈肿疮痈　本品性寒，能清热解毒，可治热毒痈肿，多以外用为主。治痈疽发背，乳痈初起，常以鲜品捣烂外敷；治丹毒，可单用煮浓汁外洗。

【用法用量】　煎服，10～30 g。外用适量，煎汤外洗或鲜品捣敷。

【文献摘要】

(1)《名医别录》："主小儿赤丹，其渍苎汁疗渴，安胎。"

(2)《本草纲目拾遗》："治诸毒，活血，止血。功能发散，止渴，安胎，涂小儿丹毒，通蛊胀，崩漏，白浊，滑精，牙痛，喉闭，骨哽，疝气，火丹，疖毒，胡蜂、毒蛇咬，发背，疔疮，跌扑损伤。"

(3)《医林纂要》："孕妇两三月后，相火日盛，血益热，胎多不安。苎根甘咸入心，能布散其光明，而不为郁热，此安胎良药也。"

【现代研究】

本品主含绿原酸、咖啡酸、奎宁酸等酚酸类成分，以及三萜、有机酸、生物碱等成分。具有止血、利尿、抗炎、抗菌等、抑制受孕子宫平滑肌收缩、增强未孕子宫平滑肌收缩等作用。

附　其他凉血止血药(表 18－1)

表 18－1　其他凉血止血药

药名	处方中的常用名称	药　性	功　效	临床应用	用法用量	使用注意
羊蹄	羊蹄、羊蹄根	苦、涩，寒。归心、肝、大肠经	凉血止血，解毒杀虫，泻下通便	用于血热出血证、疥癣、疮疡、烫伤、热结便秘	煎服，10～15 g；鲜品 30～50 g，也可绞汁去渣服用；外用适量	—

第二节　化瘀止血药

本类药物既能止血，又能化瘀，有止血而不留瘀的特点，主治瘀血内阻，血不循经之出血证。若随证配伍，也可用于其他各种出血证。此外，部分药物还能消肿、止痛，治跌打损伤、心腹瘀阻疼痛、经闭、痛经等证。

三七 Sānqī

三七饮片

三七

本品首载于《本草纲目》，为五加科植物三七 *Panax notoginseng*（Burk.）F. H. Chen 的根和根茎。主产于云南、广西等地。秋季花开前采挖，洗净，分开主根、支根及根茎，干燥。支根习称“筋条”，根茎习称“剪口”。生用，用时捣碎或碾细粉。处方中的常用名称：三七、参三七、田七、山漆、滇三七、三七粉等。

【药性】　甘、微苦，温。归肝、胃经。

【功效】　散瘀止血，消肿定痛。

【应用】

1. 咳血，吐血，衄血，尿血、便血，崩漏，外伤出血　　本品味甘微苦性温，入肝经血分，止血作用广泛，又能化瘀生新，有止血而不留瘀，化瘀而不伤正的特点，对人体内外各种出血，无论有无瘀滞均可应用，出血兼瘀者尤为适宜。治咳血、吐血、衄血、尿血、便血、崩漏、紫癜及创伤出血等，可单用本品内服或外敷，即有良效，亦可配花蕊石、血余炭等同用，如化血丹(《医学衷中参西录》)；治各种外伤出血，可单用本品研末外掺，或配龙骨、血竭等。

2. 跌扑肿痛　　本品善活血消肿定痛，为伤科要药。凡跌打损伤，或筋骨折伤，瘀血肿痛等，本品皆为首选药物。可单味应用，以三七为末，黄酒或白开水送服，或单用本品外敷；亦可与当归、红花、土鳖虫等同用。此外，对痈疽肿痛亦有良效，如研末米醋调涂治无名痈肿，疼痛不已；治痈疽溃烂，可与乳香、没药、儿茶等同用。

3. 血瘀胸腹刺痛　　本品活血止痛作用显著，为治瘀血诸证之佳品，广泛用于胸痹刺痛、血瘀经闭、痛经及产后瘀阻腹痛诸证。治胸痹刺痛，可单用或配薤白、瓜蒌、桂枝等；治血瘀经闭、痛经、产后瘀阻腹痛、恶心露不尽，可与当归、川芎、桃仁等同用。

此外，本品还有补虚强壮的作用，民间常以之与鸡肉或猪肉炖服，治虚损劳伤。

【用法用量】　煎服，3～9 g；研粉吞服，一次 1～3 g。外用适量。

【使用注意】　孕妇慎用。

【文献摘要】

(1)《本草纲目》：“止血，散血，定痛。金刃箭伤，跌打杖疮，血出不止者，嚼烂涂，或为末掺，

—•笔记栏•—

其血即止。亦主吐血、衄血、下血、血痢、崩中、经水不止、产后恶血不下、血运、血痛、赤目、痈肿、虎咬、蛇伤诸病。”

(2)《本草新编》:“三七根,止血之神药也,无论上中下之血,凡有外越者,一味独用亦效,加入于补血补气药之中则更神。盖此药得补而无沸腾之患,补药得此而有安静之休也。”

(3)《医学衷中参西录》:“三七,善化瘀血,又善止血妄行,为吐衄要药。”

【现代研究】

本品主含人参皂苷、三七皂苷、七叶胆苷等四环三萜类成分,以及槲皮素、三七素、多糖氨基酸等成分。具有抗血栓形成、止血、抗心律失常、抗动脉粥样硬化、扩张脑血管、增加脑血管流量、镇静、镇痛、抗炎、调节糖代谢、保肝、抗休克等作用。

【附药】

1. 菊叶三七　本品为菊科植物菊三七 *Gynura segetum* (Lour.) Merr. 的根或全草。性味甘微苦平,归肝、胃经。功能:散瘀止血,解毒消肿。适用于吐血,衄血,外伤出血,跌打伤痛,痈肿疮疡,蛇虫咬伤。煎服,3~10 g。外用适量。

2. 景天三七　本品为景天科植物景天三七 *Sedum aizoon* L. 的全草或根。性味甘微酸平,归肝、心经。功能:散瘀止血,养血安神,解毒消肿。适用于吐血,咳血,衄血,尿血,便血,紫癜,崩漏,外伤出血,跌打损伤,心悸失眠,烦躁不安,疮肿,蜂蝎蜇伤。煎服,15~30 g。外用适量。

茜草 Qiàncǎo

茜草饮片

本品首载于《神农本草经》,为茜草科植物茜草 *Rubia cordifolia* L. 的根及根茎。主产于陕西、安徽、江苏等地。春、秋二季采挖,干燥。切厚片或段,生用或炒炭用。处方中的常用名称:茜草、茜根、茜草根、血见愁、茜草炭等。

【药性】　苦,寒。归肝经。

【功效】　凉血,祛瘀,止血,通经。

【应用】

1. 吐血,衄血,崩漏,外伤出血　本品味苦性寒,既能凉血止血,又能化瘀止血,适用于血热妄行或血瘀脉络之出血证,对于血热夹瘀的各种出血证尤为适宜。治血热妄行之吐血、衄血、便血、尿血,可与大蓟、侧柏叶等止血药同用,如十灰散(《十药神书》);治大肠蕴热之肠风便血,常配黄芩、槐角等;治血热崩漏,常配生地黄、生蒲黄、侧柏叶等。

2. 瘀阻经闭,风湿痹痛,跌扑肿痛　本品主入肝经,有活血通经作用,故可治瘀阻经闭,风湿痹痛,跌扑肿痛,尤宜于妇科血瘀证。治血瘀经闭痛经,单用本品酒煎服,或配当归、红花、香附等;治跌打损伤,可单用浸酒服,或配三七、乳香、没药等;治风湿痹证,可单用浸酒服,或配伍鸡血藤、海风藤、延胡索等。

【用法用量】　煎服,6~10 g。止血炒炭用;活血通经生用。

【使用注意】　孕妇慎用。

【文献摘要】

(1)《神农本草经》:“主寒湿风痹,黄疸,补中。”

(2)《日华子本草》:“止鼻洪,带下,产后血晕,乳结,月经不止,肠风痔瘘,排脓,治疮疖,泄精,尿血,扑损瘀血。”

(3)《本草纲目》:“通经络,治骨节风痛,活血行血。”

【现代研究】

本品主含大叶茜草素、茜草萘酸、茜草萘酸苷、茜草双酯、呋喃大叶茜草素等萘醌类成分,羟基茜草素、异羟基茜草素、伪羟基茜草素等蒽醌类成分,以及萜类、多糖、微量元素等成分。具有止血、抗炎、抗肿瘤、抗氧化、抗菌、调节免疫、保肝等作用。

—•笔记栏•—

蒲黄饮片

蒲黄 Púhuáng

本品首载于《神农本草经》，为香蒲科植物水烛香蒲 *Typha angustifolia* L.、东方香蒲 *Typha orientalis* Presl 或同属植物的花粉。主产于江苏、浙江、安徽等地。夏季采收蒲棒上部的黄色雄花序，晒干后碾轧，筛取花粉。生用或炒炭用。处方中的常用名称：蒲黄、生蒲黄、蒲黄炭、炒蒲黄等。

【药性】　甘，平。归肝、心包经。

【功效】　止血，化瘀，通淋。

【应用】

1. 吐血，衄血，咯血，崩漏，外伤出血　　本品性平，既能收敛止血，又能活血化瘀，出血不论属寒属热，有无瘀滞的出血证皆可应用，但以出血属实夹瘀者尤宜。治血热出血可单味冲服，或与白茅根、大蓟、小蓟等同用；治虚寒性出血，可与炮姜、艾叶等同用；治创伤出血，可单用外敷伤口。

2. 血滞经闭痛经，胸腹刺痛，跌扑肿痛　　本品有化瘀止痛之功，可治瘀滞胸痛、胃脘疼痛，以及痛经等瘀血作痛，常与五灵脂相须为用，如失笑散（《太平惠民和剂局方》）；治跌打损伤，瘀肿疼痛，可单用温酒送服。

3. 血淋涩痛　　本品有化瘀止血，利尿通淋之功。治热结膀胱，血淋涩痛，常与生地黄、冬葵子等同用，如蒲黄散（《证治准绳》）。

【用法用量】　煎服，5～10 g，包煎。外用适量，敷患处。止血多炒炭用，化瘀、利尿多生用。

【使用注意】　孕妇慎用。

【文献摘要】

（1）《神农本草经》："主心腹膀胱寒热，利小便，止血，消瘀血。"

（2）《本草汇言》："蒲黄，性凉而利，能洁膀胱之源，清小肠之气，故小便不通，前人所必用也。""至于治血之方，血之上者可清，血之下者可利，血之滞者可行，血之行者可止。凡生用则性凉，行血而兼消；炒用则味涩，调血而兼止也。"

（3）《本草纲目》："凉血，活血，止心腹诸痛。"

【现代研究】

本品主含柚皮素、异鼠李素-3-*O*-新橙皮苷、香蒲新苷等黄酮类成分，还含甾类、挥发油、多糖等成分。具有止血、抗血小板聚集、扩张血管、降血压、调脂、抗炎、镇痛、收缩子宫平滑肌等作用。

降香饮片

降香 Jiàngxiāng

本品首载于《海药本草》，为豆科植物降香檀 *Dalbergia odorifera* T. Chen 树干和根的心材，主产于海南、广东、广西等地。全年均可采收，除去边材，阴干。碾成细粉或镑片。生用。处方中的常用名称：降香、降真香、紫降香、降香屑、降香片等。

【药性】　辛，温。归肝、脾经。

【功效】　化瘀止血，理气止痛。

【应用】

1. 吐血，衄血，外伤出血　　本品辛散温通，能化瘀止血，适用于瘀滞性出血证，尤多用于跌打损伤所致的内外伤出血，为伤科常用之品。治刀伤出血，可单味研末外敷，亦可与其他化瘀止血药同用；治内伤吐血，咯血，属血瘀或气火上逆所致，常与牡丹皮、郁金等同用。

2. 肝郁胁痛，胸痹刺痛，跌扑伤痛　　本品味辛行散，温通行滞，能化瘀理气止痛，可用治血瘀气滞之胸胁心腹疼痛及跌损瘀肿疼痛。治胸胁疼痛，常配郁金、桃仁、丝瓜络等；治胸痹疼痛，常配丹参、川芎、赤芍等；治胃脘痛，常配蒲黄、五灵脂等；治跌打损伤，瘀肿疼痛，常与乳香、没药等同用。

3. 呕吐腹痛　本品芳香降气辟秽，可用治夏月秽浊之气内阻脾胃，脾胃不和之吐泻腹痛，常与广藿香、木香等同用。

【用法用量】 煎服，9~15 g，后下。外用适量，研细末敷患处。

【文献摘要】

（1）《本草纲目》："疗折伤金疮，止血定痛，消肿生肌。"

（2）《本经逢原》："降真香色赤，入血分而下降，故内服能行血破滞，外涂可止血定痛。"

（3）《玉楸药解》："疗挺刃损伤，治痈疽肿痛。"

【现代研究】

本品主含橙花叔醇、β-甜没药烯、反式β-金合欢烯等挥发油，异柄花素、木犀草素、甘草素、异甘草素等黄酮类成分。具有抗凝血、抗血栓形成、镇静、抗惊厥、镇痛、抗氧化、抗肿瘤等作用。

花蕊石 Huāruǐshí

花蕊石饮片

本品首载于《嘉祐本草》，为变质岩类岩石蛇纹大理岩。主含碳酸钙（$CaCO_3$）。主产于河南、山西、陕西等地。全年可采，除去杂石和泥沙。砸成碎块，生用或煅后用。处方中的常用名称：花蕊石、花乳石、煅花蕊石等。

【药性】 酸、涩，平。归肝经。

【功效】 化瘀止血。

【应用】

咯血，吐血，外伤出血，跌扑伤痛　本品味酸涩，性平，既能收敛止血，又能化瘀行血，适用于兼有瘀滞的各种出血之证。治瘀滞吐血、咯血、便血等内出血，可单用研末，用酒或醋调服，如花蕊石散（《普济方》）；或配三七、血余炭等，如化血丹（《医学衷中参西录》）；治外伤出血，可单用研末外敷；治跌打损伤，血瘀肿痛，可与三七、血竭、刘寄奴等同用。

【用法用量】 4.5~9 g，多研末服。外用适量。

【使用注意】 孕妇慎服。

【文献摘要】

（1）《嘉祐本草》："主金疮止血，又疗产妇血晕，恶血。"

（2）《本草纲目》："治一切失血伤损，内漏，目翳。""其功专于止血……又能下死胎，落胞衣，去恶血。"

（3）《玉楸药解》："功专止血。治吐衄，崩漏，胎产，刀杖一切诸血。"

【现代研究】

本品主含碳酸钙、碳酸镁，并有少量铁盐、铝盐，以及多种微量元素等成分。具有止血、抗惊厥等作用。

第三节　收敛止血药

本类药物大多味涩性平，或为炭类，或质黏，故能收敛止血，主治各种出血病证而无瘀滞者。因其性收涩，有留瘀恋邪之弊，故多与化瘀止血药或活血化瘀药同用。出血有瘀或出血初期邪实者，当慎用。

—•笔记栏•—

白及饮片

白及

白及 Báijí

本品首载于《神农本草经》，为兰科植物白及 *Bletilla striata* (Thunb.) Reichb. f. 的块茎。主产于贵州、四川、湖南、湖北、河南、浙江等地。夏、秋二季采挖，除去须根，洗净，置沸水中煮或蒸至无白心，晒至半干，除去外皮，晒干。处方中的常用名称：白及、连及草、白及粉等。

【药性】 苦、甘、涩，微寒。归肺、胃、肝经。

【功效】 收敛止血，消肿生肌。

【应用】

1. 咳血，咯血，吐血，外伤出血　本品质黏味涩，善收敛止血，为收敛止血要药。尤多用于肺、胃出血证，常与三七配伍同用，既可加强止血之功，又可避免留瘀之弊。治诸内出血证，可单用研末，糯米汤调服，如独圣散(《医方集解》)；治咳血，可配伍藕节、枇杷叶等；治咯血属肺阴不足，常与枇杷叶、藕节、阿胶等同用，如白及枇杷丸(《证治准绳》)；治胃出血之吐血、便血，常与乌贼骨同用，如乌及散；治外伤出血，或单味研末外掺或水调外敷，或配伍煅石膏研末外敷。

2. 疮疡肿毒，皮肤皲裂，烧烫伤　本品寒凉苦泄，能消散血热之痈肿；味涩质黏，能敛疮生肌，为消肿生肌的常用药。疮疡未溃或已溃均可应用。治痈肿初起，可单用外敷，或与金银花、皂角刺、乳香等同用，如内消散(《外科大成》)；若痈肿已溃，久不收口，可研粉外敷，或与贝母、轻粉配伍外用；治烫伤、肛裂、手足皲裂，可用白及粉麻油调敷。

【用法用量】 煎服，6~15 g；研末吞服 3~6 g。外用适量。

【使用注意】 不宜与川乌、草乌、附子同用。

【文献摘要】

(1)《神农本草经》："主痈肿恶疮败疽，伤阴死肌，胃中邪气，贼风鬼击，痱缓不收。"

(2)《本草求真》："白及，方书既载功能入肺止血，又载能治跌扑折骨，汤火灼伤，恶疮痈肿，败疽死肌，得非似收不收，似涩不涩，似止不止乎？不知书言功能止血者，是因性涩之谓也；书言能治痈疽损伤者，是因味辛能散之谓也。此药涩中有散，补中有破，故书又载去腐，逐瘀，生新。"

(3)《本草汇言》："白及，敛气、渗痰、止血，消痈之药也。此药质极黏腻，性极收涩，味苦气寒，善入肺经。凡肺叶破损，因热壅血瘀而成疾者，以此研末日服，能坚敛肺脏，封填破损，痈肿可消，溃败可托，死肌可去，脓血可洁，有托旧生新之妙用也。"

【现代研究】

本品主含联苄类、二氢类、联菲类成分，二氢菲并吡喃类化合物，苄类化合物，蒽醌类成分和酚酸类等成分。具有止血、保护胃黏膜、促进创面愈合、抗肿瘤、抗菌等作用。

仙鹤草饮片

仙鹤草 Xiānhècǎo

本品首载于《图经本草》，为蔷薇科植物龙芽草 *Agrimonia pilosa* Ledeb. 的地上部分。主产浙江、江苏、湖北等地。夏、秋二季茎叶茂盛时采割，除去杂质，干燥。生用或炒炭用。处方中的常用名称：仙鹤草、龙芽草、脱力草、黄龙尾等。

【药性】 苦、涩，平。归心、肝经。

【功效】 收敛止血，截疟，止痢，解毒，补虚。

【应用】

1. 咯血，吐血，崩漏下血　本品味涩性平，功善收敛止血，治出血证，广泛用于全身各部位出血，无论寒热虚实均可用之。治咯血、吐血、衄血、尿血、便血、崩漏等，属血热妄行，常配生地黄、牡丹皮、侧柏叶等；若属虚寒出血，则宜配伍艾叶、党参、炮姜等。

—•笔记栏•—

2. 疟疾　本品有解毒截疟之功，治疗疟疾寒热，可单以本品研末，于疟发前 2 小时吞服，或水煎服。

3. 血痢，久泻久痢　本品药性平和，兼能补虚，又能止血，故对于血痢及久病泻痢尤为适宜。治久泻久痢单用即效；治血痢，可与地榆等同用。

4. 痈肿疮毒，阴痒带下　本品味苦，能清热燥湿，解毒消肿，治疮疖痈肿，可单用熬膏调蜜外涂，或以之与酒、水炖服；治阴道湿痒，带下，可单用或配苦参、白鲜皮、黄柏等煎取浓汤熏洗。

5. 脱力劳伤　本品有补虚强壮作用。治劳力过度所致脱力劳伤，神疲乏力，可与大枣同煮，食枣饮汤；治气血亏虚，神疲乏力、头晕目眩，可与党参、熟地黄、龙眼肉等同用。

【用法用量】　煎服，6~12 g。外用适量。

【文献摘要】

(1)《滇南本草》："调治妇人月经或前或后，红崩白带，面寒背寒，腰痛，发热气胀，赤白痢疾。"

(2)《本草求真》："叶蒸醋，贴烂疮，最去腐，消肿，洗风湿烂脚。"

(3)《本草纲目拾遗》："葛祖方：消宿食，散中满，下气。疗吐血各病，翻胃噎膈，疟疾，喉痹，闪挫，肠风下血，崩痢，食积，黄白疸，疔肿痈疽，肺痈，乳痈，痔肿。"

【现代研究】

本品主含木犀草素-7-葡萄糖苷、芹菜素-7-葡萄糖苷、槲皮素、芸香苷等黄酮类成分，还含间苯三酚类、仙鹤草内酯鞣质等成分。具有止血、抗肿瘤、抗炎、镇痛、抗寄生虫、抗菌、降血糖、降血压等作用。

紫珠叶 Zǐzhūyè

紫珠叶饮片

本品首载于《本草拾遗》，为马鞭草科植物杜虹花 *Callicarpa formosana* Rolfe 的叶。主产于长江以南各省。夏、秋二季枝叶茂盛时采摘，干燥，生用。处方中的常用名称：紫珠叶、紫珠、紫珠草、紫荆等。

【药性】　苦、涩，凉。归肝、肺、胃经。

【功效】　凉血收敛止血，散瘀解毒消肿。

【应用】

1. 衄血，咳血，咯血，吐血，便血，崩漏，外伤出血　本品味苦涩性凉，既凉血止血，又善收敛止血。对肺胃出血证尤多用。对衄血、咳血、咯血、吐血、便血、崩漏等，可单用，亦常配伍用。治衄血、咳血、咯血、吐血，可与侧柏叶、大蓟等同用；治便血、痔血，可与地榆、槐花等同用；对外伤出血，可单用捣敷或研末敷掺，或煎汁，以纱布浸覆患处。

2. 热毒疮疡，水火烫伤　本品有清热解毒敛疮作用。治烧烫伤，可用煎液湿敷或研粉撒布创面；治痈肿、蛇伤，可用鲜品捣敷并煮汁内服。

【用法用量】　煎服，3~15 g；研末吞服 1.5~3 g。外用适量，敷于患处。

【文献摘要】

(1)《本草拾遗》："解诸毒物，痈疽，喉痹，飞尸蛊毒，毒肿，下瘘，蛇虺，虫螫，狂犬毒，并煮汁服；亦煮汁洗疮肿，除血长肤。"

(2)《植物名实图考》："洗疮毒。"

(3)《福建民间草药》："活瘀，止血，消炎，解郁。"

【现代研究】

本品主含紫珠萜酮、木犀草素、芹菜素、大波斯菊苷、木犀草苷等黄酮类成分，还含三萜、甾醇、苯乙醇苷类等成分。具有止血、促进组织愈合、抗炎、镇痛、抑菌、抗氧化等作用。

—•笔记栏•—

棕榈炭 Zōnglǘtàn

棕榈炭饮片

本品首载于《本草拾遗》，为棕榈科植物棕榈 *Trachycarpus fortunei*（Hook. f.）H. Wendl. 的叶柄。主产于长江以南各省区。采棕时割取旧叶柄下延部分和鞘片，除去纤维状的棕毛，晒干。煅炭用。处方中的常用名称：棕榈炭、陈棕榈、棕榈、败棕等。

【药性】　苦、涩，平。归肺、肝、大肠经。

【功效】　收敛止血。

【应用】

吐血，衄血，便血，尿血，崩漏　　本品善于收敛止血。治多种出血，尤以崩漏多用，以无瘀滞者为宜。治吐血、便血、尿血、崩漏等出血而无瘀，单用即效，亦常配伍血余炭、侧柏叶；若出血属于血热妄行，可与大蓟、侧柏叶、牡丹皮等同用，如十灰散（《十药神书》）；若出血属阳虚，可与熟艾叶、炮附子同用，如棕艾散（《圣济总录》）；若崩漏不止，属脾不统血、冲任不固，可配黄芪、白术、乌贼骨等同用。

此外，本品苦涩收敛，且能止泻止带，可用于久泻久痢，妇女带下。

【用法用量】　煎服，3~9 g。

【使用注意】　出血兼有瘀滞者不宜使用。

【文献摘要】

（1）《本草拾遗》："烧作灰，主破血止血。"

（2）《日华子本草》："止鼻洪，吐血，破癥，止崩中，带下，肠风，赤白痢。"

（3）《本草纲目》："棕灰性涩，若失血去多，瘀滞已尽者，用之切当，所谓涩可去脱也。与乱发同用更良，年久败棕入药尤妙。"

【现代研究】

本品主含木犀草素-7-*O*-葡萄糖苷、木犀草素-7-*O*-芸香糖苷、金圣草黄素-7-*O*-芸香糖苷、芹黄素-7-*O*-芸香糖苷、原儿茶醛、原儿茶酸等成分。具有止血、收缩子宫、缩短凝血时间等作用。

血余炭 Xuèyútàn

血余炭饮片

本品首载于《神农本草经》，为人发制成的碳化物。取头发，除去杂质，碱水洗去油垢，清水漂净，晒干，焖煅成炭用。处方中的常用名称：血余炭、血余等。

【药性】　苦，平。归肝、胃经。

【功效】　收敛止血，化瘀，利尿。

【应用】

1. 吐血，咯血，衄血，血淋，尿血，便血，崩漏，外伤出血　　本品有类似于棕榈炭之收敛止血之功，又兼有化瘀作用，有止血不留瘀之优点，可用于各种出血，无论寒热虚实均可。治衄血，可直接吹入鼻中；治咯血、吐血，常与花蕊石、三七等同用；治下部之崩漏下血，可单用或配艾叶、藕节等同用；治便血、血痢及痔疮出血，常与槐花、侧柏叶等同用。

2. 小便不利　　本品有化瘀利尿作用。治小便不利或点滴不通，常与滑石、白鱼同用，如滑石白鱼散（《金匮要略》）；治血淋尿赤涩痛，常配小蓟、淡竹叶、生地黄等。

【用法用量】　煎服，5~10 g。

【文献摘要】

（1）《神农本草经》："主五癃，关格不通，利小便水道，疗小儿痫，大人痓。"

（2）《日华子本草》："止血闷血运，金疮伤风，血痢。"

• 笔记栏 •

(3)《本草纲目》:"发乃血余,故能治血病,补阴。"

【现代研究】

本品主含优角蛋白、胱氨酸、脂肪、黑色素、微量元素等成分。具有明显缩短出血时间、凝血时间及血浆复钙时间及抗菌等作用。

藕节饮片

藕节 Ǒujié

本品首载于《药性本草》,为睡莲科植物莲 *Nelumbo nucifera* Gaertn. 的根茎节部。主产于浙江、江苏、安徽、湖南、湖北等地。秋、冬二季采挖根茎(藕),切取节部,洗净,晒干,除去须根,生用或炒炭用。处方中的常用名称:藕节、生藕节、藕节炭等。

【药性】 甘、涩,平。归肝、肺、胃经。

【功效】 收敛止血,化瘀。

【应用】

吐血,咯血,衄血,尿血,崩漏 本品既能收敛止血,又有化瘀作用,有止血而不留瘀的特点。对吐血、咳血、衄血、便血、崩漏等均可选用,尤多用于吐血、咯血、衄血等上部出血,可单用捣汁饮。因药力弱,常配伍用。治血热之血淋、尿血,常配伍小蓟、木通、滑石等,如小蓟饮子(《济生方》);治虚寒出血,可用藕节炭配伍艾叶、炮姜等。

【用法用量】 煎服,9~15 g。

【文献摘要】

(1)《药性论》:"捣汁饮,主吐血不止及口鼻并皆治之。"

(2)《日华子本草》:"解热毒,消瘀血。"

(3)《本草纲目》:"能止咳血,唾血,血淋,溺血,下血,血痢,血崩。"

【现代研究】

本品主含淀粉、鞣质、维生素、氨基酸和蛋白质等成分。具有缩短凝血时间的作用。

第四节 温经止血药

本类药物性温热,长于温里散寒,能温脾阳,固冲脉而统摄血液,从而达到温经止血之效。主治脾不统血,冲脉不固之虚寒性出血证,如便血、崩漏、衄血、紫癜等。因其性温热,故血热妄行之出血证不宜使用。

艾叶饮片

艾叶 Àiyè

本品首载于《名医别录》,为菊科植物艾 *Artemisia argyi* Levl. et Vant. 的叶。主产于湖北、山东、安徽、河北等地。夏季花未开采摘。晒干。生用、捣绒或制炭用。处方中的常用名称:艾叶、蕲艾、陈艾叶、艾绒、艾炭等。

【药性】 辛、苦,温;有小毒。归肝、脾、肾经。

【功效】 温经止血,散寒止痛,调经安胎;外用祛湿止痒。

【应用】

1. 虚寒性出血,衄血,崩漏,月经过多 本品气香味辛,温可散寒,能暖气血而温经脉,为温经止血之要药,适用于虚寒性出血病证,尤宜于崩漏。治下元虚冷,冲任不固之崩漏、妊娠下血,常与阿胶、地黄等同用,如胶艾汤(《金匮要略》);治中阳亏虚,统摄无权之吐血、衄血、便血,可配伍党参、黄芪、干姜等。治血热妄行出血,可用配伍生地黄、生荷叶、生侧柏叶,且多用鲜品,如四生丸(《妇人大全良方》)。

—•笔记栏•—

2. 少腹冷痛，经寒不调，宫冷不孕，脘腹冷痛　本品温可用寒，专入下焦，长于温经散寒止痛，为治妇科下焦虚寒或寒客胞宫之要药。治妇女宫寒腹痛、经行腹痛，可配香附、肉桂、吴茱萸等同用，如艾附暖宫丸（《沈氏尊生书》）；治脾胃虚寒引起的腹中冷痛，可单味煎服，或以之炒热熨敷脐腹，或配伍温中散寒药。

3. 胎动不安，胎漏下血　本品有调经止痛，止血安胎作用，为妇科安胎之要药。对下焦虚寒，冲任不固，血不养胎所致胎漏下血、胎动不安，可与阿胶、芍药等同用。

4. 皮肤瘙痒　本品苦温燥湿，能祛湿止痒。治皮肤湿疹、疥癣瘙痒，可单用，或与黄柏、花椒、防风等煎水熏洗。

此外，将本品捣绒，制成艾条、艾炷等，用以熏灸体表穴位，能温煦气血，透达经络，为温灸的主要原料。

【用法用量】　煎服，3~9 g。外用适量，供灸治或熏洗用。温经止血炒炭用，余生用。

【文献摘要】

（1）《名医别录》："主灸百病。可作煎，止下痢，吐血，下部䘌疮，妇人漏血。利阴气，生肌肉，辟风寒，使人有子。"

（2）《药性论》："止崩血，安胎，止腹痛。"

（3）《本草纲目》："温中，逐冷，除湿。"

【现代研究】

本品主含桉油精、香叶烯、蒎烯、樟脑、异龙脑、柠檬烯等挥发油类成分，奎诺酸等三萜类成分，以及异泽兰黄素等黄酮类及微量元素等成分。具有止血、抗炎、抗病毒、抗过敏、镇咳、平喘、镇痛、调节免疫等作用。

炮姜 Páojiāng

炮姜饮片

本品首载于《珍珠囊》，姜科植物姜 *Zingiber officinale* Rosc. 的干燥根茎的炮制加工品。主产于四川、贵州等地。以干姜砂烫至鼓起，表面呈棕褐色。处方中的常用名称：炮姜、黑姜、炮姜炭等。

【药性】　辛，热。归脾、胃、肾经。

【功效】　温经止血，温中止痛。

【应用】

1. 阳虚失血，吐衄崩漏　本品有温经止血作用，为治疗脾阳虚、脾不统血之出血证的要药。尤宜中焦虚寒之吐血、便血，常与人参、黄芪、附子等同用；治血痢不止，可单用为末，米饮服之；治冲任虚寒，崩漏下血，可与艾叶炭、侧柏炭、乌梅炭等同用。

2. 脾胃虚寒，腹痛吐泻　本品有温中止痛、止泻作用，为治虚寒性腹痛、腹泻之佳品。单用有效，或配伍他药以增效。治中焦虚寒，冷泻不止，可与厚朴、附子等同用；治脾肾阳虚，腹痛久泻，可配伍炮附子、煨肉豆蔻等；治寒凝脘腹冷痛，常配高良姜，如二姜丸（《太平惠民和剂局方》）；若治产后血虚寒凝，小腹疼痛，则可与当归、川芎、桃仁等同用，如生化汤（《傅青主女科》）。

【用法用量】　煎服，3~9 g。

【文献摘要】

（1）《医学入门》："温脾肾，治里寒水泻，下痢肠澼，久疟，霍乱，心腹冷痛、胀满，止鼻衄、唾血、血痢、崩漏。"

（2）《本草正》："阴盛格阳，火不归元，及阳虚不能摄血而为吐血、下血者，但宜炒熟留性用之，最为止血要药。"

（3）《得配本草》："炮姜守而不走，燥脾胃之寒湿，除脐腹之寒痞，暖心气，温肝经，能去恶生新，使阳生阴长，故吐衄下血有阴无阳者宜之”

【现代研究】

本品主含姜烯、水芹烯、莰烯、6-姜辣素、姜酮、姜醇等挥发油及多糖、无机元素等成分。具有缩短出血和凝血时间、抗炎、抗肿瘤、抗氧化等作用。

灶心土 Zàoxīntǔ

灶心土饮片

本品首载于《名医别录》，为烧木柴或杂草的土灶内底部中心的焦黄土块。在拆修柴火灶或烧柴火的窑时，将烧结的土块取下，用刀削去焦黑部分及杂质即可。处方中的常用名称：灶心土、伏龙肝、灶中黄土等。

【药性】 辛，温。归脾、胃经。

【功效】 温中止血，止呕，止泻。

【应用】

1. 虚寒性出血　本品性温，专入中焦，善能温中止血。治脾气虚寒不能统摄血液的吐血、便血、崩漏等，可单用煎服，或与附子、阿胶、地黄等同服，如黄土汤(《金匮要略》)。

2. 胃寒呕吐　本品质重而温，有温胃和胃，降逆止呕之功。治脾胃虚寒，胃气不降之呕吐，可单用，亦可配半夏、干姜、白术等；治妊娠呕吐，可单用或与姜汁、砂仁等同用。

3. 脾虚久泻　本品有温脾止泻之功，主治脾虚久泻，常配伍附子、干姜、白术等；治胎前下痢，产后不止，可以山楂、黑糖为丸，用灶心土煎汤代水送服。

【用法用量】 煎服，15~30 g，布包先煎。或用 60~120 g，煎汤代水。

【文献摘要】

(1)《名医别录》：“主妇人崩中，吐血，止咳逆，止血，消痈肿毒气。”

(2)《开宝本草》：“味辛，微温。主妇人崩中，吐下血，止咳逆，止血，消痈肿毒气。”

(3)《本草汇言》：“伏龙肝，温脾渗湿，性燥而平，气温而和，味甘而敛，以藏为用也。”

【现代研究】

本品主含硅酸、氧化铝、氧化铁、氧化铅、氧化镁、氧化钠、氧化钾、氧化钙等成分。具有止血、收缩血管、止呕等作用。

小　结

主要止血药的兼有功效及代表药物归纳

止血药	敛疮生肌	地榆
	温中	艾叶、炮姜、灶心土
	解毒	小蓟、大蓟、地榆、紫珠叶、仙鹤草、苎麻根、羊蹄
	清肝泻火	槐花
	生发乌发	侧柏叶
	安胎	苎麻根
	利尿	白茅根、蒲黄、血余炭

第十九章　活血化瘀药

笔记栏

第十九章授课视频及习题

活血化瘀药是指以通利血脉，促进血行，消散瘀血等为主要功效，常用于治疗瘀血证的药物，又称为活血祛瘀药、活血药或祛瘀药。其中活血作用较峻烈者，又可称为破血药、逐瘀药或破血逐瘀药。

本类药物味多辛，部分动物、昆虫类药物多具咸味，主归心、肝经。入血分，辛散行滞，行血活血，可使血脉流畅，瘀滞消散，即《素问·阴阳应象大论》所谓"血实宜决之"之意。

本类药物通过活血化瘀的基本功效，可达到止痛、调经、疗伤、消癥等效果。根据活血化瘀药作用效果和临床应用的侧重点，一般将其分为活血止痛药、活血调经药、活血疗伤药、破血消癥药四类。

活血化瘀药适用范围较广，临床内、外、妇、伤等各科瘀血阻滞之证均可应用，如内科的胸、胁、脘、腹、头诸瘀血疼痛，体内癥瘕积聚，中风后半身不遂、肢体麻木，关节痹痛；外科的疮痈肿痛；妇科的月经不调，痛经，血滞经闭，产后腹痛；伤科的跌扑损伤，瘀滞肿痛等。

本类药物应用时，除根据各类药物的不同作用效果而随证选用外，尚需针对瘀血的寒、热、痰、虚等不同成因和具体的病证进行配伍。如瘀血因寒者，应配温里药；因火热者，应配清热凉血药；因痰者，应配化痰药；因体虚或久瘀致虚者，宜配补虚药。如风湿痹痛，配伍祛风湿药；癥瘕积聚，当配软坚散结药。此外，血的运行有赖气的推动，气行则血行，气滞则血凝，故本类药物常与行气药同用，以增强活血化瘀之功。

活血化瘀药性善走窜，易耗血动血，故月经过多、出血证而无瘀血阻滞者不宜使用；孕妇尤当慎用或禁用。同时，破血逐瘀之品，要注意防其破泄太过，应做到化瘀不伤正，且中病即止。

现代研究表明，本类药物能改善血流动力学，改善血液流变学和抗血栓形成，改善微循环，抑制组织异常增生；部分药物还具有镇痛，加强子宫收缩，促使创伤组织修复、再生和骨折的愈合及抗肿瘤等作用。

第一节　活血止痛药

本类药物通过活血化瘀，以止痛见长，多兼行气之功，主要适用于气血瘀滞所致的各类痛证，如头痛、胸胁痛、心腹痛、痛经、产后腹痛、肢体痹痛、跌扑伤痛及疮疡肿痛等。亦可用于其他瘀血病证及气滞证。

川芎 Chuānxiōng

川芎饮片

川芎

本品首载于《神农本草经》，为伞形科植物川芎 *Ligusticum chuanxiong* Hort. 的根茎。主产于四川。夏季当茎上的节盘显著突出，并略带紫色时采挖，除去泥沙，晒后烘干，再去须根，切片，生用。处方中的常用名称：川芎、抚芎、芎䓖、酒川芎、炒川芎等。

【药性】　辛，温。归肝、胆、心包经。

【功效】　活血行气，祛风止痛。

【应用】

1. 胸痹心痛，胸胁刺痛，跌扑肿痛，月经不调，经闭痛经，癥瘕腹痛　　本品辛散温通，既能活血祛瘀，又能行气通滞，为"血中气药"，功善止痛，为治血瘀气滞之胸、胁、腹诸痛证之要药。

—·笔记栏·—

若瘀血阻滞所致的胸痹，见胸闷、心前区刺痛，常与三七、红花同用，如舒胸胶囊[《中华人民共和国药典·一部》(2020年版)]；若肝郁气滞，胁肋疼痛，胸闷喜太息，常与柴胡、香附、芍药等同用，如柴胡疏肝散(《景岳全书》)；若血瘀胸中，气机阻滞，胸痛，痛如针刺而有定处，常与桃仁、红花等同用，如血府逐瘀汤(《医林改错》)；若跌打损伤，皮肤青紫瘀斑，肿胀疼痛，关节屈伸不利，常配伍红花、莪术等外用，如祛伤消肿酊[《中华人民共和国药典·一部》(2020年版)]。

因本品能"下调经水，中开郁结"，善通达气血，又为妇科活血调经之要药，配伍使用可治多种妇科瘀血之证。对于妇女经期超前，血多有块，色紫稠黏，腹痛等属血虚兼血瘀者，常与当归、桃仁、红花等同用，如桃红四物汤(《医宗金鉴》)；若月经后期，经来不畅，血色暗而有块等属寒凝血瘀者，常与桂枝、吴茱萸、当归等同用，如温经汤(《金匮要略》)；若产后恶露不行，小腹冷痛属血虚寒凝血瘀者，常与当归、干姜、桃仁等同用，如生化汤(《傅青主女科》)。

2. 头痛　本品秉升散之性，能"上行头目"，既能活血行气止痛，又长于祛风止痛，为治头痛要药，无论风寒、风热、风湿、血瘀、血虚头痛均可随证配伍。若外感风邪头痛，偏正头痛或巅顶头痛，常配白芷、羌活、细辛等，如川芎茶调散(《太平惠民和剂局方》)；若风热上犯头目，偏正头痛或巅顶痛，常与菊花、防风、薄荷、蝉蜕等同用，如菊花茶调散(《丹溪心法附余》)；若风湿在表之头痛身重，常配独活、藁本、蔓荆子等，如羌活胜湿汤(《脾胃论》)；若瘀阻头面之头痛眩晕，可伍桃仁、赤芍、麝香等，如活血通窍散(《医林改错》)；若血虚头痛者，常与当归同用，如川芎当归汤(《金匮翼》)。

3. 风湿痹痛　本品辛香行散温通，能"旁行肢节，贯通脉络"，具祛风通络止痛之功，为风湿痹痛所多用。治腰膝疼痛，肢节屈伸不利，常与当归、芍药、地黄等同用，如独活寄生汤(《备急千金要方》)。

【用法用量】 煎服，3～10 g。

【使用注意】 本品辛温升散，月经过多及出血性疾病，不宜使用。孕妇慎用。

【文献摘要】

(1)《神农本草经》："主中风入脑，头痛，寒痹，筋挛缓急，金创，妇人血闭无子。"

(2)《本草汇言》："上行头目，下调经水，中开郁结，血中气药。"

(3)《本草正义》："上达头目，直透顶巅。""旁行肢节，贯通脉络。"

【现代研究】

本品主含挥发油(主要为苯酚类化合物，如藁本内酯)及生物碱类(如川芎嗪)、有机酸类(如阿魏酸)、酚类、多糖类等化学成分。具有抗炎、镇静镇痛、抗血小板凝聚、抗血栓形成、扩张支气管平滑肌、增加冠状动脉血流量、扩张血管、改善微循环等作用。

案例

刘某，男，48岁，夏日酷热，夜开电扇，当风取冷，而患发热(39.5℃)与头痛，气喘等证。急送医院治疗，西医听到肺有啰音，诊为感冒续发肺炎。经用抗炎退烧等法，五日后发热与喘已退，体温恢复正常。惟头痛甚剧，患者呼天喊地，不能忍耐，须注射盐酸哌替啶方能控制，但止痛时间很短。不得已，邀刘老会诊。切脉浮弦，无汗，苔白，舌润。刘老辨为风寒之邪，伤于太阳之表，太阳经脉不利其头则痛，所谓不通则痛也。为疏：荆芥10 g，防风10 g，川芎10 g，羌活6 g，细辛3 g，薄荷3 g，白芷6 g，清茶6 g。此方服至第2剂，头痛全止。

陈明，刘燕华，李芳. 刘渡舟临证验案精选[M]. 北京：学苑出版社，1996：132－133.

问题：

1. 本案例中用川芎之意义何在？
2. 为什么说"头痛不离川芎"？

—•笔记栏•—

延胡索饮片

延胡索 Yánhúsuǒ

本品首载于《雷公炮炙论》，为罂粟科植物延胡索 *Corydalis yanhusuo* W. T. Wang 的块茎。主产于浙江。夏初茎叶枯萎时采挖，除去须根，洗净，置沸水中煮或蒸至恰无白心时，取出，晒干，切厚片或用时捣碎，生用或醋制用。处方中的常用名称：延胡索、玄胡索、延胡、元胡、醋延胡等。

【药性】 辛、苦，温。归肝、脾经。

【功效】 活血，行气，止痛。

【应用】

胸胁、脘腹疼痛，胸痹心痛，经闭痛经，产后瘀阻，跌扑肿痛　本品辛散温通，既能活血，又能行气，且止痛作用显著，为治"一身上下诸痛"之要药，临床可广泛用于血瘀气滞所致身体各部位的疼痛。若气滞血瘀之胸腹胁肋疼痛，偏热者，常与疏肝泄热的川楝子配伍，如金铃子散（《素问病机气宜保命集》）；若气血瘀滞作痛（胸腹胁肋疼痛）属寒者，常与肉桂、木香、当归等同用，如延胡索汤（《济生方》）；若心血瘀阻之胸痹心痛，常与丹参、薤白、瓜蒌等同用；若肝郁气滞，见经前少腹胀痛，胀甚于痛，常与香附、乌药同用，如加味乌药汤（《奇效良方》）；若产后恶血攻刺腹痛，常配当归、赤芍、蒲黄等同用，如玄胡索散（《济阴纲目》）；若少腹寒凝血瘀，见妇女经期腰酸，少腹作胀，常与川芎、当归、肉桂同用，如少腹逐瘀汤（《医林改错》）；若跌打损伤，瘀血肿痛，单用本品炒黄研细，开水送服或加黄酒适量同服。

【用法用量】 煎服，3~10 g；研末吞服，一次 1.5~3 g。醋制可加强止痛之功。

【文献摘要】

（1）《雷公炮炙论》："心痛欲死，速觅延胡。"

（2）《开宝本草》："主破血，妇人月经不调，腹中结块，崩中淋露，产后诸血症，血晕，暴血冲上，因损下血。煮酒或酒磨服。"

（3）《本草纲目》："能行血中气滞，气中血滞，故专治一身上下诸痛。"

【现代研究】

本品主含生物碱类（如延胡索乙素）及甾类、有机酸类、糖类等化学成分。具有镇静、镇痛、催眠、抗焦虑、抗心律失常、抗心肌缺血、抗菌抗炎、提高机体耐缺氧能力等作用。

郁金饮片

郁金

郁金 Yùjīn

本品首载于《药性论》，为姜科植物温郁金 *Curcuma wenyujin* Y. H. Chen et C. Ling、姜黄 *Curcuma longa* L.、广西莪术 *Curcuma kwangsiensis* S. G. Lee et C. F. Liang 或蓬莪术 *Curcuma phaeocaulis* Val. 的块根。前两者分别习称"温郁金"和"黄丝郁金"，其余按性状不同习称"桂郁金"或"绿丝郁金"。主产于浙江、四川、广西、云南。冬季茎叶枯萎后采挖，除去泥沙和细根，蒸或煮至透心，干燥，切薄片，生用。处方中的常用名称：郁金、温郁金等。

【药性】 辛、苦，寒。归肝、心、肺经。

【功效】 活血止痛，行气解郁，清心凉血，利胆退黄。

【应用】

1. 胸胁刺痛，胸痹心痛，经闭痛经，乳房胀痛　本品辛散，既能活血祛瘀以止痛，又能疏肝行气以解郁，为"血分之气药"，善治肝郁气滞血瘀诸证。因其性偏寒凉，对血瘀气滞而有郁热之胸、胁、腹痛证最为适宜。若气血郁滞之胸痛，常伍木香为用，如颠倒木金散（《医宗金鉴》）；若肝郁化热，妇女经前腹痛，少腹为甚，经来多紫黑瘀块者，常配伍柴胡、香附、当归等，如宣郁通经汤（《傅青主女科》）。

2. 热病神昏，癫痫发狂　本品辛散苦泄，能解郁开窍，且性寒入心经，能清心凉血，可用

·笔记栏·

治湿温病浊邪蒙蔽清窍，烦躁不寐，神昏谵语，常与石菖蒲、栀子、竹沥等同用，如菖蒲郁金汤（《温病全书》）；对于癫痫、癫狂因气郁痰阻，闭塞心窍者，可与白矾为伍，如白金丸（《医方考》）。

3. 血热吐衄　本品性寒清热，味苦辛能降泄解郁顺气，入肝经血分而能凉血止血，可"降下火气，则血不妄行"，善治肝郁化火，气火上逆，迫血妄行之吐血衄血，妇女倒经，常与生地黄、丹皮、栀子等同用，如生地黄汤（《医学心悟》）；若热结下焦，伤及血络之尿血、血淋，常与槐花同用，研末，淡豉汤下，如郁金散（《杂病源流犀烛》）。

4. 黄疸尿赤　本品苦寒清泄，入肝、胆经，能清利湿热退黄，疏肝利胆排石，为湿热黄疸及胆石症所常用。若湿热黄疸，常与茵陈、栀子、大黄等配伍；若胆石症，见胆胀胁痛，常与金钱草、鸡内金等同用。

【用法用量】　煎服，3~10 g。

【使用注意】　不宜与丁香、母丁香同用。

【文献摘要】

(1)《药性论》："治女人宿血气心痛，冷气结聚。"

(2)《本草备要》："行气，解郁，泄血，破瘀。凉心热，散肝郁。治妇人经脉逆行。"

(3)《本草经疏》："郁金，本入血分之气药。其治以上诸血证者，正谓血之上行，皆属于内热火炎，此药能降气，气降即是火降，而其性又入血分，故能降下火气，则血不妄行。"

【现代研究】

本品主含酚类（如姜黄素）及挥发油、生物碱类、多糖、黄酮类等化合物。具有抗炎、止痛、保肝、抗血小板凝聚、抗心律失常、抑菌、降血脂、抑制中枢神经、抑制免疫等作用。

姜黄 Jiānghuáng

姜黄饮片

本品首载于《新修本草》，为姜科植物姜黄 *Curcuma Longa* L. 的根茎。主产于四川。冬季茎叶枯萎时采挖，洗净，煮或蒸至透心，晒干，除去须根，切厚片，生用。处方中的常用名称：姜黄等。

【药性】　辛、苦，温。归脾、肝经。

【功效】　破血行气，通经止痛。

【应用】

1. 胸胁刺痛，胸痹心痛，痛经经闭，癥瘕，跌扑肿痛　本品辛散苦泄温通，入血分能活血散瘀，入气分能行散滞气，且活血之力较强，能使瘀散滞通而痛解，长于止痛，广泛用于血瘀气滞诸痛证。若肝胃寒凝气滞，右胁疼痛，胀满不食，常配伍枳壳、桂心、炙甘草，如推气散（《重订严氏济生方》）；若血瘀气滞寒凝，心腹疼痛难忍，常与当归、木香、乌药同用为散，煎茱萸醋汤调下，如姜黄散（《圣济总录》）；若痛经经闭，产后脐腹刺痛，常与当归、川芎、红花等同用，如姜黄散（《妇人大全良方》）；治跌打损伤，瘀肿疼痛，常与苏木、乳香、没药同用，如姜黄汤（《伤科方书》）。

2. 风湿肩臂疼痛　本品辛散苦燥温通，外散风寒湿邪，内通经脉气血，活血行气，通经止痛，长于行肢痹而除痹痛，为风湿肩臂疼痛之要药，常与羌活、白术、甘草同用，如姜黄散（《赤水玄珠》）。

【用法用量】　煎服，3~10 g。外用适量。

【使用注意】　孕妇慎用。

【文献摘要】

(1)《新修本草》："主心腹结积，疰忤，下气，破血，除风热，消痈肿，功力烈于郁金。"

(2)《日华子本草》："治癥瘕血块，痈肿，通月经，治扑损瘀血，消肿毒，止暴风痛，冷气，下食。"

(3)《本草纲目》："治风痹臂痛。"

—•笔记栏•—

【现代研究】

本品主含挥发油、酚酸类(如姜黄素)、萜类等化学成分。此外,还含少量生物碱、甾醇类成分。具有镇痛、抗菌、抗炎、抗氧化、保肝、利胆、降血压、降血脂、抗肿瘤、神经保护等作用。

【附药】

片姜黄　本品为姜科植物温郁金 *Curcuma wenyujin* Y. H. Chen et C. Ling 的根茎。冬季茎叶枯萎后采挖,洗净,除去须根,趁鲜纵切厚片,晒干。性味辛苦温,归脾、肝经。功能:破血行气,通经止痛。适用于胸胁刺痛,胸痹心痛,痛经经闭,癥瘕,风湿肩臂疼痛,跌扑肿痛。煎服,3~9 g。孕妇慎用。

乳香 Rǔxiāng

乳香饮片

乳香与没药

本品首载于《名医别录》,为橄榄科植物乳香树 *Boswellia carterii* Birdw. 及同属植物 *Boswellia bhaw-dajiana* Birdw. 树皮渗出的树脂。分为索马里乳香和埃塞俄比亚乳香,每种乳香又分为乳香珠和原乳香。主产于埃塞俄比亚、索马里。春夏季采收。将树干的皮部由下向上顺序切伤,使树脂渗出,数天后凝成固体,即可采收,打碎,醋制用。处方中的常用名称:乳香、醋乳香、炙乳香等。

【药性】　辛、苦,温。归心、肝、脾经。

【功效】　活血定痛,消肿生肌。

【应用】

1. 胸痹心痛,胃脘疼痛,痛经经闭,产后瘀阻,癥瘕腹痛,风湿痹痛,筋脉拘挛　本品气味浓烈,辛散通泄,既入血分,又入气分,能行血中气滞,内能宣通脏腑,通达气血,外能透达经络,可"定诸经之痛",善治血瘀气滞诸痛证,常与没药相须为用。若瘀血凝滞所致的心腹腰胁疼痛,常与没药、沉香、延胡索等研为末,煮酒调下,如手拈散(《丹台玉案》);若血瘀气滞所致心腹疼痛,或腿臂疼痛,或痛经经闭,或产后瘀阻腹痛,癥瘕积聚,配没药、当归、丹参,如活络效灵丹(《医学衷中参西录》);若风湿痹痛,常与羌活、独活、当归等同用,如蠲痹汤(《医学心悟》)。

2. 跌打损伤,痈肿疮疡　本品辛香苦泄,芳香走窜,入心、肝经,既能行气通滞,散瘀止痛,又能活血消痈,祛腐生肌,为外科、伤科常用之要药。若跌打损伤,筋断骨折,常与没药、血竭、红花等同用,如七厘散(《同寿录》);若痈疮肿毒初起,局部红肿焮痛,常与没药、金银花、白芷等同用,如仙方活命饮(《校注妇人良方》);若疮疡溃破,久不收口,可与没药共研末,外敷患处,如海浮散(《疡医大全》);若火郁痰凝,气滞血瘀所致之乳岩、瘰疬、痰核、流注等,常配伍没药、牛黄、麝香,如犀黄丸(《外科证治全生集》)。

【用法用量】　煎汤或入丸、散,3~5 g。外用适量,研末调敷。

【使用注意】　孕妇及胃弱者慎用。

【文献摘要】

(1)《名医别录》:"疗风水毒肿,去恶气。疗风瘾疹痒毒。"

(2)《珍珠囊》:"定诸经之痛。"

(3)《本草纲目》:"消痈疽诸毒,托里护心,活血定痛,伸筋,治妇人难产,折伤。"

【现代研究】

本品主含挥发油、萜类(主要为三萜、二萜、单萜)、树脂类等化学成分。具有抗炎、镇痛、抗菌、抗肿瘤、保肝、抗氧化等作用。

没药 Mòyào

没药饮片

本品首载于《药性论》,为橄榄科植物地丁树 *Commiphora myrrha* Engl. 或哈地丁树 *Commiphora molmol* Engl. 的树脂。分为天然没药和胶质没药。主产于索马里、埃塞俄比亚。11

·笔记栏·

月至次年2月，采集由树皮裂缝处渗出于空气中变成红棕色坚块的油胶树脂，拣去杂质，打碎，醋制用。处方中的常用名称：没药、醋没药、炙没药等。

【药性】 辛、苦，平。归心、肝、脾经。

【功效】 散瘀定痛，消肿生肌。

【应用】

没药的功效主治与乳香相似，常与乳香相须为用，用于胸痹心痛，胃脘疼痛，痛经经闭，产后瘀阻，癥瘕腹痛，风湿痹痛，跌打损伤，痈肿疮疡。然乳香功偏行气活血伸筋，多用治痹证；没药功偏活血散瘀，多用治血瘀气滞较重之胃痛。

【用法用量】 3~5 g，炮制去油，多入丸散用。外用适量。

【使用注意】 孕妇及胃弱者慎用。

【文献摘要】

(1)《药性论》："主打磕损，心腹血瘀，伤折踒跌，筋骨瘀痛，金刃所损，痛不可忍，皆以酒投饮之。"

(2)《开宝本草》："主破血止痛。疗杖疮、诸恶疮、痔漏卒下血、目中翳晕痛肤赤。"

(3)《本草纲目》："散血消肿，定痛生肌。""乳香活血，没药散血，皆能止痛消肿生肌，故二药每每相兼而用。"

【现代研究】

本品主含挥发油、萜类、甾类等化学成分。具有镇痛、抗肿瘤、抗菌、抗炎、保肝、降血脂、神经保护等作用。

五灵脂 Wǔlíngzhī

五灵脂饮片

五灵脂

本品首载于《开宝本草》，为鼯鼠科动物复齿鼯鼠 *Trogopterus xanthipes* Milne-Edwards 的粪便。主产于河北、山西、甘肃。全年均可采收，除去杂质，晒干，生用，或醋制、酒制用。处方中的常用名称：五灵脂、醋五灵脂等。

【药性】 苦、咸、甘，温。归肝经。

【功效】 活血止痛，化瘀止血。

【应用】

1. 胸痹心痛，脘腹胁痛，痛经经闭，产后瘀阻，跌扑伤痛　本品苦泄温通，入肝经血分，功善活血化瘀止痛，为治血瘀诸痛要药。若瘀血内停，见心腹刺痛，或妇人月经不调，少腹急痛，常与蒲黄同用，如失笑散(《太平惠民和剂局方》)；若血瘀脘腹胁痛，常与没药、香附、延胡索共为细末，热酒调下，如手拈散(《医学心悟》)；若跌打损伤，骨折肿痛，常配伍小茴香、乳香，研末外敷，如接骨丹(《儒门事亲》)。

2. 瘀滞出血证　本品炒用，既能止血，又能活血散瘀，且无留瘀之弊。适用于瘀血内阻、血不归经之出血，尤多用治妇女崩漏，月经过多，色紫多块，少腹刺痛者，《圣济总录》单用本品炒研末，温酒送服；亦常与三七、茜草、蒲黄等同用。

【用法用量】 煎服，3~10 g，包煎。

【使用注意】 孕妇慎用。不宜与人参同用。

【文献摘要】

(1)《开宝本草》："主疗心腹冷气，小儿五疳，辟疫，治肠风，通利气脉，女子月闭。"

(2)《本草衍义补遗》："能行血止血。治心腹冷气，妇人心痛，血气刺痛。"

(3)《本草蒙筌》："行血宜生，止血须炒，通经闭及治经行不止；定产妇血晕，除小儿疳蛔。"

【现代研究】

本品主含酚酸类、萜类、含氮物质(如尿嘧啶、尿素、尿酸)等化学成分。具有抗炎、抗血小板凝聚、抗凝血、抗溃疡、增强免疫等作用。

第二节　活血调经药

本类药物通过活血化瘀,达调经之效,善通血脉而调经水,主要适用于血行不畅所致的妇女经产疾患,如月经不调、痛经、经闭及产后瘀滞腹痛等。亦可用于其他瘀血病证,如瘀血胸腹疼痛,癥瘕积聚,跌扑伤痛,疮痈肿痛等。

丹参 Dānshēn

本品首载于《神农本草经》,为唇形科植物丹参 *Salvia miltiorrhiza* Bge. 的根和根茎。主产于四川、山东、河北。春、秋二季采挖,除去泥沙,干燥,切厚片,生用或酒制用。处方中的常用名称: 丹参、紫丹参、炒丹参、酒丹参、丹参炭等。

【药性】　苦、微寒。归心、肝经。

【功效】　活血祛瘀,通经止痛,清心除烦,凉血消痈。

【应用】

1. 月经不调,痛经经闭　　本品苦泄,入肝经血分,功善活血化瘀,调经止痛。其可"破宿血,补新血"而达祛瘀生新之效;前人又有"一味丹参散,功同四物汤"(《妇科明理论》)之说,而认为其活血不伤正,故尤为治妇女血瘀经产病之要药。若妇人经脉不调,月经或前或后、或多或少,产前胎不安,产后恶血不下,可单用为末,酒调服,如丹参散(《妇人良方》);亦常与当归、白芍、生地黄等同用,如宁坤至宝丹(《卫生鸿宝》)。

2. 胸痹心痛,脘腹胁痛,癥瘕积聚,热痹疼痛　　本品功善活血祛瘀,作用平和,为活血化瘀要药,广泛用于各种血瘀证,因性偏寒凉,尤宜于血热瘀滞之证。若血瘀气滞,见心胸刺痛,胃脘疼痛,常与檀香、砂仁配伍,如丹参饮(《时方歌括》);若气血凝滞,心腹疼痛,或腿臂疼痛,或跌打瘀肿疼痛,或内外疮疡及癥瘕积聚,常与乳香、没药、当归同用,如活络效灵丹(《医学衷中参西录》);若风湿热痹,关节红肿热痛,常与秦艽、桑枝、牛膝等同用。

3. 疮疡肿痛　　本品性寒入血分,既能凉血活血,又能清热消痈,可用于热毒瘀阻引起的疮疡肿痛,可单味剉为用,如《肘后备急方》以水微调,取羊脂煎后涂敷;或与金银花、蒲公英等配伍。

4. 心烦不眠　　本品性寒,入心经,可清心凉血而除烦安神。若热入营血,见身热夜甚,神烦少寐,斑疹隐隐,舌绛而干,脉数,常与生地黄、玄参、麦冬等同用,如清营汤(《温病条辨》);若阴虚血少,神志不安,见心悸失眠,手足心热,舌红少苔,脉细数,常与生地黄、当归、酸枣仁等同用,如天王补心丹(《校注妇人良方》)。

【用法用量】　煎服,10~15 g。活血化瘀宜酒制用。

【使用注意】　不宜与藜芦同用。

【文献摘要】

(1)《神农本草经》:"主心腹邪气,肠鸣幽幽如走水,寒热积聚;破癥除瘕,止烦满,益气。"

(2)《名医别录》:"养血,去心腹痼疾结气,腰脊强,脚痹;除风邪留热,久服利人。"

(3)《本草纲目》:"活血,通心包络。治疝痛。""破宿血,补新血。"

【现代研究】

本品主含醌类(如隐丹参酮)、有机酸类(如丹酚酸 B)、脂肪酸类、萜类、含氮类化合物、内酯类等化学成分,具有抗凝血、抗血小板聚集、改善微循环、降血压、保肝、抗纤维化、镇痛镇静、抗炎、抗过敏、抗动脉粥样硬化、抗肿瘤、调节免疫等作用。

笔记栏

丹参饮片

丹参

—•笔记栏•—

红花饮片

红花

红花 Hónghuā

本品首载于《新修本草》，为菊科植物红花 *Carthamus tinctorius* L. 的花。主产于河南、新疆、四川。夏季花由黄变红时采摘，阴干或晒干，生用。处方中的常用名称：红花、红蓝花等。

【药性】 辛，温。归心、肝经。

【功效】 活血通经，散瘀止痛。

【应用】

1. 经闭，痛经，恶露不行，癥瘕痞块　本品辛散温通，活血通经止痛之力较强，为治血行不畅、瘀血阻滞之妇科经产病的常用药。若妇人腹中血气刺痛，可单用酒煎服，如红蓝花酒（《金匮要略》）；若血虚兼血瘀，见妇女经期超前，血多有块，色紫稠黏，腹痛，常与桃仁、川芎、当归等同用，如桃红四物汤（《医宗金鉴》）；若膈下瘀血，形成结块，或肚腹疼痛，痛处不移，常与桃仁、川芎、香附等同用，如膈下逐瘀汤（《医林改错》）。

2. 胸痹心痛，瘀滞腹痛，胸胁刺痛，跌扑损伤，疮疡肿痛　本品入心肝血分，活血散瘀，通经止痛，善治瘀阻心腹胁痛；又善通利血脉，消肿止痛，也为跌打损伤、瘀滞肿痛之要药，为体内外瘀血阻滞所常用。若胸中血瘀，见胸痛，头痛，痛有定处，舌暗红或有瘀斑，脉涩或弦紧，常与桃仁、赤芍、川芎等同用，如血府逐瘀汤（《医林改错》）；若跌打损伤，瘀血滞留于胁下，见胁肋瘀肿疼痛，痛不可忍，常与大黄、柴胡、桃仁等同用，如复元活血汤（《医学发明》）；若跌打损伤，筋断骨折之瘀血肿痛，或无名肿毒，烧伤烫伤，常与血竭、乳香、麝香等同用，以黄酒或温开水送服，如七厘散（《同寿录》），或制为红花油、红花酊涂擦。

此外，本品能活血通脉以化瘀散滞消斑，可用治瘀热郁滞，斑疹色暗者，常配伍牛蒡子、当归、葛根等，如当归红花饮（《麻科活人书》）。

【用法用量】 煎服，3~10 g。

【使用注意】 孕妇慎用；有出血倾向者不宜多用。

【文献摘要】

（1）《新修本草》："治口噤不语，血结，产后诸疾。"

（2）《开宝本草》："主产后血晕口噤，腹内恶血不尽、绞痛，胎死腹中，并酒煮服。亦主蛊毒下血。"

（3）《本草纲目》："活血，润燥，止痛，散肿，通经。"

【现代研究】

本品主含黄酮类（如羟基红花黄色素 A、山柰酚）、脂肪酸类、酚类、挥发性成分及生物碱类等化学成分。具有改善心肌缺血、抗心律失常、抗凝血、抗炎、镇痛、镇静、抗惊厥、抗氧化、抗肿瘤、降血压等作用。

【附药】

西红花　本品为鸢尾科植物番红花 *Crocus sativus* L. 的柱头。又名"番红花""藏红花"。性味甘平，归心、肝经。功能：活血化瘀，凉血解毒，解郁安神。适用于经闭癥瘕，产后瘀阻，温毒发斑，忧郁痞闷，惊悸发狂。1~3 g，煎服或沸水泡服。孕妇慎用。

桃仁饮片

桃仁

桃仁 Táorén

本品首载于《神农本草经》，为蔷薇科植物桃 *Prunus persica*（L.）Batsch 或山桃 *Prunus davidiana*（Carr.）Franch. 的成熟种子。主产于北京、山东、陕西、河南、辽宁。果实成熟后采收，除去果肉和核壳，取出种子，晒干，生用，或照燀法去皮用、炒至黄色用，用时捣碎。处方中的常用名称：桃仁、光桃仁、桃仁等。

—•笔记栏•—

【药性】 苦、甘，平。归心、肝、大肠经。

【功效】 活血祛瘀，润肠通便，止咳平喘。

【应用】

1. 经闭痛经，癥瘕痞块，跌扑损伤　本品性平苦泄，入心、肝经血分，活血散瘀，应用范围甚广，为治瘀血阻滞证之常用药。若血虚兼血瘀，见妇女经期超前，血多有块，色紫稠黏，腹痛，常配伍红花、川芎、当归等，如桃红四物汤(《医宗金鉴》)；若瘀阻胞宫，见少腹素有癥块，腹痛拒按，或下血色晦暗而夹有瘀块，常与桂枝、丹皮、芍药等同用，如桂枝茯苓丸(《金匮要略》)；若瘀热互结下焦，见少腹急结，小便自利，脉沉实或涩，常与大黄、芒硝等同用，如桃核承气汤(《伤寒论》)；若跌打损伤，瘀血滞留于胁下，见胁肋瘀肿疼痛，痛不可忍，常配伍大黄、柴胡、红花等，如复元活血汤(《医学发明》)。

2. 肺痈肠痈　本品既能活血祛瘀以消痈，又能润肠通便以泄瘀，为治肺痈、肠痈的常用药。若热毒壅肺，瘀热互结之肺痈，常与苇茎、冬瓜仁等同用，如苇茎汤(《外台秘要》)；若湿热瘀滞之肠痈初起，少腹疼痛拒按，常与大黄、牡丹、芒硝等同用，如大黄牡丹汤(《金匮要略》)。

3. 肠燥便秘　本品为种仁，富含油脂，能润肠通便，用于肠燥便秘。若大便秘涩或干燥闭塞不通，全不思食，常与麻子仁、大黄、当归同用，如润肠丸(《脾胃论》)。

4. 咳嗽气喘　本品味苦，能降泄肺气，有止咳平喘之功，治咳嗽气喘，尤其是兼有肠燥便秘者，既可单用煮粥食用，也可配伍苦杏仁、紫苏子等。

【用法用量】 煎服，5~10 g。

【使用注意】 孕妇及便溏者慎用。

【文献摘要】

(1)《神农本草经》："主瘀血，血闭癥瘕，邪气，杀小虫。"

(2)《名医别录》："止咳逆上气，消心下坚，除卒暴击血，破癥瘕，通脉，止痛。"

(3)《珍珠囊》："治血结、血秘、血燥，通润大便，破蓄血。"

【现代研究】

本品主含苷类(如苦杏仁苷)、脂类、黄酮类、甾醇类、糖类等化学成分，具有抗凝血、抗血栓、抗炎、抗氧化、增强免疫、抗过敏、抗肿瘤等作用。

益母草 Yìmǔcǎo

益母草饮片

本品首载于《神农本草经》，为唇形科植物益母草 *Leonurus japonicus* Houtt. 的地上部分。我国大部分地区均产。鲜品春季幼苗期至初夏花前期采割；干品夏季茎叶茂盛、花未开或初开时采割，晒干，或切段晒干，鲜用，或生用。处方中的常用名称：益母草、茺蔚、鲜益母草等。

【药性】 苦、辛，微寒。归肝、心包、膀胱经。

【功效】 活血调经，利尿消肿，清热解毒。

【应用】

1. 月经不调，痛经经闭，恶露不尽　本品辛散苦泄，主入血分，功善活血调经，祛瘀通经，常治妇女瘀血经产诸证，为妇科经产要药，故有"益母"之称。若血瘀所致的月经不调、产后恶露不绝，可单用熬膏服，如益母草膏、益母草片等[《中华人民共和国药典·一部》(2020年版)]；亦可与当归、川芎、木香同用，用于气滞血瘀所致的月经量少、错后、有血块、小腹疼痛、经行痛减、产后恶露不尽，如益母丸[《中华人民共和国药典·一部》(2020年版)]。

2. 水肿尿少　本品既能利水消肿，又能活血化瘀，尤宜于水瘀互结之水肿，可单用，亦可与白茅根、泽兰等同用。

3. 疮疡肿毒　本品性寒清热，既能活血散瘀以止痛，又能清热解毒以消肿，对瘀热阻滞之疮疡肿毒用之皆宜，可单用鲜品捣敷或煎汤外洗，亦可与黄柏、蒲公英、苦参等煎汤内服。

—•笔记栏•—

【用法用量】 煎服,9~30 g;鲜品 12~40 g。

【使用注意】 孕妇慎用。

【文献摘要】

(1)《神农本草经》:"主瘾疹痒。"

(2)《新修本草》:"敷丁肿,服汁使丁肿毒内消;又下子死腹中,主产后胀闷。"

(3)《本草正》:"益母草,性滑而利,善调女人胎产诸证,故有益母之号。"

【现代研究】

本品主含生物碱类(如水苏碱、益母草碱)、二萜类、黄酮类、挥发油等化学成分。具有保护心肌缺血再灌注损伤、抗血小板凝聚、调节子宫平滑肌、抗炎镇痛、抑菌、抗早孕、降血压等作用。

【附药】

茺蔚子　本品为唇形科植物益母草的成熟果实。秋季果实成熟时采割地上部分,晒干,打下果实,除去杂质。性味辛苦微寒,归心包、肝经。功能:活血调经,清肝明目。适用于月经不调,经闭痛经,目赤翳障,头晕胀痛。5~10 g。瞳孔散大者慎用。

泽兰 Zélán

泽兰饮片

本品首载于《神农本草经》,为唇形科植物毛叶地瓜儿苗 *Lycopus lucidus* Turcz. var. *hirtus* Regel 的地上部分。中国大部分地区均产。夏、秋二季茎叶茂盛时采割,晒干,切段,生用。处方中的常用名称:泽兰、泽兰叶、香泽兰等。

【药性】 苦、辛,微温。归肝、脾经。

【功效】 活血调经,祛瘀消痈,利水消肿。

【应用】

1. 月经不调,经闭,痛经,产后瘀血腹痛　本品辛散苦泄温通,功善活血调经,为妇科经产瘀血病证的常用药。若妇女血瘀之月经不调,痛经,经闭,常与茺蔚子、牛膝、当归等同用,如泽兰汤(《笔花医镜》);若产后腹痛,恶露不下,常与当归、延胡索、桃仁等同用,如归尾泽兰汤(《妇科玉尺》)。

2. 疮痈肿毒　本品能活血祛瘀以消肿止痛、消痈散结,治痈疮肿毒,可单用捣碎外敷,亦常与金银花、黄连、赤芍等同用,如追疔夺命丹(《赤水玄珠》)。

3. 水肿,腹水　本品活血祛瘀,又入脾经,芳香舒脾以行水消肿,故对瘀血阻滞、水瘀互结之水肿尤为适宜。若产后水肿,血虚浮肿,《随身备急方》用本品与防己等分为末,醋汤调服治之。

【用法用量】 煎服,6~12 g。

【文献摘要】

(1)《神农本草经》:"主乳妇内衄,中风余疾,大腹水肿,身面四肢浮肿,骨节中水,金疮,痈肿疮脓。"

(2)《药性论》:"主产后腹痛,频产血气衰冷成劳,瘦羸,又治通身面目大肿,主妇人血沥腰痛。"

(3)《本草纲目》:"走血分,故能治水肿,除痈毒,破瘀血,消癥瘕,而为妇人要药。"

【现代研究】

本品主含萜类、酚酸类、黄酮类、糖类、挥发油等化学成分,具有抗凝血、改善血液流变学、改善微循环、镇痛镇静、利胆保肝、抗菌、抗病毒等作用。

牛膝 Niúxī

牛膝饮片

本品首载于《神农本草经》,为苋科植物牛膝 *Achyranthes bidentata* Bl. 的根。主产于河南。

冬季茎叶枯萎时采挖，除去须根和泥沙，捆成小把，晒至干皱后，将顶端切齐，晒干，切段，生用或酒制用。处方中的常用名称：牛膝、怀牛膝、淮牛膝、酒牛膝等。

【药性】　苦、甘、酸，平。归肝、肾经。

【功效】　逐瘀通经，补肝肾，强筋骨，利尿通淋，引血下行。

【应用】

1. 经闭，痛经　本品苦酸疏利降泄，性善下行，活血祛瘀之力较强，长于通调月经，多用于妇科瘀滞经产诸疾。若血海虚寒，气血凝滞之月经不调，脐腹作痛，常与桂心、当归、莪术等同用，如温经汤（《妇人大全良方》）。

2. 腰膝酸痛，筋骨无力　本品味苦通泄，味甘缓补，性平，主入肝、肾经，既能活血祛瘀，又可补益肝肾，强筋健骨，善治肝肾不足之证。若痹证日久，肝肾两虚，气血不足，见腰膝冷痛，关节屈伸不利，常与独活、当归、人参等同用，如独活寄生汤（《备急千金要方》）；若湿热下注之痿痹，常与黄柏、苍术同用，如三妙丸（《医学正传》）。

3. 淋证，水肿　本品性善下行，入血分，既能活血逐瘀，又可利尿通淋而善行血分之水，为治下焦水湿内停证之常用药。若肾阳虚水肿，见腰重脚肿，小便不利，常与附子、地黄、车前子等同用，如加味肾气丸（《济生方》）。

4. 头痛，眩晕，牙痛，口疮，吐血，衄血　本品味苦降泄，性善下行，能导热下泄，引血下行，常用于阴虚阳亢之头痛，眩晕，以及气火上逆、火热上攻之牙痛、口疮、吐血、衄血等。若肝肾阴虚，肝阳偏亢，阳亢化风，气血乱逆，见头目眩晕，脑部胀痛，面色如醉，心中烦热，脉弦长有力，常配代赭石、龙骨、白芍等，如镇肝息风汤（《医学衷中参西录》）；若阳明气火有余，胃热循经上攻，见牙痛齿松，烦热干渴，舌红苔黄而干，常与石膏、熟地黄、知母等同用，如玉女煎（《景岳全书》）。若气火上逆，迫血妄行之吐血，衄血，可配凉血止血之栀子、白茅根等。

【用法用量】　煎服，5～12 g。

【使用注意】　孕妇慎用。

【文献摘要】

（1）《神农本草经》："主寒湿痿痹，四肢拘挛，膝痛不可屈，逐血气，伤热火烂，堕胎。"

（2）《本草衍义补遗》："能引诸药下行。"

（3）《本草纲目》："治久疟寒热，五淋尿血，茎中痛，下痢，喉痹，口疮，齿痛，痈肿恶疮，伤折。"

【现代研究】

本品主含甾酮类（如β-蜕皮甾酮）、黄酮类、三萜皂苷类、多糖及氨基酸等化学成分。具有抗肿瘤、抗炎、增强免疫、降血压、降血糖、抗血小板凝聚、调节心血管系统、抗早孕等作用。

【附药】

川牛膝　本品为苋科植物川牛膝 *Cyathula officinalis* Kuan 的根。秋、冬二季采挖，除去芦头、须根及泥沙，烘或晒至半干，堆放回润，再烘干或晒干。性味甘微苦平，归肝、肾经。功能：逐瘀通经，通利关节，利尿通淋。适用于经闭癥瘕，胞衣不下，跌扑损伤，风湿痹痛，足痿筋挛，尿血血淋。5～10 g。孕妇慎用。

鸡血藤 Jīxuèténg

鸡血藤饮片

本品首载于《本草纲目拾遗》，为豆科植物密花豆 *Spatholobus suberectus* Dunn 的藤茎。主产于广西。秋、冬二季采收，除去枝叶，切片，晒干，生用。处方中的常用名称：鸡血藤。

【药性】　苦、甘，温。归肝、肾经。

【功效】　活血补血，调经止痛，舒筋活络。

【应用】

1. 月经不调，痛经，经闭　本品苦泄甘补，温而不燥，性质和缓，既能活血调经止痛，又能

— • 笔记栏 • —

补血，凡妇人血瘀、血虚之月经不调，痛经，经闭等月经诸证均为常用。若月经诸证，因于血瘀者，常与川芎、香附、当归等同用；因于血虚或兼血虚者，可与当归、白芍、熟地黄等同用。

2. 风湿痹痛，麻木瘫痪，血虚萎黄　本品入肝经血分，既能活血通络止痛，又能养血荣筋，为治经脉不畅、经脉不和病证的常用药。若风湿痹痛，肢体麻木，常与杜仲、牛膝等同用；若中风后气血不足，脉络瘀阻，筋脉肌肉失养，半身不遂，常与黄芪、川芎、地龙等同用；若肝血不足，血不养筋，肢体麻木，血虚萎黄，常与黄芪、当归等同用。

【用法用量】 煎服，9～15 g。

【文献摘要】

(1)《本草纲目拾遗》："其藤最活血，暖腰膝，已风瘫。"

(2)《饮片新参》："去瘀血，生新血，流利经脉。治暑痧，风血痹症。"

(3)《现代实用中药》："为强壮性之补血药，适用于贫血性之神经麻痹症，如肢体及腰膝酸痛，麻木不仁等。又用于妇女月经不调，月经闭止等，有活血镇痛之效。"

【现代研究】

本品主含黄酮类、甾类、酚类、木脂素类、蒽醌类、三萜类、挥发油、脂肪酸及衍生物等化学成分。具有抗肿瘤、抗血小板凝聚、抗炎、抗病毒、镇静催眠、抗氧化、抗贫血等作用。

王不留行 Wángbùliúxíng

王不留行饮片

本品首载于《神农本草经》，为石竹科植物麦蓝菜 *Vaccaria segetalis* (Neck.) Garcke 的成熟种子。主产于河北、山东、辽宁。夏季果实成熟、果皮尚未开裂时采割植株，晒干，打下种子，除去杂质，再晒干，生用或炒用。处方中的常用名称：王不留行、王不留、不留行、炒王不留行等。

【药性】 苦，平。归肝、胃经。

【功效】 活血通经，下乳消肿，利尿通淋。

【应用】

1. 经闭，痛经　本品苦泄性平，入肝经血分，善通利血脉，活血通经，走而不守，可用于瘀滞经行不畅，见经闭，痛经，常配伍川芎、当归、红花等。

2. 乳汁不下，乳痈肿痛　本品归肝、胃经，苦泄宣通，能行血脉，通乳汁，行而不留，为产后乳汁不下所常用；又因能活血消痈，消肿止痛，也用治乳痈肿痛。若产后因气血不畅，乳汁不通，见乳汁稀少，常与穿山甲、龙骨、麦冬等同用，如涌泉散(《卫生宝鉴》)；若因气血亏虚，常需配黄芪、当归；若乳痈初起，《本草汇言》用其与蒲公英、瓜蒌仁、当归，以酒煎服。

3. 淋证涩痛　本品性善下行，既活血，又利尿通淋，善治多种淋证。若虚劳，小肠热，小便淋沥，涩痛，常与滑石、生地黄、木通等同用，如王不留行散(《太平圣惠方》)；若血淋不止，《东轩产科方》中还用其与当归、丹参、白芍等同用。

【用法用量】 煎服，5～10 g。

【使用注意】 孕妇慎用。

【文献摘要】

(1)《神农本草经》："主金疮，止血逐痛，出刺，除风痹内寒。"

(2)《名医别录》："止心烦鼻衄，痈疽恶疮，瘘乳，妇人难产。"

(3)《本草纲目》："能走血分，乃阳明冲任之药，俗有'穿心甲、王不留，妇人服了乳长流'之语，可见其性行而不住也。""利小便。"

【现代研究】

本品主含黄酮类(如王不留行黄酮苷)及三萜皂苷、环肽、类脂、脂肪酸、氨基酸等化学成分。具有催乳、抗氧化、预防骨质疏松、抗炎镇痛、抗肿瘤、收缩血管平滑肌、抑制血管的生成、抗凝血等作用。

附　其他活血调经药(表 19－1)

表 19－1　其他活血调经药

药名	处方中的常用名称	药　性	功　效	应　用	用法用量	使用注意
月季花	月季花、月月红	甘,温。归肝经	活血调经,疏肝解郁	气滞血瘀,月经不调,痛经,闭经,胸胁胀痛	煎服,3~6 g	用量不宜过大,多服久服可引起腹痛腹泻及便溏。孕妇慎用
凌霄花	凌霄花、凌霄、紫葳、紫葳花	甘、酸,寒。归肝、心包经	活血通经,凉血祛风	月经不调,经闭癥瘕,产后乳肿;风疹发红,皮肤瘙痒,痤疮	煎服,5~9 g	孕妇慎用

第三节　活血疗伤药

本类药物味多辛、苦或咸,善于活血消肿止痛,续筋接骨,止血生肌,主要用于跌打损伤,瘀肿疼痛,筋伤骨折,金疮出血等伤科疾患。也可用于其他瘀血病证。

对于跌打损伤,瘀肿疼痛,常配活血止痛药;若金疮出血,需配止血生肌敛疮之品。骨折伤筋后期,筋骨痿软,需与补肝肾,强筋骨药同用。

土鳖虫 Tǔbiēchóng

土鳖虫饮片

本品首载于《神农本草经》,为鳖蠊科昆虫地鳖 *Eupolyphaga sinensis* Walker 或冀地鳖 *Steleophaga plancyi*(Boleny)雌虫的全体。产于湖南、湖北、江苏等地。野生者夏季捕捉;饲养者全年捕捉。用沸水烫死,晒干或烘干。生用或炒用。处方中的常用名称:土鳖虫、䗪虫、地鳖虫等。

【药性】　咸,寒;有小毒。归肝经。

【功效】　破血逐瘀,续筋接骨。

【应用】

1. 跌打损伤,筋伤骨折　　本品味咸性寒,入血分,性走窜,功善破血逐瘀,消肿止痛,续筋接骨,为伤科常用药。治跌打损伤,筋伤骨折,瘀血肿痛,常与自然铜、骨碎补、乳香等配伍,如接骨紫金丹(《疡科选粹》);亦可单用研末外敷或黄酒冲服;若骨折伤筋后期,筋骨痿软,可与杜仲、续断等配伍。

2. 血瘀经闭,产后瘀阻腹痛,癥瘕痞块　　本品入肝经血分,能逐瘀通经,破血消癥,常用于瘀滞经产诸证及癥瘕积聚。治血瘀经闭,产后瘀阻腹痛,常与大黄、桃仁等合用,如下瘀血汤(《金匮要略》);若干血成劳,经闭腹痛,常与水蛭、虻虫等配伍,如大黄䗪虫丸(《金匮要略》);治癥瘕积聚,常配伍鳖甲、桃仁、柴胡等,如鳖甲煎丸(《金匮要略》)。

【用法用量】　煎服,3~10 g。

【使用注意】　孕妇禁用。

【文献摘要】

(1)《神农本草经》:"主心腹寒热洗洗,血积癥瘕,破坚,下血闭。"

(2)《药性论》:"治月水不通,破留血积聚。"

(3)《本草纲目》:"行产后血积,折伤瘀血,重舌,木舌,小儿腹痛夜啼。"

—•笔记栏•—

【现代研究】

本品主含多种氨基酸，还含脂肪酸、微量元素、脂溶性维生素等成分。具有抗血栓、抑制血小板聚集、促进骨损伤愈合、镇痛、抗缺血、保护血管内皮细胞、抗肿瘤、调节血脂等作用。

马钱子饮片

马钱子

马钱子 Mǎqiánzǐ

本品首载于《本草纲目》，为马钱科马钱 *Strychnos nux-vomica* L. 的成熟种子。产于印度、越南、泰国、缅甸等地。野生或栽培。冬季果实成熟时采收。取出种子，晒干，生用或砂烫炮制后入药。处方中的常用名称：马钱子、番木鳖、制马钱子等。

【药性】 苦，温；有大毒。归肝、脾经。

【功效】 通络止痛，散结消肿。

【应用】

1. 跌打损伤，骨折肿痛　　本品善散结消肿止痛，长于止痛，为伤科疗伤止痛之佳品。治跌打损伤、骨折肿痛，内服外用均可。常配麻黄、乳香、没药等分为丸，如九分散(《急救应急良方》)。

2. 风湿顽痹，麻木瘫痪　　本品善开通经络，透达关节，止痛力强，为治疗风湿顽痹、拘挛疼痛、麻木瘫痪的常用药。治手足麻木、半身不遂，单用有效，或与乳香、全蝎等同用。

3. 痈疽疮毒，咽喉肿痛　　本品能散结消肿止痛。治痈疽疮毒多外用；治喉痹肿痛，可与山豆根等分为末吹喉。

【用法用量】 0.3~0.6 g，炮制后入丸散用。

【使用注意】 孕妇禁用；运动员慎用；不宜多服久服及生用；有毒成分能经皮肤吸收，外用不宜大面积涂敷。

【文献摘要】

(1)《本草纲目》："治伤寒热病，咽喉痹痛，消痞块。"

(2)《医学衷中参西录》："马钱子，其毒甚烈，而其开通经络，透达关节之力，实乃远胜于它药也。"

【现代研究】

本品主含番木鳖碱(士的宁)、马钱子碱、番木鳖次碱、伪番木鳖碱、伪士的宁、异马钱子碱、原番木鳖碱等生物碱。具有中枢兴奋、镇痛、抗炎、抗肿瘤、抗血栓等作用。

自然铜饮片

自然铜 Zìrántóng

本品首载于《雷公炮炙论》，为硫化物类矿物黄铁矿族黄铁矿，主含二硫化铁(FeS_2)。产于四川、湖南、云南等地。全年均可采集。采挖后，除去杂石，以火煅透，醋淬，研末或水飞用。处方中的常用名称：自然铜、煅自然铜等。

【药性】 辛，平。归肝经。

【功效】 散瘀止痛，续筋接骨。

【应用】

跌打损伤，筋伤骨折，瘀肿疼痛　　本品味辛而散，入血分，能散瘀止痛，尤长于续筋接骨，能促进骨折愈合，为伤科要药。外敷内服均可。常与乳香、没药、苏木等同用，如自然铜散(《世医得效方》)；或配伍苏木、乳香、血竭等，如八厘散(《医宗金鉴》)。

【用法用量】 3~9 g，多入丸散服，入煎剂宜先煎。外用适量。

【使用注意】 孕妇慎用。

【文献摘要】

(1)《开宝本草》："疗折伤，散血止痛，破积聚。"

—•笔记栏•—

（2）《日华子本草》："排脓，散瘀血，续筋内，治产后血邪，安心，止惊悸。以酒磨服。"

（3）《本草纲目》："自然铜，接骨之功与铜屑同，不可诬也。但接骨之后，不可常服，即便理气活血可尔。"

【现代研究】

本品主含二硫化铁，还含少量铜、钙、锌、砷等元素。能促进骨痂形成、生长，加速骨折愈合，对多种病原性真菌有不同程度的抑制作用。

苏木 Sūmù

苏木饮片

本品首载于《新修本草》，为豆科植物苏木 *Caesalpinia sappan* L. 的心材。产于广西、广东、云南等地。全年均可采伐，采伐后除去白色边材，留取中心部分，锯断，晒干。用时将其刨成薄片或砍成小块，或经蒸软切片用。处方中的常用名称：苏木、苏方木等。

【药性】 甘、咸，平。归心、肝、脾经。

【功效】 活血祛瘀，消肿止痛。

【应用】

1. 跌打损伤，骨折筋伤，瘀滞肿痛　　本品味咸入血，能活血散瘀、消肿止痛，为伤科要药。治跌打损伤，筋伤骨折，瘀滞肿痛，常与乳香、没药、血竭等同用，如八厘散（《医宗金鉴》）。

2. 经闭痛经、产后瘀阻，胸腹刺痛，痈疽肿痛　　本品能活血化瘀，通经止痛。治血瘀痛经、闭经、产后瘀滞腹痛等，可单用水煎服，或与当归、川芎、红花等配伍；治心腹疼痛，常与丹参、川芎、延胡索等同用；治疮痈肿痛，需配伍金银花、连翘、白芷等。

【用法用量】 煎服，3~9 g。外用适量，研末撒敷。

【使用注意】 孕妇慎用。

【文献摘要】

（1）《新修本草》："主破血，产后血胀闷欲死者。"

（2）《日华子本草》："治妇人血气心腹痛、月侯不调及蓐劳。排脓止痛，消痈肿扑损瘀血。"

（3）《本草纲目》："苏方木乃三阴经血分药，少用则和血，多用则破血。"

【现代研究】

本品主含巴西苏木素、苏木查尔酮、挥发油及鞣质等成分。具有增强心肌收缩力，舒张血管、促进微循环，抑制血小板聚集、镇静、催眠、抑菌、抗炎、抗肿瘤等作用。

骨碎补 Gǔsuìbǔ

骨碎补饮片

本品首载于《药性论》，为水龙骨科植物槲蕨 *Drynaria fortunei*（Kunze）J. Sm. 的根茎。产于浙江、湖北、广东等地。全年均可采挖，以冬、春二季为主。除去叶及鳞片，洗净，切片，干燥，或再燎去茸毛。生用或烫用。处方中的常用名称：骨碎补、猴姜、毛姜、炒骨碎补、烫骨碎补等。

【药性】 苦，温。归肝、肾经。

【功效】 疗伤止痛，补肾强骨；外用消风祛斑。

【应用】

1. 跌扑闪挫，筋伤骨折　　本品能活血散瘀、消肿止痛，又可续筋接骨，为伤科要药。治跌打损伤，筋伤骨折，瘀血肿痛，单用浸酒服或研末外敷有效；或与自然铜、没药等配伍，如骨碎补散。

2. 肾虚腰痛，筋骨痿软，耳鸣耳聋，牙齿松动　　本品性温入肾，能温补肾阳，强筋健骨，可治肾虚诸证。治肾虚腰痛，足膝痿软，常与杜仲、牛膝等同用；治肾虚耳鸣耳聋、牙齿松动，可与熟地黄、山茱萸等配伍；治肾虚久泻，可单用，如《本草纲目》以本品研末，入猪肾中煨食，或与补骨脂、肉豆蔻、益智等同用。

—•笔记栏•—

3. 外治斑秃,白癜风　本品外用有消风祛斑作用,可用治斑秃、白癜风。

【用法用量】　煎服,3~9 g。外用适量,研末调敷或鲜品捣敷。

【文献摘要】

(1)《药性论》:"主骨中毒气,风血疼痛,五劳六极,口手不收,上热下冷。"

(2)《开宝本草》:"主破血止血,补伤折。"

(3)《本草纲目》:"治耳鸣及肾虚久泻,牙疼。"

【现代研究】

本品主含柚皮苷、骨碎补双氢黄酮苷、骨碎补酸、甲基丁香酚、甾醇等成分。具有促进骨钙化和骨质的形成、加速骨折愈合、改善软骨细胞、推迟骨细胞的退行性病变、降低骨性关节病的病变率等作用;还具有防治链霉素耳毒性、降血脂、抗动脉硬化、镇痛、镇静等作用。

血竭 Xuèjié

血竭饮片

血竭

本品首载于《雷公炮炙论》,为棕榈科植物麒麟竭 *Daemonorops draco* Bl. 果实渗出的树脂经加工制成。主产于印度、马来西亚、伊朗等国,中国广东、台湾等地亦有种植。秋季采集果实,置蒸笼内蒸煮,使树脂渗出;或将树干砍破或钻以若干小孔,使树脂自然渗出,凝固而成。打碎研末用。处方中的常用名称:血竭、麒麟竭、龙血竭等。

【药性】　甘、咸,平。归心、肝经。

【功效】　活血定痛,化瘀止血,生肌敛疮。

【应用】

1. 跌打损伤,心腹瘀痛　本品味咸性平,入心、肝经血分,能活血散瘀止痛,又能生肌,为伤科要药。治跌打损伤,常与乳香、没药、儿茶等配伍,如七厘散(《良方集腋》),内服、外敷均可;治心腹瘀痛,可与延胡索、三棱、莪术等配伍。

2. 外伤出血,疮疡不敛　本品既能化瘀止血,又有止血而不留瘀的特点,适用于瘀血阻滞,血不归经的出血证。治外伤出血,可单用研末外撒,或与三七等研末同用。外用能敛疮生肌,常可治疮疡久溃不敛,可单用研末外撒,或与乳香、没药等研末同用。

【用法用量】　研末,1~2 g,或入丸剂。外用研末撒或入膏药用。

【文献摘要】

(1)《新修本草》:"主五脏邪气,带下、止痛、破积血、金疮生肉。"

(2)《海药本草》:"打伤折损,一切疼痛,补虚及血气搅刺,内伤血聚,并宜酒服。"

(3)《日华子本草》:"治一切恶疮疥癣久不合者,引脓。"

【现代研究】

本品主含血竭素、血竭红素、去甲基血竭素、去甲基血竭红素及黄烷醇、查耳酮、树脂酸等成分。具有抑制血小板聚集、抗血栓、抗菌、抗炎、促进创面愈合、保护心血管、抗肿瘤等作用。

附　其他活血疗伤药(表 19-2)

表 19-2　其他活血疗伤药

药名	处方中的常用名称	药　性	功　效	应　用	用法用量	使用注意
儿茶	儿茶、孩儿茶、儿茶膏	苦、涩,微寒。归肺、心经	活血止痛,止血生肌,收湿敛疮,清肺化痰	跌扑伤痛,外伤出血,吐血衄血;疮疡不敛,湿疹、湿疮;肺热咳嗽	煎服,1~3 g,宜包煎;多入丸散服。外用适量	—

—•笔记栏•—

续 表

药名	处方中的常用名称	药 性	功 效	应 用	用法用量	使用注意
刘寄奴	刘寄奴	辛、苦，温。归心、肝、脾经	散瘀止痛，疗伤止血，破血通经，消食化积	跌打损伤，瘀滞肿痛，外伤出血；血瘀经闭、产后瘀滞腹痛；食积腹痛、赤白痢疾	煎服，3～10 g。外用适量。研末撒或调服，亦可鲜品捣烂外敷	孕妇忌用

第四节　破血消癥药

本类药物味多辛苦，药性峻猛，善于破血逐瘀，消癥化积，主要用于治疗瘀血之癥瘕积聚。亦可用于血瘀经闭、瘀肿疼痛、中风偏瘫等病症。临床应用时，常与行气药配伍以增强破血消癥之功。

本节药物峻猛，易耗血动血，凡月经过多、出血而无瘀血者宜慎用；孕妇当禁用或忌用。

三棱 Sānléng

三棱饮片

本品首载于《本草拾遗》，为黑三棱科植物黑三棱 *Sparganium stoloniferum* Buch. -Ham. 的块茎。产于江苏、山东、河南等地。冬季至次年春挖取块茎，去掉茎叶须根，洗净，削去外皮，晒干。切片生用或醋炙用。处方中的常用名称：三棱、荆三棱、京三棱、醋三棱等。

【药性】 辛、苦，平。归肝、脾经。

【功效】 破血行气，消积止痛。

【应用】

1. 癥瘕积聚，瘀血痛经，闭经，胸痹心痛　　本品破血逐瘀，消癥化积，行气止痛。治血瘀气滞，经闭腹痛，癥瘕积聚，每与莪术相须为用，如三棱汤（《宣明论方》）。

2. 食积胀痛　　本品行气止痛，消食化积。治食积气滞，脘腹胀痛，常与青皮、麦芽等配伍同用。

【用法用量】 煎服，5～10 g。醋制后可增强化瘀止痛作用。外用适量。

【使用注意】 孕妇禁用。不宜与芒硝、玄明粉同用。

【文献摘要】

（1）《日华子本草》："治妇人血脉不调，心腹痛，落胎，消恶血，补劳，通月经，治气胀，消扑损瘀血，产后腹痛，血运并宿血不下。"

（2）《开宝本草》："主老癖癥瘕结块。"

（3）《本草纲目》："三棱能破气散结，故能治诸病。其功可近于香附，而力峻，故难久服。"

【现代研究】

本品主含挥发油（苯乙醇、对苯二酚、β-榄香烯、去茎木香内酯等），以及多种有机酸等成分。具有抑制血小板聚集、抗血栓、抗动脉粥样硬化、抗炎、镇痛、抗肿瘤、抗氧化、抑制卵巢囊肿、抗组织纤维化、保护肾脏等作用。

莪术 Ézhú

莪术饮片

本品首载于《药性论》，为姜科植物蓬莪术 *Curcuma phaeocaulis* Val.、广西莪术 *Curcuma kwangsiensis* S. G. Lee et C. F. Liang 或温郁金 *Curcuma wenyujin* Y. H. Chen et C. Ling 的根茎。

—•笔记栏•—

蓬莪术产于福建、广东等地；广西莪术主产于广西；温郁金产于浙江、四川等地。秋、冬二季茎叶枯萎后采挖。除去地上部分及须根、鳞叶，洗净，蒸或煮至透心，晒干，切片。生用或醋炙用。处方中的常用名称：莪术、蓬莪术、醋莪术、炒莪术。

【药性】 辛、苦，温。归肝、脾经。

【功效】 行气破血，消积止痛。

【应用】

1. 癥瘕痞块，瘀血经闭，胸痹心痛　本品辛行苦泄温通，既入血分，又入气分，既能破血逐瘀、消癥散结，又能行气消积止痛，为治疗癥瘕积聚、气血瘀滞诸痛之要药。治癥瘕积聚，常与三棱相须为用；治经闭腹痛，腹中痞块，常与三棱、当归、香附等配伍，如莪术散（《寿世保元》）；治胸痹心痛，常与丹参、川芎等同用；治体虚而久瘀不去，需配伍补气药黄芪、党参等以攻补兼施。

2. 食积胀痛　本品辛散苦泄，能行气止痛，消食化积，常用于食积气滞之脘腹胀痛。治食积不化，常与青皮、槟榔等同用，如莪术丸（《证治准绳》）；治脾虚食积之脘腹胀痛，需与党参、白术、茯苓等同用。

【用法用量】 煎服，6~9 g。

【使用注意】 月经过多者慎用，孕妇禁用。

【文献摘要】

（1）《药性论》："治女子血气心痛，痃癖冷气，以酒醋摩服。"

（2）《日华子本草》："得酒醋良。治一切气，开胃消食，通月经，消瘀血，止扑损，下血及内损恶血等。"

（3）《本草图经》："治积聚诸气，为最要之药。"

【现代研究】

本品主含挥发油类成分（莪术醇、莪术二酮、吉马酮、β-榄香烯、莪术酮、莪术烯、呋喃二烯等），还含少量姜黄素类成分。具有抗肿瘤、抑制血小板聚集、抗血栓、抗动脉粥样硬化、抗炎镇痛、抗胃溃疡、保肝和抗早孕等作用

案例

邻村武生李卓亭夫人，年三十余，癥瘕起于少腹，渐长而上，其当年长者尚软，隔年即硬如石，七年之间上至心口，旁塞两胁，饮食减少，时而昏睡，剧时昏睡一昼夜，不饮不食，屡次服药无效。后愚为诊视，脉虽虚弱，至数不数，许为治愈，授以拙拟理冲汤方（生黄芪三钱、党参二钱、于术二钱、生山药五钱、天花粉四钱、知母四钱、三棱三钱、莪术三钱、生鸡内金三钱），患者自揣其病断无可治之理，竟置不服。次年病益进，昏睡四日不醒，愚用药救醒之，遂恳切告之曰："去岁若用愚方，病愈已久，何至病危若此，然此病尚可为，慎勿再延迟也。"仍开前方。患者喜，信愚言，连服三十余剂，磊块皆消。惟最初所结之病根，大如核桃之巨者尚在，又加水蛭（不宜炙），服数剂全愈。

张锡纯. 医学衷中参西录[M]. 山西：山西科学出版社，2009：250-251.

问题：

1. 三棱和莪术的性能特点怎样？
2. 三棱和莪术在治疗癥瘕积聚时需注意些什么？

—•笔记栏•—

水蛭饮片

水蛭

水蛭 Shuǐzhì

本品首载于《神农本草经》，为水蛭科动物蚂蟥 *Whitmania pigra* Whitman、水蛭 *Hirudo nipponica* Whitman 或柳叶蚂蟥 *Whitmania acranulata* Whitman 的全体。中国大部分地区均产，多属野生。夏、秋季捕捉。捕捉后洗净，用沸水烫死，切断晒干或低温干燥。处方中的常用名称：水蛭、蚂蟥、生水蛭、炒水蛭、炒蚂蟥、炙水蛭、酥水蛭等。

【药性】 咸、苦，平；有小毒。归肝经。

【功效】 破血通经，逐瘀消癥。

【应用】

1. 血瘀经闭，癥瘕痞块　　本品咸苦入血，性善走窜，长于破血逐瘀，常用治血瘀重证。治癥瘕积聚，常与虻虫相须为用，如鳖甲煎丸（《金匮要略》）；若兼体虚者，需配伍人参、当归等，如化癥回生丹（《温病条辨》）；治血瘀经闭，常与虻虫、桃仁、大黄等配伍，如抵挡汤（《金匮要略》）。

2. 中风偏瘫，跌扑损伤　　本品破血逐瘀，通经活络。治中风偏瘫，可与川芎、地龙、红花等配伍同用；治跌打损伤，常配伍苏木、自然铜、三七等。

此外，现代临床用治红细胞增多症、冠心病心绞痛、脑出血颅内血肿，有较好的疗效。

【用法用量】 煎服，1~3 g。研末服，0.3~0.5 g。以入丸散或研末服为宜。外用适量。

【使用注意】 孕妇及月经过多者忌用。

【文献摘要】

（1）《神农本草经》："治恶血，瘀血，月闭，破血瘕积聚……利水道。"

（2）《药性论》："主破女子月候不通，欲成血劳，癥块，能治血积聚。"

（3）《本草衍义》："治伤折。"

【现代研究】

本品主含氨基酸、蛋白质，唾液中含有水蛭素、肝素、抗凝血酶及抗组胺样物质。具有抗凝血、抑制血小板聚集、抗血栓、降血脂、抗动脉粥样硬化斑块形成、增加心肌血流量、改善脑血液循环、保护脑组织、抗肾缺血等作用。

附　其他破血消癥药（表 19-3）

表 19-3　其他破血消癥药

药名	处方中的常用名称	药　性	功　效	应　用	用法用量	使用注意
虻虫	虻虫、炒虻虫	苦，微寒；有小毒。归肝经	破血消癥，逐瘀通经	癥瘕积聚，血瘀闭经；跌打损伤，瘀滞肿痛	煎服，1~1.5 g；研末服，0.3 g	孕妇忌用。腹泻者慎用
斑蝥	斑蝥、制斑蝥	辛，热；有大毒。归肝、胃、肾经	破血逐瘀，散结消癥，攻毒蚀疮	癥瘕积聚、血瘀闭经；痈疽恶疮，顽癣，赘疣，瘰疬	内服多入丸散，0.03~0.06 g；外用适量，研末敷贴，或浸酒、醋涂，或作发泡用	本品有大毒，内服宜慎，应严格掌握剂量，孕妇禁用。外用对皮肤、黏膜有强烈的刺激性，能引起皮肤灼痛、发红起泡，甚至溃烂，故不宜久敷和大面积使用
穿山甲	穿山甲、炮山甲、醋山甲	咸，微寒。归肝、胃经	活血消癥，通经下乳，消肿排脓，搜风通络	癥瘕积聚，血滞闭经；产后乳汁不下；痈肿疮毒，瘰疬；风湿痹痛，中风偏瘫	煎服，5~10 g，一般炮制后用	孕妇慎用

斑蝥

穿山甲

小 结

主要活血化瘀药的兼有功效及代表药物归纳

活血化瘀药	
清心降火	郁金、丹参
润肠通便	桃仁
通经络	鸡血藤、穿山甲
利湿	郁金、益母草、泽兰、牛膝、王不留行
行气	川芎、延胡索、郁金、姜黄、乳香、三棱、莪术
消积	刘寄奴、三棱、莪术
止血	郁金、五灵脂、血竭、儿茶、刘寄奴
消肿生肌	乳香、没药、血竭、儿茶
通乳	穿山甲、王不留行
补虚	牛膝、鸡血藤、骨碎补

第二十章　化痰止咳平喘药

笔记栏

第二十章授课视频及习题

化痰药是指以祛痰或消痰为主要功效，常用于治疗痰证的药物；止咳平喘药是指以制止或减轻咳嗽和喘息为主要功效，常用于治疗咳嗽气喘的药物。因病证上痰、咳、喘三者常相互兼杂，且化痰药多兼止咳、平喘作用，而止咳平喘药又每兼化痰作用，故将化痰药与止咳平喘药合为化痰止咳平喘药。

化痰药多辛、苦，辛可散可行，苦能燥能泄，具有祛痰、消痰功效。性偏温者，主治湿痰寒痰证；性偏寒凉者，主治热痰燥痰。止咳平喘药大多味苦，或兼辛、甘之味，主归肺经，具有止咳平喘功效，主治咳嗽气喘。

化痰药主治痰证。痰既是病理产物，又是致病因素，致病范围广，病情复杂。痰阻于肺，见咳喘痰多；痰蒙心窍，见昏厥、癫痫；痰蒙清阳，见眩晕；痰扰心神，见睡眠不安；肝风夹痰，见中风、惊厥；痰阻经络，见肢体麻木，半身不遂，口眼㖞斜；痰火互结，见瘰疬、瘿瘤；痰凝肌肉，流注骨节，见阴疽流注等，皆可用化痰药治疗。止咳平喘药用于外感、内伤所致的各种咳嗽和喘息。

应用本章药物，根据病证不同，选择不同的化痰药及止咳平喘药，因咳喘每多夹痰，痰多易发咳嗽，故化痰药与止咳平喘药常配伍同用。再则应根据痰、咳、喘的不同病因、病机而配伍：痰证因脾虚则津液不归正化而聚湿生痰者，常配健脾燥湿药同用。痰易阻滞气机，“气行则痰消”，故常配理气药同用。治疗咳嗽喘息，外感而致者，当配解表散邪药；火热而致者，应配清热泻火药；里寒者，配温里散寒药；虚劳者，配补虚药。此外，可配平肝息风、开窍、安神药，用于癫痫、惊厥、眩晕、昏迷者；配软坚散结、温阳通滞散结之品，用于痰核、瘰疬、瘿瘤者，阴疽流注者。

某些温燥之性强烈的化痰药，凡痰中带血等有出血倾向者，宜慎用；麻疹初起有表邪之咳嗽，不宜单用止咳药，治当以疏解清宣为主，以免恋邪而致久喘不已及影响麻疹之透发，对收敛性及温燥之药尤为所忌。

根据药性、功能及临床应用的不同，化痰止咳平喘药可分为化痰药及止咳平喘药两类。

现代研究表明，化痰止咳平喘药一般具有祛痰、镇咳、平喘、抑菌、抗病毒、消炎等作用。

第一节　温化寒痰药

本节药物味多辛苦，性偏温燥，主归肺、脾、肝经，有温肺散寒，燥湿化痰之功，部分药物外用又能消肿止痛散结。主治寒痰、湿痰证，如咳嗽气喘、痰多色白、苔腻；寒痰、湿痰所致的眩晕、肢体麻木、阴疽流注，以及疮痈肿毒等。温燥之性的温化寒痰药，不宜用于热痰、燥痰之证。

半夏 Bànxià

半夏饮片

半夏

本品首载于《神农本草经》，为天南星科植物半夏 *Pinellia ternata* (Thunb) Breit. 的块茎。处方中的常用名称：半夏、制半夏、姜半夏、法半夏、竹沥半夏、半夏曲、清半夏等。

【药性】　辛，温；有毒。归脾、胃、肺经。

【功效】　燥湿化痰，降逆止呕，消痞散结。

【应用】

1. 湿痰寒痰，咳喘痰多，痰饮眩悸，风痰眩晕，痰厥头痛　　本品辛温而燥，可燥湿化痰。为燥湿化痰，温化寒痰要药，尤宜于脏腑之湿痰。若用于痰湿壅滞，咳嗽声重，痰白质稀者，常配

—•笔记栏•—

陈皮、茯苓，如二陈汤（《太平惠民和剂局方》）；治寒痰咳喘，痰多清稀，可配细辛、干姜等，如小青龙汤（《伤寒论》）；湿痰上犯清阳之头痛、眩晕，甚则呕吐痰涎者，则配天麻、白术以化痰息风，如半夏白术天麻汤（《医学心悟》）。

2. 呕吐反胃　本品味苦降逆，又燥湿和胃，用于各种原因的呕吐，皆可随证配伍。尤宜痰饮或胃寒所致的胃气上逆呕吐，常配生姜，如小半夏汤（《金匮要略》）；配黄连，则治胃热呕吐；配石斛、麦冬，则治胃阴虚呕吐；配人参、白蜜，则治胃气虚呕吐，如大半夏汤（《金匮要略》）。

3. 胸脘痞闷，梅核气　本品辛开散结，化痰消痞。治痰热阻滞致心下痞满不适者，常配干姜、黄连、黄芩，如半夏泻心汤（《伤寒论》）；若配瓜蒌、黄连，可治痰热结胸，如小陷胸汤（《伤寒论》）；治梅核气，气郁痰凝者，可配紫苏、厚朴、茯苓等，如半夏厚朴汤（《金匮要略》）。

4. 外治痈肿痰核，毒蛇咬伤　本品内服能消痰散结，外用能消肿止痛。治瘿瘤痰核，常配昆布、海藻、贝母等；治痈疽发背、无名肿毒初起或毒蛇咬伤，可生品研末调敷或鲜品捣敷。

【用法用量】　煎服，3~9 g，一般宜制过用。炮制品中有姜半夏、法半夏等，其中姜半夏长于降逆止呕，法半夏长于燥湿且温性较弱，半夏曲则有化痰消食之功，竹沥半夏，能清化热痰，主治热痰、风痰之证。外用适量。

【使用注意】　不宜与川乌、草乌、附子等同用。其性温燥，阴虚燥咳、血证、热痰、燥痰应慎用。

【文献摘要】

（1）《神农本草经》："主伤寒寒热，心下坚，下气，喉咽肿痛，头眩胸胀，咳逆，肠鸣，止汗。"

（2）《名医别录》："消心腹胸膈痰热满结，咳嗽上气，心下急痛坚痞，时气呕逆；消痈肿，堕胎，疗痿黄，悦泽面目。生令人吐，熟令人。"

（3）《药性论》："消痰涎，开胃健脾，止呕吐，去胸中痰满，下肺气，主咳结。新生者摩涂痈肿不消，能除瘤瘿。气虚而有痰气，加而用之。"

【现代研究】

本品主含挥发油如茴香脑、柠檬酸、1-辛烯等，还含有机酸等。具有止呕、止咳、抗肿瘤、抗心律失常和室性早博、抑制胃液分泌等作用。

案例

王某，男，26岁。心悸头眩，重则呕吐，曾服中药数十剂不效。余见其舌水滑欲滴，脉又弦长以直，乃辨为膈间水饮作悸之证。与小半夏加茯苓汤，而不增减一味。服药后则小便畅通形如肥皂沫高出尿液面，亦云奇矣，然其病竟愈。小半夏加茯苓汤方：半夏 15 g，生姜 20 g，茯苓 30 g。

王庆国. 刘渡舟医论医话100则[M]. 北京：人民卫生出版社，2013：248.

问题：

1. 本案例中用半夏，是取其什么功效？
2. 半夏与生姜配伍意义何在？

【附药】

1. 半夏曲　本品为法半夏、赤小豆、苦杏仁、鲜青蒿、鲜辣蓼、鲜苍耳草与面粉经加工发酵而成。性味甘微辛温，归脾、胃经。功能：化痰止咳，消食化积。适用于咳嗽痰多，胸脘痞满，呕恶苔腻，以及脾胃虚弱，饮食不消，泄泻，呕吐，腹胀等症。煎服，3~9 g。

2. 水半夏　本品为天南星科植物鞭檐犁头尖 *Typhonium flagelliforme*（Lodd.）Blume 的块茎。主产于广东、广西、云南等地。秋冬采挖块茎，除去外皮及须根，洗净，晒干。性味辛温，有毒，归脾、肺经。功能：燥湿化痰，解毒消肿，止血。适用于咳嗽痰多；外用治痈疮疖肿，无名肿毒，毒虫咬伤，外伤出血。煎服，3~9 g；或入丸、散。外用捣敷或研末调敷。

天南星 Tiānnánxīng

天南星饮片

天南星

本品首载于《神农本草经》，为天南星科植物天南星 *Arisaema erubcscens*（Wall.）Schott、异叶天南星 *Arisaema heterophyllum* Bl. 或东北天南星 *Arisaema amurense* Maxim. 的块茎。处方中的常用名称：天南星、制天南星等。

【药性】 苦、辛，温；有毒。归肺、肝、脾经。

【功效】 燥湿化痰，祛风止痉，散结消肿。

【应用】

1. 顽痰咳喘　　本品性温而燥，燥湿化痰之功较强，尤宜于顽痰证。治湿痰阻肺，咳喘痰多，胸膈胀闷，常与半夏相须为用，并配枳实、橘红等，如导痰汤（《重订严氏济生方》）。

2. 风痰眩晕，中风痰壅，口眼㖞斜，半身不遂，癫痫、惊风、破伤风　　本品归肝经，走经络，善祛风痰而止痉厥。治风痰眩晕，配半夏、天麻等；治风痰留滞经络，半身不遂，手足麻木，口眼㖞斜等，可配半夏、川乌、白附子等，如青州白丸子（《太平惠民和剂局方》）；治癫痫、惊风，可配半夏、全蝎、僵蚕等，如五痫神应丸（《景岳全书》）；治破伤风角弓反张，痰涎壅盛，则配白附子、天麻、防风等，如玉真散（《外科正宗》）。

3. 痈疽肿痛，蛇虫咬伤　　本品外用能消肿散结止痛。治痈疽肿痛、痰核，可研末醋调敷；治毒蛇咬伤，可配雄黄外敷。

【用法用量】 煎服，3～9 g，多制用。外用适量。

【使用注意】 孕妇慎用。

【文献摘要】

（1）《神农本草经》："主心痛，寒热，结气，积聚，伏梁，伤筋，痿，拘缓，利水道。"

（2）《名医别录》："除阴下湿，风眩。"

（3）《本草纲目》："治惊痫，口眼㖞斜，喉痹，口舌疮糜，结核，解颅。"

【现代研究】

本品主含黄酮类成分如夏佛托苷、异夏佛托苷、芹菜素-6-*C*-阿拉伯糖-8-*C*-半乳糖苷等，还含没食子酸、没食子酸乙酯及氨基酸和微量元素。具有祛痰及抗惊厥、镇静、镇痛、抑制肿瘤、抗心律失常等作用。

【附药】

胆南星　　本品为制天南星的细粉与牛、羊或猪胆汁经加工而成，或为生天南星细粉与牛、羊或猪胆汁经发酵而成。性味苦微辛凉，归肺、肝、脾经。功能：清热化痰，息风定惊。适用于痰热咳嗽、咯痰黄稠、中风痰迷、癫狂惊痫。煎服，3～6 g。

白附子 Báifùzǐ

白附子饮片

本品首载于《中药志》，为天南星科植物独角莲 *Typhonium giganteum* Engl. 的块茎。主产于河南、甘肃、湖北等地，秋季采挖，除去须根及外皮，晒干，切片。生用或白矾、生姜炮制后用。处方中的常用名称：白附子、禹白附、制白附子等。

【药性】 辛，温；有毒。归胃、肝经。

【功效】 祛风痰，定惊搐，解毒散结，止痛。

【应用】

1. 中风痰壅，口眼㖞斜，语言謇涩，惊风癫痫，破伤风，痰厥头痛，偏正头痛　　本品辛散温通，其性上行，善祛头面风痰。能祛风痰而解痉止搐，并有止痛作用，善治风痰上扰的头面部诸疾。治风痰阻滞经络，中风口眼㖞斜，语言謇涩者，常配全蝎、僵蚕同用，如牵正散（《杨氏家藏方》);治惊风、癫痫,常与天南星、天麻同用;治破伤风,口撮唇紧者,常与防风、天麻同用;治偏头痛,常与白芷、川芎同用。

2. 瘰疬痰核,毒蛇咬伤　本品有解毒散结之功,治痰火郁结之瘰疬痰核。治瘰疬痰核者,可单用生品捣烂外敷;治痈疽肿毒,可配天南星外敷;治毒蛇咬伤,配雄黄共研细末,用水或白酒调涂患处。

【用法用量】 煎服,3~6 g,一般炮制后用。外用适量,生品捣烂,熬膏或研末以酒调敷患处。

【使用注意】 本品辛温燥烈有毒,故阴虚、血虚动风或热盛动风者不宜使用。孕妇慎用;生品内服宜慎。

【文献摘要】

(1)《中国药用植物志》:"治淋巴结结核。"

(2)《江西民间草药》:"治毒蛇咬伤。"

(3)《四川中药志》:"镇痉止痛,祛风痰,治面部病,中风失音,心痛血痹,偏正头痛,喉痹肿痛,破伤风。"

【现代研究】

本品主含脂肪酸、酯类、β-谷甾醇、氨基酸、琥珀酸、胆碱、尿嘧啶等。具有祛痰、镇静、镇痛、抗惊厥、抗炎、抑菌、抗肿瘤、抗结核杆菌等作用。

芥子 Jièzǐ

芥子饮片

芥子

本品首载于《名医别录》,为十字花科植物白芥 *Sinapis alba* L. 或芥 *Brassica juncea* (L.) Czern. et Coss. 的成熟种子。前者习称"白芥子",后者习称"黄芥子"。主产于安徽、河南等地。夏末秋初果实成熟时采割植株,晒干,打下种子。生用或炒用。处方中的常用名称:芥子、白芥子、黄芥子、炒芥子等。

【药性】 辛,温。归肺经。

【功效】 温肺豁痰利气,散结通络止痛。

【应用】

1. 寒痰咳嗽,胸胁胀痛　本品味辛性温,专入肺经,辛散温通力强,善于温肺豁痰,并有利气宽胸作用,治寒痰壅肺,水停胸胁者。治寒痰壅肺,咳喘胸闷,痰多清稀者,常配紫苏子、莱菔子,如三子养亲汤(《韩氏医通》);治悬饮咳喘,胸胁胀痛者,常与甘遂、大戟等同用,以增强泻水逐饮作用,如控涎丹(《三因方》)。

2. 痰滞经络,关节麻木、疼痛,痰湿流注,阴疽肿毒　本品味辛性温,辛散走窜,温能散寒,善通经络,搜痰涎,故能散结消肿,通络止痛,治痰湿阻滞经络。治痰滞经络,肢体麻木或关节肿痛,常与马钱子、没药等同用,如白芥子散(《证治准绳》);治湿痰阻滞经络,阴疽流注,常配鹿角胶、肉桂等,以温阳通滞,消痰散结,如阳和汤(《外科全生集》)。此外,冷哮日久者,常配细辛、麝香等研末,于夏令外敷肺俞、膏肓等穴。

【用法用量】 煎服,3~9 g。外用适量。

【使用注意】 本品辛散走窜,气虚阴亏及有出血倾向者忌用,消化道溃疡、出血及皮肤过敏者慎用。

【文献摘要】

(1)《本草从新》:"辛温入肺,通行经络,发汗散寒,温中开胃,利气豁痰。"

(2)《日华子本草》:"治风毒肿及麻痹,醋研敷之;扑损瘀血,腰痛肾冷,和生姜研微暖涂贴;心痛,酒醋服之。"

(3)《本草纲目》:"温中散寒,豁痰利窍。治胃寒吐食,肺寒咳嗽,风冷气痛,口噤唇紧。消散痈肿、瘀血。"

【现代研究】

本品主含芥子苷、芥子碱、芥子酶、脂肪油、胡萝卜苷、蛋白质、黏液质等。具有镇咳、祛痰、平喘、抑菌、延缓衰老、辐射保护、抗雄激素等作用。

皂荚 Zàojiá

皂荚饮片

本品首载于《神农本草经》为豆科植物皂荚 *Gleditsia sinensis* Lam. 的果实。主产于四川、河北、陕西等地，秋季果实成熟时采摘，晒干。生用，用时捣碎。处方中的常用名称：皂荚、大皂角、皂角、猪牙皂等。

【药性】 辛、咸，温；有小毒。归肺、大肠经。

【功效】 祛痰开窍，散结消肿。

【应用】

1. 中风口噤，昏迷不醒，癫痫痰盛，关窍不通，喉痹痰阻　本品味辛性窜，入鼻则涕，入喉则吐，能开噤通窍，治痰涎壅盛，关窍闭阻之中风、癫痫等猝然昏厥，口噤不开者，常与细辛同用，如通关散(《丹溪心法附余》)。

2. 顽痰咳喘，咳痰不爽　本品味辛性温，善于祛痰，治顽痰阻肺，胸闷咳喘。治痰饮阻肺，肺失清肃，胸闷咳喘，咳痰不爽者，以本品作蜜丸，枣汤送服，如皂荚丸(《金匮要略》)；若治热痰胶黏难咳者，须与黄芩、瓜蒌等同用。

3. 大便燥结　本品味辛，能通肺及大肠气而通便。治大便燥结，可单用，也可配伍细辛研末，蜂蜜调匀，制成栓剂，塞入肛门。

4. 痈肿　本品辛散，能散结消肿，治疮痈疔肿未溃者，可研末外敷。

【用法用量】 1~1.5 g，多入丸散用。外用适量，研末吹鼻取嚏或研末调敷患处。

【使用注意】 本品辛散走窜，孕妇及咳血、吐血患者忌服。

【文献摘要】

(1)《神农本草经》:"主风痹死肌，邪气，风头泪出，利九窍，杀精物。"

(2)《本经逢原》:"按大小二皂，所治稍有不同，用治风痰，牙皂最胜，若治湿痰，大皂力优。"

【现代研究】

本品主含三萜皂苷、鞣质、豆甾醇、谷甾醇、木质素、果胶、生物碱、有机酸、糖类等。有祛痰、抗炎、抑菌、抗病毒、抗肿瘤等作用。

【附药】

皂角刺　本品为豆科植物皂荚的棘刺。性味辛温，归肝、胃经。功能：消肿托毒，排脓，杀虫。用于痈疽初起或脓成不溃；外治疥癣麻风。煎服，3~10 g。外用适量，醋蒸取汁涂患处。

旋覆花 Xuánfùhuā

旋覆花饮片

本品首载于《神农本草经》，为菊科植物旋覆花 *Inula japonica* Thunb. 或欧亚旋覆花 *Inula britannica* L. 的头状花序。全国大部分地区均产。夏、秋二季花开时采收，阴干或晒干。生用或蜜炙用。处方中的常用名称：旋覆花、金沸花、蜜旋覆花等。

【药性】 苦、辛、咸，微温。归肺、脾、胃、大肠经。

【功效】 降气，消痰，行水，止呕。

【应用】

1. 风寒咳嗽，痰饮蓄结，胸膈痞闷，喘咳痰多　本品苦降辛开，咸能软坚，温能宣通，入肺经，善于降气、消痰，并有行水作用，善于治痰饮壅肺、痰饮蓄结。因其性温，故治寒痰壅肺，喘咳

—•笔记栏•—

痞闷者尤为适宜。治痰饮壅肺，胸闷，咳喘痰多者，常配紫苏子、半夏同用；治肺有痰热者，常与桑白皮、桔梗同用；治痰饮蓄结，胸膈痞满者，常与海浮石、海蛤壳同用。

2. 呕吐噫气，心下痞硬　本品苦降，入脾、胃经，善降胃气，有良好的降气止呕噫作用。治痰浊中阻，噫气，呕吐，心下痞硬者，常配代赭石、半夏等，如旋覆代赭汤（《伤寒论》）。

【用法用量】 煎服，3～9 g，包煎。

【使用注意】 本品温散，阴虚劳嗽及肺燥咳嗽者慎用。旋覆花药用头状花序，有较多绒毛，质地轻，易刺激咽喉作痒而致咳、吐，故煎服时需要包煎。

【文献摘要】

（1）《神农本草经》："主结气，胁下满，惊悸。除水，去五脏间寒热，补中，下气。"

（2）《名医别录》："消胸上痰结，唾如胶漆，心胁痰水，膀胱留饮，风气湿痹，皮间死肉，目中眵蔑，利大肠，通血脉，益色泽。"

（3）《药性论》："主肋胁气，下寒热水肿，主治膀胱宿水，去逐大腹，开胃，止呕逆不下食。"

【现代研究】

本品主含倍半萜内酯类、黄酮类、有机酸等。其倍半萜内酯类为旋覆花素、旋覆花内酯等。有镇咳、祛痰、平喘、抗溃疡、抗炎、抑菌、保护血管内皮、护肝、调节免疫、调节胃肠运动、脑保护等作用。

【附药】

金沸草　本品为菊科植物条叶旋覆花 *Inula linariifolia* Turcz. 或旋覆花 *Inula japonica* Thunb. 的地上部分。性味苦辛咸温，归肺、大肠经。功能：降气，消痰，行水。用于外感风寒，痰饮蓄结，咳喘痰多，胸膈痞满。煎服，5～10 g。

白前 Báiqián

白前饮片

本品首载于《名医别录》，为萝藦科植物柳叶白前 *Cynanchum stauntonii*（Decne.）Schltr. ex Lévl. 或芫花叶白前 *Cynanchum glaucescens*（Decne.）Hand. -Mazz. 的根茎及根。主产于浙江、安徽、福建等地，秋季采挖，洗净，晒干，切段。生用或蜜炙用。处方中的常用名称：白前、鹅管白前、炙白前、蜜白前等。

【药性】 辛、苦，微温。归肺经。

【功效】 降气，消痰，止咳。

【应用】

肺气壅实，咳嗽痰多，胸满喘急　本品辛苦，性微温而不燥，入肺经，善于降气，又能祛痰止咳，治肺气壅滞，咳嗽痰多，胸闷喘急者，不论寒热皆可随证配伍使用。治风邪犯肺，咳嗽咽痒者，常配荆芥、桔梗同用，如止嗽散（《医学心悟》）；治痰热壅肺，常配桑白皮、石膏同用；治痰饮内停，身肿胀满，不得平卧者，常与半夏、紫菀同用。

【用法用量】 煎服，3～10 g。

【使用注意】 本品辛苦微温，故肺虚干咳不宜用。

【文献摘要】

（1）《名医别录》："主胸胁逆气，咳嗽上气。"

（2）《唐本草》："主上气冲喉中，呼吸欲绝。"

（3）《本草衍义》："保定肺气，治嗽多用。以温药相佐使，则尤佳。"

【现代研究】

本品主含皂苷类成分，其皂苷类成分为白前皂苷 A～K、白前新皂苷 A、B 等，有镇咳、祛痰、平喘、抗炎、镇痛、抗血栓形成、抗溃疡、抗腹泻等作用。

猫爪草 Māozhǎocǎo

猫爪草饮片

本品首载于《中药材手册》，为毛茛科植物小毛茛 *Ranunculus ternatus* Thunb. 的干燥块根。主产于河南。春季采挖，除去须根和泥沙，晒干。生用。处方中的常用名称：猫爪草。

【药性】 甘、辛，温。归肝、肺经。

【功效】 化痰散结，解毒消肿。

【应用】

1. 瘰疬痰核　本品味辛以散，能化痰浊，散郁结，治痰火郁结之瘰疬痰核，内服外用均可，常配夏枯草、玄参、僵蚕等药。

2. 疔疮肿毒，蛇虫咬伤　取本品解毒消肿之效，临床多用鲜品捣敷患处。

【用法用量】 煎服，15～30 g，单味药可用至 120 g。外用适量，捣敷或研末调敷。

【现代研究】 本品主含脂肪酸类成分（肉豆蔻酸十八烷基酯、花生酸、软脂酸等）、内酯类成分（小毛茛内酯、白头翁素、原白头翁素等）、甾醇类成分（豆甾醇、β-谷甾醇等）。还含皂苷、多糖和少量生物碱等。具有抑制金黄色葡萄球菌、白色葡萄球菌、痢疾杆菌等作用，还可抑制耐药性结核杆菌。此外，还有镇咳、祛痰、抗肿瘤、增强免疫等作用。

第二节 清化热痰药

本类药物多苦甘，偏寒凉，以清化热痰，润化燥痰为主要作用，个别药物味咸，兼能软坚散结。主要适用于热痰证，症见咳嗽气喘，痰黄质稠，舌红苔黄腻；或燥痰证，症见干咳少痰，咯痰不爽，唇舌干燥，舌红少苔；以及痰火郁结之癫痫、中风惊厥、瘿瘤、瘰疬等。临床常配伍清热泻火或养阴润肺之品，以增强清化热痰或润化燥痰之功。

本类药物多偏寒凉，寒痰证、湿痰证不宜使用。

川贝母 Chuānbèimǔ

川贝母饮片

本品首载于《神农本草经》，为百合科植物川贝母 *Fritillaria cirrhosa* D. Don、暗紫贝母 *Fritillaria unibracteata* Hsiao et K. C. Hsia、甘肃贝母 *Fritillaria przewalskii* Maxim.、梭砂贝母 *Fritillaria delavayi* Franch.、太白贝母 *Fritillaria taipaiensis* P. Y. Li 或瓦布贝母 *Fritillaria unibracteata* Hsiao et K. C. Hsia var. *wabuensis*（S. Y. Tang et S. C. Yue）Z. D. Liu，S. Wang et S. C. Chen 的鳞茎。主产于四川、云南、甘肃等地。夏、秋二季或积雪融化后采挖。生用。处方中的常用名称：川贝母、川贝等。

【药性】 苦、甘，微寒。归肺、心经。

【功效】 清热润肺，化痰止咳，散结消痈。

【应用】

1. 肺热燥咳，阴虚劳嗽　本品味苦而甘寒质润，既清肺化痰，又润肺止咳，尤宜于内伤久咳，燥咳、热痰咳嗽等。治肺热燥咳，常与知母相须为用，如二母散（《急救仙方》）；或配瓜蒌、花粉等，如贝母瓜蒌散（《医学心悟》）。对于肺肾阴虚久咳者，常配百合、麦冬、玄参、生地黄等。

2. 瘰疬，乳痈，肺痈　本品能清热散结消痈。治痰火郁结之瘰疬痰核，常配玄参、牡蛎等，如消瘰丸（《医学心悟》）；治热毒壅结之乳痈、肺痈、疮痈等，常配蒲公英、鱼腥草、连翘等。

【用法用量】 煎服，3～10 g；研粉冲服，1 次 1～2 g。

【使用注意】 不宜与川乌、草乌、附子等同用。

笔记栏

【文献摘要】

(1)《神农本草经》:"治伤寒烦热,淋沥邪气,疝瘕,喉痹,乳难,金疮,风痉。"

(2)《本草汇言》:"润肺消痰,止咳定喘,则虚劳火结之证,贝母专司首剂。"

(3)《本草汇编》:"治虚劳咳嗽,吐血咯血,肺痿肺痈,妇人乳痈,痈疽及诸郁之证。"

【现代研究】

本品主含西贝素、贝母辛、松贝辛等生物碱类成分,以及皂苷、萜类、甾体、嘌呤等非生物碱类成分。具有镇咳、祛痰、平喘、镇静、抑菌、抗炎、抗溃疡及抗疲劳等作用。

【附药】

1. 平贝母　本品为百合科植物平贝母 *Fritillaria ussuriensis* Maxim. 的鳞茎。性味苦甘微寒,归肺、心经。功能:清热润肺,化痰止咳。用于肺热燥咳,干咳少痰,阴虚劳嗽,咳痰带血。煎服,3~9 g。反乌头。

2. 伊贝母　本品为百合科植物新疆贝母 *Fritillaria walujewii* Regel 或伊犁贝母 *Fritillaria pallidiflora* Schrenk 的鳞茎。性味苦甘微寒,归肺、心经。功能:清热润肺,化痰止咳。用于肺热燥咳,干咳少痰,阴虚劳嗽,咳痰带血。煎服,3~9 g。反乌头。

浙贝母 Zhèbèimǔ

浙贝母饮片

本品首载于《本草正》,为百合科植物浙贝母 *Fritillaria thunbergii* Miq. 的鳞茎。主产于浙江。初夏植株枯萎时采挖。生用。处方中的常用名称:浙贝母、浙贝、大贝、象贝母等。

【药性】　苦,寒。归肺、心经。

【功效】　清热化痰止咳,解毒散结消痈。

【应用】

1. 风热、痰热咳嗽　本品功似川贝母,但偏苦寒,开泄力强,长于清化热痰,降泄肺气,可用治风热、痰热咳嗽。治外感风热咳嗽者,常配桑叶、菊花,薄荷等同用;治痰热咳嗽,常配瓜蒌、川贝母、杏仁等同用。

2. 瘰疬,瘿瘤,肺痈,疮痈　本品解毒散结消痈之力亦强于川贝母。治瘰疬,常配玄参、牡蛎等,如消瘰丸(《医学心悟》);治瘿瘤,常配海藻、昆布、半夏等,如海藻玉壶汤(《外科正宗》);治肺痈,常配芦根、薏苡仁、鱼腥草等;治热毒疮痈,常配金银花、当归、天花粉等。

【用法用量】　煎服,5~10 g。

【使用注意】　不宜与川乌、草乌、附子等同用。

【文献摘要】

(1)《本草正》:"……较之川贝母,清降之功,不啻数倍。"

(2)《本草纲目拾遗》:"解毒利痰,开宣肺气,凡肺家夹风火有痰者宜此。"

(3)《本经逢原》:"……治项上结核,皆取其开郁散结,化痰解毒之功也。"

【现代研究】

本品主要含生物碱、总皂苷和多糖等有效成分。具有镇咳、镇痛、抗菌、抗溃疡、抗炎、抗肿瘤等作用。

【附药】

1. 湖北贝母　本品为百合科植物湖北贝母 *Fillaria hupehensis* Hsiao et K. C. Hsia 的鳞茎。性味微苦凉,归肺、心经。功能:清热化痰,止咳,散结。用于热痰咳嗽,瘰疬痰核,痈肿疮毒。研粉冲服,3~9 g。反乌头。

2. 土贝母　本品为葫芦科植物土贝母 *Bolbostemma paniculatum* (Maxim) Franquet 的块茎。性味苦微寒,归肺、脾经。功能:解毒,散结,消肿。用于乳痈、瘰疬、痰核。煎服,5~10 g。

—•笔记栏•—

瓜蒌饮片

瓜蒌 Guālóu

本品首载于《神农本草经》,为葫芦科植物栝楼 *Trichosanthes kirilowii* Maxim. 或双边栝楼 *Trichosanthes rosthornii* Harms 的成熟果实。主产于山东、浙江、河北等地。秋季果实成熟时采收。生用。处方中的常用名称:瓜蒌、瓜蒌实、全瓜蒌、栝楼等。

【药性】 甘、微苦,寒。归肺、胃、大肠经。

【功效】 清热涤痰,宽胸散结,润燥滑肠。

【应用】

1. 痰热咳喘　本品甘寒而润,苦可降泄,善能清化热痰,润化燥痰。治肺热痰咳,常配黄芩、胆南星、枳实等,如清气化痰丸(《医方考》);治燥热伤肺,干咳无痰或痰少质黏,咯痰不爽者,常配瓜蒌、桔梗、天花粉等,如贝母瓜蒌散(《医学心悟》)。

2. 胸痹,结胸　本品能清化热痰,宽胸散结。治痰浊痹阻,胸阳不振之胸痹,常配薤白、半夏等,如瓜蒌薤白白酒汤、瓜蒌薤白半夏汤(《金匮要略》);治痰热结胸,常配黄连、半夏等,如小陷胸汤(《伤寒论》)。

3. 肺痈,肠痈,乳痈　本品能清热散结消痈。如治肺痈咳吐脓血,常配鱼腥草、芦根等;治肠痈,常配败酱草、红藤等;治乳痈初起,红肿热痛,常配当归、乳香、没药等。

4. 肠燥便秘　本品之种仁富含脂肪油,甘寒质润,长于润肠通便,可治胃肠实热之肠燥便秘。

【用法用量】 煎服,9~15 g。

【使用注意】 脾虚便溏及湿痰、寒痰者忌用。不宜与川乌、草乌、附子等同用。

【文献摘要】

(1)《本草纲目》:“润肺燥,降火,治咳嗽,涤痰结,利咽喉,止消渴,利大肠消痈肿疮毒。”

(2)《本草便读》:“一切肺痈肠痈乳痈之属火者尤为相宜。”

(3)《本草思辨录》:“栝楼实之长,在导痰浊下行,故结胸胸痹,非此不治。”

【现代研究】

本品主含有油脂、挥发油、有机酸类、萜类、甾醇类、氨基酸、蛋白质、黄酮及酚类化合物等成分。具有镇咳、祛痰、扩血管、抗菌、抗溃疡、降血脂及泻下等作用。

【附药】

1. 瓜蒌子　本品为栝楼或双边栝楼的成熟种子。性味甘寒,归肺、胃、大肠经。功能:润肺化痰,滑肠通便。用于燥咳痰黏,肠燥便秘。煎服,9~15 g。反乌头。

2. 瓜蒌皮　本品为栝楼或双边栝楼的成熟果皮。性味甘寒,归肺、胃经。功能:清热化痰,利气宽胸。用于痰热咳嗽,胸闷胁痛。煎服,6~10 g。反乌头。

竹茹饮片

竹茹 Zhúrú

本品首载于《本草经集注》,为禾本科植物青秆竹 *Bambusa tuldoides* Munro、大头典竹 *Sinocalamus beecheyanus* (Munro) McClure var. *pubescens* P. F. Li 或淡竹 *Phyllostachys nigra* (Lodd.) Munro var. *henonis* (Mitf.) Stapf ex Rendle 茎秆的中间层。主产于江苏、浙江、江西等地。全年均可采制。生用或姜汁炙用。处方中的常用名称:竹茹、姜竹茹等。

【药性】 甘,微寒。归肺、胃、心、胆经。

【功效】 清热化痰,除烦,止呕。

【应用】

1. 痰热咳嗽　本品甘寒而润,入肺经,善能清热化痰。治痰热咳嗽,症见痰稠色黄者,常

—•笔记栏•—

配瓜蒌、川贝母、黄芩等同用。

2. 心烦失眠　本品微寒，入胃、心、胆经，既能清热化痰，又能清心除烦。治胆火夹痰，犯肺扰心之胸闷痰多，惊悸不宁，心烦失眠者，常配半夏、陈皮、茯苓等，如温胆汤(《三因方》)。

3. 胃热呕吐，妊娠恶阻　本品善能清胃热，止呕吐，为治胃热呕逆之要药。治胃热呕吐，常配黄连同用；治痰热互结，胸闷呕逆，常配黄连、半夏等；治胃虚有热所致者，常配陈皮、生姜、人参等；治胎热之妊娠恶阻者，常配黄芩、苏梗等。

【用法用量】 煎服，5~10 g。清化痰热宜生用；止呕宜姜炙用。

【文献摘要】

(1)《名医别录》："呕啘，温气寒热，吐血，崩中，溢筋。"

(2)《药品化义》："惊悸怔忡，心烦躁乱，睡卧不宁，此皆胆胃热痰之症。"

(3)《本经逢原》："竹茹专清胃府之热，为虚烦、烦渴、胃虚呕逆之要药。"

【现代研究】

本品主含有生物碱、鞣质、皂苷、氨基酸、有机酸、糖类及涩味质等。具有祛痰、止咳、止吐、抗菌、抗氧化等作用。

竹沥 Zhúlì

本品首载于《名医别录》，来源同于竹茹，其新鲜茎秆经火烤灼，流出的淡黄色澄清液汁，全年可采制。生用。处方中的常用名称：竹沥、淡竹沥等。

【药性】 甘，寒。归心、肺、肝经。

【功效】 清热豁痰，定惊利窍。

【应用】

1. 痰热咳喘　本品甘寒而滑利，祛痰力佳，尤宜于痰热咳喘，痰稠难咯，顽痰胶结者。可单用，或配半夏、黄芩等，如竹沥达痰丸(《沈氏尊生书》)。

2. 中风痰迷，惊痫癫狂　本品善能清热滑痰而开窍定惊。治痰热蒙蔽清窍之中风口噤、癫狂，常配生姜汁鼻饲或灌服；治小儿痰热惊风，四肢抽搐，常与胆南星、牛黄等同用。

【用法用量】 冲服，15~30 ml。

【使用注意】 寒痰及脾虚便溏者忌用。

【文献摘要】

(1)《名医别录》："治暴中风风痹，胸中大热。止烦闷。"

(2)《本草纲目》："竹沥性寒而滑，大抵因风火燥热而又痰者宜之。若寒湿胃虚肠滑之人服之，则反伤肠胃。"

(3)《本草备要》："治中风口噤，痰迷大热，风痉癫狂，烦闷消渴，血虚自汗。"

【现代研究】

本品主要含有氨基酸、葡萄糖、果糖、蔗糖、有机酸、微量元素等成分。具有镇咳、祛痰、抑菌、抗炎等作用。

天竺黄 Tiānzhúhuáng

天竺黄饮片

本品首载于《蜀本草》，为禾本科植物青皮竹 *Bambusa textilis* McClure 或华思劳竹 *Schizostachyum chinense* Rendle 等秆内分泌液干燥后的块状物。主产于云南、广东、广西等地。秋冬二季采收。生用。处方中的常用名称：天竺黄、天竹黄、竺黄等。

【药性】 甘，寒。归心、肝经。

【功效】 清热豁痰，凉心定惊。

—•笔记栏•—

【应用】

小儿痰热惊痫，中风痰迷，热病神昏　本品味甘性寒，入心、肝经，能清热化痰，清心定惊，功似竹沥而力缓。治小儿痰热惊痫，常配朱砂、麝香、胆南星等，如抱龙丸（《小儿药证直诀》）；治中风痰迷，常配菖蒲、郁金等；治热病神昏，常配牛黄、连翘、竹叶卷心等。

【用法用量】　煎服，3~9 g。

【文献摘要】

（1）《本草经疏》：“天竺黄，气微寒而性亦稍缓，故为小儿家要药。”

（2）《本草汇言》：“竹黄性缓，清空解热，而更有定惊安神之妙。”

【现代研究】

本品主要含有硅酸盐、无机元素及少量氨基酸等。具有心血管及神经保护、镇咳、祛痰、解热、抗炎、镇静和抗惊厥等作用。

前胡 Qiánhú

前胡饮片

本品首载于《雷公炮炙论》，为伞形科植物白花前胡 *Peucedanum praeruptorum* Dunn. 的根。主产于浙江、安徽、江西等地。冬季至次春茎叶枯萎或未抽花茎时采挖。生用或蜜炙用。处方中的常用名称：前胡、蜜前胡等。

【药性】　苦、辛，微寒。归肺经。

【功效】　降气化痰，散风清热。

【应用】

1. 痰热咳喘　本品辛散苦降，善能降气祛痰，略能清热。治痰热壅肺，常配苦杏仁、桑白皮、贝母等，如前胡散（《太平圣惠方》）；治湿痰或寒痰证，宜配温化寒痰药。

2. 风热咳嗽　本品能散风清热，治外感风热，常配薄荷、牛蒡子等；也治风寒咳嗽，宜配生姜、紫苏叶等。

【用法用量】　煎服，3~10 g。

【文献摘要】

（1）《名医别录》：“主疗痰满，胸胁中痞，心腹结气，风头痛，去痰实，下气。”

（2）《本草正义》：“微苦而降，以下气消痰见长。”

（3）《本草纲目》：“清肺热，化痰热，散风邪。”

【现代研究】

本品主要含有香豆素类、挥发油、黄酮、色原酮、聚炔、木质素、苯丙衍生物等成分。具有镇咳、祛痰、平喘、解热、降血压、抗胃溃疡、解痉及抑菌等作用。

桔梗 Jiégěng

桔梗饮片

桔梗

本品首载于《神农本草经》，为桔梗科植物桔梗 *Platycodon grandiflorum*（Jacq.）A. DC. 的根。主产于安徽、河南、辽宁等地。春、秋二季采挖。生用。处方中的常用名称：桔梗、苦桔梗等。

【药性】　苦、辛，平。归肺经。

【功效】　宣肺，祛痰，利咽，排脓。

【应用】

1. 咳嗽痰多，胸闷不畅　本品辛散苦泄，能开宣肺气而利胸膈咽喉，祛痰力强，为肺经要药。治咳嗽痰多，无论肺寒、肺热皆宜。治外感风寒之咳痰者，常配杏仁、紫苏、半夏，如杏苏散（《温病条辨》）；治外感风热或温病初起之咳痰者，常配桑叶、薄荷、杏仁等，如桑菊饮（《温病条辨》）。

—•笔记栏•—

2. 咽痛喑哑　本品能宣肺祛痰，利咽开音，善治外感、热毒及阴虚所致之一切咽痛喑哑证。治风热犯肺所致者，常配黄芩、胖大海等；治热毒盛壅所致者，常配射干、马勃、板蓝根等；治阴虚咽痛者，常配生地黄、玄参等同用。

3. 肺痈吐脓　本品能宣利肺气，祛痰排脓。治肺痈咳吐脓血者，可配甘草，如桔梗散（《金匮要略》）；或配鱼腥草、薏苡仁、芦根等同用。

此外，本品尚能开宣肺气而通二便，治癃闭、便秘。

【用法用量】　煎服，3~10 g。

【使用注意】　用量过大易致恶心呕吐。

【文献摘要】

（1）《神农本草经》："主胸胁痛如刀刺，腹满，肠鸣幽幽，惊恐悸气。"

（2）《珍珠囊药性赋》："其用有四：止咽痛，兼除鼻塞；利膈气，仍治肺痈；一为诸药之舟楫；一为肺部之引经。"

（3）《本草汇言》："咳嗽乃痰火之邪，郁在肺中，宜桔梗以开之。"

【现代研究】

本品主含有桔梗皂苷 D、远志皂苷等多种皂苷成分，以及黄酮、酚类多糖、氨基酸、微量元素等。具有祛痰、镇咳、抗炎、调节免疫、降血糖、降血脂、抗疲劳等作用。

胖大海 Pàngdàhǎi

胖大海饮片

本品首载于《本草纲目拾遗》，为梧桐科植物胖大海 *Sterculia lychnophora* Hance 的种子。主产于泰国、越南、马来西亚等国。4~6 月果实成熟开裂时采收。生用。处方中的常用名称：胖大海。

【药性】　甘，寒。归肺、大肠经。

【功效】　清热润肺，利咽开音，润肠通便。

【应用】

1. 肺热声哑，干咳无痰，咽喉干痛　本品甘寒清润，能清热润肺，利咽开音，为治咽痛失音之佳品。治热郁肺燥，常配川贝母、麦冬、百部等；治肺热咽痛声哑、失音，单味泡服，或与蝉蜕、射干、桔梗等同用。

2. 热结便秘，头痛目赤　本品能清热润肠通便，治肠燥便秘，头痛目赤，常与大黄、火麻仁、郁李仁等同用。

【用法用量】　沸水泡服或煎服，2~3 枚。

【文献摘要】

（1）《本草纲目拾遗》："治火闭痘，服之立起，并治一切热证劳伤……干咳无痰，骨蒸内热，三焦火证，诸疮皆效。"

（2）《本草正义》："……能开音治瘖，爽嗽豁痰。"

【现代研究】

本品主含有 *D*-半乳糖、*L*-鼠李糖、蔗糖等，活性成分主要为胖大海素。具有镇痛、抗炎、抑菌、抗病毒、缓泻、降血压、调节免疫等作用。

【附药】

罗汉果　本品为葫芦科植物罗汉果 *Siraitia grosvenorii* (Swingle) C. Jeffrey ex A. M. Lu et Z. Y. Zhang 的果实。性味甘凉，归肺、大肠经。功能：清热润肺，利咽开音，滑肠通便。用于肺热燥咳，咽痛失音，肠燥便秘。煎服，9~15 g；或开水泡服。

笔记栏

海藻 Hǎizǎo

海藻饮片

本品首载于《神农本草经》，为马尾藻科植物海蒿子 *Sargassum pallidum* (Turn.) C. Ag. 或羊栖菜 Sargassum. *fusiforme* (Harv.) Setch. 的干燥藻体。主产于辽宁、山东、福建等沿海地区。夏、秋二季采捞。生用。处方中的常用名称：海藻。

【药性】　苦、咸，寒。归肝、胃、肾经。

【功效】　消痰软坚散结，利水消肿。

【应用】

1. 瘿瘤，瘰疬，睾丸肿痛　　本品味苦咸性寒，善能消痰软坚散结，可治痰火凝滞，胶结成块之证。治痰凝气血瘀滞之瘿瘤初起，常与昆布相须为用，并配半夏、青皮、连翘等，如海藻玉壶汤(《外科正宗》)；治痰火郁结之瘰疬结核，常配夏枯草、玄参、牡蛎等；治痰凝气滞之睾丸肿痛，常配橘核、川楝子、延胡索等。

2. 痰饮，水肿　　本品利水消肿力弱，常配猪苓、茯苓、泽泻等同用。

【用法用量】　煎服，6～12 g。

【使用注意】　脾胃虚寒者不宜用。反甘草。

【文献摘要】

(1)《神农本草经》："主瘿瘤气，颈下核，破散结气，痈肿癥瘕坚气，腹中上下鸣，下十二水肿。"

(2)《药性论》："疗疝气下坠疼痛，核肿。"

(3)《本草便读》："一切瘰疬瘿瘤顽痰胶结之证，皆可用之。"

【现代研究】

本品主要含有海藻酸、甘露醇、钾、碘、灰分等；具有抗氧化、抗菌、调节免疫、抗肿瘤、抗凝血、降血脂、降血糖等作用。

昆布 Kūnbù

昆布饮片

本品首载于《名医别录》，为海带科植物海带 *Laminaria japonica* Aresch. 或翅藻科植物昆布 *Ecklonia kurome* Okam. 的干燥叶状体。主产于山东、辽宁、浙江等地。夏、秋二季采集。生用。处方中的常用名称：昆布。

【药性】　咸，寒。归肝、胃、肾经。

【功效】　消痰软坚散结，利水消肿。

【应用】

与"海藻"相似，两者常相须为用。

【用法用量】　煎服，6～12 g。

【使用注意】　脾胃虚寒者慎用。

【文献摘要】

(1)《名医别录》："主十二种水肿，瘿瘤聚结气，瘘疮。"

(2)《药性论》："利水道，去面肿，治恶疮鼠瘘。"

(3)《本草经疏》："其气味、性能、治疗，与海藻大略相同。"

【现代研究】

本品主含有碘、海带多糖、无机盐、蛋白质、维生素、氨基酸等成分。具有调血脂、降血糖、降血压、抗凝血、调节免疫、抗肿瘤、抗纤维化等作用。

—•笔记栏•—

黄药子饮片

黄药子 Huángyàozǐ

本品首载于《本草图经》，为薯蓣科植物黄独 *Dioscorea bulbifera* L. 的块茎。主产于湖北、湖南、江苏等地。秋、冬二季采挖，洗净，切片，晒干。生用。处方中的常用名称：黄药子、苦药子、黄药等。

【药性】 苦，寒；有小毒。归肺、肝、心经。

【功效】 化痰散结消瘿，清热凉血解毒。

【应用】

1. 瘿瘤，瘰疬　本品味苦性寒，能清泄肺肝实火，化痰软坚消瘿。治瘿瘤、瘰疬，可单用浸酒饮；或配海藻等，如藻药散（《证治准绳》）。

2. 咽喉肿痛，疮疡肿毒，毒蛇咬伤　本品能清热解毒。治咽喉肿痛，常配射干、山豆根；治疮疡肿毒，毒蛇咬伤，常配重楼、半枝莲等。

3. 血热出血　本品清热凉血。治血热妄行之吐血、衄血，常配蒲黄炭、茜草炭等。

【用法用量】 煎服，4.5~9 g。外用适量，研末调敷患处。

【使用注意】 不宜过量使用。

【文献摘要】

(1)《开宝本草》："主诸恶肿疮瘘，喉痹，蛇犬咬毒。"

(2)《本草纲目》："凉血，降火，消瘿。解毒。"

(3)《萃金裘本草述录》："治肺热咳嗽，唾血，鼻衄，舌衄，舌肿，咽喉肿痛。"

【现代研究】

本品主含有甾体皂苷、二萜内酯、黄酮类、多糖、微量元素等成分。具有抗甲状腺疾病、抗肿瘤、抗氧化性、抗病毒、抗菌、消炎及调节免疫等作用，也有一定的肝毒性。

蛤壳饮片

蛤壳 Géqiào

本品首载于《神农本草经》，为帘蛤科动物文蛤 *Meretrix meretrix* Linnaeus 或青蛤 *Cyclina sinensis* Gmelin 的贝壳。各沿海地区均产。夏、秋二季捕捞，去肉，洗净，晒干。生用或煅用。处方中的常用名称：蛤壳、海蛤壳、煅蛤壳、蛤粉等。

【药性】 苦、咸，寒。归肺、肾、胃经。

【功效】 清热化痰，软坚散结，制酸止痛；外用收湿敛疮。

【应用】

1. 痰火咳嗽　本品味苦性寒，善能清化肺中痰火。治痰热壅肺者，常配桑白皮、黄芩、瓜蒌等；治肝火犯肺之胸胁疼痛，咳痰带血者，常配青黛，如黛蛤散（《医说》）。

2. 瘰疬，瘿瘤　本品能软坚散结。治瘰疬，瘿瘤，常配海藻、昆布、瓦楞子等，如含化丸（《证治准绳》）。

此外，本品煅用能制酸止痛，收湿敛疮，可治胃痛吞酸、湿疹、烫伤等。

【用法用量】 煎服，6~15 g，宜先煎。蛤粉包煎。

【使用注意】 脾胃虚寒者不宜用。

【文献摘要】

(1)《神农本草经》："主咳逆上气，喘息，烦满，胸痛寒热。"

(2)《药性论》："治嗽逆上气，项下瘤瘿。"

(3)《现代实用中药》："治淋疾，并有利尿之功。"

【现代研究】

本品主含有碳酸钙、氨基酸、壳角质及多种微量元素。具有利尿、止血、抗炎、延缓衰老等作用。

附 其他清化热痰药(表20-1)

表20-1 其他清化热痰药

药名	处方中的常用名称	药性	功效	应用	用法用量	使用注意
浮海石	海浮石、浮海石	咸,寒。归肺、肾经	清热化痰,软坚散结,利尿通淋	痰热咳喘;瘰疬,瘿瘤	煎服,10~15 g,宜打碎先煎	—
瓦楞子	瓦楞子、煅瓦楞子	咸,平。归肺、胃、肝经	消痰化瘀,软坚散结,制酸止痛	顽痰胶结,瘰疬,瘿瘤,癫狂,惊风	煎服,9~15 g,先煎。消痰化瘀,软坚散结宜生用;制酸止痛宜煅用	无瘀血痰积者慎用
礞石	礞石、青礞石、金礞石	咸,平。归肺、肝经	坠痰下气,平肝镇惊	顽痰胶结,咳逆喘急;癫狂,惊风	多入丸散服,3~6 g;煎汤,10~15 g,布包先煎	孕妇忌用

第三节 止咳平喘药

本类药物多味苦泄降,药性有寒、温之分,主入肺经,以制止咳嗽、平定喘息为主要作用,主要适用于外感或内伤等多种原因导致肺气失于宣发或肃降引起的咳嗽、喘证,症见咳嗽,呼吸急迫,甚则张口抬肩,鼻翼煽动,不能平卧等。

苦杏仁 Kǔxìngrén

本品首载于《神农本草经》,为蔷薇科植物山杏 *Prunus armeniaca* L. var. *ansu* Maxim.、西伯利亚杏 *Prunus sibirica* L.、东北杏 *Prunus mandshurica* (Maxim.) Koehne 或杏 *Prunus armeniaca* L. 的成熟种子。产于东北、华北、西北等地,夏季采收。处方中的常用名称:苦杏仁、光杏仁、炒苦杏仁、杏仁等。

苦杏仁饮片

苦杏仁

【药性】 苦,微温;有小毒。归肺、大肠经。

【功效】 降气止咳平喘,润肠通便。

【应用】

1. 咳嗽气喘,胸满痰多　本品苦泄性降,主入肺经,长于降气,兼能宣发,使肺之宣肃功能复常而喘咳自平,故为止咳平喘要药。咳嗽喘满,无论寒热、新久,凡肺气壅闭不宣或气逆不降所致者,皆可随证配伍使用。若治风寒束肺之咳喘,可配麻黄、甘草,如三拗汤(《伤寒论》);治邪热壅肺之喘咳,可与石膏、麻黄、甘草为伍,如麻黄杏仁石膏甘草汤(《伤寒论》);治燥热伤肺之咳嗽,常与桑叶、贝母、沙参等同用,如桑杏汤(《温病条辨》);治寒痰阻肺之咳嗽痰多,常与半夏、干姜、细辛等同用,如苓甘五味姜辛夏杏汤(《伤寒论》)。

2. 肠燥便秘　本品质润多脂,能润滑大肠,用于肠燥津亏之便秘。常配伍柏子仁、郁李仁等,如五仁丸(《世医得效方》)。

【用法用量】 煎服,5~10 g,宜打碎入煎,生品入煎剂宜后下。

【使用注意】 本品有小毒,内服用量不宜过大。婴儿慎用。大便溏泻者慎用。

【文献摘要】

(1)《神农本草经》:"主咳逆上气,雷鸣,喉痹,下气,产乳,金疮,寒心奔豚。"

(2)《本草求真》:"杏仁,既有发散风寒之能,复有下气除喘之力,缘辛则散邪,苦则下气,润则通秘,温则宣滞行痰。杏仁气味俱备。"

(3)《本草便读》:"功专降气,气降则痰消嗽止。能润大肠,故大肠气闭者可用之。"

【现代研究】

本品主含苦杏仁苷及脂肪油、蛋白质、各种游离氨基酸，尚含苦杏仁酶、苦杏仁苷酶、绿原酸等。具有镇咳、平喘、抑菌、通便、抗突变、抗炎、镇痛等作用。

案例

晋·葛洪《神仙传·卷十·董奉》："……又君异居山间，为人治病，不取钱物。使重病愈者，使栽杏五株，轻者一株。如此数年，计得十万余株，郁然成林……后杏子大熟，于林中作一箪仓，语时人曰：'欲买杏者，不须来报径自取之。'但将谷一器置仓中，即自往取一器杏去……君异每年货杏得谷，旋以赈救贫乏，供给行旅不逮者，岁消两万斛，尚余甚多。"

冯模健. 杏林文化[M]. 北京：中国中医药出版社，2010：186－187.

问题：

1. 本案例提到杏子，试问苦杏仁和甜杏仁的性能特点怎样？
2. 如何弘扬董奉（君异）的"杏林"精神？

【附药】

甜杏仁　本品为杏或山杏的某些栽培种而其味甘甜的种子。性味甘平，归肺、大肠经。功效与苦杏仁近似，但药力较缓而滋润，主要用于虚劳咳喘，津伤便秘。煎服，5～10 g。

紫苏子饮片

紫苏子 Zǐsūzǐ

本品首载于《本草经集注》，为唇形科植物紫苏 *Perilla frutescens*（L.）Britt. 的成熟果实。产于江苏、安徽、河南等地，秋季采收。处方中的常用名称：紫苏子、苏子、炒苏子、炙苏子等。

【药性】 辛，温。归肺经。

【功效】 降气化痰，止咳平喘，润肠通便。

【应用】

1. 咳喘痰多　本品主降，长于降肺气，化痰涎，使气降痰消，肺气畅达。若治痰涎壅盛之喘咳，每与白芥子、莱菔子为伍，如三子养亲汤（《韩氏医通》）；若治上盛下虚之久咳痰喘，可配肉桂、当归、厚朴等，如苏子降气汤（《太平惠民和剂局方》）。

2. 肠燥便秘　本品富含油脂，既能润燥滑肠，又能降泄肺气以助大肠之传导。用于妇女产后，以及老人、虚人肠燥津亏之便秘，每与火麻仁为伍，如麻子苏子粥（《普济方》）。

【用法用量】 煎服，3～10 g。

【使用注意】 脾虚便溏者慎用。

【文献摘要】

（1）《药品化义》："苏子主降，味辛气香主散，降而且散，故专利郁痰。咳逆则气升，喘急则肺胀，以此下气定喘。"

（2）《本经逢原》："诸香皆燥，惟苏子独润，为虚劳咳嗽之专药。性能下气，故胸膈不利者宜之，与橘红同为除喘定嗽、消痰顺气之良剂。"

（3）《本草纲目》："治风顺气，利膈宽肠，解鱼蟹毒。"

【现代研究】

本品主含脂肪油、蛋白质、维生素 B_1、氨基酸类等。具有降血脂、降血压、抗氧化、抑菌、抗肿瘤等作用。

—•笔记栏•—

百部 Bǎibù

百部饮片

本品首载于《名医别录》，为百部科植物直立百部 *Stemona sessilifolia* (Miq.) Miq.、蔓生百部 *Stemona japonica* (BL.) Miq. 或对叶百部 *Stemona tuberosa* Lour. 的块根。产于安徽、山东、江苏等地，春、秋二季采挖，生用或蜜炙用。处方中的常用名称：百部、炙百部、蜜百部等。

【药性】 甘、苦，微温。归肺经。

【功效】 润肺下气止咳，杀虫灭虱。

【应用】

1. 新久咳嗽，肺痨咳嗽，顿咳　　本品药性平和，主入肺经，擅长止咳。无论外感内伤，属寒属热，新久咳嗽，皆可配伍使用。因其味甘质润，微温不燥，尤宜于肺痨咳嗽、久咳虚嗽。若治风寒犯肺之咳嗽咽痒，咯痰不爽者，可配荆芥、桔梗、紫菀等，如止嗽散(《医学心悟》)；若治肺痨咳嗽，痰中带血，骨蒸潮热，可与麦冬、川贝母、阿胶等同用，如月华丸(《医学心悟》)；若治小儿顿咳，痉咳剧烈，痰涎黏稠，可与黄芩、苦杏仁、桑白皮等同用。

2. 头虱，体虱，蛲虫病，阴痒　　本品外用能燥湿杀虫。治头虱、体虱，可煎汤外洗；治蛲虫病，可浓煎；治阴痒，常与蛇床子、苦参、龙胆等同用，煎汤坐浴外洗。

【用法用量】 煎服，3～9 g。外用适量，水煎或酒浸。润肺止咳宜蜜炙用，杀虫灭虱宜生用。

【文献摘要】

(1)《名医别录》："主咳嗽上气。"

(2)《本草纲目》："百部，亦天门冬之类，故皆治肺病杀虫。但百部气温而不寒，寒嗽宜之。天门冬性寒而不热，热嗽宜之。此为异耳。"

(3)《本经逢原》："百部为杀虫要药。故肺热劳瘵喘嗽，有寸白虫宜之。蛲虫痢及传尸骨蒸多用之。"

【现代研究】

本品主含多种生物碱，如百部碱、百部定碱、原百部碱、次百部碱等，还含糖、脂类、蛋白质、有机酸等。具有镇咳、平喘、抑菌、抗病毒、灭虱、杀蛲虫等作用。

紫菀 Zǐwǎn

紫菀饮片

本品首载于《神农本草经》，为菊科植物紫菀 *Aster tataricus* L. f. 的根及根茎。产于东北、河南、安徽等地，春、秋二季采挖。处方中的常用名称：紫菀、炙紫菀、蜜紫菀等。

【药性】 辛、苦，温。归肺经。

【功效】 润肺下气，消痰止咳。

【应用】

痰多喘咳，新久咳嗽，劳嗽咳血　　本品辛散苦降，主入肺经，专能下肺气，开肺郁，化痰浊，止咳逆。大凡咳嗽，无论外感内伤、病程长短、虚实寒热，无所不治。尤宜于肺气壅塞，咳嗽痰多，咯痰不爽者。若治风寒犯肺，咳嗽咽痒，咯痰不爽者，可配荆芥、桔梗、百部等，如止嗽散(《医学心悟》)；治妊娠咳嗽不止，胎动不安，可配桔梗、桑白皮、天冬等，如紫菀汤(《伤寒保命集》)。

【用法用量】 煎服，5～10 g。外感暴咳宜生用，肺虚久咳宜蜜炙用。

【文献摘要】

(1)《神农本草经》："主咳逆上气，胸中寒热结气。"

(2)《日华子本草》："调中及肺痿吐血，消痰，止渴，润肌肤，添骨髓。"

—·笔记栏·—

(3)《本草备要》:“辛温润肺,苦温下气。补虚调中,消痰止渴。治寒热结气,咳逆上气,咳吐脓血,专治血痰,为血劳圣药。”

【现代研究】

本品主含紫菀皂苷、紫菀苷、紫菀酮、槲皮素、表无羁萜醇、挥发油等成分。具有祛痰、镇咳、抑菌、抗病毒、利尿、抗肿瘤等作用。

款冬花饮片

款冬花 Kuǎndōnghuā

本品首载于《神农本草经》,为菊科植物款冬 *Tussilago farfara* L. 的花蕾。产于河南、甘肃、山西等地,12 月或地冻前当花尚未出土时采挖。处方中的常用名称:款冬花、冬花、炙冬花、蜜冬花等。

【药性】 辛、微苦,温。归肺经。

【功效】 润肺下气,止咳化痰。

【应用】

新久咳嗽,喘咳痰多,劳嗽咳血　　本品温而不燥,润而不寒,散而不泄,故无论寒热虚实,一切咳嗽属肺病者,皆可用之。为治咳嗽之要药。其性能、功效与紫菀相似,常常相须为用,广泛用于各种咳嗽。然紫菀偏于化痰,款冬花偏于止咳。

【用法用量】 煎服,5~10 g。外感暴咳宜生用,内伤久咳宜炙用。

【文献摘要】

(1)《神农本草经》:“主咳逆上气,善喘,喉痹。”

(2)《本草备要》:“辛温纯阳。泻热润肺,消痰除烦,定惊明目。治咳逆上气,喘渴,肺虚挟火。喉痹,肺痿肺痈,咳吐脓血,为治嗽要药。”

(3)《本经逢原》:“款冬味辛入气分,色紫归血分。虽其性温,却不燥血,故能轻扬上达。观〈本经〉主治,一皆气升火炎之病。古方用为温肺,治咳嗽之要药。润肺消痰,止嗽定喘,喉痹喉瘖,肺痿肺痈,咸宜用之。”

【现代研究】

本品主含款冬二醇、款冬花碱、款冬花素、芸香苷、金丝桃苷等,尚含挥发油、氨基酸及鞣质等。具有镇咳、祛痰、平喘、升高血压、抑制血小板聚集、抗休克等作用。

枇杷叶饮片

枇杷叶 Pípáyè

本品首载于《名医别录》,为蔷薇科植物枇杷 *Eriobotrya japonica* (Thunb.) Lindl. 的叶。产于广东、江苏、浙江等地,全年均可采收。处方中的常用名称:枇杷叶、蜜杷叶、炙杷叶等。

【药性】 苦,微寒。归肺、胃经。

【功效】 清肺止咳,降逆止呕。

【应用】

1. 肺热咳喘,气逆喘急　　本品味苦降泄,微寒清热,主入肺经。长于清肺止咳,降气化痰。各种原因所致的咳喘皆可随证配伍使用,尤宜于肺热或燥热之咳嗽。若肺热咳喘,咳痰黄稠,可配伍黄芩、桑白皮等,如枇杷清肺饮(《医宗金鉴》);若燥热咳喘,咯痰不爽或干咳无痰,可与桑叶、麦冬、阿胶等同用,如清燥救肺汤(《医门法律》)。

2. 胃热呕逆,烦热口渴　　本品味苦性寒,入胃经。能清胃热,下逆气,具有较好的降逆止呕作用。常用于胃热呕吐,可配伍白茅根、淡竹叶,如枇杷叶饮子(《古今录验方》)。若治脾胃气虚,呕吐不食者,宜与白术、人参、半夏等配伍,如枇杷叶汤(《圣济总录》)。

【用法用量】 煎服,6~10 g。止咳宜炙用,止呕宜生用。

—•笔记栏•—

【文献摘要】

（1）《本草纲目》："治肺胃之病，大都取其下气之功耳。气下则火降痰顺，而逆者不逆，呕者不呕，渴者不渴，咳者不咳矣。"

（2）《本草思辨录》："枇杷叶为降气治热之物，则以之治嗽治呃，皆发无不中。"

【现代研究】

本品主含皂苷、熊果酸、齐墩果酸、苦杏仁苷、鞣质、维生素B、维生素C、山梨醇等，鲜叶中含橙花椒醇和金合欢醇等挥发油。具有祛痰、镇咳、平喘、抑菌、抗炎、降血糖等作用。

桑白皮 Sāngbáipí

桑白皮饮片

本品首载于《神农本草经》，为桑科植物桑 *Morus alba* L. 的根皮。产于安徽、河南、浙江等地，秋末叶落时至次春发芽前采挖。处方中的常用名称：桑白皮、蜜桑白皮、炙桑白皮等。

【药性】　甘，寒。归肺经。

【功效】　泻肺平喘，利水消肿。

【应用】

1. 肺热喘咳　　本品性寒主降，主入肺经，长于泻肺中之火热，兼泻肺中之水饮而平喘定嗽。主要用于肺热壅盛之喘咳，常配地骨皮、甘草，如泻白散（《小儿药证直诀》）。若治水饮停肺，胀满喘急者，可与麻黄、苦杏仁、葶苈子等同用。

2. 水肿　　本品能清降肺气，通调水道而利水消肿。适用于水肿胀满尿少，面目肌肤浮肿之风水、皮水实证，常与茯苓皮、大腹皮、陈皮等同用，如五皮散（《华氏中藏经》）。

【用法用量】　煎服，6~12 g。肺虚咳嗽宜蜜炙用，其余生用。

【文献摘要】

（1）《名医别录》："去肺中水气，止唾血，热渴，水肿，腹满，胪胀，利水道。"

（2）《本草求真》："桑白皮辛甘而寒，能于肺中治火利水，俾火去而水自消，水去而火即灭，而气因尔而治。"

（3）《本草征要》："泻肺金之有余，止喘定嗽。疏小肠之闭滞，逐水宽膨。降气散瘀血，止渴消燥痰。泻肺降气，是其职专，利便去水者，兼泻子之法也。"

【现代研究】

本品主含黄酮类，如桑根皮素、桑皮色烯素、桑皮素、桑根酮、伞形花内酯、东莨菪素等。具有利尿、止咳、降压、抑菌、解热、镇痛、抗炎、抗肿瘤等作用。

葶苈子 Tínglìzǐ

葶苈子饮片

本品首载于《神农本草经》，为十字花科植物播娘蒿 *Descurainia sophia*（L.）Webb. ex Prantl. 或独行菜 *Lepidium apetalum* Willd. 的成熟种子。前者习称"南葶苈"，产于江苏、山东、安徽等地；后者习称"北葶苈"，产于河北、辽宁、内蒙古等地。夏季果实成熟时采收。处方中的常用名称：葶苈子、葶苈、南葶苈、北葶苈、炒葶苈等。

【药性】　辛、苦，大寒。归肺、膀胱经。

【功效】　泻肺平喘，行水消肿。

【应用】

1. 痰涎壅肺，喘咳痰多，胸胁胀满，不得平卧　　本品苦降辛散，大寒清热，专泻肺中水饮及痰火而平定喘咳。适用于痰涎壅盛，肺气上逆之喘咳痰多，胸闷喘息不得平卧者。因其药性峻猛，常佐大枣以缓其性，如葶苈大枣泻肺汤（《金匮要略》）。若痰热壅肺所致的咳嗽喘息，咯痰，胸闷，可与石膏、蜜麻黄、瓜蒌皮等配伍。

2. 胸腹水肿，小便不利　本品上可泻肺以通调水道，下走膀胱能利水消肿，功似桑白皮而药力峻猛，主要用于肺气壅滞，水气不化之胸腹水肿，小便不利之实证，可与防己、椒目、大黄同用，如己椒苈黄丸（《金匮要略》）。若痰热结胸之胸胁积水，可配大黄、芒硝、苦杏仁等，如大陷胸丸（《伤寒论》）。

【用法用量】　煎服，3～10 g，宜包煎。

【文献摘要】

（1）《神农本草经》："主癥瘕积聚，结气，饮食寒热，破坚。"

（2）《本草思辨录》："葶苈泄气闭而逐水。凡水气坚留一处有碍肺降者，葶苈悉主之。"

（3）《本草正义》："肺家痰火壅盛，及寒水弥漫，喘急气促，或为肿胀等证，亦必赖此披坚执锐之才，以成捣穴犁庭之绩。"

【现代研究】

南葶苈主含脂肪油、异硫氰酸类、强心苷类等；北葶苈主含芥子苷、脂肪油、蛋白质、糖类等。具有强心、利尿、降血压、抗菌、抗肿瘤等作用。

白果 Báiguǒ

白果饮片

本品首载于《日用本草》，为银杏科植物银杏 *Ginkgo biloba* L. 的成熟种子。产于广西、四川、河南等地，秋季种子成熟时采收。处方中的常用名称：白果、白果仁、银杏、炒白果仁等。

【药性】　甘、苦、涩，平；有毒。归肺、肾经。

【功效】　敛肺定喘，止带缩尿。

【应用】

1. 喘咳痰多　本品苦降涩敛，主入肺经。能敛肺金而除咳逆，兼能化痰。因药性平和，故凡喘咳痰多，无论寒热虚实均可配伍使用。若治寒痰遏热，壅塞气道，咳逆气粗，咯痰稠黏者，可与麻黄、桑白皮、半夏等同用，如白果定喘汤（《重订通俗伤寒论》）；若治肺虚咳嗽，气喘痰多者，可配五味子、胡桃肉等。

2. 带下白浊，尿频遗尿　本品苦能燥湿，涩能收敛，长于除湿浊，固下焦，故对湿浊下注，或下焦不固之带下白浊，遗尿尿频等，均可配伍使用。若治湿热下注，带下黄稠者，可配黄柏、车前子等，如易黄汤（《傅青主女科》）；若治肾虚不固之遗精、尿频、遗尿，常配乌药、山茱萸、覆盆子等同用。

【用法用量】　煎服，5～10 g。

【使用注意】　本品生食有毒，不可过量服用，小儿尤当注意。

【文献摘要】

（1）《医学入门》："清肺胃浊气，化痰定喘止咳。"

（2）《本草纲目》："温肺益气，定喘嗽，缩小便，止白浊。"

（3）《本草便读》："润降气平。上敛肺金除咳逆。苦甘性涩。下行湿浊化痰涎。"

【现代研究】

本品主含蛋白质、脂肪、淀粉、氰苷、维生素 B_2 及多种氨基酸；外种皮含有毒成分白果酸、氢化白果酸、白果酚、白果醇等。具有抑制结核杆菌、多种细菌和真菌，祛痰、降血压、抗过敏、抗氧化、延缓衰老、抗肿瘤等作用。

【附药】

银杏叶　本品为银杏的叶。性味甘苦涩平，归心、肺经。功能：活血化瘀，通络止痛，敛肺平喘，化浊降脂。用于瘀血阻络，胸痹心痛，中风偏瘫，肺虚咳喘，高脂血症。煎服，9～12 g。有实邪者忌用。

—•笔记栏•—

附 其他止咳平喘药（表 20－2）

表 20－2 其他止咳平喘药

药名	处方中的常用名称	药 性	功 效	应 用	用法用量	使用注意
马兜铃	马兜铃、炙马兜铃	苦，微寒。归肺、大肠经	清肺降气，止咳平喘，清肠消痔	肺热咳喘；痔疮	煎服，3～9 g。外用适量，煎汤熏洗。一般生用，肺虚久咳蜜炙用	虚寒喘咳及脾虚便溏者慎用。本品含马兜铃酸，可引起肾脏损害等不良反应，儿童及老年人慎用，孕妇、婴幼儿及肾功能不全者禁用
矮地茶	矮地茶、平地木、紫金牛、地橘子	辛、微苦，平。归肺、肝经	化痰止咳，清利湿热，活血化瘀	新久咳嗽，喘满痰多；湿热黄疸；血瘀经闭，风湿痹痛，跌打损伤	煎服，15～30 g	—
洋金花	洋金花、白曼陀罗花、山茄花、风茄花	辛，温；有毒。归肺、肝经	止咳平喘，解痉定痛	哮喘咳嗽；脘腹冷痛，风湿痹痛，跌打伤痛；小儿慢惊风	内服，宜入丸散，每次 0.3～0.6 g。亦可作卷烟分次燃吸，每日不超过 1.5 g。外用适量，煎汤洗或研末外敷	本品有毒，应严格控制剂量。外感及痰热咳喘忌用。青光眼、高血压病及心动过速者忌用。孕妇、体弱者慎用

马兜铃

洋金花

小 结

主要化痰止咳平喘药的兼有功效及代表药物归纳

化痰止咳平喘药	兼有功效	代表药物
	利咽	桔梗、胖大海
	润肠通便	瓜蒌仁、苦杏仁、胖大海、紫苏子
	降逆止呕	半夏、竹茹、旋覆花、枇杷叶
	软坚散结	黄药子、昆布、海蛤壳、海浮石、海藻
	疏散风热	前胡
	祛风止痉	天南星、白附子
	利水消肿	桑白皮、葶苈子
	开窍	皂荚、竹沥、天竺黄
	止带缩尿	白果

第二十一章　安神药

—•笔记栏•—

第二十一章授课视频及习题

安神药是指以安定神志为主要功效，常用于治疗心神不宁病证的药物。

本类药主入心、肝经，具有镇惊安神或养心安神的作用。此外，部分安神药兼有平肝潜阳的作用。

安神药主要用于治疗心神不宁的心悸怔忡，失眠多梦，健忘；也可作治疗惊风、癫狂等病证的辅助药物。部分安神药还可用于肝阳上亢，头痛眩晕等。

根据其药性和作用特点，安神药分为重镇安神药及养心安神药两类。使用时应根据引起心神不宁的原因，选择适宜的药物。重镇安神药多用于心神不宁实证，有热者配伍清热泻火药，有痰者配伍化痰药，有瘀者配伍活血化瘀药，肝风内动者配伍息风止痉药，肝阳上扰者配伍平肝潜阳药。养心安神药多用于心神不宁虚证，心脾两虚、气血不足者配伍补益心脾、益气养血药；心肝阴血亏虚者配伍补血养阴药；心肾不交者配伍滋阴降火、交通心肾药。

重镇安神药及有毒药物只宜暂用，不可久服，应中病即止。矿石类安神药不易消化，如作丸散剂服时须配伍养胃健脾之品，以免伤胃耗气。

现代研究表明，安神药具有不同程度的镇静、催眠、抗惊厥、中枢抑制等作用。

第一节　重镇安神药

本类药物多为矿石、化石或介类，质重沉降，重则能镇惊，故以镇惊安神为主要作用，主要适用于心火炽盛，痰火扰心，肝郁化火及惊吓等引起的实证心神不宁、心悸失眠、癫痫、癫狂等。部分重镇安神药兼有平肝潜阳作用，可用于治疗肝阳上亢所致头痛眩晕等证。

朱砂 Zhūshā

朱砂饮片

朱砂

本品首载于《神农本草经》，为硫化物类矿物辰砂族辰砂，主含硫化汞（HgS）。主产湖南、贵州、四川等地，传统以产于古之辰州（今湖南沅陵）者为道地药材。采挖后，选取纯净者，用磁铁吸净含铁的杂质，再用水淘去杂石和泥沙，照水飞法研成极细粉末，晾干或40℃以下干燥。处方中的常用名称：朱砂、辰砂、丹砂等。

【药性】　甘，微寒；有毒。归心经。

【功效】　清心镇惊，安神，明目，解毒。

【应用】

1. 心悸易惊，失眠多梦　本品甘寒质重，寒能清热，重可镇惊，专入心经，既可重镇安神，又能清心安神，为镇心，清火，安神定志的良药。善治心火亢盛，内扰心神所致烦躁不眠，或惊悸怔忡。若心火亢盛，惊悸怔忡，烦躁不眠者，常与黄连、生地黄、生甘草同用，如黄连安神丸（《兰室秘藏》）；若兼阴血不足所致失眠多梦，惊悸怔忡，可与当归、生地黄、炙甘草等配伍，如朱砂安神丸（《内外伤辨惑论》）。

2. 癫痫发狂，小儿惊风　本品微寒，主归心经，善清心火，又质重可镇怯，有镇惊止痉之功。治温热病，热入心包或痰热内闭所致的高热烦躁，神昏谵语，惊厥抽搐，常与牛黄、麝香、冰片等开窍、息风药同用，如安宫牛黄丸（《温病条辨》）；若小儿惊风，癫痫卒昏、抽搐等，常与牛黄、全蝎、钩藤配伍，如牛黄散（《证治准绳》）。

—•笔记栏•—

3. 视物昏花　本品性微寒，可清心降火，明目。若心肾不交，视物昏花，耳鸣耳聋等，常与磁石、神曲配伍，如磁朱丸（《备急千金要方》）。

4. 口疮，喉痹，疮疡肿毒　本品性微寒，善清心火，内服外用，均能清热解毒，治疗疮疡肿痛，可与大戟、雄黄、麝香等配伍，如太乙紫金丹（《外科正宗》）；治咽喉肿痛，口舌生疮，可配伍冰片、玄明粉、硼砂，如冰硼散（《外科正宗》）。

【用法用量】 0.1~0.5 g，多入丸散服，不宜入煎剂。外用适量。

【使用注意】 本品有毒，不可过量或持续服用，孕妇及肝肾功能不全者禁服。忌火煅，宜水飞入药。

【文献摘要】

（1）《神农本草经》："养精神，安魂魄，益气，明目。"

（2）《本草纲目》："治惊痫，解胎毒，痘毒。"

（3）《本草从新》："泻心经邪热，镇心定惊……解毒，定癫狂，止牙疼。"

【现代研究】

本品主含硫化汞、铅、钡、镁、铁、锌等成分，具有镇静、催眠、抗心律失常、抗惊厥、抑菌等作用。

磁石 Císhí

磁石饮片

本品首载于《神农本草经》，为氧化物类矿物尖晶石族磁铁矿的矿石，主含四氧化三铁（Fe_3O_4）。主产于河北、山东、辽宁等地。采挖后，除去杂石和杂质，砸碎。生用，或煅用。处方中的常用名称：磁石、灵磁石、活磁石、醋磁石、煅磁石等。

【药性】 咸，寒。归肝、心、肾经。

【功效】 镇惊安神，平肝潜阳，聪耳明目，纳气平喘。

【应用】

1. 惊悸失眠　本品质重沉降，入心经，能镇惊安神；味咸入肾，又有益肾之功；性寒清热，清泻心肝之火，故能顾护真阴，镇摄浮阳，安定神志。常与朱砂、神曲配伍，如磁朱丸（《备急千金要方》）。

2. 头晕目眩　本品入肝、肾经，质重沉降，既能平肝潜阳，又能益肾补阴，故可治肝阳上亢，头痛眩晕，急躁易怒等，常与白芍、生地黄、天麻等同用，如滋生清阳汤（《医醇賸义》）。

3. 耳鸣耳聋，视物昏花　本品入肝、肾经，补益肝肾，有聪耳明目之功。若肾虚耳鸣耳聋，常与熟地黄、山茱萸、石菖蒲等同用，如耳聋左慈丸（《重订广温热论》）；若肝肾不足，视物昏花，可与枸杞子、女贞子等配伍。

4. 肾虚气喘　本品入肾经，质重沉降，有益肾纳气平喘之功，可治肾气不足，摄纳无权所致虚喘，宜与核桃仁、蛤蚧、五味子等同用。

【用法用量】 煎服，9~30 g，先煎。镇静安神，平肝潜阳宜生用，聪耳明目，纳气平喘宜醋淬后用。

【使用注意】 因吞服后不易消化，如入丸散，不可多服，脾胃虚弱者慎用。

【文献摘要】

（1）《本草衍义》："养益肾气，补填精髓，肾虚耳聋目昏皆用之。"

（2）《本草纲目》："色黑入肾，故治肾家诸病而通耳明目。"

（3）《本草从新》："色黑入水，能引肺金之气入肾，补肾益精，除烦祛热。"

【现代研究】

本品主含四氧化三铁（Fe_3O_4）、钙、镁、钾、钠、铬、锰、镉、锌、砷等成分。具有抑制中枢、催眠、镇静、抗惊厥等作用。

—•笔记栏•—

龙骨饮片

龙骨 Lónggǔ

本品首载于《神农本草经》，为古代大型哺乳类动物象类、三趾马类、犀类、鹿类、牛类等骨骼的化石或象类门齿的化石。主产于山西、内蒙古、陕西等地。全年可采挖，挖出后，除去泥土及杂质，贮于干燥处。生用或煅用。处方中的常用名称：龙骨、生龙骨、煅龙骨等。

【药性】 甘、涩，平。归心、肝、肾经。

【功效】 镇惊安神，平肝潜阳，收敛固涩。

【应用】

1. 心悸失眠，惊痫癫狂　本品质重，入心、肝经，能镇惊安神，为重镇安神的常用药。若治心神不安，精神恍惚，健忘失眠常与石菖蒲、远志、龟甲同用，如孔圣枕中丹（《备急千金要方》）；治癫狂，惊痫抽搐，神志不宁者，与天竺黄、钩藤、牛黄等同用。

2. 肝阳上亢证　本品入肝经，质重沉降，有较强的平肝潜阳作用，治肝阴不足，肝阳上亢所致的头晕目眩，烦躁易怒等，多与怀牛膝、代赭石、牡蛎等配伍，如镇肝熄风汤（《医学衷中参西录》）。

3. 正虚滑脱诸证　本品味涩能敛，有收敛固涩功效，通过不同配伍可治疗遗精、滑精、尿频、遗尿、崩漏、带下、自汗、盗汗等多种正虚滑脱之证。治肾虚不固所致遗精、滑精，常与沙苑子、芡实、牡蛎等配伍，如金锁固精丸（《医方集解》）；治脾肾亏，冲脉不固的崩漏、月经过多，常与山茱萸、龙骨、白术等配伍，如固冲汤（《医学衷中参西录》）；治气虚自汗，可与黄芪、牡蛎、麻黄根等同用；治阴虚盗汗，可与生地黄、麦冬等同用。

4. 湿疮痒疹，疮疡久溃不敛　本品性涩收敛，外用有收湿，敛疮，生肌之效，治湿疮流水，疮疡溃久不敛等。

【用法用量】 煎服，15～30 g，先煎。外用适量。镇惊安神、平肝潜阳生用，收敛固涩宜煅用。

【使用注意】 湿热积滞者不宜使用。

【文献摘要】

（1）《神农本草经》："主……咳逆，泄痢脓血，女子漏下，癥瘕坚结，小儿热气惊痫。齿主小儿大人惊痫癫疾狂走。"

（2）《本草纲目》："益肾镇惊，止阴疟，收湿气脱肛，生肌敛疮。"

（3）《本草从新》："能收敛浮越之正气，涩肠，益肾，安魂镇惊，辟邪解毒，治多梦纷纭、惊痫、疟、痢、吐衄崩带、滑精、脱肛、大小肠利。固精、止汗、定喘、敛疮，皆涩以止脱之义。"

【现代研究】

本品主含碳酸钙、磷酸钙、氧化镁、铁、钾、钠、氯、铜、锰等多种无机元素，氨基酸等成分。具有镇静、催眠、抗惊厥、促进血液凝固、降低血管壁通透性、减轻骨骼肌的兴奋性、促进伤口愈合等作用。

【附药】

龙齿　本品为古代哺乳动物如三趾马类、犀类、鹿类、牛类、象类等的牙齿化石。性味甘涩凉，归心、肝经。功能：镇惊安神。用于惊痫癫狂、心悸怔忡、失眠多梦。煎服，15～30 g，先煎。

琥珀饮片

琥珀 Hǔpò

本品首载于《名医别录》，为古代松科植物的树脂埋藏地下经年久转化而成。主产于广西、云南、辽宁等地。随时可采，从地下或煤层中挖出后，除去砂石，泥土等杂质。用时捣碎，研成细粉用。处方中的常用名称：琥珀、血琥珀、红琥珀、琥珀屑（末）等。

【药性】 甘，平。归心、肝、膀胱经。

【功效】 镇惊安神，活血散瘀，利尿通淋。

【应用】

1. 心悸失眠，惊风，癫痫　本品入心、肝二经，质重而镇，具有镇惊安神功效，治疗心神不宁，失眠，多梦，单味研末冲服即可。治心气不足，健忘恍惚，神虚不寐，常与人参、茯神、远志等同用，如琥珀多寐丸（《景岳全书》）；治心血亏虚，惊悸怔忡，夜卧不宁者，常与酸枣仁、柏子仁、生地黄等同用，如琥珀养心丹（《证治准绳》）；治痰热内扰，小儿惊风，常与胆南星、天竺黄、朱砂等同用，如琥珀抱龙丸（《活幼心书》）；治痰浊内郁，癫痫抽搐，常与竹沥、胆南星、全蝎等同用，如定痫丸（《医学心悟》）。

2. 血滞经闭痛经，心腹刺痛，癥瘕积聚　本品入心、肝经血分，长于活血散瘀。治瘀血阻滞，痛经，产后恶露不下等，与三棱、牡丹皮、赤芍等配伍，如琥珀散（《普济方》）；治妇人血瘕，腹中有块，小腹痛，可与鳖甲、莪术、白芍等同用，如琥珀丸（《济生方》）；治心血瘀阻，胸痹心痛，常与三七、丹参等同用。

3. 淋证，癃闭　本品有利尿通淋作用，可治淋证，癃闭。若治心经热盛，下移小肠，小便淋漓涩痛，常与生地黄、木通、淡竹叶等同用，如琥珀导赤汤（《医醇賸义》）。

【用法用量】 研末冲服，或入丸散，每次 1.5~3 g；不入煎剂。外用适量。

【文献摘要】

（1）《名医别录》："主安五脏，定魂魄……消瘀血，通五淋。"

（2）《本草拾遗》："止血，生肌，合金疮。"

（3）《本草衍义补遗》："古方用为利小便，以燥脾土有功，脾能运化，肺气下降，故小便可通，若血少不利者，反致其燥结之苦。"

【现代研究】

本品主含树脂、挥发油、琥珀氧松香酸、琥珀松香酸、琥珀银松酸、琥珀酸、琥珀脂醇、琥珀松香醇等成分。具有中枢抑制、镇静、催眠、抗休克、抗惊厥等作用。

第二节　养心安神药

本类药物多为植物的种子或种仁，具有甘润滋养之性，故以滋养心肝阴血为主要作用，主要适用于阴血不足、心脾两虚或心肾不交等导致的心悸怔忡，虚烦不眠，健忘多梦等证。

酸枣仁 Suānzǎorén

酸枣仁饮片

酸枣仁

本品首载于《神农本草经》，为鼠李科植物酸枣 *Ziziphus jujuba* Mill. var. *spinosa*（Bunge）Hu ex H. F. Chou 的成熟种子。主产于辽宁、河北、山西等地。秋末冬初采收成熟果实，除去果肉及核壳，收集种子，晒干。生用或炒用，用时捣碎。处方中的常用名称：酸枣仁、炒枣仁等。

【药性】 甘、酸，平。归肝、胆、心经。

【功效】 养心补肝，宁心安神，敛汗，生津。

【应用】

1. 虚烦不眠，惊悸多梦　本品味甘，入心、肝经，能养心阴，益肝血而有安神之效，是养心安神要药。若治心肝阴血亏虚，虚热内扰所致虚烦失眠，心悸不安，常与知母、茯苓、川芎等配伍，如酸枣仁汤（《金匮要略》）；若治心脾两虚，气血不足，心悸怔忡，健忘失眠，体倦食少，常与黄芪、当归、党参等配伍，如归脾汤（《正体类要》）；若治心肾不足，阴虚血少，虚火内扰所致心悸怔忡，虚烦失眠，神疲健忘，或梦遗，常与生地黄、天冬、麦冬等配伍，如天王补心丹（《校注妇人大全良方》）。

2. 体虚多汗　本品味酸能敛，有收敛止汗之功，故治体虚自汗、盗汗，可与五味子、山茱萸、黄芪等药同用。

3. 津伤口渴　本品甘酸，有敛阴生津止渴之功，治津伤口渴，可与生地黄、麦冬、天花粉等药同用。

【用法用量】 煎服，10~15 g。

【文献摘要】

(1)《神农本草经》："主心腹寒热，邪结气聚，四肢酸疼，湿痹。久服安五脏，轻身延年。"

(2)《名医别录》："主烦心不得眠……虚汗，烦渴，补中，益肝气，坚筋骨，助阴气。"

【现代研究】

本品主含皂苷、黄酮、生物碱、脂肪酸类、挥发油、多糖、维生素等成分。具有镇静、催眠、保护心肌细胞、抗心律失常、改善血液流变学、抑制动脉粥样硬化、降血压、抗焦虑、抗抑郁、抗炎等作用。

案例

某，肝阳不降。夜无寐。进酸枣仁法（胆液亏阳升虚烦）。方：枣仁、知母、炙草、茯神、小麦、川芎。

叶天士. 临证指南医案[M]. 上海：上海卫生出版社，1958：411.

问题：

1. 本案例中为何用酸枣仁？
2. 酸枣仁的性能特点怎样？

柏子仁 Bǎizǐrén

柏子仁饮片

本品首载于《神农本草经》，为柏科植物侧柏 *Platycladus orientalis*（L.）Franco 的成熟种仁。主产于山东、河南、河北等地。秋、冬二季采收成熟种子，晒干，除去种皮，收集种仁。生用或制霜用。处方中的常用名称：柏子仁、柏子仁霜、炒柏子仁等。

【药性】 甘，平。归心、肾、大肠经。

【功效】 养心安神，润肠通便，止汗。

【应用】

1. 阴血不足，虚烦失眠，心悸怔忡　本品味甘质润，药性平和，主入心经，具有养心安神之功效，常用治心血不足，心神失养所致心悸怔忡，虚烦不眠，头晕健忘等。若治阴血亏虚，心肾失调的惊悸怔忡，夜寐多梦，精神恍惚，常与枸杞子、麦冬、当归等同用，如柏子养心丸（《体仁汇编》）。

2. 肠燥便秘　本品质润，富含油脂，有润肠通便之功。若治老年、体弱、产后血少津亏等肠燥便秘，常与郁李仁、松子仁、苦杏仁等配伍，如五仁丸（《世医得效方》）。

3. 阴虚盗汗　本品甘润，兼能补阴以止汗，治阴虚盗汗，与半夏曲、牡蛎、人参等同用，如柏子仁丸（《普济本事方》）。

【用法用量】 煎服，3~10 g。

【使用注意】 本品质润，便溏及多痰者慎用。

【文献摘要】

(1)《神农本草经》："柏实，味甘平，主惊悸，安五脏，益气，除风湿痹，久服令人润泽，美色，耳目聪明。"

—•笔记栏•—

(2)《本草纲目》:“养心气,润肾燥,安魂定魄,益智宁神……性平而不寒不燥,味甘而补,辛而能润,其气清香,能透心肾,益脾胃。”

【现代研究】

本品主含柏木醇、谷甾醇、双萜、脂肪油等成分。具有催眠、改善学习记忆等作用。

灵芝 Língzhī

灵芝饮片

本品首载于《神农本草经》,为多孔菌科真菌赤芝 *Ganoderma lucidum* (Leyss. ex Fr.) Karst. 或紫芝 *Ganoderma sinense* Zhao, Xu et Zhang 的子实体。全国大部分地区均产。全年可采收,除去杂质,剪除附有朽木、泥沙或培养基的下端菌柄,阴干或在40~50℃烘干。生用。处方中的常用名称:灵芝、灵芝粉、紫芝、赤芝、木灵芝等。

【药性】 甘,平。归心、肺、肝、肾经。

【功效】 补气安神,止咳平喘。

【应用】

1. 心神不宁,失眠,心悸　　本品味甘性平,入心经,能补心血、益心气、安心神,可用于气血不足、心神失养所致的心神不宁、失眠、心悸、多梦、健忘等症。可单用研末吞服,或与人参、黄芪、当归等同用。

2. 肺虚咳喘　　本品味甘能补,入肺经,能补益肺气,止咳平喘,可用于肺虚咳喘,单用,或者配伍人参、五味子等同用。

3. 虚劳短气,不思饮食　　本品味甘能补,可用于虚劳短气、不思饮食等症,常与茯苓、人参、生地黄等配伍,如紫芝丸(《圣济总录》)。

【用法用量】 煎服,6~12 g。

【文献摘要】

(1)《神农本草经》:“赤芝主胸中结,益心气,补中,增智慧,不忘。”

(2)《新修本草》:“赤芝安心神。”

(3)《本草纲目》:“紫芝疗虚劳。”

【现代研究】

本品主含多糖、生物碱、核苷、氨基酸、多肽、有机酸等成分。具有镇静、催眠、增强免疫、抗氧化、延缓衰老、抗肿瘤、降血糖等作用。

首乌藤 Shǒuwūténg

首乌藤饮片

本品首载于《何首乌传》,为蓼科植物何首乌 *Polygonum multiflorum* Thunb. 的藤茎。主产于河南、湖北、广东等地。秋、冬二季采割,除去残叶,捆成把或趁鲜切段,干燥。生用。处方中的常用名称:首乌藤、夜交藤等。

【药性】 甘,平。归心、肝经。

【功效】 养血安神,祛风通络。

【应用】

1. 失眠多梦　　本品味甘,入心、肝经,能补养阴血,养心安神,可用于阴虚血少所致虚烦失眠,或多梦易惊,心神不宁,头目眩晕等症,常与酸枣仁、柏子仁、合欢皮等配伍;若阴虚阳亢所致失眠,可与龙骨、牡蛎、珍珠母等配伍。

2. 血虚身痛,风湿痹痛　　本品养血祛风,通经活络,可用于血虚身痛,或麻木不仁,常与鸡血藤、当归、川芎等同用;若治风湿痹痛,关节屈伸不利,可与羌活、独活、桑寄生等同用。

3. 皮肤瘙痒　　本品有养血祛风止痒之功,可用于风疹瘙痒,疥癣等,可单用,或与防风、

笔记栏

地肤子、苦参等同用。

【用法用量】 煎服，9~15 g。外用适量，煎水洗患处。

【文献摘要】

(1)《本草纲目》："风疮疥癣作痒，煎汤洗浴，甚效。"

(2)《本草从新》："补中气，行经络，通血脉，治劳伤。"

(3)《本草正义》："治夜少安寐。"

【现代研究】

本品主含蒽醌、黄酮等成分。具有镇静、催眠、增强免疫、抗炎、抗菌、抗氧化等作用。

合欢皮饮片

合欢皮 Héhuānpí

本品首载于《神农本草经》，为豆科植物合欢 *Albizia julibrissin* Durazz. 的树皮。全国大部分地区均产。夏、秋二季剥取树皮，晒干，切段生用。处方中的常用名称：合欢皮等。

【药性】 甘，平。归心、肝、肺经。

【功效】 解郁安神，活血消肿。

【应用】

1. 心神不安，忧郁失眠　本品味甘性平，入心、肝经，善于解肝解郁，悦心安神，常用于情志不遂，忿怒，忧郁，烦躁不眠，心神不宁等症，可单用，或与柏子仁、酸枣仁、首乌藤等配伍。

2. 肺痈，疮肿　本品有活血消肿之功，能消散内外痈肿。用于肺痈，胸痛，咳吐脓血痰，可单用，如黄昏汤（黄昏即合欢皮，出自《备急千金要方》），或与鱼腥草、冬瓜仁、桃仁等同用；若治疮痈肿毒，常与蒲公英、紫花地丁、连翘等同用。

3. 跌扑伤痛　本品入心、肝经血分，能活血祛瘀，续筋接骨，可用于跌打损伤，筋断骨折，瘀血肿痛等，如《续本事方》以之配伍麝香、乳香等同用。

【用法用量】 煎服，6~12 g。外用适量，研末调敷。

【使用注意】 孕妇慎用。

【文献摘要】

(1)《神农本草经》："主安五脏，利心志，令人欢乐无忧。"

(2)《日华子本草》："煎膏，消痈肿，并续筋骨。"

(3)《本草纲目》："和血，消肿，止痛。"

【现代研究】

本品主含皂苷、黄酮、鞣质、木脂素、糖苷等成分。具有催眠、增强子宫节律性收缩、终止妊娠抗早孕效应、增强免疫和抗肿瘤等作用。

【附药】

合欢花　本品为豆科植物合欢 *Albizia julibrissin* Durazz. 的花序或花蕾。夏季花开放时择晴天采收或花蕾形成时采收，晒干。性味甘平，归心、肝经。功能：解郁安神。用于心神不安，忧郁失眠。煎服，5~10 g。

远志饮片

远志

远志 Yuǎnzhì

本品首载于《神农本草经》，为远志科植物远志 *Polygala tenuifolia* Willd. 或卵叶远志 *Polygala sibirica* L. 的根。主产于山西、陕西、河北等地。春、秋二季采挖，除去须根及泥沙，晒干或抽取木心晒干。生用或炙用。处方中的常用名称：远志、远志筒、制远志等。

【药性】 苦、辛，温。归心、肾、肺经。

【功效】 安神益智，交通心肾，祛痰，消肿。

【应用】

1. 心肾不交所致的失眠多梦、健忘惊悸、精神恍惚　本品味苦辛性温，性善宣泄通达，既能开心气而宁心安神，又能通肾气而强志不忘，为交通心肾，安定神志，益智强识的佳品。治心肾两虚，惊悸健忘，梦寐不安等症，常与山药、熟地黄、龙齿等同用，如远志丸（《三因极一病证方论》）；若治健忘，常与人参、茯苓、石菖蒲配伍，如开心散（《备急千金要方》），或加茯神，如不忘散（《证治准绳》）。

2. 癫痫惊狂　味辛通利，能利心窍，逐痰涎，故可治痰阻心窍所致之癫痫抽搐，惊风发狂等症，常与石菖蒲、郁金、白矾等同用。

3. 咳嗽痰多，咳痰不爽　本品苦温性燥，入肺经，能祛痰止咳，治咳嗽痰多，咳吐不爽等，常与苦杏仁、桔梗、陈皮等同用。

4. 痈疡肿毒，乳房肿痛　本品辛行苦泄，功善疏通气血之壅滞而消散痈肿，治痈疽疮毒，乳房肿痛等。内服、外用均可，可单用为末，黄酒送服，或用酒浸泡，饮酒，药滓敷患处，如远志酒（《三因极一病证方论》）。

【用法用量】　煎服，3～10 g。

【使用注意】　胃溃疡及胃炎者慎用。

【文献摘要】

（1）《神农本草经》："主咳逆伤中，补不足，除邪气，利九窍，益智慧，耳目聪明，不忘，强志，倍力。"

（2）《名医别录》："定心气，止惊悸，益精，去心下膈气，皮肤中热，面目黄。"

（3）《药品化义》："味辛重、大雄，入心开窍，宣散之药。凡痰涎伏心，壅塞心窍，致心气实热，为昏愦神呆，语言謇涩，为睡卧不宁，为恍惚惊怖，为健忘，为梦魇，为小儿客忤，暂以此豁痰利窍，使心气开通，则神昏自宁也。"

【现代研究】

本品主含皂苷、生物碱、脂肪油、树脂等成分。具有镇静、催眠、抗惊厥、祛痰、镇咳、降血压、兴奋子宫、抑菌、延缓衰老、抗突变、抗癌、溶血、抗氧化、增强免疫等作用。

小　　结

主要安神药的兼有功效及代表药物归纳

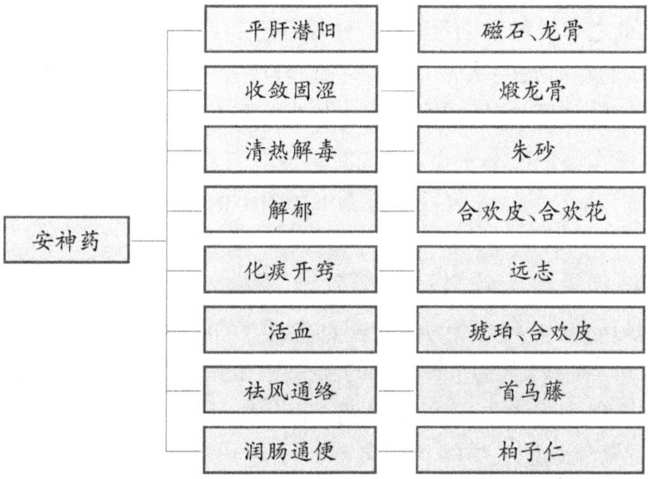

第二十二章　平肝息风药

—·笔记栏·—

第二十二章授课视频及习题

平肝息风药是指以平肝潜阳或息风止痉为主要功效，常用于治疗肝阳上亢或肝风内动病证的药物。

《素问·至真要大论》言："诸风掉眩，皆属于肝。"故本类药物皆入肝经，多为动物药及矿石类药，具有平肝潜阳、息风止痉的功效。部分平肝息风药因其质重、性寒沉降之性，兼有镇惊安神、清肝明目、重镇降逆、凉血及祛风通络等功效。本类药物素有"介类潜阳，虫类搜风"之说。

平肝息风药主要用于治疗肝阳上亢，头晕目眩，以及肝风内动，痉挛抽搐。部分平肝息风药还可治心神不宁、目赤肿痛、呕吐、呃逆、喘息、血热出血，以及风中经络之口眼㖞斜、风湿痹痛等证。

本类药物可分为以平肝阳为主要作用的平抑肝阳药和以息肝风、止痉为主要作用的息风止痉药两类。

使用平肝息风药时，应根据引起肝阳上亢，肝风内动的病因、病机及兼证的不同，进行相应的配伍。如治肝阳上亢证，多配伍滋补肝肾阴的药物，益阴以制阳；肝阳可化热生火，两者常相兼并见，故常配伍清泻肝火之品；若肝阳化风致肝风内动，应将息风止痉药与平肝潜阳药物并用；热极生风之肝风内动，当配伍清热泻火药物；阴血亏虚之肝风内动，当配伍养阴补血药物；兼窍闭神昏者，当配伍开窍醒神药物；兼心神不宁、失眠多梦者，当配伍安神药物；兼有痰者，当配伍祛痰药。

本类药物有性偏寒凉或性偏温燥的不同，故应区别使用。若脾虚慢惊者，不宜寒凉之品；阴虚血亏者，应忌温燥之品。贝壳、矿石类入药者，入煎剂时应打碎先煎。本类药物中某些具有毒性，用量不宜过大，孕妇应慎用。

现代研究表明，平肝息风药多具有降血压、镇静、抗惊厥作用，部分药物还具有保肝、抗炎、抗动脉粥样硬化、抗氧化、抗肿瘤、延缓衰老、解热、镇痛、抗血栓等作用。

第一节　平抑肝阳药

本类药物多为质重之介类或矿石类药物，性偏寒凉，主入肝经，故以平抑或潜镇肝阳为主要功效，主要适用于肝阳上亢所致的头晕目眩、头痛、耳鸣、少寐多梦，以及肝火上攻之面红、目赤、口苦、烦躁易怒、头痛头昏等证。还可用治肝阳化风之痉挛抽搐及肝阳上扰之烦躁失眠。

石决明 Shíjuémíng

石决明饮片

本品首载于《名医别录》，为鲍科动物杂色鲍 *Haliotis diversicolor* Reeve、皱纹盘鲍 *Haliotis discus hannai* Ino、羊鲍 *Haliotis ovina* Gmelin、澳洲鲍 *Haliotis tuber*（Leach）、耳鲍 *Haliotis asinina* Linnaeus 或白鲍 *Haliotis laevigata*（Donovan）的贝壳。在我国主产于广东、山东、福建，进口澳洲鲍主产于澳洲、新西兰，耳鲍主产于印度尼西亚、菲律宾、日本。夏、秋二季捕捞，去肉，洗净，干燥。生用或煅用，用时捣碎。处方中的常用名称：石决明、煅石决明、九孔决明、煅石决、生石决、生石决明、光底石决明等。

【药性】　咸、寒。归肝经。

【功效】　平肝潜阳，清肝明目。

—•笔记栏•—

【应用】

1. 肝阳上亢，头痛眩晕　本品质重，味咸性寒，专入肝经，具有良好的潜降肝阳，清泄肝热，兼滋养肝阴作用，为平肝凉肝之要药，故善治肝肾阴虚，阴不制阳而致肝阳亢盛之头痛眩晕，常配伍珍珠母、牡蛎等；若用于邪热灼阴所致筋脉拘急、手足蠕动、头晕目眩，当配白芍、生地黄、阿胶等，如阿胶鸡子黄汤(《通俗伤寒论》)；若治肝阳上亢兼肝火上炎之头晕头痛、烦躁易怒者，常配伍羚羊角、夏枯草、白芍等，如羚羊角汤(《医醇賸义》)。

2. 目赤翳障，视物昏花，青盲雀目　本品长于清肝火、滋肝阴，善于明目退翳，为治疗目疾常用药，症见目赤肿痛、翳膜遮睛、视物昏花、青盲雀目等，无论虚实，均可应用。治肝火上炎，目赤肿痛，可配伍黄连、龙胆草、夜明砂等，如黄连羊肝丸(《全国中药成药处方集》)；对于肝虚血少、目涩昏暗、雀盲眼花者，当配熟地黄、枸杞子、菟丝子等；治风热目赤、翳膜遮睛，常配伍蝉蜕、菊花、木贼等；治目生翳障，可与木贼、荆芥、桑叶等配伍，如石决明散(《证治准绳》)。

此外，本品煅用有收敛、制酸、止血之功，用于疮疡久溃不敛，胃痛泛酸及外伤出血等。

【用法用量】 煎服，6~20 g，先煎。平肝、清肝宜生用，外用点眼宜煅用、水飞。

【使用注意】 本品咸寒，易伤脾胃，故脾胃虚寒，食少便溏者慎用。

【文献摘要】

(1)《名医别录》："主目障翳痛，青盲。"

(2)《本草经疏》："石决明……乃足厥阴经药也。足厥阴开窍于目。目得血而能视，血虚有热，则青盲赤痛障翳生焉。咸寒入血除热，所以能主诸目疾也。"

(3)《医学衷中参西录》："石决明味微咸，性微凉，为凉肝、镇肝之要药。肝开窍于目，是以其性善明目。研细水飞作敷药，能除目外障；作丸、散内服，能消目内障。为其能凉肝，兼能镇肝，故善治脑中充血作疼、作眩晕，因此证多系肝气、肝火挟血上冲也。"

【现代研究】

本品主含碳酸钙、有机质等，还含硅酸盐、磷酸盐、氯化物、镁、铁、锌、锰、铬等微量元素和极微量的碘。具有降血压、抗菌、抗氧化、抗肝损伤等作用。

珍珠母 Zhēnzhūmǔ

珍珠母饮片

本品首载于《本草图经》，为蚌科动物三角帆蚌 *Hyriopsis cumingii*（Lea）、褶纹冠蚌 *Cristaria plicata*（Leach）或珍珠贝科动物马氏珍珠贝 *Pteria martensii*（Dunker）的贝壳。主产于江苏、浙江、广东等地。全年均可捕捞，去肉，洗净，干燥。生用或煅用，用时捣碎。处方中的常用名称：珍珠母、煅珍珠母、珠母、明珠母等。

【药性】 咸、寒。归肝、心经。

【功效】 平肝潜阳，安神定惊，明目退翳。

【应用】

1. 肝阳上亢，头痛眩晕　本品味咸性寒，主入肝经，具有与石决明相似的平肝潜阳、清肝泻火的功用。治肝阳上亢，头晕目眩者，宜增强平抑肝阳之功，常与石决明、牡蛎、磁石等同用；治肝阳上亢兼肝热烦躁易怒者，常配伍钩藤、菊花、夏枯草等；治肝阴不足，肝阳上亢所致的头痛眩晕、耳鸣、心悸失眠者，可与白芍、生地黄、龙齿等同用，如甲乙归藏汤(《医醇賸义》)。

2. 惊悸失眠，心神不宁　本品质重，入心经，具有安神定惊之功。治心神不宁、惊悸失眠，常与朱砂、龙骨、琥珀等同用，如珍珠母丸(《普济本事方》)；若治癫痫、惊风抽搐，常配伍天麻、钩藤等。

3. 目赤翳障，视物昏花　本品性寒，具有清肝、明目退翳之功。可治肝热目赤，羞明，翳障，常配伍石决明、菊花、车前子等；若治肝虚目暗，视物昏花，宜养肝明目，常与枸杞子、女贞子、黑芝麻等同用；若治疗夜盲症，当配苍术、猪肝或鸡肝同煮服用。

本品研细末外用，能燥湿收敛，治疗湿疮瘙痒，溃疡不收，口疮等症。此外，用珍珠层粉内服可治胃、十二指肠球部溃疡；亦可制成眼药膏，治疗白内障、角膜炎及结膜炎等。

【用法用量】 煎服，10~25 g，打碎先煎。

【使用注意】 本品属性寒镇降之品，故脾胃虚寒及孕妇慎用。

【文献摘要】

(1)《本草纲目》："安魂魄，止遗精白浊，解痘疗毒。"

(2)《饮片新参》："平肝潜阳，安神魂，定惊痫，消热痞，眼翳。"

(3)《中国医学大辞典》："滋肝阴，清肝火。治癫狂惊痫，头眩，耳鸣，心跳，胸腹䐜胀，妇女血热，血崩，小儿惊搐发痉。"

【现代研究】

本品主含磷脂酰乙醇胺、半乳糖神经酰胺、羟基脂肪酸、蜗壳朊、碳酸钙、氧化钙等，尚含锌、镁、铁、铝、铜等多种微量元素及多种氨基酸。具有延缓衰老、降血压、抗氧化、抗肿瘤、抗肝损伤、镇静、抗惊厥、抗过敏、抗溃疡、增强免疫、预防骨质疏松等作用。

牡蛎 Mǔlì

牡蛎饮片

本品首载于《神农本草经》，为牡蛎科动物长牡蛎 *Ostrea gigas* Thunberg、大连湾牡蛎 *Ostrea talienwhanensis* Crosse 或近江牡蛎 *Ostrea rivularis* Gould 的贝壳。主产于广东、福建、浙江等地。全年均可捕捞，去肉，洗净，晒干。生用或煅用，用时捣碎。处方中的常用名称：牡蛎、煅牡蛎、生牡蛎、左牡蛎、牡蛎壳等。

【药性】 咸、微寒。归肝、胆、肾经。

【功效】 重镇安神，潜阳补阴，软坚散结。

【应用】

1. 心神不安，惊悸失眠　本品质重能镇，具有重镇安神之功。可用治心神不安、惊悸怔忡，失眠多梦等症，常与龙骨相须为用，如桂枝甘草龙骨牡蛎汤（《伤寒论》）；也可与朱砂、琥珀、酸枣仁等同用。

2. 肝阳上亢，眩晕耳鸣　本品咸寒质重，入肝经，具有与石决明类似的平肝潜阳之功，且能滋阴，善于治水不涵木，阴虚阳亢，眩晕耳鸣，烦躁不安等，常与龟甲、龙骨、白芍等同用，如镇肝熄风汤（《医学衷中参西录》）；若治热病日久、灼烁真阴，虚风内动，四肢抽搐等，宜滋阴、息风止痉，当配龟甲、鳖甲、生地黄等，如大定风珠（《温病条辨》）。

3. 痰核瘰疬，瘿瘤，癥瘕痞块　本品味咸，能软坚散结。治痰火郁结之痰核瘰疬、瘿瘤等，常与浙贝母、玄参同用，如消瘰丸（《医学心悟》）；若治血瘀气滞之癥瘕痞块，可配伍鳖甲、丹参、莪术等。

4. 自汗盗汗，遗精滑精，崩漏带下　本品煅后有与煅龙骨相似的收敛固涩之功，可治多种滑脱不禁之证。若治自汗、盗汗，常与黄芪、麻黄根、浮小麦同用，如牡蛎散（《太平惠民和剂局方》）；若治肾虚遗精、滑精，常与沙苑子、龙骨、芡实等同用，如金锁固精丸（《医方解集》）；若治尿频、遗尿，当配桑螵蛸、金樱子、龙骨等；对于崩漏、带下证，可与山茱萸、山药等配伍。

5. 胃痛吞酸　本品煅用有制酸止痛之功。治疗胃痛泛酸，可配伍海螵蛸、瓦楞子、海蛤壳等。

【用法用量】 煎服，9~30 g，先煎。潜阳补阴、重镇安神、软坚散结生用，收敛固涩、制酸止痛煅用。

【使用注意】 脾胃虚寒者慎用。

—•笔记栏•—

【文献摘要】

（1）《神农本草经》：“主惊恚怒气，除拘缓，鼠瘘，女子带下赤白。”

（2）《海药本草》：“主男子遗精，虚劳乏损，补肾正气，止盗汗，去烦热，治伤寒热痰，能补养安神，治孩子惊痫。”

（3）《本草备要》：“咸以软坚化痰，消瘰疬结核，老血疝瘕。涩以收脱，治遗精崩带，止嗽敛汗，固大小肠。”

【现代研究】

本品主含碳酸钙、磷酸钙及硫酸钙，并含铜、铁、锌、锰、锶、铬等微量元素及多种氨基酸。具有镇静、抗惊厥、镇痛、降血脂、抗凝血、抗血栓、抗氧化、抑菌、抗肿瘤、增强免疫等作用。

紫贝齿 Zǐbèichǐ

紫贝齿饮片

本品首载于《新修本草》，为宝贝科动物阿拉伯绶贝 *Mauritia arabica*（Linnaeus）等的贝壳。主产于我国海南、台湾、福建地区。5~7 月间捕捉，除去贝肉，洗净，晒干。生用或煅用，用时捣碎或研成细粉。处方中的常用名称：紫贝齿、紫贝等。

【药性】　咸、平。归肝、心经。

【功效】　平肝潜阳，镇惊安神，明目退翳。

【应用】

1. 肝阳上亢，头晕目眩　　本品味咸性平，主入肝经，平肝潜阳之功较为显著。治疗肝阳上亢、头晕目眩，常与石决明、牡蛎、磁石等同用。

2. 惊悸失眠　　本品质重，具有平肝潜阳、镇静安神之功。适用于肝阳上扰，心阳躁动之惊悸心烦，失眠多梦者，宜安神、平肝，常与龙骨、磁石、茯神等同用；若治疗小儿急惊风，高热不退、手足抽搐，常配伍羚羊角、钩藤、天麻等。

3. 目赤翳障，视物昏花　　本品有清肝明目之功，治疗肝热目赤，目生翳膜，视物昏花等症，当配菊花、蝉蜕、夏枯草等。

【用法用量】　煎服，10~15 g，先煎，或研末入丸、散剂。

【使用注意】　脾胃虚弱者慎用。

【文献摘要】

（1）《新修本草》：“明目，去热毒。”

（2）《本草纲目》：“治小儿斑疹，目翳。”

（3）《饮片新参》：“清心，平肝安神，治惊惕不眠。”

【现代研究】

本品主含碳酸钙、有机质及少量镁、铁、硅酸盐、磷酸盐、硫酸盐和氧化物，尚含锌、锰、铜等微量元素及多种氨基酸。具有镇静及降血压的作用。

赭石 Zhěshí

代赭石饮片

本品首载于《神农本草经》，为氧化物类矿物刚玉族赤铁矿，主含三氧化二铁（Fe_2O_3）。主产于山西、河北。采挖后，除去杂石。砸碎，生用，或煅后醋淬、研成粗粉用。处方中的常用名称：赭石、代赭石、代赭石粉、煅代赭石等。

【药性】　苦、寒。归肝、心、肺、胃经。

【功效】　平肝潜阳，重镇降逆，凉血止血。

【应用】

1. 肝阳上亢，眩晕耳鸣　　本品味苦性寒，质重沉降，善于镇潜肝阳，清降肝火，为重镇潜

—•笔记栏•—

阳常用要药。用于治疗肝肾阴虚,肝阳上亢所致的头痛眩晕,耳鸣目胀等症,常与生牡蛎、生龙骨、生白芍等同用,如镇肝熄风汤(《医学衷中参西录》);对于肝阳上亢,肝火上升所致的头晕头痛,心烦难寐,可配伍珍珠母、朱胆膏、冰片等,如脑力清胶囊[《中华人民共和国药典·第一部》(2020年版)];对于小儿急慢惊风,吊眼撮口,搐搦不定,如《仁斋直指方》中单用本品醋煅,细研水飞,白汤调下。

2. 呕吐,呃逆,噫气　本品质重沉降,为重镇降逆之要药,善于降上逆之胃气,具有止呕、止呃、止噫之功。对于胃气上逆之呕吐、呃逆、噫气不止,常与旋覆花、半夏、生姜等同用,如旋覆代赭汤(《伤寒论》)。

3. 气逆喘息　本品重镇降逆,可降上逆之肺气而平喘。对于哮喘有声,卧睡不得者,可单味研末,米醋调服。若治肺肾不足,阴阳两虚之虚喘,常与党参、山茱萸、核桃仁等同用,如参赭镇气汤(《医学衷中参西录》);治疗肺热咳喘,可与桑白皮、苏子等同用。

4. 血热吐衄,崩漏下血　本品味苦性寒,入心、肝经血分,具有凉血止血之功,加之善于降气、降火,尤适宜于气火上逆,破血妄行之出血证。可单用,治吐血衄血,如《斗门方》本品煅烧醋淬,研细调服;治因热而胃气上逆所致吐血、衄血、胸中烦热者,当配白芍、竹茹、牛蒡子等,如寒降汤(《医学衷中参西录》);治血热崩漏下血,常配伍禹余粮、赤石脂、五灵脂等,如震灵丹(《太平惠民和剂局方》)。

【用法用量】 煎服,9~30 g,先煎。平肝潜阳、重镇降逆宜生用,止血宜煅用。

【使用注意】 本品苦寒,易伤脾胃,故脾胃虚寒食少便溏者慎用;孕妇慎用。因含微量砷,故不宜长期服用。

【文献摘要】

(1)《神农本草经》:"主鬼疰,贼风,蛊毒……腹中毒邪气,女子赤沃漏下。"

(2)《名医别录》:"主带下百病,产难,胞衣不出,堕胎,养血气,除五脏血脉中热。"

(3)《医学衷中参西录》:"能生血兼能凉血,而其质重坠,又善镇逆气,降痰涎,止呕吐,通燥结。""治吐衄之证,当以降胃为主,而降胃之药,实以赭石为最效。"

【现代研究】

本品主含三氧化二铁,并含镉、钴、铬、铜、锰等多种微量元素,尚含对人体有害的铅、砷、钛。具有镇静、抗惊厥、抗炎、保护胃黏膜、促进肠胃蠕动、止血等作用。

刺蒺藜 Cìjílí

蒺藜饮片

蒺藜

本品首载于《神农本草经》,为蒺藜科植物蒺藜 *Tribulus terrestris* L. 的成熟果实。主产于河南、河北、山东等地。秋季果实成熟时采割植株,晒干,打下果实,除去杂质。生用或炒用。处方中的常用名称:蒺藜、刺蒺藜、炒蒺藜、白蒺藜、盐蒺藜等。

【药性】 辛、苦,微温;有小毒。归肝经。

【功效】 平肝解郁,活血祛风,明目,止痒。

【应用】

1. 肝阳上亢,头痛眩晕　本品味苦降泄,主入肝经,具有平抑肝阳之功。治肝阳上亢,头痛眩晕等症,常与钩藤、珍珠母、菊花等同用。

2. 肝气郁滞,胸胁胀痛,乳闭胀痛　本品辛散苦泄,具有疏肝解郁之功。治肝郁气滞,胸胁胀痛,常配柴胡、香附、青皮等;治妇女产后肝郁气滞,乳汁不通,乳房胀痛,可单用或者研末服用,或配伍穿山甲、王不留行等。

3. 风热上攻,目赤翳障　本品味辛,为祛风明目之要药,能疏散肝经风热而明目退翳。治风热目赤肿痛,翳膜遮睛,当配菊花、蔓荆子、决明子等,如《张氏医通》白蒺藜散。

4. 风疹瘙痒,白癜风　本品轻扬疏散,具有活血祛风止痒之功。治风疹瘙痒,常与防风、荆芥、地肤子等同用;治疗白癜风,可单用本品研末冲服,或制成酊剂外用。

【用法用量】 煎服,6~10 g。

【使用注意】 孕妇慎用。

【文献摘要】

(1)《神农本草经》:"主恶血,破癥结积聚,喉痹,乳难。久服,长肌肉,明目。"

(2)《本草求真》:"宣散肝经风邪,凡因风盛而见目赤肿翳,并遍身白癜瘙痒难当者,服此治无不效。"

(3)《名医别录》:"主身体发痒,头痛。"

【现代研究】

本品主含甾体皂苷类成分(刺蒺藜皂苷 A~E 等),黄酮类成分(刺蒺藜苷、山柰酚、槲皮素等),还含有挥发油、脂肪酸等。具有抗急性肝损伤、促进皮肤毛囊黑素细胞增殖、增强生殖功能、抗心肌缺血、脑保护、降血糖、延缓衰老、抗血栓、抗肿瘤、降血压、利尿、增强免疫等作用。

罗布麻叶 Luóbùmáyè

罗布麻叶饮片

本品首载于《救荒本草》,为夹竹桃科植物罗布麻 *Apocynum venetum* L. 的叶。主产于内蒙古、甘肃、新疆。夏季采收,除去杂质,干燥。处方中的常用名称:罗布麻叶、罗布麻等。

【药性】 甘、苦、凉。归肝经。

【功效】 平肝安神,清热利水。

【应用】

1. 肝阳眩晕,心悸失眠　本品味苦性凉,专入肝经,具有平抑肝阳、清泄肝热之效。用于治疗肝阳上亢及肝火上攻之头晕目眩,烦躁失眠等,可单用本品煎服或开水冲代茶饮;治肝阳上亢,可与牡蛎、石决明、代赭石等同用;治肝火上攻,可配伍钩藤、夏枯草、野菊花等;若心悸失眠者,当配龙骨、磁石、远志等。

2. 浮肿尿少　本品能清热利尿,对于水肿、尿少而有热象者,可单用或配伍泽泻、茯苓、车前子等。

【用法用量】 煎服或开水泡服,6~12 g。

【使用注意】 不宜过量或长期服用,以免中毒。

【文献摘要】

(1)《江苏植药志》:"乳汁可愈合伤口。"

(2)《中国药植图鉴》:"嫩叶,蒸炒揉制后代茶,有清凉去火,防止头晕和强心的功用。"

(3)《陕西中草药》:"清凉泻火,强心利尿,降血压,治心脏病,高血压,神经衰弱,肾炎浮肿。"

【现代研究】

本品主含黄酮类成分(金丝桃苷、芸香苷、山柰素、槲皮素等),有机酸类成分(延胡索酸、琥珀酸、绿原酸等),还含鞣质、蒽醌、氨基酸等。具有镇静、抗动脉粥样硬化、抗抑郁、扩血管、降血压、抗炎、保肝等作用。

第二节　息风止痉药

本类药物多为虫类药,主入肝经,以平息肝风、制止痉挛抽搐为主要功效。适用于温热病热极动风、肝阳化风及血虚生风等所致之眩晕欲仆、项强肢颤、痉挛抽搐,以及风阳挟痰,痰热上扰之癫痫、惊风,或风毒侵袭,引动内风之破伤风,痉挛抽搐、角弓反张等证。部分药兼有平肝潜

—•笔记栏•—

阳、清泻肝火、祛风通络之功,亦可治肝阳上亢之头晕目眩,肝火上攻之目赤头痛以及风邪中经络之口眼㖞斜、肢麻痉挛、头痛、风湿痹痛等证。

羚羊角饮片

羚羊角 Língyángjiǎo

本品首载于《神农本草经》,为牛科动物赛加羚羊 *Saiga tatarica* Linnaeus 的角。主产于俄罗斯。全年均可捕捉,猎取后锯取其角,晒干。镑片用,或砸碎,粉碎成细粉用。处方中的常用名称:羚羊角、羚羊角片、羚羊角粉、羚羊角丝等。

【药性】 咸、寒。归肝、心经。

【功效】 平肝息风,清肝明目,散血解毒。

【应用】

1. 肝风内动、惊痫抽搐,妊娠子痫,高热惊厥,癫痫发狂　本品性寒,主入肝经,善于清肝热、息肝风、止痉搐,为治疗肝风内动、惊痫抽搐之要药。因其清热力强,故尤宜于温热病热邪炽盛,热极动风之高热神昏、惊厥抽搐,常与钩藤、菊花、白芍等同用,如羚角钩藤汤(《通俗伤寒论》);治妇女子痫,可配伍防风、独活、茯神等,如羚羊角散(《济生方》);治癫痫发狂,可与钩藤、郁金、朱砂等同用。

2. 肝阳上亢,头痛眩晕　本品质重沉降,具有平抑肝阳之功。治肝阳上亢,症见头晕目眩,烦躁失眠,头痛如劈等,常与石决明、龟甲、生地黄等配伍,如羚羊角汤(《医醇賸义》)。

3. 肝火上炎,目赤翳障　本品善于清肝泻火而明目。治肝火上炎之目赤肿痛,羞明流泪,目生翳障,常与决明子、黄芩、龙胆等同用,如羚羊角散(《太平惠民和剂局方》)。

4. 温热病壮热神昏,温毒发斑　本品性寒清热,主入心、肝经,具有清心凉肝,泻火解毒之功。用于温热病壮热神昏,谵语躁狂,甚或惊厥抽搐,当配生石膏、寒水石、麝香等,如紫雪丹(《千金方》);对于温毒发斑,常与生地黄、赤芍、大青叶等配伍。

5. 痈肿疮毒　本品性寒,具清热解毒之功,治疗热毒炽盛,疮疡肿痛,可与黄连、栀子、金银花等同用。

此外,本品具有清肺热,解热、镇痛之效,可用治风湿痹痛、肺热咳喘、百日咳等。

【用法用量】 煎服,1~3 g,宜另煎 2 h 以上;磨汁或研粉服,每次 0.3~0.6 g。

【使用注意】 本品咸寒清热,故对无实火者慎用;脾虚慢惊忌用。

【文献摘要】

(1)《神农本草经》:"主明目,益气起阴,去恶血注下……安心气。"

(2)《本草纲目》:"入厥阴肝经甚捷……肝主木,开窍于目,其发病也,目暗翳障,而羚羊角能平之。肝主风,在合为筋,其发病也,小儿惊痫,妇人子痫,大人中风抽搐搦,及筋脉挛急,历节掣痛,而羚羊角能舒之。"

【现代研究】

本品主含角质蛋白,水解后可得 18 种氨基酸及多肽物质,尚含多种磷脂、磷酸钙、胆固醇、维生素 A 及多种微量元素等。具有镇静、镇痛、抗惊厥、解热、降血压等作用。

案例

奉天马某之幼子,年四岁,因出疹急膈,来院求为诊治。其状闭目喘促,精神昏昏,呼之不应,周身壮热,大便数日未行。断为疹毒内攻,其神明所以若斯昏沉,非羚羊角、生石膏并用不可。遂为疏方:生石膏一两,玄参、花粉各六钱,连翘、金银花各三钱,甘草二钱,煎汤一大盅,又用羚羊角二钱煎汤半盅,混合,三次温服下,尽剂而愈。

张锡纯.医学衷中参西录[M].石家庄:河北人民卫生出版社,1980:387.

—•笔记栏•—

问题：

1. 本案例为什么用羚羊角？
2. 羚羊角与生石膏的配伍意义怎样？

【附药】

山羊角 本品为牛科动物青羊 *Naemorhedus goral* Ltardwicke 的角。性味咸寒，归肝经。功能：平肝镇惊。适用于肝阳上亢、头晕目眩、肝火上炎、目赤肿痛、惊风抽搐等证。《医林纂要》中载“功用近羚羊角”，效用较羚羊角相似而药力较弱，可作羚羊角的代用品。煎服用量 10~15 g。

牛黄 Niúhuáng

牛黄饮片

牛黄

本品首载于《神农本草经》，为牛科动物牛 *Bos taurus domesticus* Gmelin 的干燥胆结石。主产于华北、东北、西北。宰牛时，如发现有牛黄，即滤去胆汁，将牛黄取出，除去外部薄膜，阴干。研极细粉末。处方中的常用名称：牛黄、西牛黄、京牛黄、丑宝、天然牛黄等。

【药性】 甘、凉。归心、肝经。

【功效】 清心，豁痰，开窍，凉肝，息风，解毒。

【应用】

1. 热病神昏，中风痰迷 本品性凉，气味芳香，入心经，既能清新热，又能豁痰开窍醒神以苏醒神志。对于温热病热入心包及中风、惊风、癫痫等痰热阻闭心窍，症见神昏谵语，高热烦躁，口噤舌謇，痰涎壅盛等，常与麝香、冰片、黄连等同用，如安宫牛黄丸(《温病条辨》)；亦可单用本品为末，以竹沥水送服。

2. 惊痫抽搐，癫痫发狂 本品入心、肝经，具有清心凉肝、息风止痉之功。常用治小儿急惊风，壮热神昏，惊厥抽搐，常与胆南星、朱砂、天竺黄等同用，如牛黄抱龙丸(《医学入门》)；治疗痰蒙清窍之癫痫发作，症见突然仆倒，昏不知人，口吐涎沫，四肢抽搐者，常配全蝎、钩藤、胆南星等同用。

3. 咽喉肿痛，口舌生疮，痈肿疔疮 本品性凉，为清热解毒之良药。治火热内盛之口舌生疮，咽喉肿痛，牙龈肿痛，目赤肿痛，常配黄芩、冰片、大黄等，如牛黄解毒丸[《中华人民共和国药典·第一部》(2020 年版)]；治咽喉肿痛，溃烂，常与珍珠为末吹喉，如珠黄散(《绛囊撮要》)；治痈肿疔疮，瘰疬，宜清热解毒，活血散结，常与麝香、乳香、没药等配伍，如犀黄丸(《外科全生集》)。

【用法用量】 0.15~0.35 g，多入丸、散用。外用适量，研末敷患处。

【使用注意】 孕妇、脾胃虚寒者慎用。

【文献摘要】

(1)《神农本草经》：“主惊痫，寒热，热盛狂痓。”

(2)《名医别录》：“疗小儿百病，诸痫热，口不开；大人狂痫。又堕胎。”

(3)《日用本草》：“治惊痫搐搦烦热之疾，清心化热，利痰凉惊。”

(4)《会约医镜》：“疗小儿急惊，热痰壅塞，麻疹余毒，丹毒，牙疳，咽肿，一切实证垂危者。”

【现代研究】

本品主含胆红素、胆甾酸类成分(胆酸、去氧胆酸、牛黄胆酸等)，还含脂肪酸、卵磷脂、维生素 D 等。具有镇静、抗惊厥、解热、降血压、利胆、保肝、抗炎、止血、降血脂、增强免疫、抗氧化等作用。

【附药】

1. 人工牛黄　本品由牛胆粉、胆酸、猪去氧胆酸、牛磺酸、胆红素、胆固醇、微量元素等加工制成。性味甘凉，归心、肝经。功能：清热解毒，化痰定惊。适用于痰热谵狂，神昏不语，小儿急惊风，咽喉肿痛，口舌生疮，痈肿疔疮。一次 0.15~0.35 g，多作配方用。外用适量敷患处。孕妇慎用，非实热证不宜用。

2. 体外培育牛黄　本品以牛科动物牛 *Bos taurus domesticus* Gmelin 的新鲜胆汁作母液，加入去氧胆酸、胆酸、复合胆红素钙等制成。性味甘凉，归心、肝经。功能：清心，豁痰，开窍，凉肝，息风，解毒。用于热病神昏，中风痰迷，惊险抽搐，癫痫发狂，咽喉肿痛，口舌生疮，痈肿疔疮。用量 0.15~0.35 g，多入丸散用。外用适量，研末敷患处。孕妇慎用。偶有轻度消化道不适。

珍珠 Zhēnzhū

珍珠饮片

本品首载于《日华子本草》，为珍珠贝科动物马氏珍珠贝 *Pteria martensii*（Dunker）、蚌科动物三角帆蚌 *Hyriopsis cumingii*（Lea）或褶纹冠蚌 *Criataria plicata*（Leach）等双壳类动物受刺激形成的珍珠。主产于广西、广东、海南，传统以广西合浦产者最佳。自动物体内取出，洗净，干燥。碾细，水飞制成最细粉。处方中的常用名称：珍珠、真珠、珍珠粉等。

【药性】　甘、咸，寒。归心、肝经。

【功效】　安神定惊，明目退翳，解毒生肌，润肤祛斑。

【应用】

1. 心神不宁，惊悸失眠　本品甘寒质重，入心经，具有安神定惊之效。主治心神不宁，惊悸失眠，且性寒清热，甘寒益阴，故尤宜于心虚有热之心烦不眠、多梦健忘等心神不宁之证，常与酸枣仁、柏子仁、五味子等配伍。

2. 惊风癫痫　本品性寒咸重，善清心、肝之热而定惊止痉。若治小儿痰热之急惊风，高热神昏，痉挛抽搐者，可与牛黄、胆南星、天竺黄等同用，如金箔镇心丸（《杂病源流犀烛》）；对小儿惊痫惊惕不安，吐舌抽搐等症，常与朱砂、牛黄、黄连等配伍，如镇惊丸（《医宗金鉴》）。

3. 目赤翳障　本品性寒清热，入肝经，具有清泻肝火，明目退翳之功，善治多种目疾，尤多用于肝经风热或肝火上攻之目赤涩痛，目生翳膜等，常配伍青葙子、菊花、石决明等，如真珠散（《证治准绳》）。

4. 口舌生疮，咽喉溃烂，疮疡不敛　本品具有清热解毒，生肌敛疮之功。治口舌生疮，牙龈肿痛，咽喉溃烂等症，常与硼砂、青黛、冰片等同用，共为细末，吹入患处，如珍宝散（《丹台玉案》）；亦可用本品与人工牛黄共为细末，吹入患处，如珠黄散[《中华人民共和国药典·第一部》（2020 年版）]；若治疮疡溃烂，久不收口者，可配炉甘石、黄连、血竭等同用，研极细末外敷，如珍珠散（《张氏医通》）。

5. 皮肤色斑　本品外用有养颜祛斑，润泽肌肤之功。常用治皮肤色素沉着、黄褐斑等，现多研极细粉末后配于化妆品中使用。

【用法用量】　0.1~0.3 g，多入丸散用。外用适量，研末敷患处。

【使用注意】　孕妇、脾胃虚寒者慎用。

【文献摘要】

（1）《日华子本草》："安心，明目。"

（2）《本草衍义》："除小儿惊热。"

（3）《本草汇言》："镇心，定志，安魂，解结毒，化恶疮，收内溃破烂。"

（4）《本草纲目》："安魂魄、止遗精白浊，解痘疔毒。"

（5）《饮片新参》："平肝潜阳，安神魂，定惊痫，消热素，维生素及肽类等。"

—•笔记栏•—

【现代研究】

本品主含碳酸钙，还含有氨基酸、微量元素、维生素及肽类等。具有镇静、抗惊厥、增强免疫、抗组胺、延缓衰老、抗心律失常、抗辐射、抗炎镇痛、抗疲劳等作用。近年，珍珠粉在营养保健及创伤修护方面有一定的应用。

钩藤 Gōuténg

钩藤饮片

本品首载于《名医别录》，为茜草科植物钩藤 *Uncaria rhynchophylla*（Miq.）Miq. ex Havil.、大叶钩藤 *Uncaria macrophylla* Wall.、毛钩藤 *Uncaria hirsuta* Havil.、华钩藤 *Uncaria sinensis*（Oliv.）Havil. 或无柄果钩藤 *Uncaria sessilifructus* Roxb. 的带钩茎枝。主产于广西、广东、湖南等地。秋、冬二季采收，去叶，切段，晒干。生用。处方中的常用名称：钩藤、双钩藤、双钩等。

【药性】 甘，凉。归肝、心包经。

【功效】 息风定惊，清热平肝。

【应用】

1. 肝风内动，惊痫抽搐，高热惊厥　本品味甘性凉，入肝、心包经，长于清心包之火，泻肝经之热，具有息风止痉之功，善治肝风内动，惊险抽搐，适宜于热极生风，四肢抽搐及小儿高热惊厥等。治小儿急惊风，壮热神昏，牙关紧闭，手足抽搐，常与天麻、全蝎、僵蚕等同用；如钩藤饮子（《小儿药证直诀》）；治温热病热极生风，痉挛抽搐，可与羚羊角、白芍、菊花等同用，如羚角钩藤汤（《通俗伤寒论》）。

2. 头痛眩晕　本品性凉，主入肝经，既能清肝热，又能平肝阳。善治肝火上攻或肝阳上亢，症见头痛头胀，眩晕等，若为肝火上攻者，可配伍夏枯草、龙胆、栀子等；若为肝阳上亢者，常与天麻、石决明、牛膝等同用，如天麻钩藤饮（《中医内科杂病证治新义》）。

3. 感冒夹惊，小儿惊啼　本品性凉，善轻清疏泄，用于感冒夹惊，风热头痛等症，宜清透热邪，定惊止搐；用于小儿惊哭夜啼，宜凉肝止惊，常配伍蝉蜕、薄荷等。

【用法用量】 煎服，3～12 g，后下。

【使用注意】 气虚无实热者不宜用；脾胃虚寒者慎用。

【文献摘要】

（1）《名医别录》："主小儿寒热，十二惊痫。"

（2）《药性论》："主小儿惊啼，瘛疭热壅。"

（3）《本草纲目》："大人头旋目眩，平肝风，除心热，小儿内灼腹痛，发斑疹。"

【现代研究】

本品主含吲哚类生物碱（钩藤碱、异钩藤碱、去氢钩藤碱、异去氢钩藤碱等）、三萜类成分（钩藤苷元、常春藤苷元等）、黄酮类成分（槲皮素、槲皮苷等）。具有镇静、降血压、抗癫痫、抗精神依赖、抗脑缺血、抗痉挛、抗焦虑、脑保护等作用。

天麻 Tiānmá

天麻饮片

天麻

本品首载于《神农本草经》，为兰科植物天麻 *Gastrodia elata* Bl. 的块茎。主产于湖北、四川、云南等地。立冬后至次年清明前采挖，冬季茎枯时采挖者名"冬麻"，质量优良；春季发芽时采挖者名"春麻"，质量较差。采挖后，立即洗净，蒸透，敞开低温干燥。洗净，润透或蒸软，切薄片。生用。处方中的常用名称：天麻、明天麻等。

【药性】 甘，平。归肝经。

【功效】 息风止痉，平抑肝阳，祛风通络。

【应用】

1. 肝风内动，小儿惊风，癫痫抽搐，破伤风　本品主入肝经，善息风止痉，且性味甘平质润，故治疗肝风内动，惊痫抽搐，不论虚实均可配伍应用。治小儿急惊风，常与钩藤、全蝎、僵蚕等同用，如钩藤饮子（《小儿药证直诀》）；治小儿脾虚慢惊，可与人参、白术、僵蚕等配伍，如醒脾丸（《普济本事方》）；治小儿诸惊，当配全蝎、制南星、僵蚕等同用，如天麻丸（《魏氏家藏方》）；治破伤风，痉挛抽搐，角弓反张，常配伍天南星、白附子、防风等，如玉真散（《外科正宗》）。

2. 肝阳上亢，头痛眩晕　本品既能息肝风，又能平肝阳，常用治头痛、眩晕，是止眩晕之要药。治肝阳上亢之眩晕、头痛，当配钩藤、石决明、牛膝等，如天麻钩藤饮（《中医内科杂病证治新义》）；治风痰上扰之眩晕、头痛，痰多胸闷者，常配伍半夏、茯苓、白术等，如半夏白术天麻汤（《医学心悟》）；治头风头痛，头晕欲倒者，可与川芎、白芷等同用。

3. 手足不遂，肢体麻木，风湿痹痛　本品具有祛风通络、止痛之功。治中风手足不遂，筋骨疼痛等，常与没药、制乌头、麝香等同用，如天麻丸（《圣济总录》）；若治风湿痹痛，肢体麻木，关节屈伸不利者，当配秦艽、桑枝、羌活等，如秦艽天麻汤（《医学心悟》）。

【用法用量】　煎服，3～10 g。

【文献摘要】

（1）《用药法象》："疗大人风热头痛，小儿风痫惊悸；诸风麻痹不仁；风热语言不遂。"

（2）《开宝本草》："主诸风湿痹，四肢拘挛，小儿风痫、惊气，利腰膝，强筋力。"

（3）《本草汇言》："主头风，头痛，头晕虚旋，癫痫强痉，四肢挛急，语言不顺，一切中风，风痰。"

（4）《神农本草经》："久服益气力，长阴，肥健，轻身，增年。"

【现代研究】

本品主含酚类成分［天麻素、对羟基苯甲醇（天麻苷元）、4-羟苄基甲醚、4-（4′羟苄氧基）苄基甲醚］、脂肪酸类成分（十六烷酸、十七烷酸）、多糖（天麻多糖等）。具有抗惊厥、抗癫痫、抗抑郁、镇痛、镇静、催眠、降血压、延缓衰老、健脑益智、抗血管性痴呆等作用。

地龙 Dìlóng

地龙饮片

本品首载于《神农本草经》，为钜蚓科动物参环毛蚓 *Pheretima aspergillum*（E. perrier）、通俗环毛蚓 *Pheretima vulgaris* Chen、威廉环毛蚓 *Pheretima guillelmi*（Michaelsen）或栉盲环毛蚓 *Pheretima pectinifera* Michaelsen 的干燥体。前一种习称"广地龙"，后三种习称"沪地龙"。主产于广东、广西、浙江。广地龙春季至秋季捕捉，沪地龙夏季捕捉，及时剖开腹部，除去内脏及泥沙，洗净，切段，晒干或低温干燥。生用。处方中的常用名称：地龙、广地龙、干地龙等。

【药性】　咸，寒。归肝、脾、膀胱经。

【功效】　清热定惊，通络，平喘，利尿。

【应用】

1. 高热神昏，惊痫抽搐，癫狂　本品性寒，既能息风止痉，又能清热定惊，尤宜于热极生风所致的神昏谵语，痉挛抽搐及小儿惊风，癫狂等症。若治温热病热极生风，神昏，痉挛抽搐之证，常配伍钩藤、牛黄、全蝎等；治小儿惊风，高热，惊厥抽搐，可将本品研烂，与朱砂成丸服用；治狂躁癫痫，可单用鲜品，加食盐搅拌化水后服用。

2. 关节痹痛，肢体麻木，半身不遂　本品性善走窜，长于通行经络，适用于多种原因导致的经络阻滞、血脉不畅，关节痹痛，肢体麻木。且其性寒凉，多用治关节红肿热痛、屈伸不利之热痹，常配伍防已、秦艽、忍冬藤等；若治风湿寒痹，肢体麻木、疼痛尤甚、屈伸不利等症，当配川芎、草乌、天南星等，如小活络丹（《太平惠民和剂局方》）；治气虚血滞，中风半身不遂，口眼㖞斜等症，常与黄芪、当归、川芎等同用，如补阳还五汤（《医林改错》）。

3. 肺热咳喘　本品性寒降泄，长于清肺平喘，治邪热壅肺，肺失肃降之喘息不止，喉中哮鸣

—•笔记栏•—

有声音,可单味研末内服,或配伍麻黄、苦杏仁、黄芩等;或用鲜品水煎去渣后,加冰糖熬膏冲服。

4. 水肿,小便不利　　本品咸寒走下入肾,善清热结而利水道。治湿热水肿,可配伍泽泻、木通、芦根等;对于热结膀胱,小便不利,甚则尿闭不通,可单用或与车前子、滑石、萹蓄同用。

此外,本品有降血压作用,还可用于治疗肝阳上亢型高血压病。

【用法用量】　煎服,5~10 g。

【使用注意】　本品性寒,易伤脾胃,故脾胃虚寒或内无实热者慎服。

【文献摘要】

(1)《本草纲目》:"性寒而下行,性寒故能解诸热疾,下行故能利小便,治足疾而通经络也。""主伤寒疟疾,大热狂烦,及大人小儿便不通,急慢惊风,历节风痛。"

(2)《本草拾遗》:"疗温病大热,狂言主天行诸热,小儿热病癫痫。"

(3)《名医别录》:"疗伤寒伏热,狂谬,大腹,黄疸。"

【现代研究】

本品主含蚯蚓解热碱、蚯蚓素、蚯蚓毒素、6-羟基嘌呤、黄嘌呤、腺嘌呤、鸟嘌呤、胆碱及多种氨基酸和微量元素等,尚含花生四烯酸、琥珀酸等有机酸。具有解热、镇静、抗惊厥、抗血栓、抗凝血、降血压、抗炎、镇痛、平喘、利尿、增强免疫等作用。

全蝎 Quánxiē

全蝎饮片

全蝎

本品首载于《蜀本草》,为钳蝎科动物东亚钳蝎 *Buthus martensii* Karsch 的干燥体。主产于河南、山东、湖北等地。春末至秋初捕捉,除去泥沙,置沸水或肺盐水中,煮至全身僵硬,捞出,置通风处,阴干。处方中的常用名称:全蝎、全虫、淡全蝎、盐全蝎等。

【药性】　辛,平;有毒。归肝经。

【功效】　息风镇痉,通络止痛,攻毒散结。

【应用】

1. 肝风内动,痉挛抽搐,小儿惊风,中风口㖞,破伤风　　本品专入肝经,善走窜,具有平息肝风,搜风通络,息风止痉之功,为治痉挛抽搐之要药。善治各种原因之惊风、痉挛抽搐,常与蜈蚣配伍,如止痉散(《经验方》);若治小儿急惊风高热、神昏、抽搐,可配羚羊角、钩藤、天麻等;治小儿慢惊风抽搐,常配党参、白术、天麻等;治痰迷癫痫抽搐,可与郁金、白矾等同用,研细末服;治破伤风痉挛抽搐、角弓反张,可配蜈蚣、天南星、蝉蜕等;治风中经络,口眼㖞斜,常与僵蚕、白附子同用,如牵正散(《杨氏家藏方》)。

2. 风湿顽痹,顽固性偏正头痛　　本品善于搜风、通络止痛。善治风寒湿痹日久不愈,筋脉拘挛,甚则关节变形之顽痹,多与川乌、蕲蛇、没药等配伍;治顽固性偏正头痛,可单用,或与天麻、蜈蚣、川乌等同用。

3. 疮疡,瘰疬,颌下肿硬　　本品味辛有毒,能以毒攻毒,解毒而散结消肿,治疗诸疮肿毒,瘰疬,颌下肿硬等,可内服或外用。

【用法用量】　煎服,3~6 g。外用适量。

【使用注意】　本品有毒,用量不宜过大。血虚生风者慎用,孕妇禁用。

【文献摘要】

(1)《开宝本草》:"疗诸风瘾疹及中风半身不遂,口眼㖞斜,语涩,手足抽掣。"

(2)《本草从新》:"治诸风掉眩,惊痫抽掣,口眼㖞斜……厥阴风木之病。"

(3)《本草求真》:"全蝎,专入肝祛风,凡小儿胎风发搐,大人半身不遂,口眼㖞斜,语言謇涩,手足抽掣,疟疾寒热,耳聋,带下,皆因外风内客,无不用之。"

【现代研究】

本品主含蛋白质(蝎毒素、酶等),还有多种氨基酸、脂肪酸等。具有抗惊厥、抗癫痫、抗血栓、抗凝血、镇痛、抗肿瘤等作用。

—•笔记栏•—

蜈蚣饮片

蜈蚣

蜈蚣 Wúgōng

本品首载于《神农本草经》，为蜈蚣科动物少棘巨蜈蚣 *Scolopendra subspinipes mutilans* L. Koch 的干燥体。主产于浙江、湖北、湖南等地。春、夏二季捕捉，用竹片插入头尾，绷直，干燥。去竹片，洗净，微火焙黄，剪段。处方中的常用名称：蜈蚣、酒蜈蚣、焙蜈蚣、百足虫、百足等。

【药性】 辛，温；有毒。归肝经。

【功效】 息风镇痉，通络止痛，攻毒散结。

【应用】

1. 肝风内动，痉挛抽搐，小儿惊风，中风口㖞，半身不遂，破伤风　本品性温，善走窜，通达内外，息风止痉及搜风通络之功强于全蝎，故两者常相须为用，治多种原因引起的痉挛抽搐，如止痉散(《经验方》)；若治小儿撮口，手足抽搐，常配全蝎、钩藤、僵蚕等，如撮风散(《证治准绳》)；治破伤风，角弓反张，可与天南星、防风、鱼鳔同用，如蜈蚣星风散(《医宗金鉴》)。

2. 风湿顽痹，顽固性偏正头痛　本品与全蝎相似，善于搜风、通络止痛。治疗顽痹疼痛，常与独活、威灵仙、川乌等同用；对久治不愈的顽固性偏正头痛，常与天麻、川芎、僵蚕等配伍。

3. 疮疡，瘰疬，蛇虫咬伤　本品味辛有毒，能以毒攻毒，解毒而散结消肿，治疗恶疮肿毒，瘰疬，蛇虫咬伤等，多外用。

【用法用量】 煎服，3~5 g。

【使用注意】 本品有毒，用量不宜过大。孕妇禁用。

【文献摘要】

(1)《神农本草经》："啖诸蛇、虫、鱼毒……去三虫。"

(2)《本草纲目》："小儿惊痫风搐，脐风口噤，丹毒、秃疮、瘰疬，便毒、痔漏，蛇瘕、蛇瘴、蛇伤。"

【现代研究】

本品主含蛋白质(毒性蛋白、非毒性蛋白)、磷酸酶 A、蛋白水解酶、乙酰胆碱酯酶、精氨酸酯酶、类凝血酶、纤维素酶、酸性磷酸酶等，还含多种氨基酸、脂肪酸等。具有抗惊厥、镇痛、抗炎、抗肿瘤、抗心肌缺血等作用。

僵蚕饮片

僵蚕 Jiāngcán

本品首载于《神农本草经》，为蚕蛾科昆虫家蚕 *Bombyx mori* Linnaeus 4~5 龄的幼体感染(或人工接种)白僵菌 *Beauveria bassiana* (Bals.) Vuillant 而致死的干燥体。主产于浙江、江苏。多于春、秋季生产，将感染白僵菌病死的蚕干燥。生用或炒用。处方中的常用名称：僵蚕、白僵蚕、炒僵蚕等。

【药性】 咸、辛，平。归肝、肺、胃经。

【功效】 息风止痉，祛风止痛，化痰散结。

【应用】

1. 肝风内动，惊痫抽搐，小儿急惊风，破伤风　本品味咸辛性平，入肝、肺经，具有息风止痉，化痰定惊之功，尤宜惊风、癫痫挟有痰热者。治小儿痰热急惊风，常配全蝎、牛黄、胆南星等，如千金散(《寿世保元》)；治小儿脾虚久泻，慢惊抽搐，常配党参、白术、天麻等，如醒脾散(《古今医统》)；治破伤风痉挛抽搐，角弓反张者，则配全蝎、蜈蚣、钩藤等，如撮风散(《证治准绳》)。

2. 中风，口眼㖞斜　本品味辛行散，具有祛风、化痰、通络之效。治风中经络，口眼㖞斜，痉挛抽搐之证，常与全蝎、白附子同用，如牵正散(《杨氏家藏方》)。

3. 风热头痛，目赤咽痛，风疹瘙痒　本品辛散，入肝、肺经，有祛外风、散风热、止痛、止痒之功。治肝经风热上攻之头痛、目赤肿痛、迎风流泪等症，常配桑叶、木贼、荆芥等，如白僵蚕散

(《证治准绳》);治风热上攻,咽喉肿痛,声音嘶哑者,可与薄荷、桔梗、甘草等同用,如六味汤(《咽喉秘集》);治风疹瘙痒,可单用或配蝉蜕、薄荷、防风等。

4. 瘰疬痰核,发颐痄腮　　本品辛能散,咸能软坚,具有化痰散结之功用。治瘰疬痰核之证,常与浙贝母、夏枯草、连翘等同用;治发颐、痄腮、乳痈、疔疮,可配金银花、板蓝根、蒲公英等。

【用法用量】　煎服,5~10 g。散风热宜生用,其他多制用。

【使用注意】　孕妇慎用。

【文献摘要】

(1)《神农本草经》:"主小儿惊痫、夜啼,去三虫,灭黑䵟,令人面色好,男子阴疡病。"

(2)《本草纲目》:"散风痰结核、瘰疬、头风、风虫齿痛,皮肤风疮,丹毒作痒……一切金疮,疔肿风痔。"

(3)《本草求真》:"治中风失音,头风齿痛,喉痹咽肿。"

【现代研究】

本品主含蛋白质和脂肪,尚含多种氨基酸及微量元素。具有镇静、催眠、抗惊厥、抗凝血、抗肿瘤、降血糖等作用。

【附药】

1. 僵蛹　　本品为中国科学院动物研究所等单位研制的以蚕蛹为底物,经白僵菌发酵的制成品。药理实验和临床观察证明,僵蛹与僵蚕的功用相近而药力较缓,可代替僵蚕药用。现已制成片剂用于临床,治疗癫痫、腮腺炎、慢性支气管炎等疾病。

2. 雄蚕蛾　　本品为蚕蛾科昆虫家蚕蛾 *Bombyx mori* L. 的雄性全虫。性味咸温,归肝、肾经。功能:补肝益肾,壮阳涩精。用于阳痿早泄、遗精滑精、白浊、尿血、创伤、溃疡及烫伤等证。多入丸、散,用量 1~6 g;外用适量,研末撒或调敷患处。药理和临床研究表明,雄蚕蛾提取液具有雄性激素样作用,能抗疲劳、延缓衰老等。

小　　结

主要平肝息风药的兼有功效及代表药物归纳

平肝息风药	
清肝明目	石决明、珍珠、紫贝齿、羚羊角、蒺藜
镇心安神	珍珠、珍珠母、牡蛎、紫贝齿
收敛固涩	煅牡蛎、煅珍珠
清热解毒	羚羊角、牛黄、珍珠
疏散风热	钩藤、僵蚕、罗布麻叶
平喘	赭石、地龙
化痰	牛黄、地龙、僵蚕
利尿消肿	罗布麻叶、地龙
通络止痛	天麻、全蝎、蜈蚣、地龙、僵蚕
凉血止血	赭石
软坚散结	牡蛎、僵蚕

第二十三章 开 窍 药

—•笔记栏•—

第二十三章授课视频及习题

开窍药是指以开窍醒神为主要功效，常用于治疗闭证神昏的药物。

本类药物多具芳香之气，善于走窜，性味多偏辛温，主入心经。具有通关开窍、醒脑回苏的作用。部分开窍药兼有活血、止痛等功效。

开窍药主要用于治疗各种实邪（如热邪内陷心包，痰浊蒙蔽心窍等）闭阻心窍所致神志昏迷等病证。部分开窍药还可用于胸痹心痛、腹痛、跌扑伤痛等病证。

闭证有热闭与寒闭之分，故应用开窍药治疗闭证时，当辨别其寒热属性，并结合临床症状进行恰当的选择和配伍。热闭者，宜与清热泻火、清热解毒类药物配伍；寒闭者，宜与温里散寒类药物配伍；闭证兼抽搐者，宜与息风止痉类药物配伍；兼痰浊闭阻者，宜与化湿、祛痰等药物配伍。

开窍药多辛香走窜，为救急、治标之品，且易耗伤正气，故不宜久用；又因其药性辛香，其有效成分易于挥发，故内服多不宜入煎剂，宜入丸剂、散剂服用。此外，神志昏迷有闭证与脱证之别，脱证治当补虚固脱，非本类药物所宜。

现代研究表明，开窍药能双向调节中枢兴奋—抑制的平衡，使中枢神经系统的功能恢复正常状态。部分开窍药尚有抗炎、镇痛、改善学习能力等作用。

麝香 Shèxiāng

麝香饮片

麝香

本品首载于《神农本草经》，为鹿科动物林麝 *Moschus berezovskii* Flerov、马麝 *Moschus. sifanicus* Przewalski 或原麝 *Moschus. moschiferus* Linnaeus 的成熟雄体香囊中的分泌物。林麝分布于西北等地，马麝分布于青藏高原及云南、贵州、四川等地，原麝分布于东北地区。现多采用活麝取香法，选择3岁以上的壮年雄麝，于每年冬、春二季从香囊中掏取出麝香仁，其中呈块状颗粒者习称“当门子”。阴干或用干燥器密闭干燥，贮藏于密闭、遮光容器中保存。取出麝香仁，研细即可入药。处方中的常用名称：麝香、麝香仁、当门子、元寸香等。

【药性】 辛，温。归心、脾经。

【功效】 开窍醒神，活血通经，消肿止痛。

【应用】

1. 热病神昏，中风痰厥，气郁暴厥，中恶昏迷　本品辛香温通，走窜之性甚烈，有极强的开窍通闭作用，为醒神回苏之要药。可用于各种原因所致的闭证神昏，无论寒闭、热闭，用之皆效，因其性温，尤宜于寒闭神昏。若治中风卒昏、中恶胸腹满痛等寒浊或痰湿阻闭心窍之寒闭神昏，症见面青、身凉、四肢厥逆、脉沉等，常配伍苏合香、檀香、安息香等，如苏合香丸（《太平惠民和剂局方》）；若治温病热陷心包、痰热蒙蔽心窍、小儿急惊风及中风痰厥等热闭神昏，症见高热、神昏谵语、烦躁等，常配伍牛黄、冰片、朱砂等，如安宫牛黄丸（《温病条辨》）、至宝丹（《太平惠民和剂局方》）等；若治小儿痰热惊风，常配伍雄黄、天竺黄等，如牛黄抱龙丸（《医学入门》）。

2. 经闭，癥瘕，难产死胎，胸痹心痛，心腹暴痛，跌扑伤痛，痹痛麻木　本品辛香走窜，可行血中之瘀滞，开经络之壅遏，具有活血祛瘀、通经止痛等作用。故可治内科、妇科、伤科等多种瘀血闭阻病症。若治血瘀经闭、痛经，常配伍丹参、桃仁、红花等，如通窍活血汤（《医林改错》）；若治癥瘕痞块等血瘀重证，可配伍水蛭、虻虫、三棱等，如化癥回生丹（《温病条辨》）。本品活血通经，力达胞宫，有催生下胎之效，治难产、死胎等，常与肉桂配伍，如香桂散（《张氏医通》）。本品入心经，开窍、通经、散瘀，为治心腹暴痛之佳品，常配伍木香、桃仁等，如麝香汤（《圣济总录》）。本品能活血祛瘀、消肿止痛，为伤科要药，可用于治跌扑肿痛、骨折扭挫、瘀血肿痛，常配伍乳香、没药、红花等，如七厘散（《良方集腋》）、八厘散（《医宗金鉴》），不论内服、外用均有良效。本品通关利窍、开经络之壅遏，治风寒湿痹，顽固不愈者，可与独活、威灵仙、桑寄生等同用。

3. 痈肿瘰疬，咽喉肿痛　本品辛香行散，有活血散结，消肿止痛的作用，内服、外用均有良效。若治疮疡肿毒，尚未作脓者，常与雄黄、乳香、没药同用，如醒消丸（《外科全生集》）；用于痰核、瘰疬等，常配伍草乌、乳香、没药等为丸，如小金丸（《外科全生集》）；治咽喉肿痛，可与牛黄、蟾酥、珍珠等配伍，如六神丸（《雷允上宋芳堂方》）。

【用法用量】 0.03~0.1 g，多入丸散；外用适量。

【使用注意】 孕妇禁用。

【文献摘要】

(1)《名医别录》："中恶，心腹暴痛胀急，痞满，风毒，妇人产难，堕胎。"

(2)《药性论》："除心痛，小儿惊痫，客忤，镇心安神。以当门子一粒，细研，熟水灌下，止小便利，能蚀一切痈疮脓。"

(3)《本草纲目》："通诸窍，开经络，透肌骨，解酒毒，消瓜果食积，治中风、中气、中恶、痰厥、积聚癥瘕。"

【现代研究】

本品主含麝香大环类成分（如麝香酮、麝香醇、麝香吡啶、羟基麝香吡啶 A、羟基麝香吡啶 B）、甾族化合物、多种氨基酸及无机盐等。其中麝香酮为重要的有效成分。具有兴奋中枢、抗脑损伤、改善记忆、扩张血管、保护血管内皮、抗心肌缺血、抗骨损伤、抗肿瘤、抗炎等作用。

冰片 Bīngpiàn

冰片饮片

本品首载于《新修本草》，为龙脑香科植物龙脑香 *Dryobalanops aromatica* Gaertn. f. 树脂的加工品，或龙脑香树的树干、树枝切碎，经蒸馏冷却而得的结晶，称"龙脑冰片"，亦称"梅片"；或菊科植物艾纳香 *Blumea balsamifera* (L.) DC. 的叶，经蒸馏、升华加工而成，称"艾片"；现多用松节油、樟脑等，经化学方法合成，称"机制冰片"。由樟科植物樟 *Cfnnamomwm camphora* (L.) Presl 的新鲜枝、叶经提取加工制成，称天然冰片（右旋龙脑）。龙脑香主产于东南亚地区，我国台湾地区有引种；艾纳香主产于广东、广西、云南、贵州等地。天然冰片主产于江西、湖南。成品一般须贮于阴凉处，密闭。研粉用。处方中的常用名称：冰片、龙脑冰片、梅片、艾片、龙脑香等。

【药性】 辛、苦，微寒。归心、脾、肺经。

【功效】 开窍醒神，清热止痛。

【应用】

1. 热病神昏、惊厥，中风痰厥，气郁暴厥，中恶昏迷　本品味辛气香，有开窍醒神之功效，功似麝香而力稍逊。治疗闭证神昏，无论寒闭、热闭，两者常配伍使用。其性偏寒凉，为凉开之品，对热闭神昏尤宜。若治热病神昏，痰热内闭，小儿急惊风等高热神昏热闭证，常配伍麝香、牛黄、朱砂等，如安宫牛黄丸（《温病条辨》）；若治寒闭神昏证，可与麝香、苏合香等配伍，如苏合香丸（《太平惠民和剂局方》）。

2. 目赤，口疮，咽喉肿痛，耳道流脓　本品味苦，性偏寒凉，外用有清热泻火、解毒之功，适用于多种热毒蕴结之证，为五官科常用药。治目赤肿痛，可单用研极细末点眼，或与炉甘石、熊胆等解毒、明目之品制成眼药外用，如八宝眼药水（《全国中成药处方集》）；治鹅口疮，可配伍雄黄、硼砂、冰片为末，搽擦患处，如四宝丹（《疡医大全》）；治咽喉肿痛、口舌生疮、牙龈肿痛，常配伍硼砂、朱砂、玄明粉等，如冰硼散（《外科正宗》），或研细末，吹敷患处；治疗耳中流脓，可配

—•笔记栏•—

伍枯矾、海螵蛸、煅龙骨等，如红棉散(《外科方外奇方》)。

3. 胸痹心痛　本品入心经，能通窍止痛，治疗冠心病心绞痛，可与丹参、川芎等配伍，如复方丹参片、速效救心丸[《中华人民共和国药典・第一部》(2020年版)]。

【用法用量】 天然冰片(右旋龙脑)：0.3~0.9 g，入丸散用。外用适量，研粉点敷患处。冰片(合成龙脑)：0.15~0.3 g，入丸散用。外用适量，研粉点敷患处。

【使用注意】 孕妇慎用。

【文献摘要】

(1)《新修本草》："主心腹邪气，风湿积聚，耳聋，明目，去目赤肤翳。"

(2)《本草纲目》："疗喉痹，脑痛，鼻瘜，齿痛，伤寒舌出，小儿痘陷，通诸窍，散郁火。"

(3)《本草备要》："香窜善走能散，先入肺，传于心脾而透骨，通诸窍，散郁火，治惊痫痰迷。"

【现代研究】

龙脑冰片含右旋龙脑；艾片含左旋龙脑；机制冰片为消旋混合龙脑；天然冰片主含右旋龙脑。对中枢神经系统具有兴奋和抑制双向作用，并能保护神经细胞，抗心脑缺血损伤等，能增加血-脑屏障的通透性，促进合用药物透皮肤、黏膜、角膜吸收，影响合用药物的分布等，还具有抗菌、抗炎、抗病原微生物等作用。

苏合香饮片

苏合香 Sūhéxiāng

本品首载于《名医别录》，为金缕梅科植物苏合香树 *Liquidambar orientalis* Mill. 的树脂。主产于非洲、印度及土耳其等地，我国广西、云南有栽培。秋季榨取香树脂，精制成苏合香。成品应置阴凉处，密闭保存。生用。处方中的常用名称：苏合香。

【药性】 辛，温。归心、脾经。

【功效】 开窍，辟秽，止痛。

【应用】

1. 中风痰厥，猝然昏倒，惊痫　本品辛香气烈，长于温通，有开窍醒神的作用，功似麝香而力稍逊，为治疗寒闭神昏之要药。治疗寒邪、痰浊内闭之中风痰厥、惊痫等证，常配麝香、安息香、沉香等，如苏合香丸(《太平惠民和剂局方》)。

2. 胸腹冷痛，胸痹心痛　本品辛行温通，芳香走窜，有祛寒止痛、辟秽化浊、开郁之功。若治痰浊、寒凝气滞之胸脘痞满冷痛等症，常配伍丁香、木香等，如苏合香丸(《外台秘要》)；若治寒凝气滞、心脉不通之胸痹心痛，常配伍冰片、檀香等，如冠心苏合香丸[《中华人民共和国药典・第一部》(2020年版)]。近年用苏合香丸、冠心苏合香丸等治疗冠心病、心绞痛发作，收到较好效果。

【用法用量】 0.3~1 g，宜入丸散服。外用适量。

【文献摘要】

(1)《名医别录》："主辟恶，温疟，蛊毒，痫痓，去三虫，除邪，不梦，通神明。"

(2)《本草纲目》："气香窜，能通诸窍脏腑，故其功能辟一切不正之气。"

(3)《本草求真》："痰积气厥，山岚瘴湿，袭于经络，塞于诸窍者，非此不除。"

【现代研究】

本品主含挥发油(肉桂酸、α-蒎烯、β-蒎烯、月桂烯、柠檬烯等)。具有增加血-脑屏障通透性、抗心肌缺血、抗血小板凝集、抑制血栓形成、改善血液流变性等作用。

安息香饮片

安息香 Ānxīxiāng

本品首载于《新修本草》，为安息香科植物白花树 *Styrax tonkinensis* (Pierre) Crailb ex Hart. 的干燥树脂。树干经自然损伤或于夏、秋二季割裂树干，收集流出的树脂，阴干备用。处方中的

—•笔记栏•—

常用名称：安息香。

【药性】　辛、苦，平。归心、脾经。

【功效】　开窍醒神，行气活血，止痛。

【应用】

1. 中风痰厥，气郁暴厥，中恶昏迷，小儿惊风　本品芳香走窜，开窍醒神，辟秽化浊，功似苏合香而力稍逊。且本品不温不燥、香而不烈，药性平和，故无论寒闭、热闭，均可配伍使用。若治热病神昏，可配伍麝香、牛黄、朱砂等，如至宝丹(《太平惠民和剂局方》)；若治寒闭神昏，可配伍苏合香、檀香、麝香等，如苏合香丸(《外台秘要》)。

2. 心腹疼痛　本品味辛，能通行气血而止痛，用于气血运行不畅所导致的心腹疼痛，单用即效。或与苏合香、沉香等配伍，如苏合香丸(《外台秘要》)。

3. 产后血晕　本品能活血行气止痛，开窍醒神。《本草汇言》治疗产后血晕，以本品配伍五灵脂，共研细末，姜汤送下。

【用法用量】　0.6~1.5 g，多入丸散用。

【文献摘要】

(1)《本草便读》："芳香开窍，有温宣气血之功；辛苦辟邪，擅畅达心脾之力。或安神而息魅，或煎服而焚香。"

(2)《得配本草》："驱邪逐恶。治血晕，消蛊毒，禁梦魇，疗劳瘵。"

(3)《本经逢原》："止卒然心痛、呕逆。"

【现代研究】

本品主含树脂类成分(3-桂皮酰苏门树脂酸酯、松柏醇桂皮酸酯、苏合香素、香草醛、苯甲酸、桂皮酸等)。具有祛痰、防腐等作用。

石菖蒲 Shíchāngpú

石菖蒲饮片

菖蒲

本品首载于《神农本草经》，为天南星科植物石菖蒲 *Acorus tatarinowii* Schott 的根茎。主产于四川、浙江、江苏等地。鲜用或生用。处方中的常用名称：石菖蒲、菖蒲等。

【药性】　辛、苦，温。归心、胃经。

【功效】　开窍豁痰，醒神益智，化湿开胃。

【应用】

1. 神昏癫痫　本品气薄芳香，苦燥辛温，入心经，具开窍醒神之效而力较弱，并能化湿、豁痰、辟秽。擅治痰湿蒙蔽清窍所致之中风痰迷、神昏癫痫等病症。若用于中风痰迷，肢冷神昏者，常配伍半夏、天南星等，如涤痰汤(《济生方》)；治疗痰浊蒙闭清窍之癫痫，可配伍川贝母、琥珀等，如定痫丸(《医学心悟》)。

2. 健忘失眠，耳鸣耳聋　本品入心经，开心窍，具有宁心安神、聪耳明目的作用。若治痰浊蒙蔽，清阳不升之健忘，嗜睡者，常与茯苓、远志等宁心安神药同用，如安神定志丸(《医学心悟》)；治心神失养之失眠、多梦，可配伍人参、龙眼肉等，如安神定志丸(《杂病源流犀烛》)；治肾虚不纳，气虚窍闭之耳鸣、耳聋，可配猪肾、葱白、米做羹，空腹常服，如菖蒲羹(《圣济总录》)。

3. 脘痞不饥，噤口下痢　本品气味芳香，苦温性燥，入中焦，化湿浊，为化湿开胃之良药。若治湿浊阻滞中焦，脘痞不饥，症见脘腹胀满、痞塞闷痛，纳欠不饥，舌苔白腻等，常配伍苍术、厚朴、砂仁等；若治湿热毒盛、下痢赤白，里急后重，不纳水谷之噤口痢，常配伍黄连、茯苓、石莲子等，如开噤散(《医学心悟》)。

【用法用量】　煎服，3~10 g。

【文献摘要】

(1)《神农本草经》："主风寒湿痹，咳逆上气，开心孔，补五脏，通九窍，明耳目，出音声。久服轻身,不忘,不迷惑,延年。”

(2)《本草备要》:“疗噤口毒痢,风痹惊痫。”

(3)《日华子本草》:“除风下气,除烦闷,止心腹痛,霍乱转筋。”

【现代研究】

本品主含挥发油(α-细辛醚、β-细辛醚、γ-细辛醚、欧细辛醚、顺式甲基异丁香酚、榄香烯、百里香酚、肉豆蔻酸)、黄酮类成分(顺式环氧细辛酮等)。具有镇静、抗惊厥、抗抑郁、改善学习记忆、抗缺氧、抗疲劳、抗脑损伤等作用。

【附药】

九节菖蒲　《本草经集注》称石菖蒲以“一寸九节者良”,故传统上以“九节菖蒲”为石菖蒲之优质品。但现代所用之九节菖蒲为毛茛科植物阿尔泰银莲花 *Anemone altaica* Fisch. ex C. A. Mey 的根茎,产于陕西、山西、河南等地。性味辛温,归心、肝、脾经。功能:化痰开窍,安神,化湿醒脾,解毒。可用于热病神昏,癫痫,多梦健忘,胸闷腹胀,食欲不振等。煎服,1.5~6 g;或入丸、散,或鲜品捣汁服。九节菖蒲与石菖蒲在科属、性味、成分、功效等方面均有一些区别,故临床使用时两者不可混淆。

小　结

主要开窍药的兼有功效及代表药物归纳

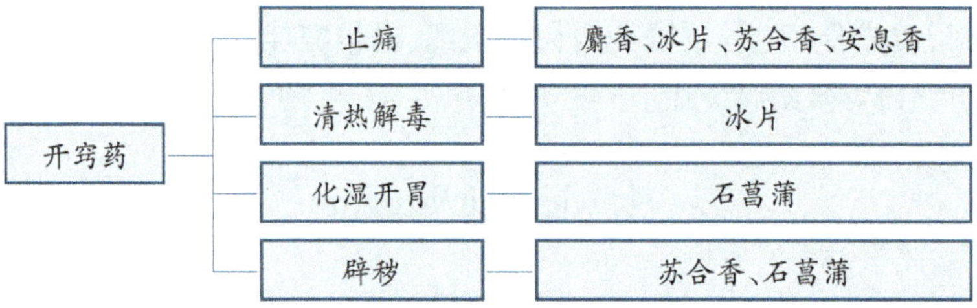

第二十四章　补 虚 药

—•笔记栏•—

第二十四章授课视频及习题

补虚药是指以补虚扶弱，纠正人体气血阴阳虚衰为主要功效，改善脏腑功能，增强体质，提高抵抗疾病的能力，常用于治疗虚证的药物，又称为补益药。

根据补虚药的药性、功效及临床应用的不同，可将其分为补气药、补阳药、补血药、补阴药四类，分别主治气虚证、阳虚证、血虚证、阴虚证。

运用补虚药时，除应根据虚证的不同类型选用相应的补虚药外，还应充分重视人体气、血、阴、阳之间在生理上相互联系、相互依存，在病理上相互影响的关联性，临床治疗时常需将两类或两类以上的补虚药配伍使用。如气虚可发展为阳虚，而阳虚者其气必虚，故补气药常与补阳药同用。有形之血生于无形之气，气虚生化无力可导致血虚；血为气之母，血虚则气无所依，血虚亦可导致气虚，故补气药常与补血药同用。气能生津，津能载气，气虚可影响津液的生成导致津液不足；津液大量亏耗可导致气随津脱。热病不仅容易伤阴，而且因“壮火食气”导致气阴两虚，故补气药常与补阴药同用。津血同源，津液是血液的重要组成部分，血亦属于阴的范畴；失血血虚可导致阴虚，阴津耗损又可导致津枯血燥，血虚阴亏之证亦很常见，故补血药常与补阴药同用。阴阳互根互用，孤阳不生，独阴不长，当阴或阳虚损到一定程度时，可出现阴损及阳或阳损及阴的情况，进一步发展可导致阴阳两虚的证候，此时当补阴药与补阳药并用。

一般而言，临床上单纯的虚证较为少见，更多情况是虚实夹杂、寒热错杂、邪盛正衰或正气虚弱而病邪未尽，此时运用补虚药，要适当配伍祛邪药以达到邪去正复之目的。

使用补虚药还需要注意以下几点：一是要防止不当补而误补。若邪实而正不虚，误用补益药则会有“误补益疾”“闭门留寇”之弊。二是要避免当补而补之不当。如不明寒热、不分气血、不辨阴阳、不别脏腑而妄投峻补，不仅不会收到预期疗效，还会导致不良后果。三是补虚药用于扶正祛邪，要处理好祛邪与扶正的关系，使祛邪不伤正，补虚不恋邪。四是要补而不滞。部分补虚药药性滋腻，不易消化，使用不当会妨碍脾胃运化之功，应掌握好用药分寸，适当配伍健脾药以促进运化。五是补虚药如作汤剂，一般宜文火久煎，使药味尽出。虚证一般病程较长，补虚药宜采用丸、膏、散等便于保存和长期服用的剂型。

现代研究表明，补虚药具有增强机体免疫功能、调节内分泌、延缓衰老、抗氧化、增强心肌收缩力、抗心肌缺血、促进造血、改善消化功能、抗应激、抗肿瘤等作用。部分补虚药还具有提高学习记忆功能、调节脂质代谢、降血糖等作用。

第一节　补 气 药

本类药物多甘温或甘平，主要归脾、肺经，部分药物归心、肾经，以补气为主要功效，能补益脏气以纠正脏气的虚衰。

补气之功效有补脾气、补肺气、补心气、补肾气、大补元气之别。如脾气虚证，症见食欲不振，脘腹胀满，大便溏薄，肢体倦怠，神疲乏力，面色萎黄，形体消瘦或一身虚浮，脏器下垂，血失统摄，舌淡，脉缓或弱。肺气虚证，症见咳嗽无力，气短而喘，动则尤甚，声低懒言，咳痰清稀，或自汗畏风，易于感冒，神疲体倦，舌淡脉弱等。心气虚证，症见心悸怔忡，胸闷气短，活动后加剧，脉虚等。肾气虚证，症见腰膝酸软，尿频或尿后余沥不尽，或遗尿，或夜尿频多，或小便失禁，或男子遗精早泄，女子月经淋漓不尽、带下清稀量多，甚或短气虚喘，呼多吸少等。若元气虚极欲脱者，症见气息微弱，汗出不止，目开口合，全身瘫软，神志昏聩，二便失禁，脉微欲绝。

笔记栏

在使用补气药治疗各种气虚证时，需要在辨证论治的基础上进行加减使用，若补益脾气之品用于治疗脾虚食滞证，多配伍消食药；若治脾虚湿滞证，多配伍化湿、燥湿或利水渗湿的药物；若治脾虚中气下陷证，多配伍升阳药物以升举下陷的清阳之气等。此外，根据中医"气为血之帅，血为气之母"的理论，补气药又常用于血虚证的治疗，尤其在面对机体大失血的紧急状况时，因"有形之血不能速生，无形之气所当急固"，故常常在补血的同时运用大剂量的补气药，以增强补气摄血之力。

需要注意的是，部分补气药味甘壅中，易阻碍气机运行导致气滞不畅，出现胸闷、腹胀、纳呆等症，此时要适当配伍理气药。

人参 Rénshēn

人参饮片

人参

本品首载于《神农本草经》，为五加科多年生草本植物人参 *Panax ginseng* C. A. Mey. 的根和根茎。主产于吉林、辽宁、黑龙江，传统上以吉林抚松县产量最大、质量最好，称吉林参。栽培者称"园参"，野生者称"山参"，播种在山林野生状态下自然生长的称为"林下山参"，习称"籽海"。多于秋季采挖，洗净。园参经晒干或烘干，称"生晒参"；山参经晒干，称"生晒山参"；经水烫，浸糖后干燥，称"白糖参"；蒸熟后晒干或烘干，称"红参"。处方中的常用名称：野山参、园参、林下山参、生晒参、红参、白糖参、高丽参等。

【药性】 甘、微苦，微温。归脾、肺、心、肾经。

【功效】 大补元气，复脉固脱，补脾益肺，生津养血，安神益智。

【应用】

1. 体虚欲脱、肢冷脉微　本品味甘性微温，能回阳气于垂绝，常用来挽救气虚欲脱之证。治疗气息短促、汗出肢冷、脉微细，或大失血引起的虚脱等危急证候，可单用本品大量浓煎服，即独参汤（《景岳全书》）。如兼见手足厥冷、汗出肢冷等亡阳证，可与附子等同用，如参附汤（《正体类要》）。

2. 脾虚食少　本品能大补元气，益脾气，适用于脾胃虚弱之证，症见倦怠乏力、食欲不振、上腹痞满、呕吐泄泻等症，常与白术、茯苓、山药等配伍同用，如四君子汤（《太平惠民和剂局方》）。若治脾虚泄泻，大便溏薄，常配伍茯苓、白术、扁豆等品，如参苓白术散（《太平惠民和剂局方》）。

3. 肺虚喘咳　本品能大补元气，益肺气，适用于肺气虚弱之证，症见呼吸短促、行动乏力、动辄气喘、脉虚自汗等；常与蛤蚧、胡桃肉等同用，如人参胡桃汤（《济生方》）、人参蛤蚧散（《卫生宝鉴》）。治肺虚久嗽不已，常配伍款冬花、五味子、紫菀、款冬花等品，如人参冬花膏（《太平惠民和剂局方》）。

4. 津伤口渴，内热消渴　本品能益气生津止渴，可与生地黄、天花粉配伍，用于消渴；若治高热大汗后气伤液耗而见身热口渴者，可与石膏、知母、粳米同用，如白虎加人参汤（《伤寒论》）；若治热伤气阴，口渴汗多，气虚脉弱者，常配伍麦冬、五味子，如生脉散（《内外伤辨惑论》）。

5. 气血亏虚，久病虚羸，惊悸失眠　本品能补气生血、养血，脾气虚弱，气虚不能生血导致气血两虚者，可与白术、当归、熟地黄等配伍，如八珍汤（《瑞竹堂经验方》）。本品能益心气、安心神，凡心悸怔忡、失眠健忘等属于气血两虚、心神不安之证，往往用为要药，常与酸枣仁、龙眼肉、当归等同用，如归脾汤（《济生方》）。

6. 阳痿宫冷　本品味甘性温，大补元气，亦归肾经，有益气壮阳之效，可用于治疗肾阳虚衰，阳痿宫冷，多与鹿茸、紫河车、巴戟天、肉苁蓉等同用，如参茸固本丸（《中国医学大辞典》）。

此外，本品亦可用于气虚邪盛之感冒，如败毒散（《小儿药证直诀》）、参苏饮（《太平惠民和剂局方》）等。

笔记栏

【用法用量】 3~9 g，另煎兑服；也可研粉吞服，一次 2 g，一日 2 次。

【使用注意】 不宜与藜芦、五灵脂同用。

【文献摘要】

（1）《神农本草经》："补五脏，安精神，定魂魄，止惊悸，除邪气，明目，开心益智。"

（2）《名医别录》："疗肠胃中冷，心腹鼓痛，胸肋逆满，霍乱吐逆，调中，止消渴，通血脉，破坚积，令人不忘。"

（3）《药性论》："主五脏气不足，五劳七伤，虚损瘦弱，吐逆不下食，止霍乱烦闷呕哕，补五脏六腑，保中守神。消胸中痰，主肺痿吐脓及痫疾，冷气逆上，伤寒不下食，患人虚而多梦纷纭，加而用之。"

【现代研究】

本品主含三萜皂苷类成分（人参皂苷 R_0、Ra_1、Rb_1、Re、Rg_1 等），还含多糖、挥发油、氨基酸、有机酸、黄酮类等成分。具有强心、抗休克、抗心肌缺血、抗应激、抗溃疡、抗炎、抗疲劳、增强免疫、增强肾上腺皮质功能、增强性腺功能、增强造血功能、增强学习记忆功能、调节中枢神经系统、调节甲状腺功能、调节血糖、调节血压、降血脂、延缓衰老、保护肝肾功能等作用。

【附药】

人参叶　人参的叶片。性味甘苦寒，归肺、胃经。功能：补气，益肺，生津，祛暑。用于气虚咳嗽，热病伤津，暑热口渴，胃阴不足，虚火牙痛等。煎服，3~9 g。不宜与藜芦、五灵脂和莱菔子同用。

西洋参 Xīyángshēn

西洋参饮片

本品首载于《增订本草备要》，为五加科多年生草本植物西洋参 *Panax quinquefolium* L. 的根。主产于美国、加拿大及法国，我国亦有栽培。秋季采挖，洗净，晒干或低温干燥。处方中的常用名称：西洋参、洋参、花旗参等。

【药性】 甘、微苦，凉。归心、肺、肾经。

【功效】 补气养阴，清热生津。

【应用】

1. 气虚阴亏　本品益气救脱，但作用弱于人参；其药性偏凉，能清热生津。适用于热病或大汗、大泻、大失血等，耗伤元气及阴津所致的神疲乏力、气短息促、汗出不止、心烦口渴、尿短赤涩、大便干结、舌燥、脉细数无力等气虚阴亏证，常与麦冬、五味子等同用。

2. 虚热烦倦，咳喘痰血　本品长于补肺气，兼能养肺阴，清肺热，适用于火热耗伤肺之气阴所致的短气喘促，咳嗽痰少，或痰中带血等症，可与玉竹、麦冬、川贝母等同用。

3. 内热消渴，口燥咽干　本品既能补气，又能生津，还能清热。适用于热伤气津所致的身热汗多，口渴心烦，体倦少气，脉虚数等症，常与竹叶、西瓜翠衣、麦冬等同用，如清暑益气汤（《温热经纬》）。治疗消渴病气阴两伤证，可配伍黄芪、山药、天花粉等。

【用法用量】 3~6 g，另煎兑服。

【使用注意】 本品性寒凉，能伤阳助湿，故中阳衰微、胃有寒湿者不宜服用。不宜与藜芦同用。

【文献摘要】

（1）《本草从新》："补肺降火，生津液，除烦倦，虚而有火者相宜。"

（2）《医学衷中参西录》："西洋参，性凉而补，凡欲用人参而不受人参之温补者，皆可以此代之。惟白虎加人参汤中之人参，仍宜用党参，而不可代以西洋参，以其不若党参具有升发之力，能助石膏逐邪外出也。"

（3）《增订伪药条辨》："西参滋阴降火，东参提气助火，效用相反，凡是阴虚火旺，劳嗽之人，

—•笔记栏•—

每用真西参，则气平火敛，咳嗽渐平，若用伪光参，则反现面赤舌红，干咳痰血，口燥气促诸危象焉。”

【现代研究】

本品主含三萜皂苷类成分（人参皂苷 Rb_1、Rc、Rd、Rf、Rg_1 等），还含多糖、挥发油、有机酸、矿物质等成分。具有抗缺氧、抗疲劳、改善和增强记忆力、抑制中枢、抗心律失常、抗应激、降血脂、降血糖、镇静、增强免疫、升高白细胞、抗肿瘤等作用。

党参 Dǎngshēn

党参饮片

本品首载于《增订本草备要》，为桔梗科植物党参 *Codonopsis pilosula*（Franch.）Nannf.、素花党参 *Codonopsis pilosula* Nannf. var. *modesta*（Nannf.）L. T. Shen 或川党参 *Codonopsis tangshen* Oliv. 的根。前两者主产于甘肃、四川；后者主产于四川、湖北、陕西。秋季采挖，洗净，晒干，切厚片。生用或米炒用。处方中的常用名称：党参、潞党参、台党参、米炒党参等。

【药性】 甘，平。归脾、肺经。

【功效】 健脾益肺，养血生津。

【应用】

1. 脾肺气虚，食少倦怠，咳嗽虚喘　本品味甘性平，主归肺、脾经，以补脾肺之气为主，为补中益气之良药。若治中气不足的体虚倦怠，食少便溏等症，常与补气健脾除湿的白术、茯苓等同用；治肺气不足，声低气怯，动辄喘促，可代人参与黄芪、五味子、紫菀等同用，如补肺汤（《永类钤方》）；治肺气亏虚的咳嗽气促，语声低弱等症，可与黄芪、蛤蚧等同用。

2. 气血不足，面色萎黄，心悸气短　本品既能补气，又能补血，常用于气虚不能生血，或血虚无以化气，而见面色苍白或萎黄、乏力、头晕、心悸等症的气血两虚证，常配伍黄芪、当归、熟地黄等。

3. 津伤口渴，内热消渴　本品补气生津，适用于气津两伤的轻证，症见气短口渴，内热消渴，常与黄芪、麦冬、五味子等药同用。

【用法用量】 煎服，9~30 g。

【使用注意】 不宜与藜芦同用。

【文献摘要】

（1）《本草从新》："主补中益气，和脾胃，除烦渴。中气微弱，用以调补，甚为平妥。"

（2）《得配本草》："上党参，得黄芪实卫，配石莲止痢，君当归活血，佐枣仁补心。补肺蜜拌蒸熟；补脾恐其气滞，加桑皮效分，或加广皮亦可。"

（3）《本草正义》："党参力能补脾养胃，润肺生津，健运中气，本与人参不甚相远。其尤可贵者，则健脾运而不燥，滋胃阴而不湿，润肺而不犯寒凉，养血而不偏滋腻，鼓舞清阳，振动中气而无刚燥之弊。"

【现代研究】

本品主含甾醇类成分（α-菠菜甾醇、豆甾醇等），还含多糖、黄酮、芬酸、生物碱、香豆素等成分。具有抗溃疡、增强免疫、增强造血功能、抗心肌缺血、强心、抗休克、降血压、镇静、催眠等作用。

太子参 Tàizǐshēn

太子参饮片

本品首载于《中国药用植物志》，为石竹科多年生草本植物孩儿参 *Pseudostellaria heterophylla*（Miq.）Pax ex Pax et Hoffm. 的块根。主产于江苏、安徽等地，夏季茎叶大部分枯萎时采挖，洗净，除去须根，置沸水中略烫后晒干或直接晒干，生用。处方中的常用名称：太子参、孩儿参、童参等。

【药性】 甘、微苦，平。归脾、肺经。

【功效】 益气健脾，生津润肺。

【应用】

1. 脾虚体倦，食欲不振　本品能补脾气，兼能养胃阴。治脾气虚弱、胃阴不足所致食少倦怠，口干舌燥，宜与山药、石斛等益脾气、养胃阴之品同用；治病后体虚，脾胃虚弱，乏力自汗，饮食减少者，常与山药、扁豆、茯苓等药配伍。

2. 病后虚弱，气阴不足，自汗口渴　本品其性略偏寒凉，属补气药中的清补之品。适用于小儿及热病之后，气阴两虚，倦怠自汗，饮食减少，口干少津而不宜温补者。因其作用平和，多入复方作病后调补之药，常配伍黄芪、五味子、麦冬等。

3. 肺燥干咳　本品能补肺气，润肺燥，治肺脏气阴不足，燥咳痰少，舌红少苔者，可配伍南沙参、百合、麦冬等。

【用法用量】 煎服，9~30 g。

【使用注意】 表实邪盛者不宜用。

【文献摘要】

(1)《本草从新》："大补元气。"

(2)《本草再新》："治气虚肺燥，补脾土，消水肿，化痰止渴。"

(3)《饮片新参》："补脾肺元气，止汗，生津，定虚悸。"

【现代研究】

本品主含皂苷类成分(太子参皂苷A、尖叶丝石竹皂苷D等)，还含脂肪酸、多糖、氨基酸等成分。具有增强免疫、抗应激、抗疲劳、改善记忆、降血糖、降血脂、止咳祛痰、抗病毒、抗炎等作用。

黄芪 Huángqí

黄芪饮片

本品首载于《神农本草经》，为豆科多年生草本植物蒙古黄芪 *Astragalus membranaceus* (Fisch.) Bge. var. *mongholicus* (Bge.) *Hsiao* 或膜荚黄芪 *Astragalus membranaceus* (Fisch.) Bge. 的根。主产于山西、甘肃、黑龙江、内蒙古等地。春、秋二季采挖，除去须根及根头，晒干，切片。生用或蜜炙用。处方中的常用名称：黄芪、北芪、黄耆、炙黄芪、炒黄芪等。

【药性】 甘，微温。归肺、脾经。

【功效】 补气升阳，固表止汗，利水消肿，生津养血，行滞通痹，托毒排脓，敛疮生肌。

【应用】

1. 气虚乏力，食少便溏　本品甘温，善入脾、胃经，为补中益气之要药。脾气虚弱，倦怠乏力，食少便溏，可单用熬膏服，或与党参、白术等配伍。

2. 中气下陷，久泻脱肛，便血崩漏　本品能升阳举陷，长于治疗脾虚中气下陷之久泻脱肛，内脏下垂，常与人参、升麻、柴胡等品同用，如补中益气汤(《脾胃论》)。黄芪甘温，补气兼能提摄，常与人参、当归、白术等药同用，用于治疗便血崩漏，如归脾汤(《校注妇人良方》)，并可随证配伍荆芥炭、三七、阿胶等止血之品。

3. 表虚自汗，气虚水肿，内热消渴　本品能补脾肺之气，益卫固表。若治脾肺气虚之卫气不固，表虚自汗，常与牡蛎、麻黄根等同用，如牡蛎散(《太平惠民和剂局方》)；若治卫气不固，表虚自汗而易感风邪者，常与白术、防风等品同用，如玉屏风散(《丹溪心法》)；治阴虚盗汗，须与黄芩、黄柏、生地黄等同用，如当归六黄汤(《兰室秘藏》)。若脾虚失运，以致浮肿尿少者，本品既能补脾益气，又能利尿消肿，标本兼治，为治气虚水肿之要药，常与白术、茯苓等配伍；对脾虚不能布津之消渴，本品能补气生津，促进津液的生成与输布而有止渴之效，常与天花粉、葛根等品同用，如玉液汤(《医学衷中参西录》)。

— • 笔记栏 • —

4. 血虚萎黄，半身不遂，痹痛麻木　本品能补气以养血行血，补气以通痹，可用于痹证、中风后遗症等气虚而致血滞，筋脉失养，症见肌肤麻木或半身不遂者。治中风后遗症，常与当归、川芎、地龙等品同用，如补阳还五汤（《医林改错》）；治气虚血滞的痹痛、肌肤麻木者，常配伍桂枝、芍药等，如黄芪桂枝五物汤（《金匮要略》）。

5. 痈疽难溃，久溃不敛　本品以其补气养血之功，使正气旺盛，可收托毒排脓、生肌敛疮之效。治脓成日久不溃，常与当归、川芎、穿山甲等配伍，如透脓散（《外科正宗》）。疮疡中期，正虚毒盛不能托毒外达，疮形平塌，根盘散漫，难溃难腐者，可用本品补气生血，扶助正气，托毒外出，常与人参、当归、升麻等品同用，如托里透脓散（《医宗金鉴》）；溃疡后期，气血虚弱，脓水清稀，疮口难敛者，常与人参、当归、肉桂等同用，如十全大补汤（《太平惠民和剂局方》）。

【用法用量】　煎服，9～30 g。补中益气宜蜜炙用。

【使用注意】　表实邪盛，内有积滞，阴虚阳亢，疮疡初起或溃破后热毒尚盛者，均不宜用。

【文献摘要】

（1）《神农本草经》："主痈疽久败疮，排脓止痛，大风癞疾，五痔鼠瘘，补虚，小儿百病。"

（2）《汤液本草》："黄芪，治气虚盗汗并自汗，即皮表之药，又治肤痛，则表药可知。又治咯血，柔脾胃，是为中州药也。又治伤寒尺脉不至，又补肾脏元气，为里药。是上中下内外三焦之药。"

（3）《本草汇言》："黄芪，补肺健脾，实卫敛汗，祛风运毒之药也。故阳虚之人，自汗频来，乃表虚而腠理不密也，黄芪可以实卫而敛汗；伤寒之证，行发表而邪汗不出，乃里虚而正气内乏也，黄芪可以济津以助汗；贼风之疴，偏中血脉，而手足不随者，黄芪可以荣筋骨；痈疡之脓血内溃，阳气虚而不愈者，黄芪可以生肌肉；又阴疮不能起发，阳气虚而不溃者，黄芪可以托脓毒。"

【现代研究】

本品主含三萜皂苷类成分（黄芪皂苷Ⅰ、Ⅱ、Ⅲ，黄芪甲苷，膜荚黄芪苷Ⅰ、Ⅱ等），黄酮类成分（芒柄花素、毛蕊异黄酮葡萄糖苷等），还含多糖、氨基酸等。具有增强免疫、促进造血功能、调节血糖、抗应激、强心、保肝、抗心肌缺血、调节血压、抗肿瘤、利尿、抗肾损伤等作用。

案例

沈阳朱某，黎明时来院叩门，言其妻因经行下血不止，精神昏聩，气息若无。急往诊视，六脉不全仿佛微动，急用生黄芪、野台参、净萸肉各一两，煅龙骨、煅牡蛎各八钱，煎汤灌下，血止强半，精神见复，过数点钟将药剂减半，又加生怀山药一两，煎服全愈。

张锡纯. 医学衷中参西录[M]. 石家庄：河北人民卫生出版社，1980：305.

问题：

1. 本案例为何重用黄芪？
2. 黄芪与人参同用，有何配伍意义？

【附药】

红芪　本品为豆科植物多序岩黄芪 *Hedysarum polybotrys* Hand. -Mazz. 的根，主产于甘肃南部地区。春、秋二季采挖，除去须根和根头，晒干。性味甘微温，归肺、脾经。功能：补气升阳，固表止汗，利水消肿，生津养血，行滞通痹，托毒排脓，敛疮生肌。适用于气虚乏力，食少便溏，中气下陷，久泻脱肛，便血崩漏，表虚自汗，气虚水肿，内热消渴，血虚萎黄，半身不遂，痹痛麻木，痈疽难溃，久溃不敛。煎服，9～30 g。

白术饮片

白术 Báizhú

本品首载于《神农本草经》，为菊科多年生草本植物白术 *Atractylodes macrocephala* Koidz. 的

—•笔记栏•—

根茎。主产于浙江、安徽，传统上以浙江於潜产者品质最佳，称为“於术”。霜降至立冬地上部分枯黄后采挖，除去泥沙，烘干或晒干，再除去须根，切厚片。生用或麸炒用。处方中的常用名称：白术、於术、炒白术、焦白术、麸炒白术等。

白术

【药性】 苦、甘，温。归脾、胃经。

【功效】 健脾益气，燥湿利水，止汗，安胎。

【应用】

1. 脾虚食少，腹胀泄泻，痰饮眩悸，水肿　本品味甘苦性温，归脾、胃经，以健脾燥湿为主要作用，被誉为“脾脏补气健脾第一要药”。本品既长于补气以复脾运，又能燥湿、利尿以除湿邪。治脾虚有湿，食少便溏、腹胀或泄泻，常与人参、茯苓等品同用，如四君子汤(《太平惠民和剂局方》)；治脾虚中阳不振，痰饮内停，头晕目眩心悸者，常配伍桂枝、茯苓、白术等，如苓桂术甘汤(《金匮要略》)；治脾虚水肿，可与黄芪、茯苓、桂枝等药同用；治脾虚湿浊下注，带下清稀者，可配伍山药、苍术、车前子等药，如完带汤(《傅青主女科》)。

2. 自汗　本品补脾气、实肌腠、固表止汗，其作用与黄芪相似而力稍逊，《千金方》单用本品为末治疗自汗不止。脾肺气虚，卫气不固，表虚自汗，易感风邪者，宜与黄芪、防风等配伍，如玉屏风散(《丹溪心法》)。

3. 胎动不安　本品能益气健脾，脾健气旺，胎儿得养而自安，故有安胎之功。若气血亏虚，胎动不安，甚或堕胎、滑胎者，可与人参、黄芪、当归等配伍，如泰山磐石散(《景岳全书》)；治脾虚失运，湿浊中阻之妊娠恶阻，呕恶不食，四肢沉重者，宜与人参、茯苓、陈皮等配伍；治疗胎元不固、腰酸腹痛者，多与杜仲、续断、阿胶等同用。

【用法用量】 煎服，6~12 g。燥湿利水宜生用，补气健脾宜炒用，健脾止泻宜炒焦用。

【使用注意】 本品性偏温燥，热病伤津及阴虚燥渴者不宜使用。

【文献摘要】

(1)《神农本草经》：“主风寒湿痹死肌，痉，疸，止汗，除热，消食。”

(2)《汤液本草》：“《本草》在术条下无苍、白之名。近多用白术治皮间风，止汗消痞，补胃和中，利腰脐间血，通水道，上而皮毛，中而心胃，下而腰脐，在气主气，在血主血。”

(3)《本草经疏》：“术，其气芳烈，其味甘浓，其性纯阳，为除风痹之上药，安脾胃之神品。《本经》主风寒湿痹、死肌、痉、疸者，正以风寒湿三者合而成痹，痹者，拘挛而痛者是也。《经》曰，地之湿气，感则害人皮肉筋骨。死肌者，湿毒侵肌肉也。痉者，风寒乘虚客于肝、脾、肾所致也。疸者，脾胃虚而湿热瘀滞也。”

【现代研究】

本品主含挥发油类成分(苍术酮、苍术醇、苍术醚、杜松脑、苍术内酯等)，还含内酯类氨基酸、多糖等成分。具有促进胃肠运动、增强免疫、保肝、利胆、利尿、延缓衰老、降血糖、抗菌、抗肿瘤、镇静、镇咳、祛痰等作用。

山药 Shānyào

山药饮片

本品首载于《神农本草经》，为薯蓣科植物薯蓣 *Dioscorea opposita* Thunb. 的根茎。主产于河南、河北，传统上认为河南古怀庆府(今河南焦作所辖温县、武陟、博爱、沁阳等县)所产者品质最佳。冬季茎叶枯萎后采挖，切去根头，洗净，除去外皮及须根，干燥；或趁鲜切厚片，干燥；也有选择肥大顺直的干燥山药，置清水中，浸至无干心，闷透，切齐两端，用木板搓成圆柱状，晒干，打光，习称“光山药”。生用或麸炒用。处方中的常用名称：山药、怀山药、淮山药、薯蓣、麸炒山药等。

【药性】 甘，平。归脾、肺、肾经。

【功效】 补脾养胃，生津益肺，补肾涩精。

—•笔记栏•—

【应用】

1. 脾虚食少，久泻不止　本品味甘性平，能补脾益气、滋养脾阴。多用于脾气虚弱或气阴两虚，消瘦乏力，食少便溏。唯其亦食亦药，“气轻性缓，非堪专任”，治疗气虚重证，常嫌力量不足，故多入复方使用，用作人参、白术等的辅助药，如治脾虚食少、便溏的参苓白术散(《太平惠民和剂局方》)。因其作用平和，可作为食品长期服用，对久病或病后虚弱羸瘦，需调补而脾运不健者，则为佳品。

2. 肺虚喘咳　本品甘平质润，能补肺气，益肺阴。治疗肺虚久咳或虚喘，可太子参、南沙参、五味子等品同用。若肺肾两虚，摄纳无权而导致虚喘者，可与熟地黄、山茱萸、苏子等药同用，如薯蓣纳气汤(《医学衷中参西录》)。

3. 肾虚遗精，带下，尿频　本品能补肾气、滋肾阴，兼有收涩之性。适用于肾气虚之腰膝酸软，夜尿频多或遗尿，滑精早泄，女子带下清稀及肾阴虚之形体消瘦，腰膝酸软，遗精等症，均选本品配伍应用，如肾气丸(《金匮要略》)、六味地黄丸(《小儿药证直诀》)。本品补脾益气，可用于脾虚不运，湿浊下注之妇女带下，如完带汤(《傅青主女科》)。

4. 虚热消渴　本品既补脾肺肾之气，又滋脾肺肾之阴。治疗消渴病之气阴两虚者，常与黄芪、葛根、天花粉等同用，如玉液汤(《医学衷中参西录》)。

【用法用量】　煎服，15～30 g。麸炒山药补脾健胃。

【使用注意】　本品养阴能助湿，故湿盛中满或有积滞者不宜使用。

【文献摘要】

(1)《神农本草经》：“主伤中，补虚，除寒热邪气，补中益气力，长肌肉，久服耳目聪明。”

(2)《本草纲目》：“益肾气，健脾胃，止泄痢，化痰涎，润皮毛。”

(3)《本草正》：“山药能健脾补虚，滋精固肾，治诸虚百损，疗五劳七伤。第其气轻性缓，非堪专任，故补脾肺必主参、术，补肾水必君茱、地，涩带浊须破故同研，固遗泄仗菟丝相济。诸丸固本丸药，亦宜捣末为糊。总之性味柔弱，但可用力佐使。”

【现代研究】

本品主含氨基酸类成分(胱氨酸、γ-氨基丁酸等)，还含皂苷、多糖、黄酮等成分。具有调节胃肠功能、降血糖、增强免疫、延缓衰老、抗肝损伤、降血脂、抗肿瘤等作用。

白扁豆 Báibiǎndòu

白扁豆饮片

本品首载于《名医别录》，为豆科一年生缠绕植物扁豆 *Dolichos lablab* L. 的成熟种子，全国大部分地区均产。秋、冬二季采收成熟果实，晒干，取出种子，再晒干。生用或炒用，用时捣碎。处方中的常用名称：白扁豆、扁豆、炒扁豆等。

【药性】　甘，微温。归脾、胃经。

【功效】　健脾化湿，和中消暑。

【应用】

1. 脾胃虚弱，食欲不振，大便溏泄，白带过多　本品能补气以健脾，兼能化湿，药性温和，补而不滞，适用于脾虚湿滞，食少便溏或泄泻。唯其“味轻气薄，单用无功，必须同补气之药共用为佳”，常配伍人参、白术、茯苓等药，如参苓白术散(《太平惠民和剂局方》)。本品甘温清香入脾，能健脾化湿止带，常用于治疗脾虚湿浊下注之白带清稀量多、体倦乏力等症，单用即效，如《本草纲目》引《永类钤方》单用本品炒末，米饮调服，治妇女赤白带下；现多与苍术、芡实、乌贼骨等同用。

2. 暑湿吐泻，胸闷腹胀　本品能健脾化湿以和中，性虽偏温，但无温燥助热伤津之弊，常可用于暑湿吐泻，如《千金方》单用本品水煎服；偏于暑热夹湿者，宜与荷叶、滑石等同用；暑月乘凉饮冷，外感于寒，内伤于湿之阴暑证，宜配伍香薷、厚朴等，如香薷散(《太平惠民和剂局方》)。

—•笔记栏•—

【用法用量】 煎服，9～15 g。健脾化湿、止泻止带宜炒用，和中消暑宜生用。

【文献摘要】

(1)《本草纲目》："其性温和，得乎中和，脾之谷也。入太阴气分，通利三焦，能化清降浊，故专治中宫之病，消暑除湿而解毒也。"

(2)《药品化义》："扁豆，味甘平而不甜，气清香而不窜，性温平而色微黄，与脾性最合。主治霍乱呕吐，肠鸣泄泻，炎天暑气、酒毒伤胃，为和中益气佳品。"

(3)《本草新编》："白扁豆，味轻气薄，单用无力，必须同补气之药共用为佳。或谓白扁豆非固胎之药，前人安胎药中往往用之何故？盖胎之不安者，由于气之不安，白扁豆最善和中，故用之以和胎气耳，胎因和而安，谓之能安胎亦可。"

【现代研究】

本品主含脂肪酸类成分(棕榈酸、亚油酸、反油酸等)，还含碳水化合物、蛋白质、脂肪、维生素、微量元素等成分。具有抗病毒、抑菌、抗氧化、增强免疫等作用。

【附药】

1. 扁豆衣　本品为豆科植物扁豆 *Dolichos lablab* L. 的种皮。性能功效与扁豆相似而健脾之力略逊，但无壅滞之弊，偏于化湿。主治脾虚有湿或暑湿所致的吐泻及脚气浮肿。煎服，5～10 g。

2. 扁豆花　本品为豆科植物扁豆 *Dolichos lablab* L. 的花。性味甘淡平，归脾、胃经。功能：消暑化湿。多用于暑湿泄泻及湿热带下。煎服，5～10 g。

甘草 Gāncǎo

甘草饮片

本品首载于《神农本草经》，为豆科多年生草本植物甘草 *Glycyrrhiza uralensis* Fisch. 、胀果甘草 *Glycyrrhiza inflata* Bat. 或光果甘草 *Glycyrrhiza glabra* L. 的根和根茎。主产于新疆、甘肃、内蒙古、黑龙江等地。春、秋二季采挖，除去须根，晒干，切厚片。生用或蜜炙用。处方中的常用名称：甘草、生甘草、炙甘草、甘草梢、粉甘草等。

【药性】 甘，平。归心、肺、脾、胃经。

【功效】 补脾益气，清热解毒，祛痰止咳，缓急止痛，调和诸药。

【应用】

1. 脾胃虚弱，倦怠乏力　本品味甘，甘能补虚，善入中焦，具有补益脾气之力。因其作用缓和，宜作为辅助药用，《本草正》记载其有"助参芪成气虚之功"，故常与人参、白术、茯苓等同用，如四君子汤(《太平惠民和剂局方》)。

2. 心悸气短　本品入心经，能补益心气，益气复脉。主要用于心气不足所致的脉结代，心动悸者，如《伤寒类要》单用本品，主治伤寒耗伤心气之心悸，脉结代；若属气血两虚，宜与人参、生地黄、桂枝等配伍，如炙甘草汤(《伤寒论》)。治疗由情志不舒或思虑过多，肝郁化火，伤阴耗液，心脾两虚所致的"喜悲伤欲哭，象如神灵所作，数欠伸"之妇人脏躁，配伍小麦、大枣、甘草，如甘麦大枣汤(《金匮要略》)。

3. 咳嗽痰多　本品甘润平和，归肺经，能祛痰止咳，随证配伍可用于寒、热、虚、实等多种咳喘。治肺热咳喘，可配伍石膏、麻黄、苦杏仁，如麻杏甘石汤(《伤寒论》)；治寒痰咳喘，可配伍干姜、细辛等药，如苓甘五味姜辛汤(《金匮要略》)；治风寒咳喘，可配伍麻黄、苦杏仁，如三拗汤(《太平惠民和剂局方》)；治湿痰咳嗽，常配伍半夏、陈皮、茯苓等药，如二陈汤(《太平惠民和剂局方》)；治肺燥咳嗽，常与桑叶、石膏、麦冬等同用，如清燥救肺汤(《医门法律》)。

4. 脘腹、四肢挛急疼痛　本品味甘能缓急，善于缓急止痛。治脾虚肝旺之脘腹挛急作痛，或阴血不足之四肢挛急作痛，大剂量甘草与白芍相须为用，如芍药甘草汤(《伤寒论》)；治中焦虚寒，脘腹隐痛不适，常与桂枝、白芍、饴糖等品同用，如小建中汤(《伤寒论》)。

—•笔记栏•—

5. 痈肿疮毒　本品味甘性平，药性缓和，还长于解毒，应用广泛。生品药性微寒，可清解热毒。如治疗丹毒，《外科大成》以甘草煎汁淋洗；治疗痈疽，《外科精要》以甘草熬膏内服。或与紫花地丁、金银花、连翘等配伍；治热毒咽喉肿痛，宜与板蓝根、桔梗、牛蒡子配伍。

6. 缓解药物毒性、烈性　本品味甘性平，药性缓和，能调和百药，故有“国老”之称。其在许多方剂中都可发挥调和药性的作用，如白虎汤（《伤寒论》）将甘草与石膏、知母同用，以防寒凉伤胃；四逆汤（《伤寒论》）将甘草与附子、干姜同用，以防温燥伤阴，并可降低附子毒性；调胃承气汤（《伤寒论》）将甘草与大黄、芒硝同用，以缓其峻下之势，使泻不伤正，并缓解大黄、芒硝刺激胃肠道引起的腹痛。此外，本品甜味浓郁，可矫正药物的气味从而有助于服用。本品对附子等多种药物和食物所致中毒，有一定解毒作用，对于药物或食物中毒者，在积极送医院抢救的同时，可用本品辅助解毒救急。

【用法用量】　煎服，2～10 g。

【使用注意】　不宜与海藻、京大戟、红大戟、芫花、甘遂同用。本品有助湿壅气之弊，湿盛胀满、水肿者不宜用。大剂量久服可导致水钠潴留，引起浮肿。

【文献摘要】

（1）《神农本草经》：“主五脏六腑寒热邪气，坚筋骨，长肌肉，倍力，金疮肿，解毒。”

（2）《本草纲目》引李杲曰：“甘草，阳不足者补之以甘，甘温能除大热，故生用则气平，补脾胃不足，而大泻心火；炙之则气温，补三焦元气，而散表寒，除邪热，去咽痛，缓正气，养阴血。凡心火乘脾，腹中急痛，腹皮急缩者，宜倍用之。其性能缓急，而又协和诸药，使之不争，故热药得之缓其热，寒药得之缓其寒，寒热相杂者，用之得其平。”

（3）《景岳全书·本草正》：“甘草味至甘，得中和之性，有调补之功，故毒药得之解其毒，刚药得之和其性，表药得之助其外，下药得之缓其速。助参、芪成气虚之功，人所知也；助熟地疗阴虚之危，谁其晓焉。祛邪热，坚筋骨，健脾胃，长肌肉。随气药入气，随血药入血，无往不可，故称国老。”

【现代研究】

本品主含三萜皂苷类成分（甘草苷、甘草酸、甘草次酸等）、黄酮类成分（甘草黄酮、异甘草黄酮、甘草素、异甘草素等），还含有生物碱、多糖、香豆素、氨基酸及少量的挥发性成分。具有抗溃疡、抗心律失常、解痉、调节机体免疫功能、镇咳、祛痰、平喘、解毒、抗肿瘤、保肝、肾上腺皮质激素样等作用。

大枣 Dàzǎo

大枣饮片

本品首载于《神农本草经》，为鼠李科植物枣 *Ziziphus jujuba* Mill. 的成熟果实。主产于河南、河北、山东、山西、陕西。秋季果实成熟时采收，晒干。用时破开或去核。处方中的常用名称：大枣、红枣、大红枣等。

【药性】　甘，温。归脾、胃、心经。

【功效】　补中益气，养血安神。

【应用】

1. 脾虚食少，乏力便溏　本品味甘性温，能补脾益气，适用于脾气虚弱，形体消瘦、倦怠乏力、食少便溏等症，可与黄芪、党参、白术等同用。

2. 妇人脏躁　本品能养心安神。治脏躁，症见精神恍惚，无故悲伤欲哭，心中烦乱难安，不能自主，卧起不安者，常与浮小麦、甘草配伍，如甘麦大枣汤（《金匮要略》）；治血虚面色萎黄，心悸失眠者，多与熟地黄、当归、酸枣仁等药配伍。

此外，本品尚有缓和药性之功，如大枣与部分药性峻烈或有毒的药物同用，有保护胃气，缓和毒烈药性之效。如十枣汤（《伤寒论》），用本品以缓和甘遂、大戟、芫花的烈性与毒性；葶苈大枣泻肺汤(《金匮要略》),用本品以防葶苈子泻肺太过而伤肺气。

【用法用量】　煎服,6~15 g。

【使用注意】　本品助湿生热,令人中满,故湿盛中满或有积滞、痰热者不宜服用。

【文献摘要】

(1)《神农本草经》:"主心腹邪气,安中养神,助十二经。平胃气,通九窍,补少气、少津液,身中不足,大惊,四肢重,和百药。"

(2)《本草汇言》:"沈氏曰,此药甘润膏凝,善补阴阳、气血、津液、脉络、筋俞、骨髓,一切虚损,无不宜之。如龙潭方治惊悸怔忡,健忘恍惚,意志昏迷,精神不守,或中气不和,饮食无味,百体懒重,肌肉羸瘦,此属心、脾二藏元神亏损之证,必用大枣治之。佐用陈皮,调畅中脘虚滞之痰。"

(3)《长沙药解》:"大枣,补太阴之精,化阳明之气,生津润肺而除燥,养血滋肝而息风,疗脾胃虚损,调经脉虚芤。其味浓而质厚,则长于补血,而短于补气。人参之补土,补气以生血也;大枣之补土,补血以化气也,是以偏补脾精而养肝血。"

【现代研究】

本品主含三萜酸类成分(白桦脂酮酸、齐墩果酸、熊果酸、山楂酸等),还含皂苷、生物碱、多糖、氨基酸、微量元素等成分。具有增强免疫、延缓衰老、保肝、抗肿瘤等作用。

附　其他补气药(表 24-1)

表 24-1　其他补气药

药名	处方中的常用名称	药　性	功　效	应　用	用法用量	使用注意
刺五加	刺五加	辛、微苦,温。归脾、肾、心经	益气健脾,补肾安神	脾肺气虚,体虚乏力,食欲不振;肺肾两虚,久咳虚喘;肾虚腰膝酸痛;心脾不足,失眠多梦	煎服,9~27 g	—
绞股蓝	绞股蓝	甘、苦,寒。归脾、肺经	益气健脾,化痰止咳,清热解毒	脾虚证;肺虚咳嗽	煎服,10~20 g;亦可泡服	—
红景天	红景天	甘、苦,平。归肺、心经	益气活血,通脉平喘	气虚血瘀,胸痹心痛,中风偏瘫;倦怠气喘	煎服,3~6 g	—
沙棘	沙棘	酸、涩,温。归脾、胃、肺、心经	健脾消食,止咳祛痰,活血散瘀	脾虚食少,食积腹痛;咳嗽痰多;胸痹心痛,瘀血经闭,跌扑瘀肿	煎服,3~10 g	—
蜂蜜	蜂蜜、食蜜、炼蜜、蜜	甘,平。归肺、脾、大肠经	补中,润燥,止痛,解毒;外用生肌敛疮	脘腹虚痛;肺燥干咳,肠燥便秘;解乌头类药毒;外治疮疡不敛,水火烫伤	入煎剂,15~30 g,冲服。制丸剂、膏剂或栓剂等,随方适量	—

第二节　补 阳 药

本类药物多甘温、咸温或辛热,主要归肾经,能补助人体阳气,主要适用于各种阳虚证,但以温补肾阳为主,适用于肾阳虚证,症见畏寒肢冷,腰膝酸软,性欲淡漠,阳痿早泄,精寒不育或宫冷不孕,白带清稀,夜尿增多,苔白脉沉等。部分药物亦可治脾肾阳虚的泄泻、肺肾两虚的气喘及下元虚冷之崩漏带下等证。

—•笔记栏•—

鹿茸饮片

鹿茸 Lùróng

本品首载于《神农本草经》,为鹿科动物梅花鹿 *Cervus nippon* Temminck 或马鹿 *Cervus elaphus* Linnaeus 的雄鹿未骨化密生茸毛的幼角。前者习称“花鹿茸”,主产于吉林、辽宁、河北等地;后者习称“马鹿茸”,主产于吉林、黑龙江、新疆等地。夏、秋二季锯取鹿茸,经加工后,阴干或烘干。切片或研成细粉,生用。处方中的常用名称:鹿茸、鹿茸片、鹿茸血片、鹿茸粉片等。

【药性】 甘、咸,温。归肾、肝经。

【功效】 壮肾阳,益精血,强筋骨,调冲任,托疮毒。

【应用】

1. 肾阳不足,精血亏虚,宫冷不孕,羸瘦,神疲,畏寒,眩晕,耳鸣耳聋　本品味甘咸性温,入肝、肾经,能峻补元阳,益精血,填精髓,为补肾壮阳之要药。治肾阳不足,精血亏虚之畏寒肢冷,小便频数,阳痿早泄,宫冷不孕等,可单用研末冲服,或泡酒服用,亦可与人参、黄芪、当归等同用,如参茸固本丸(《中国医学大辞典》)。

2. 腰脊冷痛,筋骨痿软　本品能补肝肾,益精血而强筋骨。治肝肾不足之腰脊冷痛,筋骨痿软,小儿发育迟缓,立迟行迟齿迟,囟门过期不合等,单用即效,或与五加皮、熟地黄、山茱萸等同用,如加味地黄丸(《医宗金鉴》)。

3. 冲任虚寒,崩漏带下　本品能补肝肾,调冲任,固崩止带。治冲任不固之崩漏不止,可配当归、阿胶、蒲黄等同用,如鹿茸散(《证治准绳》);治白带过多,可配狗脊、白蔹等同用。

4. 疮疡久溃不敛,阴疽疮肿内陷不起　本品能补阳气,益精血,托疮毒。治气血不足,托毒无力所致疮疡久溃不敛,阴疽疮疡内陷不起,常与当归、肉桂等同用,如阳和汤(《外科全生集》)。

【用法用量】 研末冲服,1~2 g。

【使用注意】 服用本品宜从小量开始,缓缓增加,不宜骤用大量,以免阳升风动,头晕目赤,或助火动血,而致鼻衄。阴虚阳亢、外感热病、火热内盛、高血压者均当忌服。

【文献摘要】

(1)《神农本草经》:“主漏下恶血,寒热惊痫,益气强志,生齿不老。”

(2)《本经逢原》:“鹿茸功用,专主伤中劳绝,腰痛羸瘦,取其补火助阳,生精益髓,强筋健骨,固精摄便,下元虚人,头旋眼黑,皆宜用之。”

(3)《本草纲目》:“生髓补髓,养血益阳,强健筋骨。治一切虚损,耳聋,目暗,眩晕,虚痢。”

【现代研究】

本品主含甾体类成分(雌二醇、雌酮等)、蛋白质类成分(胶原蛋白、角蛋白等),还含氨基酸、生物碱、矿物质等成分。具有促进造血功能、促进生长发育、增强免疫、抗心肌缺血、提高耐缺氧能力、抗疲劳、抗炎、保肝、抗肿瘤、性激素样等作用。

【附药】

1. 鹿角　本品为鹿科动物梅花鹿或马鹿已骨化的角或锯茸后翌年春季脱落的角基,分别习称“梅花鹿角”“马鹿角”。性味咸温,归肝、肾经。功能:温肾阳,强筋骨,行血消肿。适用于肾阳不足,腰脊冷痛,阳痿遗精,乳痈初起,阴疽疮疡,瘀血肿痛。煎服或研末服,6~15 g。外用适量,磨汁涂或锉末敷。阴虚火旺者忌用。

2. 鹿角胶　本品为鹿角经水煎煮、浓缩制成的固体胶。性味甘咸温,归肾、肝经。功能:温补肝肾,益精养血。适用于肝肾不足所致的虚劳羸瘦,腰膝酸冷,阳痿遗精,便血尿血,崩漏下血,阴疽肿痛等。烊化兑服,3~6 g。阴虚火旺者忌服。

3. 鹿角霜　本品为鹿角去胶质的角块。性味咸涩温,归肝、肾经。功能:温肾助阳,收敛止血。适用于脾肾阳虚，遗尿尿频，崩漏下血，白带过多，疮疡不敛等。煎服，9～15 g，宜先煎。外用适量。阴虚火旺者忌服。

紫河车 Zǐhéchē

紫河车饮片

本品首载于《本草拾遗》，为健康人的胎盘。将新鲜胎盘，除去羊膜、脐带，反复冲洗至去净血液，蒸或置沸水中略煮后，干燥。砸成小块或研成细粉，生用。处方中的常用名称：紫河车、胎盘、紫河车粉、胎盘粉等。

【药性】　甘、咸，温。归肺、肝、肾经。

【功效】　温肾补精，益气养血。

【应用】

1．肾阳虚衰，精血亏虚证　　本品能温肾阳，补精血。治肾阳虚衰，精血亏虚之腰膝酸软，头晕耳鸣，阳痿遗精，不孕不育等，可单用久服，或与龟甲、杜仲、牛膝等同用，如河车大造丸（《中国医学大词典》）。

2．气血亏虚证　　本品能补益气血。治气血亏虚之面色萎黄，产后缺乳，劳热骨蒸等，可单用久服，亦可与人参、黄芪、当归等同用。

3．肺肾虚喘　　本品味甘性温，归肺、肾，能补肺气，益肾精，止嗽定喘，为治肺肾虚喘良药。单用有效，或与人参、蛤蚧、胡桃肉等同用。

【用法用量】　研末或装胶囊吞服，每次 1.5～3 g，每日 2～3 次。或入丸散。

【文献摘要】

（1）《本草拾遗》："治血气羸瘦，妇人劳损，面䵟皮黑，腹内诸病渐瘦悴者。"

（2）《本草纲目》："治虚损劳极，癫痫，失志恍惚，安神养血，益气补精。"

（3）《本经逢原》："能峻补营血，用以治骨蒸羸瘦，喘嗽虚劳之疾，是补之以味也。"

【现代研究】

本品主含激素类成分（促性腺激素、促肾上腺激素释放激素等），还含蛋白质、氨基酸、酶类、细胞因子、微量元素、维生素等成分。具有增强免疫、增强机体的抗病能力、抗癌、抗过敏、延缓衰老、雌激素样等作用。

【附药】

脐带　　本品为新生儿的脐带。将新鲜脐带用金银花、甘草、黄酒同煮，烘干入药。性味甘咸温，归肾、肺经。功能：补肾纳气，平喘，敛汗。适用于肺肾两虚的喘咳、盗汗等证。煎服，1～2 条。研末服，每次 1.5～3 g，日服 2～3 次。

淫羊藿 Yínyánghuò

淫羊藿饮片

本品首载于《神农本草经》，为小檗科植物淫羊藿 *Epimedium brevicornu* Maxim.、箭叶淫羊藿 *Epimedium sagittatum*（Sieb. et Zucc.）Maxim.、柔毛淫羊藿 *Epimedium Pubescens* Maxim. 或朝鲜淫羊藿 *Epimedium koreanum* Nakai 的叶。主产于陕西、辽宁、山西等地。夏、秋季茎叶茂盛时采收，晒干或阴干。切丝，生用或以羊脂油炙用。处方中的常用名称：淫羊藿、炙淫羊藿、仙灵脾等。

【药性】　辛、甘，温。归肾、肝经。

【功效】　补肾阳，强筋骨，祛风湿。

【应用】

1．肾阳虚衰，阳痿遗精，筋骨痿软　　本品长于补肾壮阳，益精起痿。治肾阳虚衰之腰膝无力，遗精滑精，阳痿不举，宫冷不孕等，如单用浸淫羊藿酒服（《食医心镜》）；或与肉苁蓉、巴戟天等同用，如赞育丸（《景岳全书》）。

—•笔记栏•—

2. 风寒湿痹，麻木拘挛　本品能补肝肾，强筋骨，祛风湿。治风寒湿痹，拘挛疼痛，肢体麻木，可单用浸酒服，或与威灵仙、川芎、肉桂等同用，如仙灵脾散（《太平圣惠方》）。

【用法用量】　煎服，6～10 g。亦可浸酒、熬膏或入丸散服。

【使用注意】　阴虚火旺者不宜用。

【文献摘要】

（1）《神农本草经》："主阴痿绝伤，茎中痛。利小便，益气力，强志。"

（2）《名医别录》："坚筋骨。"

（3）《日华子本草》："治一切冷风劳气，补腰膝，强心力，丈夫绝阳不起，女子绝阴无子，筋骨挛急，四肢不任，老人昏瞀，中年健忘。"

【现代研究】

本品主含黄酮类成分（淫羊藿苷、保藿苷Ⅰ、保藿苷Ⅱ等），还含甾醇、多糖、生物碱、挥发油、鞣质、脂肪酸等成分。具有降血压、扩冠强心、抗心律失常、镇咳、祛痰、平喘、抗炎、延缓衰老，以及雄激素样及植物雌激素样等作用。

巴戟天 Bājǐtiān

巴戟天饮片

本品首载于《神农本草经》，为茜草科植物巴戟天 *Morinda officinalis* How 的根。主产于广东、广西、福建等地。全年均可采挖，洗净，除去须根略晒，捶扁，晒干。使用时润透或蒸过，除去木质心，切段，生用、盐水炙用或用甘草煎汤取汁煮用。处方中的常用名称：巴戟天、巴戟、盐巴戟天、盐巴戟、制巴戟天等。

【药性】　甘、辛，微温。归肾、肝经。

【功效】　补肾阳，强筋骨，祛风湿。

【应用】

1. 肾阳不足，阳痿遗精，宫冷不孕，月经不调，少腹冷痛　本品甘温质润而不燥，能温肾壮阳，补益精血。治肾阳虚衰之阳痿不举，男子不育，常与淫羊藿、仙茅、枸杞子等同用。治肾阳虚之少腹冷痛，宫冷不孕，常与肉桂、吴茱萸、高良姜同用，如巴戟丸（《太平惠民和剂局方》）。

2. 风湿痹痛，筋骨痿软　本品既可补肾阳益精血而强健筋骨，又能祛风除湿。常配杜仲、萆薢等同用，如金刚丸（《张氏医通》）；治肝肾不足，风寒侵袭，腰膝痹痛，可配羌活、肉桂、牛膝等同用，如巴戟散（《太平圣惠方》）。

【用法用量】　煎服，3～10 g。

【使用注意】　阴虚火旺及有热者不宜服。

【文献摘要】

（1）《神农本草经》："主大风邪气，阳痿不起，强筋骨，安五脏，补中增志益气。"

（2）《本草纲目》："治脚气，去风疾，补血海。"

（3）《本草备要》："补肾益精，治五劳七伤，辛温散风湿，治风湿脚气水肿。"

【现代研究】

本品主含蒽醌类成分（甲基异茜草素、大黄素甲醚等），还含糖类、环烯醚萜苷、甾醇、有机酸等成分。具有延缓衰老、抗肿瘤、抗疲劳、耐缺氧、抗抑郁及雄性激素样等作用。

仙茅 Xiānmáo

仙茅饮片

本品首载于《海药本草》，为石蒜科植物仙茅 *Curculigo orchioides* Gaertn. 的根茎。主产于西南及长江以南各省，四川产量甚大。秋、冬二季采挖，干燥。切段，生用，或经米泔水浸泡切片。处方中的常用名称：仙茅、制仙茅等。

—•笔记栏•—

【药性】 辛,热。有毒。归肾、肝,脾经。

【功效】 补肾阳,强筋骨,祛寒湿。

【应用】

1. 肾阳不足,命门火衰,阳痿精冷,遗尿尿频,筋骨痿软,腰膝冷痛 本品辛热性燥,为补阳温肾之专药,治肾阳不足,命门火衰之腰膝冷痛,筋骨痿软,阳痿精冷,遗尿尿频等,常与淫羊藿、巴戟天、菟丝子等同用。

2. 脾肾阳虚冷泻 本品能补命门之火以温煦脾阳,而治阳虚冷泻。治脾肾阳虚之久泻不止,脘腹冷痛,常与补骨脂、白术、干姜等同用。

【用法用量】 煎服,3~10 g。或酒浸服。

【使用注意】 有毒,不宜久服。阴虚火旺者忌服。

【文献摘要】

(1)《海药本草》:"主风,补暖腰脚,清安五脏,强筋骨。""明耳目,益筋力,填骨髓,益阳。"

(2)《本草纲目》:"仙茅性热,补三焦命门之药也,惟阳弱精寒,禀赋素怯者宜之。若体壮相火炽盛者,服之反能动火。"

(3)《本草正义》:"仙茅乃补阳温肾之专药,亦兼能祛除寒痹,与巴戟天、仙灵脾相类,而猛烈又过之。"

【现代研究】

本品主含酚苷类成分(仙茅苷)、三萜类成分(仙茅皂苷 A~M、仙茅素 A~C 等),还含生物碱、甾醇等成分。具有增强免疫功能、抗缺氧、抗高温、镇静、抗惊厥、抗炎、镇痛、解热及性激素样等作用。

胡芦巴 Húlúbā

胡芦巴饮片

本品首载于《嘉祐本草》,为豆科植物胡芦巴 *Trigonella foenum-graecum* L. 的成熟种子。主产于河南、四川等地。夏季果实成熟时采割植株,晒干,打下种子,除去杂质。生用或盐水炙用。处方中的常用名称:胡芦巴、盐胡芦巴等。

【药性】 苦,温。归肾经。

【功效】 温肾助阳,祛寒止痛。

【应用】

1. 肾阳不足,下元虚冷,阳痿滑精 本品能温肾助阳。治肾阳虚衰之阳痿滑泄,头晕目眩等,可与淫羊藿、韭菜子、巴戟天等同用,如沉香保生丸(《普济方》)。

2. 小腹冷痛,寒疝腹痛,寒湿脚气 本品善能温肾散寒止痛。治经寒少腹冷痛,可与当归、乌药等同用;治寒凝肝脉之寒疝腹痛,常与巴戟天、吴茱萸、川楝子等同用,如胡芦巴丸(《太平惠民和剂局方》);治寒湿脚气,足膝冷痛,常与补骨脂、木瓜等同用,如胡芦巴丸(《杨氏家藏方》)。

【用法用量】 煎服,5~10 g。

【使用注意】 阴虚火旺者忌用。

【文献摘要】

(1)《嘉祐本草》:"主元脏虚冷气。得附子、硫黄,治肾虚冷,腹胁胀满,面色青黑,得茴香子、桃仁,治膀胱气。"

(2)《本草纲目》:"治冷气疝瘕,寒湿脚气;益右肾,暖丹田。"

(3)《本草纲目》:"胡芦巴,苦温纯阳,亦能入肾补命门。"

【现代研究】

本品主含生物碱类成分(胡芦巴碱等)、黄酮类(牡荆素、异牡素等),还含脂肪油、蛋白质、挥发油等成分。具有降血糖、降血脂、止痛、镇咳、祛痰、利尿、保肝、抗肿瘤等作用。

—•笔记栏•—

杜仲饮片

杜仲

杜仲 Dùzhòng

本品首载于《神农本草经》，为杜仲科植物杜仲 *Eucommia ulmoides* Oliv. 的树皮。主产于四川、贵州、湖北等地。4~6 月剥取，刮去粗皮，堆置"发汗"至内皮呈紫褐色，晒干。切块或丝，生用或盐水炙用。处方中的常用名称：杜仲、绵杜仲、盐杜仲、炙杜仲等。

【药性】 甘，温。归肝、肾经。

【功效】 补肝肾，强筋骨，安胎。

【应用】

1. 肝肾不足，腰膝酸痛，筋骨无力，头晕目眩　　本品善于补肝肾而强筋骨，暖下元。为治肝肾不足之腰膝酸痛、筋骨痿软的要药。单用浸酒服即效；或配补骨脂、胡桃肉等，如青娥丸(《太平惠民和剂局方》)；治尿频阳痿，可与山萸肉、菟丝子、覆盆子等同用。

2. 肝肾亏虚，妊娠漏血，胎动不安　　本品能滋补肝肾，固冲安胎。治疗冲任不固之胎动不安，胎漏下血，单用即效，亦可与续断、桑寄生、菟丝子等同用。

【用法用量】 煎服，6~10 g。盐水炙用效果更佳。

【使用注意】 阴虚火旺者慎用。

【文献摘要】

(1)《神农本草经》："主腰脊痛，补中益精气，坚筋骨，强志，除阴下痒湿，小便余沥。久服轻身耐老。"

(2)《名医别录》："治脚中酸痛，不欲践地。"

(3)《本草汇言》："凡下焦之虚，非杜仲不补；下焦之湿，非杜仲不利；足胫之酸，非杜仲不去；腰膝之痛，非杜仲不除……补肝益肾，诚为要药。"

【现代研究】

本品主含木脂素类成分(松脂醇二葡萄糖苷、杜仲树脂醇双吡喃葡萄糖苷等)，还含环烯醚萜、黄酮类、醛糖、鞣质、氨基酸等成分。具有促进骨折愈合、降血压、增强免疫、保肝、镇静、镇痛、抗应激、抗病毒、抗肿瘤、利尿、延缓衰老、性激素样等作用。

【附药】

杜仲叶　　本品为杜仲科植物杜仲的叶。性味微辛温，归肝、肾经。功能：补肝肾，强筋骨。适用于肝肾不足，头目眩晕，腰膝酸痛，筋骨痿软。煎服，10~15 g。

续断饮片

续断 Xùduàn

本品首载于《神农本草经》，为川续断科植物川续断 *Dipsacus asper* Wall. ex Henry 的根。主产于四川、湖北、湖南等地。秋季采挖，除去根头及须根，用微火烘至半干，堆置"发汗"至内部变绿色时，再烘干。切薄片，生用或酒炙或盐炙用。处方中的常用名称：续断、川续断、川断、酒续断、盐续断等。

【药性】 苦、辛，微温。归肝、肾经。

【功效】 补肝肾，强筋骨，续折伤，止崩漏。

【应用】

1. 肝肾不足，腰膝酸软，风湿痹痛　　本品能补益肝肾，强健筋骨。治肝肾不足之腰膝酸痛，软弱无力，可与杜仲、牛膝等同用，如续断丹(《扶寿精方》)；治风寒湿痹，拘挛疼痛，兼有肝肾不足者，亦可与防风、川乌等药配伍，如续断丸(《太平惠民和剂局方》)。

2. 跌打损伤，骨折筋伤　　本品辛散温通，活血化瘀，续筋疗伤，为伤科常用药物。治跌打损伤，骨折筋伤，瘀血肿痛，常与骨碎补、红花、土鳖虫等同用。

3. 肝肾不足，胎动不安，崩漏下血　本品能补肝肾，调冲任而固本安胎。治肝肾不足，冲任不固之胎动不安，胎漏下血或习惯性流产，常与桑寄生、菟丝子、阿胶同用，如寿胎丸（《医学衷中参西录》）；治月经过多，崩漏下血，常与附子、艾叶、黄芪等同用，如续断丸（《妇人良方》）。

【用法用量】 煎服，9～15 g，或入丸散。外用适量，研末外敷。酒续断多用于风湿痹痛，跌扑损伤，筋伤骨折；盐续断多用于腰膝酸软。

【使用注意】 风湿热痹者忌服。

【文献摘要】

（1）《神农本草经》："补不足，金疮，痈疡，折跌，续筋骨，妇人乳难。"

（2）《本草经疏》："主崩中漏血，金疮血内漏，止痛，生肌肉，踠伤，恶血，腰痛，关节缓急。"

（3）《本草汇言》："续断，补续血脉之药也。大抵所断之血脉非此不续，所伤之筋骨非此不养，所滞之关节非此不利，所损之胎孕非此不安。久服常服，能益气力。有补伤生血之效，补而不滞，行而不泄，故女科、外科取用恒多也。"

【现代研究】

本品主含三萜皂苷类成分（常春藤苷、川续断皂苷Ⅵ等）、生物碱类成分（喜树次碱、川续断碱等）、萜类成分（熊果酸等），还含挥发油、生物碱、黄酮等成分。具有抗维生素 E 缺乏症、促进骨损伤愈合、抗骨质疏松、兴奋子宫、抗菌杀虫、抗炎、增强免疫、抗氧化、提高耐缺氧、止血、镇痛、促进组织再生和催乳等作用。

肉苁蓉 Ròucóngróng

肉苁蓉饮片

本品首载于《神农本草经》，为列当科植物肉苁蓉 *Cistanche deserticola* Y. C. Ma 或管花肉苁蓉 *Cistanche tubulosa*（Schrenk）Wight 的带鳞叶的肉质茎。主产于内蒙古、甘肃、新疆等地。春季苗刚出土时或秋季冻土之前采挖，切段，晒干。切片，生用或酒制用。处方中的常用名称：肉苁蓉、淡大芸、酒苁蓉等。

【药性】 甘、咸，温。归肾、大肠经。

【功效】 补肾阳，益精血，润肠通便。

【应用】

1. 肾阳不足，精血亏虚，阳痿不孕，腰膝酸软，筋骨无力　本品有从容和缓的补肾阳，益精血作用，故名。治阳痿不育，常与熟地黄、五味子、菟丝子等同用，如肉苁蓉丸（《证治准绳》）；治宫冷不孕，可配当归、鹿角胶、紫河车等；治肝肾不足，筋骨痿软，可与萆薢、杜仲、巴戟天等同用，如金刚丸（《张氏医通》）。

2. 肠燥便秘　本品能温养精血而润燥滑肠。适用于老人、虚人之阳虚便秘、津枯便秘，而对肾阳不足，精血亏虚者尤宜。单用大剂量煎服即效，亦常配当归、牛膝、枳壳等同用，如济川煎（《景岳全书》）。

【用法用量】 煎服，6～10 g。

【使用注意】 阴虚火旺、大便溏泄及胃肠实热便秘者不宜服。

【文献摘要】

（1）《神农本草经》："主五劳七伤，补中，除茎中寒热痛，养五脏，强阴，益精气，妇人癥瘕。"

（2）《日华子本草》："治男绝阳不兴，女绝阴不产，润五脏，长肌肉，暖腰膝，男子泄精，尿血，遗沥，带下阴痛。"

（3）《本草汇言》："养命门，滋肾气，补精血之药也。男子丹元虚冷而阳道久沉，妇人冲任失调而阴气不治，此乃平补之剂，温而不热，补而不峻，暖而不燥，滑而不泄，故有从容之名。"

—•笔记栏•—

【现代研究】

本品主含苯乙醇苷类成分(松果菊苷、毛蕊花糖苷等),还含环烯醚萜类、生物碱、糖类等成分。具有增强免疫、延缓衰老、抗老年痴呆、提高胃肠功能及性激素样等作用。

锁阳 Suǒyáng

锁阳饮片

本品首载于《本草衍义补遗》,为锁阳科植物锁阳 *Cynomorium songaricum* Rupr. 的肉质茎。主产于内蒙古、甘肃、新疆等地。春季采挖。切段,晒干。切片,生用。处方中的常用名称:锁阳、盐锁阳等。

【药性】 甘,温。归肝、肾、大肠经。

【功效】 补肾阳,益精血,润肠通便。

【应用】

1. 肾阳不足,精血亏虚,腰膝痿软,阳痿滑精　本品能温肾助阳,补益精血。治肾阳不足,精血亏虚之不孕不育,阳痿遗精,下肢痿软等,常与鹿茸、肉苁蓉、菟丝子等同用。

2. 肠燥便秘　本品能补益精血,润肠通便。治精血不足,津枯肠燥之便秘,可单用熬膏服,或与肉苁蓉、火麻仁、生地黄等同用。

【用法用量】 煎服,5~10 g。

【使用注意】 阴虚火旺、脾虚泄泻、实热便秘者均忌用。

【文献摘要】

(1)《本草衍义补遗》:“大补阴气,益精血,利大便。虚人大便燥结者,啖之可代苁蓉,煮粥弥佳;不燥结者勿用。”

(2)《本草从新》:“益精兴阳,润燥养筋,治痿弱。滑大肠。泄泻及阳易举而精不固者忌之。”

(3)《本草求真》:“锁阳专入肾,兼入大肠。本与苁蓉同为一类,甘咸性温,润燥养筋。凡阴气虚损,精气衰败,大便燥结,治可用此为啖,并代苁蓉煮粥弥佳。”

【现代研究】

本品主含三萜皂苷类成分(锁阳萜、乙酰熊果酸等),还含挥发油、黄酮、鞣质、脂肪等成分。具有增强肠蠕动、调节免疫、防治骨质疏松及雄激素样等作用。

补骨脂 Bǔgǔzhī

补骨脂饮片

补骨脂

本品首载于《药性论》,为豆科植物补骨脂 *Psoralea corylifolia* L. 的成熟果实。主产于陕西、河南、四川等地。秋季果实成熟时采收,晒干。生用或盐水炙用。处方中的常用名称:补骨脂、破故纸、盐补骨脂、炙补骨脂等。

【药性】 辛、苦,温。归肾、脾经。

【功效】 温肾助阳,纳气平喘,温脾止泻;外用消风祛斑。

【应用】

1. 肾阳不足,阳痿遗精,遗尿尿频,腰膝冷痛　本品能温肾助阳,固精缩尿。治肾阳不足,命门火衰之腰膝酸冷,阳痿遗精,遗尿尿频等,常与杜仲、核桃仁同用,即青娥丸(《太平惠民和剂局方》)。

2. 肾虚作喘　本品能补肾阳而纳气平喘。治肾不纳气之虚喘,常与胡桃肉配伍,如治喘方(《医方论》);或配人参、罂粟壳等同用而治劳嗽虚喘,如劳嗽方(《是斋医方》)。

3. 脾肾阳虚,五更泄泻　本品能温补命门,暖脾止泻。治脾肾阳虚,五更泄泻,常与益智、吴茱萸、五味子等同用,如四神丸(《证治准绳》)。

—•笔记栏•—

4. 白癜风，斑秃 本品外用能祛风消斑，用于治疗白癜风，斑秃，常以本品研末酒浸制成酊剂，外涂患处。

【用法用量】 煎服，6~10 g。外用20%~30%酊剂涂患处。

【使用注意】 阴虚火旺及大便秘结者忌服。

【文献摘要】

（1）《药性论》："主男子腰疼，膝冷囊湿，逐诸冷顽痹，止小便利，腹中冷。"

（2）《开宝本草》："治五劳七伤，风虚冷，骨髓伤败，肾冷精流及妇人血气堕胎。"

（3）《本草经疏》："补骨脂，能暖水脏，阴中生阳，壮火益土之要药也。"

【现代研究】

本品主含香豆素类成分（补骨脂素、异补骨脂素等），还含黄酮类、挥发油、甾醇、皂苷、萜类、有机酸等成分。具有扩张冠状动脉、增强心肌收缩力、收缩子宫、舒张支气管平滑肌、增强免疫，促进骨髓造血、升白细胞、延缓衰老、抗肿瘤、抑菌、杀虫等作用。

益智 Yìzhì

益智饮片

本品首载于《本草拾遗》，为姜科植物益智 *Alpinia oxyphylla* Miq. 的成熟果实。主产于海南、广东、广西等地。夏、秋间果实由绿变红时采收。晒干或低温干燥。生用或盐水炙用。用时捣碎。处方中的常用名称：益智、益智仁、盐益智仁、煨益智仁等。

【药性】 辛，温。归肾、脾经。

【功效】 暖肾固精缩尿，温脾止泻摄唾。

【应用】

1. 肾虚遗尿，小便频数，遗精白浊 本品能补肾助阳，且性兼收涩，尤善于固精缩尿。治遗精，可配乌药、山药等，如三仙丸（《世医得效方》）；治遗尿或夜尿频多，可与乌药等分为末，山药糊丸，如缩泉丸（《校注妇人良方》）。

2. 脾寒泄泻，腹中冷痛，口多涎唾 本品有温脾止泻，开胃摄唾之效。治脾胃虚寒泄泻，常与白术、干姜等同用；治口多涎唾或小儿流涎不止，可配党参、白术、陈皮等。

【用法用量】 煎服，3~10 g。

【文献摘要】

（1）《本草拾遗》："止呕哕。"

（2）《本草经疏》："益智子仁，以其敛摄，故治遗精虚漏，及小便余沥，此皆肾气不固之证也。"

（3）《本草正义》："益智仁，始见于藏器《本草拾遗》，谓之辛温，不言其涩，但诸家所述，无一非温涩功用……温补脾肾，而尤以固涩为主。"

【现代研究】

本品主含挥发油类成分（桉油精、姜烯、姜醇等），还含糖类、类脂、蛋白质等成分。具有健胃、抗利尿、减少唾液分泌、抑制回肠收缩、抗癌、抗溃疡、抗疲劳、抗过敏、延缓衰老等作用。

菟丝子 Tùsīzǐ

菟丝子饮片

本品首载于《神农本草经》，为旋花科植物南方菟丝子 *Cuscuta australis* R. Br. 或菟丝子 *Cuscuta chinensis* Lam. 的成熟种子。中国大部分地区均产。秋季果实成熟采收植株，晒干，打下种子。生用或盐水炙用。处方中的常用名称：菟丝子、吐丝子、炒菟丝子、盐菟丝子、酒菟丝子等。

【药性】 辛、甘，平。归肝、肾、脾经。

【功效】 补益肝肾，固精缩尿，安胎，明目，止泻；外用消风祛斑。

—•笔记栏•—

【应用】

1. 肝肾不足，腰膝酸软，阳痿遗精，遗尿尿频　本品性平，辛甘而润燥补虚，功能：平补阴阳，既补肾阳，又益肾精，还能固精缩尿。治肾虚阳痿，男子不育，遗精滑泄，常与五味子、枸杞子、覆盆子、车前子等同用，如五子衍宗丸(《丹溪心法》)；治肾虚不固，小便失禁，常与鹿茸、肉苁蓉、桑螵蛸等同用；治肾虚腰痛，足不履地，常与杜仲、续断、桑寄生等配伍。

2. 肾虚胎漏，胎动不安　本品有补肝肾，固胎元之效。治肾虚胎漏，胎动不安，常与续断、桑寄生、阿胶等药配伍，如寿胎丸(《医学衷中参西录》)。

3. 肝肾不足，目昏耳鸣　本品能补肾养肝，使精血上注而明目。常配熟地黄、枸杞子、车前子等，如驻景丸(《太平惠民和剂局方》)。

4. 脾肾虚泻　本品能补肾暖脾止泻。治脾肾两虚便溏、泄泻，常与人参、白术、补骨脂等同用。

5. 白癜风　本品外用能消风祛斑，治白癜风，可酒浸外涂。

【用法用量】　煎服，6~12 g。外用适量。

【使用注意】　阴虚火旺、大便燥结、小便短赤者不宜服。

【文献摘要】

(1)《神农本草经》："主续绝伤，补不足，益气力，肥健人，久服明目。"

(2)《本草经疏》："五味之中，惟辛通四气，复兼四味，《经》曰肾苦燥，急食辛以润之。菟丝子之属是也，与辛香燥热之辛，迥乎不同矣，学者不以辞害义可也。"

【现代研究】

本品主含黄酮类成分(金丝桃苷、菟丝桃苷等)，还含有机酸、氨基酸、微量元素等成分。具有延缓衰老、强心、降血压、保肝、明目、助阳、抗应激、抑菌、抗癌、类雌激素样等作用。

沙苑子 Shāyuànzǐ

沙苑子饮片

本品首载于《本草衍义》，为豆科植物扁茎黄芪 *Astragalus complanatus* R. Br. 的成熟种子。主产于陕西、河北等地。秋末冬初果实成熟尚未开裂时采割植株，晒干，打下种子。生用或盐水炙用。处方中的常用名称：沙苑子、沙苑蒺藜、潼蒺藜、盐沙苑子、炒沙苑子等。

【药性】　甘，温。归肝、肾经。

【功效】　补肾助阳，固精缩尿，养肝明目。

【应用】

1. 肾虚腰痛，遗精早泄，遗尿尿频，白浊带下　本品有补肾阳，益肾阴，固精缩尿之功。治阳痿遗精，尿频带下，常配龙骨、莲须、芡实等药同用，如金锁固精丸(《医方集解》)；治肾虚腰痛，可单用本品；或配杜仲、续断、胡桃肉等。

2. 目暗昏花　本品能补养肝肾而明目。治肝肾亏虚，目暗不明，头昏眼花，常与枸杞子、菟丝子、桑椹等同用。

【用法用量】　煎服，9~15 g。

【使用注意】　阴虚火旺及小便不利者慎用。

【文献摘要】

(1)《本草衍义》："补肾。"

(2)《本草纲目》："补肾，治腰痛泄精，虚损劳乏。"

(3)《本草汇言》："沙苑蒺藜，补肾涩精之药也。其气清香，能养肝明目，润泽瞳人。补肾固精，强阳有子，不烈不燥，兼止小便遗沥，乃和平柔润之剂也。"

【现代研究】

本品主含黄酮类成分(沙苑子苷等)，还含有脂肪酸、氨基酸、生物碱、黄酮类等成分。具有增强免疫、抑制血小板凝聚、降血脂、保肝、抗炎、镇痛、镇静、抗肿瘤等作用。

—•笔记栏•—

蛤蚧 Géjiè

蛤蚧饮片

本品首载于《雷公炮炙论》，为壁虎科动物蛤蚧 *Gekko gecko* Linnaeus 的干燥全体。主产于广西、广东、云南等地。进口蛤蚧主产于越南。全年均可捕捉。除去内脏，拭净，用竹片撑开，使扁平顺直，低温干燥。用时去头足及鳞片，切成小块，生用或黄酒浸润后烘干用。处方中的常用名称：蛤蚧、酒蛤蚧、酥蛤蚧、蛤蚧粉等。

【药性】 咸，平。归肺、肾经。

【功效】 补肺益肾，纳气定喘，助阳益精。

【应用】

1. 肺肾不足，虚喘气促，劳嗽咳血　本品功擅补肺气、助肾阳、定喘嗽，为治疗肺肾不足，虚喘气促，劳嗽咯血之要药，常与人参、苦杏仁、川贝母等同用，如人参蛤蚧散(《卫生宝鉴》)。

2. 肾虚阳痿，遗精　本品能补肾阳，益精血。治肾虚阳痿，遗精滑泄，可单用浸酒服，或与巴戟天、补骨脂、益智等同用，如养真丹(《御药院方》)。

【用法用量】 煎服，3~6 g。多入丸散或酒剂。

【使用注意】 咳喘实证不宜使用。

【文献摘要】

(1)《海药本草》："治肺痿上气，咯血，咳嗽。"

(2)《本草纲目》："补肺气，益精血，定喘止嗽，疗肺痈，消渴，助阳道。"

(3)《本草经疏》："蛤蚧，其主久肺劳咳嗽、淋沥者，皆肺肾为病，劳极则肺肾虚而生热，故外邪易侵，内证兼发也。蛤蚧属阴，能补水之上源，则肺肾皆得所养，而劳热咳嗽自除。肺朝百脉，通调水道，下输膀胱；肺气清，故淋沥水道自通也。"

【现代研究】

本品主含磷酯类成分(磷脂酰胆碱、溶血磷脂酰胆碱等)，还含蛋白质、脂肪、微量元素、氨基酸等成分。具有增强免疫、延缓衰老、解痉平喘、抗炎、降血糖，以及拟雄激素样和抗雌激素样等作用。

核桃仁 Hétáorén

核桃仁饮片

本品首载于《开宝本草》，为胡桃科植物胡桃 *Juglans regia* L. 的成熟种子。中国各地广泛栽培，华北、西北、东北地区尤多。秋季果实成熟时采收，除去肉质果皮，晒干，再除去核壳和木质隔膜，取出种仁。生用。处方中的常用名称：核桃仁、核桃肉、胡桃肉、炒核桃仁等。

【药性】 甘，温。归肾、肺、大肠经。

【功效】 补肾，温肺，润肠。

【应用】

1. 肾阳不足，腰膝酸软，阳痿遗精　本品能温助肾阳，唯药力较弱。治肾阳不足之腰膝酸软，遗精滑精，夜尿频多等，常与杜仲、补骨脂同用，如青娥丸(《太平惠民和剂局方》)。

2. 肺肾不足，虚寒喘嗽　本品能温补肺肾，纳气平喘。治肺肾两虚之虚寒咳喘，常与人参、生姜同用，如人参胡桃汤(《济生方》)。

3. 肠燥便秘　本品富含油脂，能润燥滑肠。治失血津枯，久病伤阴及年老精血不足之肠燥便秘，可单用，或与火麻仁、当归、肉苁蓉等同用。

【用法用量】 煎服，6~9 g。定喘嗽宜连皮用；润肠燥宜去皮用。

【使用注意】 阴虚火旺、痰热咳嗽及大便溏泄者不宜用。

—•笔记栏•—

【文献摘要】

(1)《开宝本草》:“食之令人肥,润肌黑发,多食利小便,去五痔。”

(2)《本草纲目》:“补气养血,润燥化痰,益命门,利三焦,温肺润肠。治虚寒喘嗽,腰脚重痛。”

(3)《食疗本草》:“通润血脉,黑须发。”

【现代研究】

本品主含脂肪油类成分(亚油酸甘油酯、亚麻酸、油酸甘油酯等),还含蛋白质、碳水化合物、黄酮类等成分。具有镇咳、促进生长、抗氧化、延缓衰老、增强脑功能等作用。

冬虫夏草 Dōngchóngxiàcǎo

冬虫夏草饮片

本品首载于《本草从新》,为麦角菌科真菌冬虫夏草菌 *Cordyceps sinensis* (Berk.) Sacc. 寄生在蝙蝠蛾科昆虫幼虫上的子座和幼虫尸体的复合体。主产于西藏、青海、四川等地。夏初子座出土,孢子未发散时挖取,晒至六七成干,除去似纤维状的附着物及杂质,晒干或低温干燥。生用。处方中的常用名称:冬虫夏草、冬虫草、虫草等。

【药性】 甘,平。归肾、肺经

【功效】 补肾益肺,止血化痰。

【应用】

1. 肾虚精亏,阳痿遗精,腰膝酸痛　本品能补益肾精,助阳起痿。治肾虚精亏所致阳痿遗精,腰膝酸痛诸证,可单用研末冲服,或浸酒服,亦可与巴戟天、淫羊藿、杜仲等同用。

2. 久咳虚喘,劳嗽痰血　本品性味甘平,既补肺肾之气,又益肺肾之阴,还能止血化痰。肺肾两虚之久咳虚喘,可与人参、黄芪、胡桃肉等同用。治劳嗽痰血,可单用,或与沙参、川贝母、阿胶等同用。

此外,病后体虚、自汗畏寒者,以本品与鸡、鸭、猪肉等炖服,可补虚固本。

【用法用量】 煎汤或炖服,3~9 g。或入丸散。

【使用注意】 有表邪者不宜用。阴虚火旺者不宜单独使用。

【文献摘要】

(1)《本草从新》:“保肺益肾,止血化痰,已劳嗽。”

(2)《药性考》:“秘精益气,专补命门。”

(3)《本草纲目拾遗》:“冬虫夏草,功与人参同,能治诸虚百损,以其得阴阳之气全也。”

【现代研究】

本品主含苷类成分(腺苷、腺嘌呤核苷等)、甾醇类(麦角甾醇等),还含蛋白质、氨基酸、脂肪酸、维生素及生物碱等成分。具有祛痰、平喘、镇咳、抗炎、抗惊厥、抗菌、抗病毒、增强性腺功能、增强免疫、抗氧化、强心、抗心律失常、抗心肌缺血、抗血栓、抗炎、抗肿瘤、拟雄激素样及抗雌激素样等作用。

附　其他补阳药(表 24-2)

表 24-2　其他补阳药

药名	处方中的常用名称	药 性	功 效	应 用	用法用量	使用注意
韭菜子	韭菜子、韭子、盐韭菜子、盐韭子	辛、甘,温。归肝、肾经	温补肝肾,壮阳固精	肝肾亏虚,腰膝酸痛;阳痿遗精,遗尿尿频,白浊带下	煎服,3~9 g	阴虚火旺者忌服

续　表

药名	处方中的常用名称	药　性	功　效	应　用	用法用量	使用注意
阳起石	阳起石、煅阳起石	咸，温。归肾经	温肾壮阳	肾阳亏虚，阳痿不举，宫冷不孕	入丸散，3~6 g	阴虚火旺者忌用。不宜久服
紫石英	紫石英、石英、煅紫石英	甘，温。归肾、心、肺经	温肾暖宫，镇心安神，温肺平喘	肾阳亏虚，宫冷不孕；惊悸不安，失眠多梦；虚寒咳喘	煎服，9~15 g，先煎	阴虚火旺、肺热咳喘者忌用
海狗肾	海狗肾、腽肭脐	咸，热。归肾经	暖肾壮阳，益精补髓	肾阳亏虚，阳痿精冷，精少不育	研末服，每次 1~3 g，每日 2~3 次；入丸散或泡酒服	阴虚火旺、骨蒸劳嗽者忌用
海马	海马、大海马	甘、咸，温。归肝、肾经	补肾壮阳，散结消肿	肾虚阳痿，遗精遗尿；肾虚作喘；癥瘕积聚，跌扑损伤；痈肿疔疮	煎服，3~9 g。外用适量，研末敷患处	孕妇及阴虚火旺者忌服
蛤蟆油	蛤蟆油、哈士蟆油	甘、咸，平。归肺、肾经	补肾益精，养阴润肺	病后体弱，神疲乏力，心悸失眠，盗汗；痨嗽咳血	5~15 g，用水浸泡，炖服，或作丸剂服	—

第三节　补血药

本类药物性味多甘温质润，主入心、肝经，具有滋补阴血之效，主要用于血虚证，症见面色苍白无华或萎黄，心悸怔忡，失眠，健忘，眩晕，耳鸣，双目干涩，月经愆期、量少色淡，唇甲色淡，舌淡苔白，脉细等。使用补血药需配伍补气药，即所谓“气为血之帅、血为气之母”。补血药多滋腻黏滞，故脾虚湿阻，气滞食少者慎用。必要时，可配伍化湿、行气、消食药，以助运化。

当归 Dānguī

当归饮片

本品首载于《神农本草经》，为当归 *Angelica sinensis* (Oliv.) Diels 的根。主产于甘肃。秋末采挖，除去须根及泥沙，待水分稍蒸发后，捆成小把，上棚，用烟火缓缓熏干。生用或酒炙用。处方中的常用名称：当归、秦当归、岷当归、酒当归等。

【药性】 甘、辛，温。归肝、心、脾经。

【功效】 补血活血，调经止痛，润肠通便。

【应用】

1. 血虚萎黄，心悸眩晕　本品甘温质润，补血效良，为补血圣药。治血虚所致面色萎黄，心悸怔忡，与熟地黄、白芍、川芎配伍，如四物汤（《太平惠民和剂局方》）；治劳倦内伤，血虚气弱者，与黄芪配伍，如当归补血汤（《兰室秘藏》）；治血虚心失所养之心悸，可与酸枣仁、柏子仁、远志等配伍，如天王补心丹（《校注妇人良方》）；治血虚肝失所养之眩晕，耳鸣等，常与熟地黄、白芍、酸枣仁等配伍，如补肝汤（《医宗金鉴》）。

2. 月经不调，经闭痛经　本品甘温补血，辛温活血，补血活血，为治妇科月经不调之要药。治血虚之月经不调，经闭痛经，与熟地黄、白芍、川芎配伍，如四物汤（《太平惠民和剂局方》）；治血瘀之经闭痛经，与桃仁、红花、川芎等配伍，如桃红四物汤（《医宗金鉴》）；治冲任虚寒、瘀血阻滞之月经不调、经闭痛经，可配白芍、桂枝、吴茱萸等，如温经汤（《伤寒论》）；治肝郁气滞之月经不调，经闭痛经，可与柴胡、白芍、白术等同用，如逍遥散（《太平惠民和剂局方》）；治气血亏虚之月经不调，经闭痛经，可与人参、白术、熟地黄等同用，如八珍汤（《瑞竹堂经验方》）。

—•笔记栏•—

3. 虚寒腹痛，风湿痹痛，跌扑损伤，痈疽疮疡　本品辛散温通，又为活血行瘀之要药，可治血瘀诸证。治血虚寒凝血瘀之腹痛，可与桂枝、芍药、生姜等同用，如当归生姜羊肉汤（《金匮要略》）；治风寒痹痛、肢体麻木，常与羌活、防风、秦艽等同用，如蠲痹汤（《医学心悟》）；治跌打损伤，瘀血作痛，常与乳香、没药、桃仁等同用，如复元活血汤（《医学发明》）；治疮疡初起肿胀疼痛，可与金银花、赤芍、天花粉等同用，如仙方活命饮（《校注妇人良方》）；治痈疽溃后不敛，可与黄芪、人参、肉桂等同用，如十全大补汤（《太平惠民和剂局方》）；治脱疽溃烂，阴血伤败，可与金银花、玄参、甘草同用，如四妙勇安汤（《验方新编》）。

4. 肠燥便秘　本品甘温质润，补血润肠通便，治血虚肠燥便秘，常与肉苁蓉、牛膝、升麻等配伍，如济川煎（《景岳全书》）；亦可与生何首乌、火麻仁、桃仁等同用。

【用法用量】　煎服，6～12 g。酒当归活血通经。用于经闭痛经，风湿痹痛，跌扑损伤。

【使用注意】　湿盛中满，大便溏泄者慎用。

【文献摘要】

（1）《神农本草经》："味甘，温。主咳逆上气，温疟、寒热，洗在皮肤中（《大观本》，洗音癣），妇人漏下绝子，诸恶创疡、金创。煮饮之。一名干归。生川谷。"

（2）《雷公炮炙论》："凡使，先去尘并头尖硬处一分已来，酒浸一宿。若要破血，即使头一节硬实处；若要止痛、止血，即用尾；若一时用，不如不使，服食无效，单使妙也。"

【现代研究】

本品主含萜烯、莰烯、豆甾醇、蔗糖、氨基酸等成分。具有改善冠状动脉循环、抗血栓、刺激骨髓造血、增强免疫、抗肿瘤、抗抑郁、抗辐射、平喘等作用。

熟地黄 Shúdìhuáng

熟地黄饮片

本品首载于《本草图经》，为地黄 *Rehmannia glutinosa* Libosch 干燥块根的炮制加工品。主产于河南。取生地黄，照酒炖法炖至酒吸尽，取出，晾晒至外皮黏液稍干时，切厚片或块，干燥，即得；或照酒蒸法蒸至黑润，取出，晒至约八成干，切厚片或块，干燥，即得。处方中的常用名称：熟地黄、熟地、怀熟地等。

【药性】　甘，微温。归肝、肾经。

【功效】　补血滋阴，益精填髓。

【应用】

1. 血虚萎黄，心悸怔忡，月经不调，崩漏下血　本品具补血之效，为治疗血虚要药。治血虚面色萎黄，眩晕，心悸失眠，月经不调，崩漏等，与当归、白芍、川芎同用，如四物汤（《太平惠民和剂局方》）；治血虚心悸怔忡，可与远志、酸枣仁等同用；治血虚崩漏下血，可与阿胶、艾叶、白芍等同用，如胶艾汤（《太平惠民和剂局方》）；治气血两虚证，常与人参、当归、白芍等同用，气血同补，如八珍汤（《瑞竹堂经验方》）。

2. 肝肾阴虚，腰膝酸软，骨蒸潮热，盗汗遗精，内热消渴　本品味厚滋腻，入肝、肾经，滋阴补血，治肝肾阴虚证。治肝肾阴虚之腰膝酸软、遗精、盗汗、耳鸣、耳聋及消渴等，常与山药、山茱萸、茯苓等同用，如六味地黄丸（《小儿药证直诀》）。

3. 眩晕耳鸣，须发早白　本品味厚质润，补益肝肾，填精益髓。治精血亏虚之须发早白，常与何首乌、牛膝、菟丝子等同用，如七宝美髯丹（《积善堂方》）；治肝肾不足，精血亏虚所致五迟五软，可与龟甲、锁阳、狗脊等同用，如虎潜丸（《丹溪心法》）。

【用法用量】　煎服，9～15 g。醋炒减低散性，酒炒增其升提之力；鳖血炒可退虚热。

【使用注意】　本品性质黏腻，有碍消化，凡气滞痰多、脘腹胀痛、食少便溏者忌服。重用久服宜与陈皮、砂仁等同用，防止黏腻碍胃。

—•笔记栏•—

【文献摘要】

(1)《本草从新》:“滋肾水,封填骨髓,利血脉,补益真阴,聪耳明目,黑发乌须。又能补脾阴,止久泻,治劳伤风痹,阴亏发热,干咳痰嗽,气短喘促,胃中空虚觉馁,痘证心虚无脓,病后胫股酸痛,产后脐腹急疼,感证阴亏,无汗便闭,诸种动血,一切肝肾阴亏,虚损百病,为壮水之主药。”

(2)《本草纲目》:“填骨髓,生精血,补五脏,通血淋,利耳目,黑须发。”

【现代研究】

本品主含梓醇、地黄苷、地黄素、氨基酸、有机酸及糖等成分。具有改善血液流变、促进骨髓造血、调节免疫、防治骨质疏松、延缓衰老、抗肿瘤、抑制胃酸分泌的作用。

白芍 Báisháo

白芍饮片

本品首载于《神农本草经》,为毛茛科植物芍药 *Paeonia lactiflora* Pall. 的根。主产于浙江、安徽。夏、秋二季采挖,洗净,除去头尾和细根,置沸水中煮后除去外皮或去皮后再煮,晒干。切薄片,生用,酒炙用或清炒用。处方中的常用名称:白芍、白芍药、炒白芍、酒白芍等。

【药性】　苦、酸,微寒。归肝、脾经。

【功效】　养血调经,敛阴止汗,柔肝止痛,平抑肝阳。

【应用】

1. 血虚萎黄,月经不调　　本品味酸,主入肝经,偏益肝之阴血。治血虚面色萎黄,眩晕心悸,或月经不调,崩中漏下等,常与熟地黄、当归、川芎同用,如四物汤(《太平惠民和剂局方》);治崩漏下血,可与阿胶、艾叶、熟地黄等同用,如胶艾汤(《太平惠民和剂局方》)。

2. 自汗,盗汗　　本品有敛阴止汗之功,可治多种原因之出汗证。治外感风寒,营卫不和之汗出恶风,多与桂枝配伍以调和营卫,如桂枝汤(《伤寒论》);治虚劳自汗不止,常配黄芪、白术等;治阴虚盗汗,可与龙骨、牡蛎、浮小麦等同用。

3. 胁痛,腹痛,四肢挛痛,头痛眩晕　　本品养血敛阴、平抑肝阳,为治肝阳上亢证之常用药,常配牛膝、赭石、龙骨等,如镇肝熄风汤(《医学衷中参西录》)。

【用法用量】　煎服,6~15 g。

【使用注意】　不宜与藜芦同用。阳衰虚寒之证不宜单独使用。

【文献摘要】

(1)《太平惠民和剂局方》:“治脾胃受湿,下痢腹痛,米谷不化。用二味加白芍药,同炒研,蒸饼和丸服。”

(2)《本草分经》:“苦酸微寒,入肝脾血分,为肺之行经药,泻肝火和血脉,收阴气敛逆气,缓中退热,其收降之性又能入血海,治一切血病脾热易饥。”

(3)《草本从新》:“苦酸微寒,入肝脾血分。发脾肺,固腠理,和血脉,收阴气,敛逆气,缓中止痛,除烦敛汗,退热安胎。治泻痢后重,血虚腹痛。”

【现代研究】

本品主含芍药苷、丹皮酚、山柰酚 3-*O*-(6-*O*-没食子酰基)-*β*-*D*-葡萄糖苷等成分。具有抗炎镇痛、抗抑郁、抗癌、抗血栓、降血脂、降血糖、保肝、改善心肌肥厚、改善骨关节炎、改善斜视性弱视、改善缺血再灌注的影响、通便等作用。

阿胶 Ējiāo

阿胶

本品首载于《神农本草经》,为马科动物驴 *Equus asinus* L. 的干燥皮或鲜皮经煎煮、浓缩制成的固体胶。主产于山东。成碎块用,或照烫法用蛤粉或蒲黄烫至成阿胶珠用。处方中的常用

笔记栏

名称：阿胶、驴皮胶、阿胶珠等。

【药性】 甘，平。归肺、肝、肾经。

【功效】 补血滋阴，润燥，止血。

【应用】

1. 血虚萎黄，眩晕心悸，肌痿乏力　本品为血肉有情之品，甘温质润，为补血要药。治血虚萎黄，眩晕心悸，肌痿无力等，尤善治出血而致血虚者，常配熟地黄、当归、芍药等同用，如阿胶四物汤（《杂病源流犀烛》）；治疗“伤寒脉结代，心动悸”，可与桂枝、炙甘草、人参等同用，如炙甘草汤（《伤寒论》）。

2. 心烦不眠，虚风内动　本品养阴以滋肾水，阴液亏虚诸证常用。治热病伤阴，肾水亏而心火亢，心烦不得眠，常与黄连、白芍、鸡子黄等同用，如黄连阿胶汤（《伤寒论》）；治温热病后期，真阴欲竭，虚风内动，手足瘛疭，可与龟甲、鳖甲、牡蛎等同用，如大定风珠、小定风珠（《温病条辨》）。

3. 肺燥咳嗽，劳嗽咯血　本品滋阴润肺，治肺阴虚燥咳等证。治肺热阴虚，干咳痰少，咽喉干燥，痰中带血，常与马兜铃、牛蒡子、苦杏仁等同用，如补肺阿胶汤（《医方考》）；治燥邪伤肺，干咳无痰，心烦口渴，鼻燥咽干等，可与桑叶、苦杏仁、麦冬等同用，如清燥救肺汤（《医门法律》）；治肺肾阴虚，痨嗽咳血，可与天冬、麦冬、百部等滋阴润肺药同用，如月华丸（《医学心悟》）。

4. 吐血，尿血便血，崩漏下血，妊娠胎漏　本品味厚质黏，为止血要药，对于出血、血虚者尤为适宜。治阴虚血热吐衄，常配蒲黄、生地黄等药，如生地黄汤（《医心方》）；治血虚血寒妇人崩漏下血、妊娠胎漏等，可与熟地黄、当归、芍药等同用，如胶艾汤（《千金翼方》）；治中焦虚寒，脾不统血之吐血、衄血、便血或崩漏等，可配白术、灶心土、附子等，如黄土汤（《金匮要略》）。

【用法用量】 烊化兑服，3~9 g。滋阴润燥宜生用，润肺宜蛤粉炒，止血宜蒲黄炒。

【使用注意】 性黏腻，有碍消化，脾胃虚弱便溏者慎用。

【文献摘要】

（1）《神农本草经》：“味甘，平。主心腹内崩，劳极，洒洒如疟状，腰腹痛，四肢酸疼，女子下血，安胎，久服轻身益气。”

（2）《本草纲目》：“疗吐血、衄血、血淋、尿血、肠风下痢。女人血痛、血枯、经水不调、无子、崩中、带下、胎前产后诸疾。”

（3）《本草分经》：“甘平，清肺养肝，补阴滋肾，止血去瘀，除风化痰，润燥定喘，利大小肠，治一切血病风病，大抵补血与液，为肺、大肠要药，伤暑伏热成痢者必用之，胃弱脾虚者酌用，化痰蛤粉炒，止血蒲黄炒。”

【现代研究】

本品主含氨基酸、骨胶原、硫酸皮肤素、亚麻酸甲酯等成分。具有补血、增强免疫、延缓衰老、抗辐射、抗血栓、抗炎、抗肿瘤、抗休克等作用。

何首乌 Héshǒuwū

何首乌饮片

本品首载于《开宝本草》，为蓼科植物何首乌 *Polygonum multiflorum* Thunb. 的块根。主产于河南、湖北、广东等地。秋、冬二季叶枯萎时采挖，削去两端，洗净，个大的切成块，干燥，称生何首乌；若清蒸或用黑豆汁拌匀后蒸，蒸至内外均呈棕褐色，晒至半干，切片，干燥，称制何首乌。处方中的常用名称：何首乌、首乌、生首乌、制何首乌、制何首乌等。

【药性】 苦、甘、涩，微温。归肝、心、肾经。

【功效】 制何首乌：补肝肾，益精血，乌须发，强筋骨，化浊降脂。生何首乌：解毒，消痈，截疟，润肠通便。

—•笔记栏•—

【应用】

1. 血虚萎黄，眩晕耳鸣，须发早白，腰膝酸软，肢体麻木，崩漏带下　　本品性味苦甘涩，补中兼收，制何首乌功善补肝肾、益精血、乌须发、强筋骨，为滋补良药。治血虚面色萎黄，失眠健忘，常与熟地黄、当归、酸枣仁等同用；治精血亏虚，精血不足之腰膝酸软，肢体麻木，头晕眼花，须发早白及肾虚无子等，常与当归、枸杞子、菟丝子等同用，如七宝美髯丹（《积善堂方》）；治妇女肝肾亏虚之月经不调及崩漏等，可与当归、白芍、熟地黄等同用。

2. 疮痈，瘰疬，风疹瘙痒　　生何首乌有解毒消痈散结之功。治瘰疬结核，可单用内服或外敷，或与夏枯草、浙贝母等同用；治遍身疮肿痒痛，可与防风、苦参、薄荷等同用，煎汤外洗；治湿热疮毒，黄水淋漓，可与金银花、连翘、苦参等同用，如何首乌汤（《疡医大全》）。

3. 久疟体虚　　生何首乌有截疟之功，治久疟体虚，气血耗伤者，常与人参、当归等配伍，如何人饮（《景岳全书》）。

4. 肠燥便秘　　生何首乌有润肠通便之效，治血虚津亏，肠燥便秘，单用或与肉苁蓉、当归、火麻仁等同用。

此外，制何首乌亦化浊降脂，可治高脂血症。

【用法用量】　煎服，3～6 g。

【使用注意】　脾虚便溏者忌用。

【文献摘要】

（1）《本草纲目》：“足厥阴、少阴药也。白者入气分，赤者入血分。肾主闭藏，肝主疏泄。”

（2）《本草分经》：“苦甘温，补益肝肾，涩精气养血，化虚痰乌须发，消痈肿疗疟痢，补阴而不滞不寒，强阳而不燥不热，为调和气血之圣药，久服延年，制用。”

（3）《本草汇言》：“治瘰疬痈疮、皮肤瘙痒，可配伍夏枯草、土贝母、当归等药。”

【现代研究】

本品主含大黄素、大黄酚、卵磷脂及二苯乙烯苷等成分。生何首乌有泻下、抗炎、抗菌、抗病毒、抗诱变等作用；制何首乌有促进骨髓造血、抗动脉硬化、增强免疫等作用。

龙眼肉 Lóngyǎnròu

龙眼肉饮片

本品首载于《神农本草经》，为无患子科植物龙眼 *Dimocarpus longan* Lour. 的假种皮。主产于广东、广西、福建。夏、秋二季采收成熟果实，干燥，除去壳、核，晒至干爽不黏。生用。处方中的常用名称：龙眼肉、龙眼、桂圆、桂圆肉等。

【药性】　甘，温。归心、脾经。

【功效】　补益心脾，养血安神。

【应用】

气血不足，心悸怔忡，健忘失眠，血虚萎黄　　本品能补心脾、益气血、安神，为性质平和之滋补良药。治思虑过度，劳伤心脾所致气血不足，症见心悸怔忡，健忘失眠者，常与人参、当归、酸枣仁等同用，如归脾汤（《正体类要》）；治年老体衰、产后、大病之后，气血亏虚，可单用本品，加白糖蒸熟，开水冲服，如玉灵膏（《随息居饮食谱》）。

【用法用量】　煎服，9～15 g。

【使用注意】　内有郁火、痰饮气滞、湿阻中满者忌服。

【文献摘要】

（1）《本草分经》：“甘平而润，补心脾安神，治一切思虑过度劳伤心脾及血不归脾诸症。”

（2）《草本从新》：“悦胃培脾。疗健忘与怔忡。能安神而熟寐。一切思虑过度，劳伤心脾，及血不归脾诸证。”

—•笔记栏•—

(3)《济生方》:"治思虑过度,劳伤心脾,健忘,怔忡。"

【现代研究】

本品主含葡萄糖、蔗糖、蛋白质及维生素等成分。具有促进血红蛋白再生、降血脂、增加冠状动脉血流量、抗应激、抗焦虑、抑菌、延缓衰老等作用。

第四节 补阴药

本类药物性味甘寒,主归肺、胃、肝、肾经,以滋补阴液、清热润燥为主要功效,主治肺、胃、肝、肾阴虚证。临床主要表现为皮肤、咽喉、口鼻、眼目干燥或肠燥便秘等阴液不足或午后潮热、盗汗、五心烦热、两颧发红等阴虚内热两类症状。补肺阴药,兼有清肺热、润肺燥之效;养胃阴药,常兼有清胃热、生津止渴、润肠通便的作用;补肝肾阴药,多兼退虚热之功;养心阴药,常兼清心除烦之力。

补阴药因归经不同,作用脏腑亦各异,故临证时应针对阴虚所发生的脏腑正确选药。治热邪伤阴或阴虚内热证,常与清热药配伍;治阴虚阳亢者,配伍潜阳药;治阴虚风动者,配伍息风药;治阴血俱虚者,多配伍补血药。

本类药物性味甘寒,滋腻碍脾,故脾胃虚弱者慎用;痰湿内阻者忌用。

南沙参 Nánshāshēn

南沙参饮片

南沙参

本品首载于《神农本草经》,为桔梗科植物轮叶沙参 *Adenophora tetraphylla*(Thunb.)Fisch. 或沙参 *Adenophora stricta* Miq. 的根。主产于安徽、贵州、江苏等地。春、秋二季采挖,除去须根,洗后趁鲜刮去粗皮,干燥。切厚片或短段,生用。处方中的常用名称:南沙参。

【药性】 甘,微寒。归肺、胃经。

【功效】 养阴清肺,益胃生津,化痰,益气。

【应用】

1. 肺热燥咳,阴虚劳咳,干咳痰黏　本品归肺经,性味甘寒,且兼化痰之功,治肺阴虚燥热之干咳痰少或痰黏不易咳出,常与北沙参、麦冬、苦杏仁等配伍。

2. 胃阴不足,食少呕吐,气阴不足,烦热口干　本品归胃经,有益胃生津之效,治胃阴虚有热之口燥咽干、大便秘结、舌红少津及饥不欲食、胃脘灼热隐痛,可与玉竹、麦冬、生地黄等配伍,如益胃汤(《温病条辨》)。

此外,本品略有补脾肺之气的功效,可用于热病后期,气阴两虚者。

【用法用量】 煎服,9~15 g。

【使用注意】 本品不宜与藜芦同用。

【文献摘要】

(1)《本草分经》:"甘苦微寒,专补肺阴清肺火,金受火刑者宜之。"

(2)《滇南本草》:"诸虚之症:南沙参一两,嫩鸡一只去肠,入沙参在鸡腹内,用砂锅水煎烂食之。"

(3)《温病条辨》:"阳明温病,下后汗出,胃阴受损,身无热,口干咽燥,舌干苔少,脉不数者:南沙参三钱,麦门冬五钱,冰糖一钱,生地黄五钱,玉竹一钱五分。水煎服。"

【现代研究】

本品主含三萜皂苷、生物碱、珊瑚菜素、王草素、佛手柑内酯等。具有祛痰、强心、解热、镇痛、抗真菌等作用。

北沙参 Běishāshēn

北沙参饮片

本品首载于《本草汇言》，为伞形科植物珊瑚菜 *Glehnia littoralis* Fr. Schmidt ex Miq. 的根。主产于山东、江苏、福建等地。夏、秋二季采挖，除去须根，洗净，稍晾，置沸水中烫后，除去外皮，干燥。或洗净直接干燥。处方中的常用名称：北沙参、沙参、北条参等。

【药性】　甘、微苦，微寒。归肺、胃经。

【功效】　养阴清肺，益胃生津。

【应用】

1. 肺热燥咳，劳咳痰血　　本品归肺经，甘润而微苦寒，甘寒养阴，苦寒清热，故善补肺阴、润肺燥，兼能清肺热。治肺燥阴虚有热之干咳少痰，或劳嗽久咳，咽干音哑，常与麦冬、玉竹、桑叶等配伍，即沙参麦冬汤(《温病条辨》)；治阴虚劳热，咳嗽咯血，常与知母、川贝母、鳖甲等配伍。

2. 胃阴不足，热为津伤，咽干口渴　　本品归胃经，善滋养胃阴，生津止渴，兼能清胃热。治胃阴虚有热之口干多饮、饥不欲食、大便干结、舌苔光剥或舌红少津，以及胃痛、胃胀、干呕，常与石斛、玉竹、乌梅等配伍；治脾胃气阴两虚者，与山药、太子参、黄精等配伍。

【用法用量】　煎服，5～12 g。

【使用注意】　风寒咳嗽及肺胃虚寒者忌服；不宜与藜芦同用。

【文献摘要】

(1)《本草撮要》："入手、足太阴经。功能主治：养阴清肺，祛痰止咳。治肺热燥咳，虚痨久咳，阴伤咽干、口渴。"

(2)《本草从新》："甘苦微寒。味淡体轻。专补肺阴。清肺火。治久咳肺痿。金受火刑者宜之。寒客肺中作嗽者勿服。"

(3)《本草分经》："甘苦微寒，专补肺阴清肺火，金受火刑者宜之，南沙参功同，而力稍逊。"

【现代研究】

主含香豆素、东莨菪素、补骨脂素、佛手柑内酯、挥发油、生物碱、三萜酸、豆甾醇、豆甾醇、沙参素、多糖及氨基酸等。具有镇咳、祛痰、解热、镇痛、抗氧化、抗肿瘤、抗突变、抑菌、抗真菌等作用。

天冬 Tiāndōng

天冬饮片

本品首载于《神农本草经》，为百合科植物天冬 *Asparagus cochinchinensis*(Lour.)Merr. 的块根。主产于贵州、四川、广西等地。秋、冬二季采挖，洗净，除去茎基和须根，置沸水中煮或蒸至透心，趁热除去外皮，洗净，干燥。处方中的常用名称：天冬、天门冬等。

【药性】　甘、苦，寒。归肺、肾经。

【功效】　养阴润燥，清肺生津。

【应用】

1. 肺燥干咳、顿咳痰黏　　本品苦寒甘润，既善养阴润肺，又能清肺降火。其清润之力甚于麦冬，对于阴虚肺燥有热者尤为适宜。治阴虚肺热的燥咳，可单用熬膏服，即天冬膏(《厚德堂集验方萃编》)；亦常与麦冬、北沙参、川贝母等配伍；治劳嗽咯血，或干咳痰黏，痰中带血，常与麦冬配伍，即二冬膏(《张氏医通》)；或与川贝母、生地黄、阿胶等配伍。

2. 腰膝酸痛，骨蒸潮热，内热消渴，热病津伤，咽干口渴，肠燥便秘　　本品归肾经，具有滋肾阴，清虚火，生津润燥之力。治肾阴亏虚，眩晕耳鸣，腰膝酸痛，常与熟地黄、枸杞子、牛膝等配伍；治阴虚火旺，骨蒸潮热，常与生地黄、麦冬、知母等配伍；治肾阴久亏，内热消渴，可与生地黄、

— • 笔记栏 • —

山药、女贞子等配伍。

此外，本品也可用于热病伤津之食欲不振、口渴及肠燥便秘等。

【用法用量】 煎服，6～12 g。醋炒减低散性，酒炒增其升提之力；鳖血炒可退虚热。

【使用注意】 脾虚便溏、虚寒泄泻者忌用。

【文献摘要】

(1)《本草分经》："甘苦大寒，入肺经气分，益水之上源而下通肾，清金降火，润燥滋阴，消痰止血，杀虫，去肾家湿热，治喘嗽骨蒸一切阴虚有火诸症。"

(2)《肘后备急方》："治肺痿咳嗽，吐涎沫，心中温温，咽燥而不渴者。"

(3)《医学正传》："治血虚肺燥，皮肤拆裂及肺痿咳脓血证。"

【现代研究】

本品主含多种天冬酰胺、黏液质、瓜氨酸、丝氨酸等近 20 种氨基酸，还有胡萝卜苷等。具有抗肿瘤、抗炎、镇咳、祛痰、抑菌、降血糖、延缓衰老等作用。

麦冬 Màidōng

麦冬饮片

本品首载于《神农本草经》，为百合科植物麦冬 *Ophiopogon japonicus*（L. F）Ker-Gawl. 的块根。主产于四川、浙江、江苏等地。夏季采挖，洗净，反复曝晒、堆置，至七八成干，除去须根，干燥。处方中的常用名称：麦冬、麦门冬、寸麦冬、寸冬等。

【药性】 甘、微苦，微寒。归心、肺、胃经。

【功效】 养阴生津，润肺清心。

【应用】

1. 津伤口渴，内热消渴，肠燥便秘　本品味甘性寒，入胃经，长于养阴益胃，清热生津，且兼有滋阴润肠通便之功，为治胃阴不足之佳品。治热伤胃阴，口干舌燥，常与生地黄、玉竹、北沙参等配伍，如益胃汤（《温病条辨》）；治消渴，可与天花粉、乌梅等配伍；治胃阴不足之气逆呕吐，与半夏、人参等配伍，如沙参麦冬汤（《温病条辨》）；治热邪伤津之肠燥便秘，常与生地黄、玄参配伍，即增液汤（《温病条辨》）。

2. 肺燥干咳，阴虚痨嗽，喉痹咽痛　本品味甘质润，既善养肺阴润肺燥，又兼清肺热。治阴虚肺燥有热的咽干鼻燥，燥咳痰黏，常与阿胶、苦杏仁、桑叶等配伍，如清燥救肺汤（《医门法律》）；治肺肾阴虚之劳嗽咳血，常与天冬配伍，即二冬膏（《张氏医通》）；治阴虚火旺之咳嗽，午后为甚者，常与黄柏、知母、生地黄等配伍，如麦冬饮（《医理真传》）。

3. 心烦失眠　本品入心经，能养心阴、清心火而除烦安神。治心阴虚有热之心烦、失眠多梦、健忘、心悸怔忡，常与生地黄、酸枣仁、柏子仁等配伍，如天王补心丹（《校注妇人良方》）；治温热病，邪入心营，身热烦躁，舌绛而干，常与黄连、生地黄、竹叶心等配伍，如清营汤（《温病条辨》）。

【用法用量】 煎服，6～12 g。

【使用注意】 本品药性升发，凡气逆不降，阴虚火旺，肝阳上升者，均当慎用。

【文献摘要】

(1)《本草分经》："甘微苦微寒，润肺清心，胃经正药，泻热生津，化痰止呕，治嗽行水。"

(2)《本草从新》："味甘。微苦微寒。润肺清心，泻热除烦。化痰行水味甘。微苦微寒。润肺清心，泻热除烦。化痰行水。"

(3)《神农本草经百种录》："味甘平。主心腹结气，解枯燥之结气。伤中伤饱，胃络脉绝，补续胃中之阴气。羸瘦短气。补胃则生肌，清火则益气。久服，轻身耐老，不饥。"

【现代研究】

本品主含沿阶草苷、甾体皂苷、生物碱、谷甾醇、高异黄酮、挥发油、多糖、氨基酸、维生素等

—•笔记栏•—

成分。具有抗心肌缺血、抗炎、抗疲劳、抗氧化、调节免疫，以及降血压、镇静、催眠、抗心律失常、抗肿瘤、降血糖等作用。

百合 Bǎihé

百合饮片

本品首载于《神农本草经》，为百合科植物卷丹 *Lilium lancifolium* Thund.、百合 *Lilium brownii* F. E. Brown var. *viridulum* Baker 或细叶百合 *Lilium pumilum* DC. 的肉质鳞叶。秋季采挖。洗净，剥取鳞叶，置沸水中略烫，干燥，生用或蜜炙用。处方中的常用名称：百合、蜜百合等。

【药性】 甘，寒。归肺、心经。

【功效】 养阴润肺，清心安神。

【应用】

1. 阴虚燥咳，劳嗽咳血　本品甘微寒而质润，归肺经，能养阴润肺止咳。治肺阴虚的燥热咳嗽，痰中带血，常与款冬花配伍，如百花膏（《程氏易简方论》）；治肺虚久咳，劳嗽咯血，常与生地黄、玄参、川贝母等配伍，如百合固金汤（《医方集解》）。

2. 虚烦惊悸，失眠多梦，精神恍惚　本品味甘性寒，归心经，能清心养阴而安神。治心阴不足，虚热上扰之失眠，心悸，可与麦冬、酸枣仁、丹参等配伍；治神志恍惚，情绪不能自主，口苦、小便赤、脉微数，常与生地黄、知母等配伍。

此外，本品还可以养胃阴、清胃热，治胃阴虚热之胃脘疼痛。

【用法用量】 煎服，6~12 g。也可蒸食、煮粥食或拌蜜蒸食。外用：捣敷，适量。

【使用注意】 脾肾虚寒便溏者不宜用。

【文献摘要】

（1）《神农本草经》："味甘，平。主邪气腹胀，心痛，利大小便，补中益气，生川谷。"

（2）《新修本草》："味甘，平，无毒。主邪气腹胀，心痛，利大小便，补中益气。除浮肿，胪胀，痞满，寒热，通身疼痛，及乳难喉痹肿，止涕泪。"

（3）《神农本草经百种录》："味甘平。主邪气，腹胀心痛，肺气不舒之疾。利大小便，肺为水源。补中，甘能补脾。益气，肺主气，补肺则气益矣。"

【现代研究】

本品主含百合甾体皂苷、百合多糖、生物碱类等活性成分，还含有磷脂类、蛋白质、氨基酸、维生素和大量微量元素等。具有抗氧化、降血糖、抗肿瘤、调节免疫、抗疲劳等作用。

石斛 Shíhú

石斛饮片

石斛

本品首载于《神农本草经》，兰科植物金钗石斛 *Dendrobium nobile* Lindl.、霍山石斛 *Dendrobium huoshanense* C. Z. Tang et S. J. Cheng、鼓槌石斛 *Dendrobium chrysotoxum* Lindl. 或流苏石斛 *Dendrobium fimbriatum* Hook. 的栽培品及其同属植物近似种的茎。主要产于四川、贵州、云南、安徽、广东、广西等地。全年均可采收，以秋收为佳。烘干或晒干，切段，生用。鲜者可栽于砂石内，以备随时取用。处方中的常用名称：石斛、鲜石斛、铁皮石斛、金钗石斛、霍石斛等。

【药性】 甘，微寒。归胃、肾经。

【功效】 益胃生津，滋阴清热。

【应用】

1. 热病伤津，口干烦渴　本品味甘性微寒，长于清热生津，治热病伤津，低热烦渴，口干咽燥，舌红少苔，多与生地黄、麦冬、天花粉等配伍，即清热保津汤（《时病论》）。

2. 胃阴不足，食少干呕　本品性味甘微寒，归胃、肾经，善益胃养阴生津，治胃阴不足，咽

—•笔记栏•—

干口渴，食少呕逆，胃脘嘈杂、隐痛或灼痛，舌光少苔，多与麦冬、沙参、玉竹等配伍，如祛烦养胃汤(《医醇賸义》)。

3. 阴虚火旺，骨蒸劳热，目暗不明，筋骨痿软，病后虚热不退　本品有补肾养肝明目及强筋骨的作用。治肾虚目暗，视力减退，内障失明等，常与白菊花、枸杞子、熟地黄等配伍，如石斛夜光丸(《原机启微》)；治肾虚痿痹，腰脚软弱，可与熟地黄、怀牛膝、杜仲等配伍。

【用法用量】 煎服，6~12 g，鲜用 15~30 g。

【使用注意】 本品能敛邪，故温热病不宜早用；又能助湿，若湿温病尚未化燥伤津者，以及脾胃虚寒，大便溏薄，舌苔厚腻者均不宜用。

【文献摘要】

(1)《本草通玄》："石斛，甘可悦脾，咸能益肾，故多功于水土二脏。但气性宽缓，无捷奏之功，古人以此代茶，甚清膈上。"

(2)《本草求真》："石斛，入脾而除虚热，入肾而涩元气。但形瘦无汁，味淡难出，非经久熬，气味莫泄，故止可入平剂以治虚热。补性虽有，亦惟在人谅病轻重施用可耳。"

(3)《本草思辨录》："石斛，为肾药、为肺药、为肠胃药。《本经》强阴二字，足赅全量。所谓阴者，非寒亦非温，用于温而温者寒，用于寒而寒者温。《别录》逐皮肤邪热痱气，是温者寒也；疗脚膝疼冷痹弱，是寒者温也，要不出《本经》除痹、补虚二端。大凡证之恰合乎斛者，必两收除痹、补虚之益，若专以之除痹，专以之补虚，则当弃短取长，而制剂之有道可矣。"

【现代研究】

本品主含石斛碱、石斛胺、石斛次碱、石斛星碱、石斛因碱、6-羟石斛星碱，还含有黏液质、淀粉。细茎石斛含石斛碱、石斛胺及 *N*-甲基石斛碱(季铵盐)。罗河石斛含石斛宁碱。具有延缓衰老、改善肝功能、延缓白内障、抗炎、降血糖、降血脂等作用。

玉竹 YùZhú

玉竹饮片

玉竹

本品首载于《神农本草经》，为百合科多年生草本植物玉竹 *Polygonatum odoratum* (Mill.) Druce 的根茎。主产河北、江苏等地。秋季采挖，洗净，晒制柔软后，反复揉搓，晾晒至无硬心，晒干，或蒸透后，揉至半透明，晒干。切厚片或段用。处方中的常用名称：玉竹、肥玉竹、葳蕤等。

【药性】 甘，微寒。归肺、胃经。

【功效】 养阴润燥，生津止渴。

【应用】

1. 肺胃阴伤，燥热咳嗽　本品味甘性微寒，归肺经，长于养阴润肺。治阴虚肺燥而致燥咳，多与沙参、麦冬等配伍，如沙参麦冬汤(《温病条辨》)。

2. 咽干口渴，内热消渴　本品味甘性微寒，归肺、胃经，能养阴润燥，生津止渴。治热病伤津导致的烦热口渴，常与生地黄、麦冬、沙参等配伍，如益胃汤(《温病条辨》)；治内热消渴，多与生地黄、天花粉等配伍。

【用法用量】 煎服，6~12 g。熬膏或入丸、散。

【使用注意】 胃有痰湿气滞者忌服。

【文献摘要】

(1)《神农本草经》："主中风暴热。不能动摇，跌筋结肉，诸不足。"

(2)《本草正义》："治肺胃燥热，津液枯涸，口渴嗌干。"

【现代研究】

本品主含铃兰苦苷、铃兰苷、槲皮醇苷和维生素 A 样物质、黏液质。具有强心、升压，改善心肌缺血的作用；降血糖、降血脂的作用；类似肾上腺皮质激素样作用。

—•笔记栏•—

黄精 Huángjīng

黄精饮片

本品首载于《名医别录》,本品为百合科植物滇黄精 *Polygonatum kingianum* Coll. et Hemsl.、黄精 *Polygonatum sibiricum* Red. 或多花黄精 *Polygonatum cyrtonema* Hua 的根茎。滇黄精主产于云南、贵州、广西,黄精主产于河北、内蒙古、陕西,多花黄精主产于贵州、湖南、云南等地。春、秋二季采挖,除去须根,洗净,置沸水中略烫或蒸至透心,干燥。切厚片生用或酒制用。处方中的常用名称:黄精、制黄精、酒黄精等。

【药性】 甘,平。归脾、肺、肾经。

【功效】 补气养阴,健脾,润肺,益肾。

【应用】

1. 胃阴不足,口干食少,肺虚燥咳,劳嗽咳血　本品味甘性平,归肺、肾经,能补气养阴,润肺燥,滋肾阴,可单用熬膏服用,亦常与沙参、川贝母、知母等配伍,治疗阴虚肺燥,干咳少痰。本品与地黄、天冬、百部等配伍可治疗肺肾阴虚导致的劳嗽久咳。

2. 脾胃气虚,体倦乏力　本品味甘性平,归脾经,既能补脾阴,又能益脾气,与党参、白术等配伍,用于治疗脾胃气虚导致的倦怠乏力,食欲不振,脉象虚软。与石斛、麦冬、山药等配伍,用于治疗脾胃阴虚而致的口干食少,饮食无味,舌红无苔。

3. 精血不足,腰膝酸软,须发早白,内热消渴　本品味甘性平,善补肾精,常与枸杞子配伍,用于治疗肾虚精亏所致的头晕,腰膝酸软,须发早白等,如枸杞丸(《奇效良方》)。与生地黄、麦冬、天花粉等配伍,用于治疗消渴。

【用法用量】 煎服,9~15 g。

【使用注意】 本品味甘性平,作用缓慢,故可作为久服滋补之品。又因性质滋腻,易助湿邪,故脾虚有湿,咳嗽痰多及中寒便溏者均不宜服。

【文献摘要】

(1)《本经逢原》:"黄精,宽中益气,使五藏调和,肌肉充盛,骨髓强坚,皆是补阴之功。"

(2)《本草便读》:"黄精,为滋腻之品,久服令人不饥,若脾虚有湿者,不宜服之,恐其腻膈也。此药味甘如饴,性平质润,为补养脾阴之正品。"

(3)《日华子本草》:"补五劳七伤,助筋骨,止饥,耐寒暑,益脾胃,润心肺。"

【现代研究】

本品主含黄精的根茎含黏液质、淀粉及糖分。囊丝黄精的根茎含天门冬氨酸、高丝氨酸、二氨基丁酸、毛地黄糖苷及多种慧醌类化合物。叶含牡荆素木糖苷和 5,4′-二羟基黄酮的糖苷。具有抗病原微生物、降血糖、抗疲劳、抗氧化、延缓衰老、止血、强心、抗病毒等作用。

枸杞子 Gǒuqǐzǐ

枸杞子饮片

本品首载于《神农本草经》,为茄科植物枸杞或宁夏枸杞 *Lycium barbarum* L. 的成熟果实。主产宁夏、甘肃、新疆、内蒙古、青海等地。夏、秋果实成熟时采摘,除去果柄,置阴凉处晾至果皮起皱纹后,晒干,除去果梗。生用。处方中的常用名称:枸杞子、枸杞、杞果等。

【药性】 甘,平。归肝、肾经。

【功效】 滋补肝肾,益精明目。

【应用】

虚劳精亏,腰膝酸痛,眩晕耳鸣,阳痿遗精,内热消渴,血虚萎黄,目昏不明　本品味甘性平,归肝、肾经,长于补肝肾,益精血,明目等作用,多与熟地黄、沙苑子、菟丝子配伍,用于治疗肾

—·笔记栏·—

虚遗精，如右归丸(《景岳全书》)；与菊花、熟地黄配伍，治疗肝肾阴虚，视力模糊，如杞菊地黄丸(《医级》)；与生地黄、麦冬、天花粉等配伍治疗消渴。

【用法用量】 煎服，6~12 g。

【使用注意】 外邪实热，脾虚有湿及泄泻者忌服。

【文献摘要】

(1)《本草经疏》："枸杞子，润而滋补，兼能退热，而专于补肾、润肺、生津、益气，为肝肾真阴不足、劳乏内热补益之要药。"

(2)《本草汇言》："俗云枸杞善能治目，非治目也，能壮精益神，神满精足，故治目有效。又言治风，非治风也，能补血生营，血足风灭，故治风有验也，世俗但知补气必用参、芪，补血必用归、地，补阳必用桂、附，补阴必用知、柏，降火必用芩、连，散湿必用苍、朴，祛风必用羌、独、防风，殊不知枸杞能使气可充，血可补，阳可生，阴可长，火可降，风湿可去，有十全之妙用焉。"

(3)《本草通玄》："枸杞子，补肾益精，水旺则骨强，而消渴，目昏、腰疼膝痛无不愈矣。""按枸杞平而不热，有补水制火之能，与地黄同功。"

【现代研究】

本品主含枸杞子中含胡萝卜素、硫胺素、核黄素、烟酸、抗坏血酸。尚分离出β-谷甾醇、亚油酸。日本产枸杞果实含玉蜀黍黄素、甜菜碱和一种硫胺素抑制物。果皮含酸浆果红素。具有增强免疫、延缓衰老、抗突变、抗肿瘤、保肝及降血糖等作用。

墨旱莲 Mòhànlián

墨旱莲饮片

本品首载于《新修本草》，为菊科一年生草本植物鳢肠 *Eclipta prostrata* L. 的地上部分。分布辽宁、河北、山东、江苏、浙江、安徽、福建、广东、广西、江西、湖南、湖北、四川、贵州、云南等地。主产江苏、江西、浙江、广东等地。夏、秋季割取全草，除净泥沙，晒干或阴干。处方中的常用名称：墨旱莲、旱莲草、鳢肠等。

【药性】 甘、酸，寒。归肾、肝经。

【功效】 滋补肝肾，凉血止血。

【应用】

1. 肝肾阴虚，牙齿松动，须发早白，眩晕耳鸣，腰膝酸软　本品味甘性酸，归肝、肾经，能滋补肝肾之阴，多与女贞子配伍，用于治疗肝肾阴虚导致的头晕目眩，须发早白，腰膝酸软，遗精耳鸣等，如二至丸(《医便》)。

2. 阴虚血热，吐血，衄血，尿血，血痢，崩漏下血，外伤出血　本品味甘酸性寒，能凉血止血，可单用；亦可与生地黄、阿胶、蒲黄等配伍，用于治疗阴虚血热所致的咯血、衄血、便血、尿血、崩漏等。

【用法用量】 煎服，6~12 g。外用适量。

【使用注意】 脾肾虚寒者忌服。

【文献摘要】

(1)《唐本草》："主血痢。针灸疮发，洪血不可止者敷之；汁涂发眉，生速而繁。"

(2)《日华子本草》："排脓，止血，通小肠，敷一切疮并蚕瘑。"

(3)《滇南本草》："固齿，乌须，洗九种痔疮。"

【现代研究】

本品主含皂苷、菸碱、鳢肠素、蟛蜞菊内酯、三联噻吩基甲醇、α-三联噻吩基甲醛等。具有增强免疫、抗突变、保肝和止血作用。

— • 笔记栏 • —

女贞子 Nǚzhēnzǐ

女贞子饮片

本品首载于《神农本草经》，为木犀科常绿乔木植物女贞 *Ligustri Lucidum* Ait. 的成熟果实。主产浙江、江苏、湖南、福建、广西、江西及四川等地。冬季果实成熟时采摘，除去枝叶晒干，或将果实略熏后，晒干；或置热水中烫过后晒干。生用或酒制用。处方中的常用名称：女贞子、女贞实、冬青子、酒女贞子等。

【药性】 甘、苦，凉。归肝、肾经。

【功效】 滋补肝肾，明目乌发。

【应用】

1. 肝肾阴虚，眩晕耳鸣，腰膝酸软，须发早白，目暗不明 本品味甘性凉，功善滋补肝肾，又兼清虚热本品善补肝肾之阴，常与熟地黄、菟丝子、枸杞子等配伍，用于治疗肝肾阴虚所致目暗不明；与墨旱莲、桑椹等配伍治疗须发早白。

2. 内热消渴，骨蒸潮热 治疗肾阴亏虚，内热消渴者，宜与生地黄、天冬、山药等同用。若阴虚内热之潮热心烦者，宜与生地黄、知母、地骨皮等同用。

【用法用量】 煎服，6~12 g。

【使用注意】 脾胃虚寒泄泻及阳虚者忌服。

【文献摘要】

（1）《本草经疏》："女贞子，气味俱阴，正入肾除热补精之要品，肾得补，则五脏自安，精神自足，百病去而身肥健矣。其主补中者，以其味甘，甘为主化，故能补中也。此药有变白明目之功，累试辄验，而《经》文不载，为阙略也。"

（2）《本草新编》："女贞实，近人多用之，然其力甚微，可入丸以补虚，不便入汤以滋益。与熟地、枸杞、南烛、麦冬、首乌、旱莲草、乌芝麻、山药、桑椹、茄花、杜仲、白术同用，真变白之神丹也，然亦为丸则验，不可责其近效也。""女贞子缓则有功，而速则寡效，故用之速，实不能取胜于一时，而用之缓，实能延生于永久，亦在人之用之得宜耳。"

（3）《本经逢原》："女贞，性禀纯阴，味偏寒滑，脾胃虚人服之，往往减食作泻。"

【现代研究】

本品主含女贞子苷、洋橄榄苦苷、齐墩果酸、4 -羟基- *B* -苯乙基- *B* - *D* -葡萄糖苷、桦木醇等。具有降血脂及抗动脉硬化、降血糖、抗肝损伤、升高外周白细胞数、增强网状内皮系统的活性、增强免疫、抗炎、抗癌、抗突变、强心、扩张冠状血管、扩张冠状血管、利尿、止咳、缓泻、抗菌等作用。

龟甲 Guījiǎ

龟甲饮片

本品首载于《神农本草经》，为龟科动物乌龟 *Chinemys reevesii*（Gray）的背甲及腹甲。主产于江苏、上海、浙江、安徽、湖北、广西等地。常栖于江河、湖沼或池塘中。全年均可捕捉，以秋、冬二季为多，捕捉后杀死，剥取背甲及腹甲，除去残肉，称为"血板"；或用沸水烫死，剥取背甲及腹甲，除去残肉，晒干者，称为"烫板"。生用，或以砂烫后醋淬用。处方中的常用名称：龟甲、龟板、醋龟甲等。

【药性】 咸、甘，微寒。归肝、肾、心经。

【功效】 滋阴潜阳，益肾强骨，养血补心，固经止崩。

【应用】

1. 阴虚潮热，头晕目眩，虚风内动 本品味咸性微寒，归肝、肾经，既能补肝肾之阴而退内热，又可潜降肝阳而息内风。多与熟地黄、知母、黄柏等配伍，用于治疗阴虚内热，骨蒸盗汗

—·笔记栏·—

等,如大补阴丸(《丹溪心法》);与牡蛎、怀牛膝、茵陈等配伍,治疗阴虚阳亢,头晕目眩,如镇肝熄风汤(《医学衷中参西录》);与生地黄、鳖甲等配伍治疗热病伤阴等。

2. 筋骨痿软　本品味甘性微寒,归肝、肾经,可益肾健骨,滋阴补血;与熟地黄、锁阳、牛膝等配伍,治疗肾虚腰膝痿软,筋骨不健,小儿囟门不合等,如虎潜丸(《丹溪心法》)。

3. 崩漏经多　本品性微寒,能滋阴以固冲任,兼以止血,与黄柏、香附等配伍,治疗阴虚血热,冲任不固的崩漏,月经过多等,如固经丸(《仁术便览》)。

4. 心虚健忘　本品归心经,功能补血养心,与龙骨、远志等配伍,治疗心虚惊悸,失眠,健忘等,如孔圣枕中丹(《备急千金要方》)。

【用法用量】 煎服,9~24 g,打碎先煎。

【使用注意】 孕妇或胃有寒湿者忌服。

【文献摘要】

(1)《雷公炮制药性解》:"味咸甘,性平无毒,入心脾肝三经。主阴虚不足,骨蒸劳热,癥瘕痃,五痔阴蚀,四肢重弱,血麻痹风疾,产前后痢疾,惊恚气心腹痛,伤寒劳复,肌体寒热欲死,小儿囟门不合,及头疮,女子赤白漏下,及阴痒。逐瘀血,续筋骨,催生益智。自败者更佳,酥炙用。龟尿、主耳聋久嗽、断疟。俱畏狗胆。"

(2)《本草经集注》:"味咸、甘,平,有毒。主治漏下赤白,破癥瘕,痃,五痔,阴蚀,湿痹,四肢重弱,小儿囟不合。治头疮难燥,女子阴疮及惊恚气,心腹痛不可久立,骨中寒热,伤寒劳复,或肌体寒热欲死,以作汤良。久服轻身,不饥,益气资智,亦使人能食。一名神屋。生南海池泽及湖水中,采无时,勿令中湿,中湿即有毒。"

(3)《新修本草》:"此用水中神龟,长一尺二寸者为善,厌可以供卜,壳可以充药,亦入仙方,用之当炙。生龟溺,甚疗久嗽,亦断疟。肉,作羹,大补而多神灵,不可轻杀。"

【现代研究】

本品主含动物胶、角蛋白、骨胶原蛋白、脂肪、氨基酸及维生素等。具有补血、解热、镇静、增强免疫、抗骨质疏松等作用。

【附药】

龟甲胶　本品为龟甲经水煎煮、浓缩制成的固体胶。呈长方形或方形的扁块或丁状,深褐色,质硬而脆,断面光亮,对光照视时呈半透明状。性味咸甘凉,归肝、肾、心经。功能:滋阴,养血,止血。用于阴虚潮热,骨蒸盗汗,腰膝酸软,血虚萎黄,崩漏带下。用量 3~9 g,烊化兑服。

鳖甲 Biējiǎ

鳖甲饮片

本品首载于《神农本草经》,为鳖科动物鳖 *Trionyx sinensis* Wiegmann 的背甲。主产湖北、安徽、江苏、河南、湖南、浙江、江西等地。此外,四川、福建、陕西、甘肃、贵州亦产。以湖北、安徽省产量最大。全年均可捕捉,以秋、冬二季为多,捕捉后杀死,置沸水中烫至背甲上的硬皮能剥落时,取出,剥取背甲,除去残肉,晒干。生用,或以砂烫后醋淬用。处方中的常用名称:鳖甲、生鳖甲、醋鳖甲等。

【药性】 咸,微寒。归肝、肾经。

【功效】 滋阴潜阳,退热除蒸,软坚散结。

【应用】

1. 阴虚发热,骨蒸劳热,阴虚阳亢,头晕目眩,虚风内动,手足瘛疭　本品味咸性微寒,归肝、肾经,长于滋阴潜阳,退蒸除热,为治疗阴虚发热要药,常与青蒿、秦艽、知母等配伍,用于治疗阴虚发热,如青蒿鳖甲汤(《温病条辨》)、秦艽鳖甲散(《卫生宝鉴》)。与生地黄、牡蛎、菊花等配伍,用于治疗阴虚阳亢。与生地黄、龟板、牡蛎等配伍,用于治疗热病伤阴,阴虚风动、舌干红绛、手足蠕动等。

2. 经闭癥瘕，久疟疟母　本品味咸性微寒，善软坚散结，常与柴胡、牡丹皮、土鳖虫等配伍，用于治疗癥瘕积聚，疟母等，如鳖甲煎丸（《金匮要略》）。

【用法用量】　煎服，9～24 g，捣碎先煎。

【使用注意】　脾虚便溏者及孕妇慎服。

【文献摘要】

（1）《本草衍义》："鳖甲，《经》中不言治劳，惟蜀本《药性论》云，治劳魔，除骨热，后人遂用之。然甚有据，亦不可过剂。"

（2）《本草经疏》："鳖甲主消散者以其味兼乎平，平亦辛也，咸能软坚，辛能走散，故《本经》主癥瘕、坚积、寒热，去痞疾、息肉、阴蚀、痔核、恶肉；《别录》疗温疟者，以疟必暑邪为病，类多阴虚，水衰之人，乃为暑所深中，邪入阴分，故出并于阳而热甚，入并于阴而寒甚，元气虚羸，则邪陷而中焦不治，甚则结为疟母。甲能益阴除热而泊散，故为治疟之要药，亦是退劳热在骨及阴虚往来寒热之上品，血瘕腰痛，小儿胁下坚，皆阴分血病，宜其悉主之矣。劳复、女劳复为必须之药；劳瘦骨蒸，非此不除；产后阴脱，资之尤急。"

（3）《本草汇言》："鳖甲，除阴虚热疟，解劳热骨蒸之药也。魏景山曰，鳖甲虫也，与龟同类而异种，亦禀至阴之性，入肝，统主厥阴血分为病……厥阴血闭邪结，渐至寒热，为癥瘕、为痞胀、为疟疾、为淋沥、为骨蒸者，咸得主之。倘阳虚胃弱，食饮不消，呕恶泄泻者，阴虚胃弱，吞咽不下，咳逆短气，升降不足息者，用此无益也。"

【现代研究】

本品主含动物胶、角蛋白、骨胶原及维生素 D 等。尚含 17 种人体必需氨基酸及碳酸钙、磷酸钙等。具有补血、抗肝纤维化、抗癌、增强免疫等作用。

附　其他补阴药（表 24－3）

表 24－3　其他补阴药

药名	处方中的常用名称	药　性	功　效	应　用	用法用量	使用注意
桑椹	桑椹、桑椹子、黑桑葚	甘，酸，寒。归心，肝，肾经	补血滋阴，生津润燥	遗精滑精，遗尿尿频，小便白浊	煎服，9～15 g	脾胃虚寒作泄者勿服
明党参	明党参	甘、微苦，微寒；归肺、脾、肝经	润肺化痰，养阴和胃，平肝，解毒	肺热咳嗽，呕吐反胃，食少口干，目赤眩晕，疔毒疮疡	煎服，6～12 g	—
黑芝麻	黑芝麻、黑脂麻、胡麻、炒黑芝麻	甘，平。归肝、肾、大肠经	补肝肾，益精血，润肠燥	精血亏虚，头晕眼花，耳鸣耳聋，须发早白，病后脱发；肠燥便秘	煎服，9～15 g。或炒熟入丸、膏剂	便溏者禁服
楮实子	楮实子	甘，寒。归肝、肾经	补肾清肝，明目，利尿	肝肾不足，腰膝酸软，虚劳骨蒸；头晕目昏，目生翳膜；水肿胀满	煎服，6～12 g	脾胃虚寒，大便溏泻者慎服

小　　结

主要补虚药的兼有功效及代表药物归纳

—•笔记栏•—

补虚药	升举阳气	黄芪
	安神	人参、大枣、刺五加、龙眼肉、百合、麦冬
	固表止汗	黄芪、白术
	托疮生肌	黄芪、鹿茸
	缓急止痛	甘草、饴糖
	祛风湿	巴戟天、淫羊藿、仙茅、胡芦巴
	强筋骨	鹿茸、巴戟天、仙茅、杜仲、续断
	安胎	白术、杜仲、续断、菟丝子
	养肝明目	枸杞子、女贞子、石斛、菟丝子、沙苑子
	润肠通便	核桃肉、锁阳、肉苁蓉、当归、生何首乌、蜂蜜、桑椹
	调经	当归、白芍
	活血	当归、红景天、沙棘
	止血	冬虫夏草、阿胶、墨旱莲
	软坚散结	鳖甲
	平肝阳	白芍、龟甲、鳖甲

第二十五章　收 涩 药

收涩药是指以收敛固涩为主要功效，常用于治疗各种滑脱病证的药物。

本类药物味多有酸、涩，性温或平。主要具有敛汗、止泻、固精、缩尿、止带、止血、止咳等作用。适用于久病体虚，元气不固所致的滑脱病证。因为滑脱诸症，如不及时收敛，可引起元气日衰，或变生他症。故《本草纲目》曰："脱则散而不收，故用酸涩药，以敛其耗散。"

滑脱的病证，主要有自汗盗汗，久泻久痢，久咳虚喘，遗精滑精，遗尿尿频，崩带不止等证候。根据收涩药的药性、功效及临床应用的不同，一般可分为固表止汗药、敛肺涩肠药、固精缩尿止带药三类。

引起滑脱证候的根本原因是正气虚弱。而收涩药多系治标之品，不能根本消除导致滑脱诸证的病机。故临床运用时多需配伍相应的补虚药以治其正虚之本。如气虚自汗、阴虚盗汗者，应分别配伍补气固表药、养阴降火药；脾肾虚弱之久泻不止或带下等证，应与补脾固肾药配伍；肾虚遗精、滑精、遗尿、尿频者，根据阴虚、阳虚不同，当选择配伍补肾滋阴药或温肾壮阳之品；冲任不固，崩漏出血者，当配伍补肝肾，固冲任药；久咳不止属肺肾虚损者，宜配伍补肺益肾，止咳化痰药等。

本类药因其酸涩收敛，故凡属外感邪实未解或泻痢、咳嗽初起时者，应禁用或慎用，以免留邪；对于虚极欲脱之证，并非用收涩药所能奏效，当扶正固本为主。

现代研究表明，收涩药一般具有止血、止泻、抑制腺体分泌等作用。部分药物尚具有抑菌、消炎、吸收肠内有毒物质等作用。

笔记栏

第二十五章授课视频及习题

第一节　固 表 止 汗 药

本类药物多为甘平之品，入肺、心经。主要具有固表止汗的作用，适用于腠理不能固密之自汗、盗汗。

自汗和盗汗之证，多系阳虚不能卫外，阴虚不能内守，腠理疏而不固，津液随之外泄所致。应用时还需要针对自汗、盗汗的病因，适当配伍其他药物。如属脾肺气虚之自汗，常与益气固表药配伍，阴虚盗汗，则与养阴清热药配伍；如属气阴两虚者，又当与益气养阴药配伍。

麻黄根 Máhuánggēn

麻黄根饮片

本品首载于《本草经集注》，为麻黄科植物草麻黄 *Ephedra sinica* Stapf 、中麻黄 *Ephedra intermedia* Schrenk et C. A. Mey. 或木贼麻黄 *Ephedra equisetina* Bge. 的根及根茎。主产于河北、山西、内蒙古等地。秋末采挖，除去残茎、须根及泥沙，干燥。处方中的常用名称：麻黄根。

【药性】　甘、涩，平。归心、肺经。

【功效】　固表止汗。

【应用】

自汗、盗汗　　本品味甘涩性平，不偏寒热，为常用止汗药，能达于肌表而固腠理，专以止汗。不论自汗、盗汗者，皆可用之，为敛肺固表止汗之要药。气虚卫外不固之自汗，常与黄芪、牡蛎、浮小麦配伍，如牡蛎散（《太平惠民和剂局方》）；产后虚汗，常与人参、白术、黄芪等配伍；阴虚潮热盗汗，可与生地黄、白芍、五味子等配伍。

—•笔记栏•—

【用法用量】 煎服，3～9 g。外用适量，研粉撒扑。

【使用注意】 有表邪者忌用。

【文献摘要】

(1)《本草纲目》："麻黄发汗之气，驶不能御，而根节止汗，效如影响。自汗有风湿、伤风、风温、气虚、血虚、脾虚、阴虚、胃热、痰饮、中暑、亡阳、柔痉诸症，皆可随证加而用之。当归六黄汤加麻黄根治盗汗尤捷，盖其性能行周身肌表，故能引诸药外至卫分而固腠理也。"

(2)《本草经读》："麻黄根节，古云止汗，是引止汗之药，以达于表而速效，非麻黄根节自能止汗，旧解多误。"

(3)《本草正义》："麻黄发汗，而其根专于止汗，昔人每谓为物理之奇异。不知麻黄轻扬，故表而发汗，其根则深入土中，自不能同其升发之性。况苗则轻扬，根则重坠，一升一降，理有固然。"

【现代研究】

本品主含生物碱类成分(麻根素、麻黄根碱 A～D 等)，还含黄酮类成分。具有止汗、降低心率、降血压、扩张血管、收缩子宫平滑肌等作用。

浮小麦 Fúxiǎomài

浮小麦饮片

浮小麦

本品首载于《本草蒙筌》，为禾本科小麦属植物小麦 *Triticum aestivum* L. 的轻浮瘪瘦的果实。中国大部地区均产。果实成熟时采收，取瘪瘦轻浮与未脱净皮的麦粒，去杂质，筛去灰屑，用水漂洗，晒干。处方中的常用名称：浮小麦。

【药性】 甘，凉。归心经。

【功效】 固表止汗，益气，除热。

【应用】

1. 自汗、盗汗 本品味甘性凉，入心经，能益心气、敛心液；轻浮走表，能实腠理、固皮毛，作用温和，为常用止汗药，作用类似于麻黄根。治气虚卫外不固之自汗，常与黄芪、牡蛎、麻黄根配伍，如牡蛎散(《太平惠民和剂局方》)；治阴虚盗汗，可与五味子、麦冬、地骨皮等同用。

2. 骨蒸劳热 本品甘凉并济，能益气阴，除虚热。治阴虚发热，骨蒸劳热，常与玄参、麦冬、生地黄等同用。

【用法用量】 煎服，15～30 g；研末服，3～5 g。

【使用注意】 表邪汗出者忌用。

【文献摘要】

(1)《本草汇言》："浮小麦系小麦之皮，枯浮无肉，体轻性燥，善除一切风湿在脾胃中。如湿胜多汗，以一、二合炒燥煎汤饮。倘属阴阳两虚，以致自汗盗汗，非其宜也。"

(2)《本经逢原》："浮麦，能敛盗汗，取其散皮腠之热也。"

【现代研究】

本品主含淀粉、酶类蛋白质、糖类、粗纤维等成分，还含谷甾醇、卵磷脂、尿囊素、精氨酸、淀粉酶、蛋白分解酶及微量维生素 B、维生素 E 等。具有抑制汗腺分泌的作用。

糯稻根 Nuòdàogēn

糯稻根饮片

本品首载于《本草再新》，为禾本科植物糯稻 *Oryza sativa* L. var. *glutinosa* Matsum. 的根茎及根。全国各地均产。9、10 月间糯稻收割后采收，晒干。生用。处方中的常用名称：糯稻根须、糯稻根、稻根须等。

【药性】 甘，平。归心，肝经。

【功效】 固表止汗，益胃生津，退虚热。

【应用】

1. 自汗、盗汗 本品甘平质轻，能固表止汗，且有益胃生津之功。用于各种虚汗兼有口渴者尤宜。治气虚自汗，可单用煎服；或与黄芪、白术、浮小麦等药同用。治阴虚盗汗，可与生地黄、地骨皮、麻黄根等滋阴降火敛汗药同用。

2. 虚热不退，骨蒸潮热 本品甘凉清淡，清退虚热而不苦泄。常用于病后阴虚口渴，虚热不退及骨蒸潮热者，可与沙参、麦冬、地骨皮等养阴生津降火药同用。

【用法用量】 煎服，15~30 g。

【现代研究】 本品主含黄酮、糖类、氨基酸等成分。

第二节 敛肺涩肠药

本类药物味多酸涩，主入肺、大肠经，具有敛肺止咳、涩肠止泻之效，主要用于肺虚喘咳，久治不愈或肺肾两虚，摄纳无权的虚喘证；脾肾阳虚或大肠虚寒不能固摄的久泻久痢。

久咳虚喘之证，多系肺肾亏虚。应用时如为肺虚，则配补肺益气药；如为肾虚，则配补肾纳气药同用。治久泻、久痢兼脾肾阳虚者，则配温补脾肾药；兼气虚下陷者，则宜配补气升提药；兼脾胃气虚者，则配补益脾胃药。

本类药酸涩收敛。属敛肺止咳之品，痰多壅肺所致的咳喘不宜用；属涩肠止泻之品，泻痢初起，邪气方盛，或伤食腹泻者不宜用。

五味子 Wǔwèizǐ

五味子饮片

五味子

本品首载于《神农本草经》，为木兰科植物五味子 *Schisandra chinensis* (Turcz.) Baill. 或华中五味子 *Schisandra sphenanthera* Rehd. et Wils. 的成熟果实。前者习称“北五味子”，后者习称“南五味子”。秋季果实成熟时采摘，除去果梗及杂质，晒干或蒸后晒干。处方中的常用名称：五味子、北五味子、南五味子等。

【药性】 酸、甘，温。归肺、心、肾经。

【功效】 收敛固涩，益气生津，补肾宁心。

【应用】

1. 久咳虚喘 本品味酸收敛，甘温而润，能上敛肺气，下滋肾阴，为治疗久咳虚喘之要药。治肺虚久咳，可与党参、黄芪、罂粟壳等同用；肺肾两虚之喘咳，常与山茱萸、熟地黄、山药等同用，如都气丸(《症因脉治》)；寒饮咳喘，常配麻黄、细辛、干姜等药，如小青龙汤(《伤寒论》)。

2. 自汗、盗汗 本品五味俱全，以酸为主，敛汗之力强，既能益气固表止汗，又能滋阴生津。治自汗、盗汗者，可与麻黄根、牡蛎等同用。

3. 梦遗滑精，遗尿尿频 本品酸涩性温，入肾经能补肾涩精止遗，为治肾虚精关不固之遗精滑精及遗尿尿频的常用药。治滑精者，可与桑螵蛸、附子、龙骨等同用；治梦遗者，常与麦冬、山茱萸、熟地黄等同用。

4. 久泻不止 本品又能涩肠止泻。治脾肾虚寒久泻不止，《本事方》以之与吴茱萸同炒香研末，米汤送服；或与补骨脂、肉豆蔻、吴茱萸同用，如四神丸(《证治准绳》)。

5. 津伤口渴，消渴 本品甘以益气，酸能生津，有良好的益气生津止渴功效。治热伤气阴，口渴汗多者，常与人参、麦冬同用，如生脉散(《内外伤辨惑论》)；治阴虚内热，口渴多饮之消渴证，多与山药、知母、天花粉等同用，如玉液汤(《医学衷中参西录》)。

6. 心悸，失眠，多梦 本品入心可敛心气宁心神，入肾能滋肾补阴。治阴血亏损，心神失养或心肾不交之虚烦心悸、失眠多梦，常与麦冬、当归、酸枣仁等同用，如天王补心丹(《校注妇人良方》)。

【用法用量】 煎服。2~6 g。

【使用注意】 凡表邪未解，内有实热，咳嗽初起，麻疹初期等均不宜用。

【文献摘要】

(1)《名医别录》:"养五脏，除热，生阴中肌。"

(2)《本草备要》:"性温，五味俱备，酸咸为多，专收敛肺气而滋肾水，益气生津，补虚明目，强阴涩精，退热敛汗，止呕住泻，宁嗽定喘，除烦渴，消水肿，解酒毒。"

【现代研究】

本品主含木脂素类成分(五味子甲素、五味子乙素等)，还含挥发油、氨基酸、糖类等成分。具有利胆保肝、镇静、催眠、抗惊厥、抗抑郁、抗氧化、延缓衰老、增强免疫、抗肿瘤、降血压等作用。

乌梅 Wūméi

乌梅饮片

本品首载于《神农本草经》，为蔷薇科植物梅 *Prunus mume* (Sieb.) Sieb. et Zucc. 的近成熟果实。夏季果实近成熟时采收，低温烘干后闷至色变黑。生用，去核用，或炒炭用。处方中的常用名称：乌梅、酸梅、梅实、制乌梅、乌梅炭等。

【药性】 酸、涩，平。归肝、脾、肺、大肠经。

【功效】 敛肺，涩肠，生津，安蛔。

【应用】

1. 肺虚久咳　本品味酸涩、气浓厚，其性收敛，入肺经能敛肺气，止咳嗽。治肺虚久咳少痰或干咳无痰之证，可与罂粟壳、苦杏仁等同用，如一服散(《世医得效方》)。

2. 久泻久痢　本品酸涩入大肠经，有良好的涩肠止泻痢作用。治久泻、久痢，可与罂粟壳、诃子等同用，如固肠丸(《证治准绳》)。

3. 虚热消渴　本品味酸性平，善于生津液，止烦渴。治虚热消渴，可单用煎服，或与天花粉、麦冬、人参等同用，如玉泉散(《沈氏尊生书》)。

4. 蛔厥呕吐腹痛　"蛔得酸则静"，本品味极酸，具有安蛔止痛、和胃止呕的功效，为安蛔之良药。治蛔厥呕吐腹痛，常与细辛、川椒、黄连等同用，如乌梅丸(《伤寒论》)。

此外，用于便血、崩漏等证，多用乌梅炭与地榆、阿胶等配伍；与常山入煎剂，可减轻常山引起的呕吐；乌梅肉局部涂敷，可治胼胝和鸡眼，并祛胬肉。

【用法用量】 煎服，6~12 g，大剂量可用至 30 g。外用适量，生用偏于生津、敛肺、安蛔；炒炭用长于收敛固涩。

【使用注意】 外有表邪或内有实热积滞者均不宜服，胃酸过多者慎用。

【文献摘要】

(1)《神农本草经》:"主下气，除热烦满，安心，肢体痛，偏枯不仁，死肌，去青黑痣、恶肉。"

(2)《名医别录》:"止下痢，好唾口干。""利筋脉，去痹。"

【现代研究】

本品主含有机酸类成分(枸橼酸、苹果酸、草酸等)，还含萜类、黄酮、甾醇等成分。具有止血、止咳、止泻、抑菌、抗休克、增强免疫、驱虫、抗菌、抗过敏等作用。

五倍子 Wǔbèizǐ

五倍子饮片

本品首载于《本草拾遗》，为漆树科植物盐肤木 *Rhus chinensis* Mill.、青麸杨 *Rhus potaninii*

—•笔记栏•—

Maxim. 或红麸杨 *Rhus punjabensis* Stew. var. *sinica*（Diels）Rehd. et Wils. 叶上的虫瘿，主要由五倍子蚜 *Melaphis chinensis*（Bell）Baker 寄生而形成。主产于四川、贵州、陕西等地。秋季采摘，置沸水中略煮或蒸至表面呈灰色，杀死蚜虫，取出，干燥。按外形不同，分为“肚倍”和“角倍”。生用。处方中的常用名称：五倍子、文蛤、百虫仓等。

五倍子

【药性】 酸、涩，寒。归肺、大肠、肾经。

【功效】 敛肺降火，涩肠止泻，敛汗，止血，收湿敛疮。

【应用】

1. 肺虚久咳，肺热痰嗽　本品性寒清热，酸涩收敛，入肺经，既能敛肺止咳，又能清肺降火，还能止血，适用于肺虚久咳，肺热痰嗽，尤宜于咳嗽咳血者。治肺虚久咳，常与五味子、罂粟壳等同用；治肺热痰嗽，可与瓜蒌、黄芩、浙贝母等同用；治热灼肺络、咳嗽咳血，常与藕节、白及等同用。

2. 久泻久痢　本品酸涩入大肠经，有涩肠止泻之功。治久泻久痢，可与诃子、五味子等同用。

3. 自汗，盗汗　本品又能敛肺止汗。治自汗、盗汗，可单用研末，与荞面等分作饼，煨熟食之，或研末水调敷肚脐处；也配其他收敛止汗药。

4. 遗精，滑精　本品入肾经能涩精止遗。治肾虚精关不固之遗精、滑精者，常与龙骨、牡蛎等同用，如玉锁丹（《杨氏家藏方》）。

5. 崩漏，便血痔血，外伤出血　本品有收敛止血作用。治崩漏，可单用，或与棕榈炭、血余炭等同用；治便血、痔血，可与槐花、地榆等同用，煎汤内服或熏洗患处。

6. 湿疮肿毒，溃疡不敛　本品外用能收湿敛疮，且有解毒消肿之功。治湿疮流水、溃疡不敛、疮疖肿毒、皮肤湿烂、肛脱不收、子宫下垂等，可单味或配合枯矾研末外敷或煎汤熏洗。

此外，本品也可用治消渴。

【用法用量】 煎服，3～6 g。外用适量。研末外敷或煎汤熏洗。

【使用注意】 湿热泻痢者忌用。不宜过量服用，以免损害肝脏。局部应用，可能有刺激症状。

【文献摘要】

（1）《开宝本草》：“肺脏风毒，流溢皮肤，作风湿疮，瘙痒脓水，五痔下血不止，小儿面鼻疳疮。”

（2）《本草纲目》：“敛肺降火，化痰饮，止咳嗽，消渴，盗汗，呕吐，失血，久痢……治眼赤湿烂，消肿毒，喉痹，敛溃疮、金疮，收脱肛、子肠坠下。”

【现代研究】

本品主含鞣质类成分（1,2,3,4,6－五－*O*－没食子酰基－*β*－*D*－葡萄糖等），还含脂肪酸、淀粉等成分。具有抑菌、抗病毒、抑制瘢痕形成、抗氧化、抑突变等作用。

罂粟壳 Yīngsùqiào

本品首载于《本草发挥》，为罂粟科植物罂粟 *Papaver somniferum* L. 的成熟果壳。秋季将成熟果实或已割取浆汁后的成熟果实摘下，破开，除去种子和枝梗，干燥。切丝，生用或蜜炙、醋炙用。处方中的常用名称：罂粟壳、粟壳、米壳、御米壳等。

罂粟壳饮片

罂粟壳

【药性】 酸、涩，平；有毒。归肺、大肠、肾经。

【功效】 敛肺，涩肠，止痛。

【应用】

1. 肺虚久咳　本品酸涩，主入肺经，具有较强的敛肺气、止咳逆作用。治肺虚久咳不止之证，可单用蜜炙研末冲服，或配伍乌梅、诃子等。

—•笔记栏•—

2. 久泻久痢，脱肛　本品味酸涩，性平和，能固肠道，涩滑脱，适用于久泻、久痢而无邪滞者。治脾虚久泻不止者，可单用，或配诃子、白术、砂仁等同用；治脾虚中寒，久痢不止者，常与肉豆蔻等同用，如真人养脏汤(《太平惠民和剂局方》)；治脾肾两虚，久泻不止，脱肛者，配苍术、人参、乌梅等，如固肠丸(《证治准绳》)。

3. 脘腹疼痛，筋骨疼痛　本品止痛功效较强，治脘腹疼痛、筋骨疼痛等病症，可单用；或与其他止痛药配用。

【用法用量】 煎服，3～6 g。或入丸、散。止咳宜蜜炙用，止泻、止痛宜醋炒用。

【使用注意】 本品易成瘾，不宜常服；孕妇及儿童禁用；运动员慎用；咳嗽或泻痢初起邪实者忌用。

【现代研究】

本品主含生物碱类成分(吗啡、可待因、那可汀、罂粟碱、罂粟壳碱等)，还含景天庚糖、*D*-甘露庚酮糖等成分。具有镇痛、镇咳、镇静、止泻等作用。

诃子 Hēzǐ

诃子饮片

诃子

本品首载于《药性论》，为使君子科植物诃子 *Terminalia chebula* Retz. 或绒毛诃子 *Terminalia chebula* Retz. var. *tomentella* Kurt. 的成熟果实。主产于云南。秋、冬二季果实成熟时采收，除去杂质，晒干。生用或煨用。若用果肉，则去核。处方中的常用名称：诃子、诃黎勒、诃黎。

【药性】 苦、酸、涩，平。归肺、大肠经。

【功效】 涩肠止泻，敛肺止咳，降火利咽。

【应用】

1. 久泻久痢，便血脱肛　本品味苦酸涩，性平，入大肠经，善于涩肠止泻，为治疗久泻、久痢之常用药，可单用，如诃黎勒散(《金匮要略》)；治久泻、久痢属虚寒者，可与干姜、罂粟壳、赤石脂等配伍，如诃子皮饮(《兰室秘藏》)；治泻痢日久，中气下陷之脱肛，配伍人参、黄芪、升麻等同用；治肠风下血，可配伍防风、秦艽、白芷等。

2. 肺虚喘咳，久嗽不止，咽痛音哑　本品酸涩而苦，既能敛肺下气止咳，又能清肺利咽开音，为治失音之要药。治肺虚久咳、失音者，可与人参、五味子等同用；治痰热郁肺，久咳失音者，常与桔梗、甘草同用；治久咳失音，咽痛音哑者，常与硼砂、青黛、冰片等蜜丸噙化，如清音丸(《医学统旨》)。

【用法用量】 煎服，3～10 g。涩肠止泻宜煨用，敛肺清热、利咽开音宜生用。

【使用注意】 凡外有表邪、内有湿热积滞者忌用。

【现代研究】

本品主含鞣质(诃子酸、诃黎勒酸、诃子鞣质等)，还含三萜、有机酸、脂肪酸等成分。具有收敛、止泻、强心、降血糖、抗氧化、抗肿瘤、抗病原微生物等作用。

石榴皮 Shíliupí

石榴皮饮片

本品首载于《名医别录》，为石榴科植物石榴 *Punica granatum* L. 的果皮。中国大部分地区有栽培，主产于陕西、四川、湖南。秋季果实成熟时收集果皮，切块，晒干。生用或炒炭用。处方中的常用名称：石榴皮、石榴壳、酸石榴皮。

【药性】 酸、涩，温。归大肠经。

【功效】 涩肠止泻，止血，驱虫。

【应用】

1. 久泻，久痢，脱肛　本品酸涩收敛，入大肠经，能涩肠止泻痢。治久泻久痢，可单用煎

—•笔记栏•—

服，或研末冲服，亦可与肉豆蔻、诃子等同用；治久泻久痢而致中气下陷脱肛者，常配伍人参、黄芪、升麻等。

2. 便血，崩漏，带下　本品酸涩，能收敛止血，收涩止带。治便血，可单用煎服，或配伍槐花、地榆等；治崩漏及妊娠下血不止者，可与当归、阿胶、艾叶炭等同用；治白带过多，可与海螵蛸、白果、芡实等同用。

3. 虫积腹痛　本品酸涩而温，入大肠经，能安蛔杀虫止痛。治蛔虫、蛲虫、绦虫等虫积腹痛，常与槟榔、使君子等同用。

此外，本品尚有涩精、止带作用，亦可用于遗精、带下等。

【用法用量】　煎服，3~9 g。入汤剂生用，入丸、散多炒用，止血多炒炭用。

【使用注意】　泻痢初起者忌服。

【现代研究】

本品主含鞣质类成分（石榴皮苦素 A、B 等），还含黄酮苷、生物碱等成分。具有收敛、杀虫、抑菌、抗病毒、抗氧化、保肝、调节免疫、抑制胃酸分泌、抗胃溃疡等作用。

肉豆蔻 Ròudòukòu

肉豆蔻饮片

肉豆蔻

本品首载于《药性论》，为肉豆蔻科植物肉豆蔻 *Myristica fragrans* Houtt. 的干种仁。主产于马来西亚、印度尼西亚、斯里兰卡，我国广东、广西、云南亦有栽培。冬、春二季果实成熟时采收，除去皮壳后，干燥。生用，或麸皮煨制去油用，用时捣碎。处方中的常用名称：肉豆蔻、肉果、玉果等。

【药性】　辛，温。归脾、胃、大肠经。

【功效】　温中行气，涩肠止泻。

【应用】

1. 脾胃虚寒，久泻不止　本品辛温而涩，入脾、胃经，能暖脾胃，降浊气，固大肠，止泻痢，为治疗虚寒性泻痢之要药。治脾胃虚寒之久泻、久痢者，常与人参、白术、党参等温同用；治脾肾阳虚，五更泄泻，则配伍补骨脂、五味子、吴茱萸等，如四神丸（《证治准绳》）。

2. 胃寒气滞，脘腹胀痛，食少呕吐　本品辛香温燥而涩，涩中有行，有涩不滞的特点，能温中理脾、行气止痛。治胃寒气滞、脘腹胀痛、食少呕吐者，可与木香、干姜、半夏等同用。

【用法用量】　煎服，3~10 g。内服须煨制去油用。

【使用注意】　湿热泻痢者忌用。

【文献摘要】

（1）《开宝本草》："温中，治积冷心腹胀痛，霍乱中恶，呕沫，冷气，消食止泄，小儿乳霍。"

（2）《本经备要》："治冷积心腹胀痛，又能涩大肠，止虚泻冷痢。"

（3）《本草纲目》："暖脾胃，固大肠。"

【现代研究】

本品主含挥发油类成分（α-蒎烯、β-蒎烯等），还含脂肪油、糖类、蛋白质等成分。具有止泻、抗惊厥、镇静、抗炎、抗氧化、调节免疫等作用。

赤石脂 Chìshízhī

赤石脂饮片

本品首载于《神农本草经》，为硅酸盐类矿物多水高岭石族多水高岭石，主含水硅酸铝 $[Al_4(Si_4O_{10})(OH)_8 \cdot 4H_2O]$。主产于福建、河南、山东、陕西等。采挖后，除去杂石。研粉水飞用，或火煅水飞用。处方中的常用名称：赤石脂、赤石土、红土、红高岭等。

【药性】　甘、酸、涩，温。归大肠、胃经。

—•笔记栏•—

【功效】 涩肠止泻,收敛止血,生肌敛疮。

【应用】

1. 久泻,久痢　本品味甘涩性温,入中焦能温中和胃,入大肠能涩肠止泻,为治久泻久痢、下痢脓血之常用药。治泻痢日久,滑脱不禁,脱肛,常与禹余粮相须为用,如赤石脂禹余粮汤(《伤寒论》);治虚寒下痢,大便脓血不止者,常与干姜、粳米同用,如桃花汤(《伤寒论》)。

2. 便血,崩漏带下　本品味涩收敛,固崩止血,质重入下焦,以下部出血如崩漏、便血者为多用。治崩漏,可与海螵蛸、侧柏叶等同用;治便血、痔疮出血,可与禹余粮、龙骨、地榆等同用;治妇女肾虚、带脉失约之赤白带下,可配伍鹿角霜、芡实等。

3. 疮疡久溃不敛,湿疮脓水　本品外用能收湿敛疮,生肌收口。治疗疮疡久溃不敛,可与煅龙骨、乳香、没药等同用,研细末,掺于疮口;治湿疮脓水浸淫,可与五倍子、枯矾等研末外敷。

此外,外用亦可治外伤出血。

【用法用量】 煎服,9~12 g,先煎。外用适量,研末敷患处。

【使用注意】 不宜与肉桂同用。孕妇慎用。湿热积滞泻痢者忌服。

【现代研究】

本品主含四水硅酸铝,还含有氧化铁、钛、镍、锶、钡等微量元素。具有抗炎、止泻、止血、促进尿磷排泄、保护消化道黏膜等作用。

禹余粮 Yǔyúliáng

禹余粮饮片

本品首载于《神农本草经》,为氢氧化物类矿物褐铁矿,主含碱式氧化铁[FeO(OH)]。主产于河南、江苏。采挖后,除去杂石。生用,或加醋煅用。处方中的常用名称:禹余粮、禹粮石、煅禹余粮、煅禹粮石等。

【药性】 甘、涩,微寒。归胃、大肠经。

【功效】 涩肠止泻,收敛止血。

【应用】

1. 久泻,久痢　本品味甘涩性微寒,入胃、大肠经。能涩肠止泻。治久泻、久痢者,常与赤石脂相须为用,如赤石脂禹余粮汤(《伤寒论》)。

2. 便血,崩漏　本品味涩,能入血分收敛止血,质重入下焦,主下部出血证。治气虚失摄之便血,可配人参、白术、棕榈炭等;治崩漏带下,常与海螵蛸、赤石脂、龙骨等同用。

3. 带下清稀　本品入下焦,能固涩止带。治肾虚带脉不固之带下清稀者,常与海螵蛸、煅牡蛎、白果等同用;气血虚者,当与黄芪、鹿角胶等配伍。

【用法用量】 煎服,9~15 g,先煎;或入丸散。

【使用注意】 孕妇慎用;湿热积滞泻痢者忌服。

【现代研究】

本品主含碱式氧化铁,还含有磷酸盐及少量铝、钙、镁、钾、磷等元素。具有止泻、止血、延缓衰老、抗肿瘤等作用。

第三节　固精缩尿止带药

本类药物酸涩收敛,主入肾、膀胱经。具有固精、缩尿、止带作用。某些药物甘温还兼有补肾之功。适用于肾虚不固所致的遗精、滑精、遗尿、小便频数、带下清稀等证。因此,本类药常与补肾、健脾、除湿药配伍,以收标本兼顾之效。

本类药酸涩收敛,对外邪内侵,湿热下注所致的遗精、尿频等不宜用。

—•笔记栏•—

山茱萸 Shānzhūyú

山茱萸饮片

本品首载于《神农本草经》，为山茱萸科植物山茱萸 *Cornus officinalis* Sieb. et Zucc. 的成熟果肉。主产于河南、浙江、安徽。秋末冬初果皮变红时采收果实，用文火烘或置沸水中略烫，及时除去果核，晒干或烘干用。处方中的常用名称：山茱萸、山萸肉、枣皮、炙山萸、酒炙山茱萸等。

【药性】 酸、涩，微温。归肝、肾经。

【功效】 补益肝肾，收涩固脱。

【应用】

1. 肝肾亏虚，眩晕耳鸣，腰膝酸痛　　本品酸涩微温质润，其性温而不燥，补而不峻，既能益精，又助肾阳，为平补阴阳之要药。治肝肾阴虚，头晕目眩、腰酸耳鸣者，常与熟地黄、山药等配伍，如六味地黄丸（《小儿药证直诀》）；治命门火衰，腰膝冷痛，小便不利者，常与肉桂、附子等同用，如肾气丸（《金匮要略》）；治肾阳虚阳痿者，多与鹿茸、补骨脂、淫羊藿等药配伍。

2. 阳痿滑精，遗尿尿频　　本品味酸而涩，既能补肾益精，又能固精缩尿；补益之中又具封藏之功，为固精止遗之要药。治肾虚精关不固之遗精、滑精者，常与熟地黄、山药等同用，如六味地黄丸（《小儿药证直诀》）；治肾虚膀胱失约之遗尿、尿频者，常与沙苑子、覆盆子、桑螵蛸等同用。

3. 崩漏带下　　本品入下焦，能补肝肾、固冲任以止血。治妇女肝肾亏损，冲任不固之崩漏及月经过多者，常与熟地黄、白芍、当归等同用，如加味四物汤（《傅青主女科》）；治脾气虚弱，冲任不固而漏下不止者，常与龙骨、黄芪、白术等同用，如固冲汤（《医学衷中参西录》）。

4. 大汗虚脱　　本品味酸涩性温，能敛汗固脱，可治疗元气虚脱之大汗虚脱。治大汗不止，体虚欲脱或久病虚脱者，常与人参、附子、龙骨等同用，如来复汤（《医学衷中参西录》）。

5. 内热消渴　　本品能补益肝肾，治疗肝肾阴虚，内热消渴，常配伍黄精、枸杞子、生地黄、天花粉等滋补肝肾、清热生津药。

【用法用量】 煎服，6~12 g，急救固脱可用至 20~30 g。

【使用注意】 素有湿热而致小便淋涩者不宜应用。

【文献摘要】

（1）《名医别录》："肠胃风邪，寒热疝瘕，头风，风气去来，鼻塞，目黄，耳聋，面疱，温中，下气，出汗，强阴，益精，安五脏，通九窍，止小便利，明目，强力。"

（2）《药性论》："治脑骨痛，止月水不定，补肾气；兴阳道，添精髓，疗耳鸣，除面上疮，主能发汗，止老人尿不节。"

【现代研究】

本品主含环烯醚萜苷类成分（莫诺苷、马钱苷、山茱萸苷等），还含三萜、鞣质、挥发油等成分。具有增强非特异性免疫、降血糖、抗骨质疏松、抑菌、抗流感病毒、抗心律失常、抗炎、抗氧化、改善认知能力等作用。

覆盆子 Fùpénzǐ

覆盆子饮片

本品首载于《名医别录》，为蔷薇科植物华东覆盆子 *Rubus chingii* Hu 的果实。主产于浙江、福建、湖北。夏初果实由绿变绿黄时采收，除去梗、叶，置沸水中略烫或略蒸，取出，干燥。生用。处方中的常用名称：覆盆子、覆盆等。

【药性】 甘、酸，温。归肝、肾、膀胱经。

【功效】 固精补肾，养肝明目。

—•笔记栏•—

【应用】

1. 遗精滑精，遗尿尿频，阳痿早泄　本品味甘酸性温，主入肝、肾经，既能固精缩尿，又能补益肝肾。治遗精滑精，遗尿尿频，阳痿早泄，常与枸杞子、菟丝子、五味子等同用，如五子衍宗丸（《丹溪心法》）。

2. 肝肾不足，目暗昏花　本品能益肝肾明目。治肝肾不足，目暗不明者，可单用，或与枸杞子、桑椹、菟丝子等同用。

【用法用量】　煎服，6～12 g。

【使用注意】　阴虚火旺，膀胱蕴热而小便短涩者慎用。

【现代研究】

本品主含有机酸类成分（鞣花酸、覆盆子酸等），还含黄酮、萜类、多糖等成分。具有调节下丘脑-垂体-性腺轴功能、改善学习记忆力能力、延缓衰老、抑菌、抗诱变、促进淋巴细胞增殖等作用。

桑螵蛸 Sāngpiāoxiāo

桑螵蛸饮片

本品首载于《神农本草经》，为螳螂科昆虫大刀螂 *Tenodera sinensis* Saussure、小刀螂 *Statilia maculata*（Thunberg）或巨斧螳螂 *Hierodula patellifera*（Serville）的卵鞘。分别习称“团螵蛸”“长螵蛸”及“黑螵蛸”。全国大部分地区均产。深秋至次春采集，置沸水浸杀其卵，或蒸至虫卵死后，干燥。用时剪碎。处方中的常用名称：桑螵蛸。

【药性】　甘、咸，平。归肝、肾经。

【功效】　固精缩尿，补肾助阳。

【应用】

1. 肾虚不固，遗精滑精，遗尿尿频，小便白浊　本品味甘能补，咸以入肾，性收敛。能固精关，缩小便，兼有补肾阳作用。治肾虚遗精、滑精，常与龙骨、五味子、附子等同用；治小儿遗尿，《产书方》记有单用为末，米汤送服；治心神恍惚，遗尿尿频，小便白浊，可与远志、龙骨、石菖蒲等配伍。

2. 肾虚阳痿　本品能补肾助阳。治肾虚阳痿，可与鹿茸、肉苁蓉、菟丝子等同用。

【用法用量】　煎服，5～10 g。

【使用注意】　阴虚火旺，膀胱蕴热而小便短涩者忌用。

【现代研究】

本品主含蛋白质、脂肪、氨基酸、维生素、微量元素等成分。具有抗缺氧、抗疲劳、抗利尿、促进消化液分泌、降血糖、降血脂、抗肿瘤等作用。

海螵蛸 Hǎipiāoxiāo

海螵蛸饮片

本品首载于《神农本草经》，为乌贼科动物无针乌贼 *Sepiella maindroni de* Rochebrune 或金乌贼 *Sepia esculenta* Hoyle 的内壳。主产于浙江、江苏、福建等沿海地区。收集其骨状内壳洗净，干燥。生用。处方中的常用名称：海螵蛸、乌贼骨、墨鱼骨等。

【药性】　咸、涩，温。归脾、肾经。

【功效】　收敛止血，涩精止带，制酸止痛，收湿敛疮。

【应用】

1. 吐血衄血，崩漏便血，外伤出血　本品咸温敛涩，能收敛止血，广泛用于身体各部位出血，《太平圣惠方》用本品研末，米汤调服；治吐血、便血者，常与白及等分为末服；治崩漏，常与茜草、棕榈炭、五倍子等同用，如固冲汤（《医学衷中参西录》）；治外伤出血，可单用研末外敷。

2. 遗精滑精，赤白带下　本品温涩收敛，有固精止带之功。治肾失固藏之遗精、滑精，常与山茱萸、菟丝子、沙苑子等同用；治肾虚带脉不固之带下清稀者，常与山药、芡实等同用；治赤白带下，可与白芷、血余炭等同用。

3. 胃痛吞酸　本品味咸而涩，能制酸止痛。治胃酸过多、胃痛吞酸，常与浙贝母同用。

4. 湿疹湿疮，溃疡不敛　本品外用能收湿敛疮。治湿疮、湿疹，可与黄柏、青黛、煅石膏等研末外敷；治溃疡多脓，久不愈合者，可单用研末外敷，或配煅石膏、枯矾、冰片等共研细末，撒敷患处。

【用法用量】 煎服，5~10 g。外用适量，研末敷患处。

【使用注意】 性收涩，久服易致便秘；阴虚多热者不宜多用。

【现代研究】

本品主含碳酸钙，还含壳角质、黏液质等成分。具有中和胃酸、保护胃黏膜、抗溃疡、止血、抗肿瘤、抗放射等作用。

金樱子 Jīnyīngzǐ

金樱子饮片

本品首载于《雷公炮炙论》，为蔷薇科植物金樱子 *Rosa laevigata* Michx. 的成熟果实。主产于四川、广东、江西。10~11 月果实成熟变红时采收，干燥，除去毛刺。生用。处方中的常用名称：金樱子、金樱子肉等。

【药性】 酸、甘、涩，平。归肾、膀胱、大肠经。

【功效】 固精缩尿，固崩止带，涩肠止泻。

【应用】

1. 遗精滑精，遗尿尿频，崩漏带下　本品味酸而涩，偏入下焦，能固精缩尿，固崩止带。治肾虚精关不固之遗精滑精，膀胱失约之遗尿尿频，冲任不固之崩漏下血，带脉失约之带下过多，可单用本品熬膏，如金樱子膏（《明医指掌》），或与芡实相须为用，如水陆二仙丹（《洪氏集验方》）。

2. 久泻，久痢　本品入大肠经，能涩肠止泻。治脾虚久泻、久痢，可单用浓煎服，或配伍人参、白术、芡实等同用，如秘元煎（《景岳全书》）。

此外，取其收涩固敛之功，本品还可用于脱肛，子宫脱垂等证。

【用法用量】 煎服。6~12 g。

【使用注意】 本品功专收涩，故有实火、邪气实者不宜使用。

【现代研究】

本品主含多糖、黄酮类、三萜类、鞣质、有机酸、皂苷等成分。具有增强免疫、降脂、收敛、止泻、抑菌、抗炎、抗氧化、增强免疫、抗动脉粥样硬化等作用。

莲子 Liánzǐ

莲子饮片

本品首载于《神农本草经》，为睡莲科植物莲 *Nelumbo nucifera* Gaertn. 的成熟种子。主产于湖南、福建、江苏。秋季采收去心，晒干。生用。处方中的常用名称：莲子、藕实等。

【药性】 甘、涩，平。归脾、肾、心经。

【功效】 补脾止泻，止带，益肾涩精，养心安神。

【应用】

1. 脾虚泄泻　本品甘可补脾，涩能止泻。治脾虚久泻，食欲不振者，常与人参、茯苓、白术等同用，如参苓白术散（《太平惠民和剂局方》）。

2. 带下　本品既能补脾益肾，又能固涩止带，其补涩兼施，为治疗脾虚、肾虚带下之常用药。治脾虚带下者，常与茯苓、白术、山药等同用；治脾肾两虚，带下清稀，腰膝酸软者，可与山茱

—•笔记栏•—

萸、山药、芡实等同用。

3. 遗精　本品味甘而涩，入肾经能益肾固精。治肾虚精关不固之遗精、滑精，常与芡实、龙骨等同用，如金锁固精丸（《医方集解》）。

4. 心悸失眠　本品入心、肾经，能养心益肾，交通心肾而宁心安神。治心肾不交之虚烦、心悸、失眠者，常与酸枣仁、茯神、远志等同用。

【用法用量】　煎服，6~15 g。

【使用注意】　大便燥结者不宜使用。

【现代研究】

本品主含黄酮类成分（槲皮素、金丝桃苷、芦丁等），还含淀粉、蛋白质、脂肪等成分。具有抗氧化、延缓衰老、增强免疫、镇静、改善睡眠、降血糖等作用。

【附药】

1. 莲须　本品为莲的干燥雄蕊。性味甘涩平，归心、肾经。功能：固肾涩精。适用于遗精滑精，带下，尿频。煎服，3~5 g。

2. 莲房　本品为莲的成熟花托。性味苦涩温，归肝经。功能：化瘀止血。适用于崩漏，尿血，痔疮出血，产后瘀阻，恶露不尽。也有用本品治疗子宫颈癌者。煎服，5~10 g。炒炭用。

3. 莲子心　本品为莲的成熟种子中的干燥幼叶及胚根。性味苦寒，归心、肾经。功能：清心安神，交通心肾，涩精止血。适用于热入心包，神昏谵语，心肾不交，失眠遗精，血热吐血。煎服，2~5 g。

4. 荷叶　本品为莲的干燥叶。性味苦平，归肝、脾、胃经。功能：清暑化湿，升发清阳，凉血止血。适用于暑热烦渴，暑湿泄泻，脾虚泄泻，血热吐衄，便血崩漏。荷叶炭收涩化瘀止血，煎服，3~10 g；荷叶炭 3~6 g。

5. 荷梗　本品为莲的干燥叶柄及花柄。性味苦平，归肺、脾、胃经。功能：通气宽胸，和胃安胎。主治外感暑湿、胸闷不畅、妊娠呕吐、胎动不安。煎服，10~15 g。

6. 石莲子　本品为成熟莲子在莲蓬将裂开时采集者（莲子去果皮、石莲子不去果皮），或修整池塘时捡取落入淤泥中的莲实，又叫甜石莲。性味甘涩微苦寒，归脾、胃、心经。功能：清湿热，开胃进食。适用于热毒噤口痢、久痢、久泻。煎服，9~12 g。虚寒久痢忌服。

芡实 Qiànshí

芡实饮片

本品首载于《神农本草经》，为睡莲科植物芡 *Euryale ferox* Salisb. 的成熟种仁。全国大部分地区均产主要分布在山东、江苏、湖南、湖北等湖泊地区。秋末冬初采收成熟果实，除去果皮，取出种子，再除去硬壳（外种皮），晒干。生用或麸炒用。处方中的常用名称：芡实、鸡头米、炒芡实等。

【药性】　甘、涩，平。归脾、肾经。

【功效】　益肾固精，补脾止泻，除湿止带。

【应用】

1. 遗精滑精，遗尿尿频　本品甘涩收敛，善能益肾固精。治肾虚不固之腰膝酸软，遗精滑精，遗尿尿频者，常与金樱子相须为用，如水陆二仙丹（《洪氏集验方》）；亦可与莲子、莲须、牡蛎等配伍，如金锁固精丸（《医方集解》）。

2. 脾虚久泻　本品既能健脾除湿，又能收敛止泻。治脾虚湿盛，久泻不止者，常与白术、茯苓、扁豆等同用。

3. 白浊，带下　本品甘淡敛涩，能益肾健脾、收敛固涩、除湿止带，治脾肾两虚之带下，常与党参、白术、山药等同用；治湿热带下，常与黄柏、车前子等同用，如易黄汤（《傅青主女科》）。

【用法用量】　煎服，9~15 g。

【使用注意】　本品功专收涩，故有实火、邪气实者不宜使用。

【现代研究】

本品主含淀粉、蛋白质、脂肪、碳水化合物、维生素等成分。具有抗氧化、降血糖、保护肾功能等作用。

附　其他固精缩尿止带药(表 25-1)

表 25-1　其他固精缩尿止带药

药名	处方中的常用名称	药　性	功　效	应　用	用法用量	使用注意
刺猬皮	刺猬皮、猬皮	苦、涩，平。归肾、胃、大肠经	固精缩尿，收敛止血，化瘀止痛	遗精滑精，遗尿尿频；便血，痔血；胃痛，呕吐	煎服，3~10 g；研末服 1.5~3 g	本品主要含角蛋白、胶原蛋白等成分。具有收敛、止血作用
椿皮	椿皮、臭椿皮、樗白皮	苦、涩，寒。归大肠、胃、肝经	清热燥湿，收涩止带，止泻，止血	赤白带下、湿热泻痢，久泻久痢；便血，崩漏	煎服，6~9 g；外用适量	脾胃虚寒者慎用
鸡冠花	鸡冠花、鸡公花、鸡髻花	甘、涩，凉。归肝、大肠经	收敛止血，止带，止痢	吐血，崩漏，便血，痔血；赤白带下；久痢不止	煎服，6~12 g	瘀血阻滞的崩漏下血及湿热下痢初起兼有寒热表证者不宜使用

小　　结

主要收涩药的兼有功效及代表药物归纳

第二十六章授课视频及习题

第二十六章 驱虫药

驱虫药是指以驱除或杀灭人体寄生虫为主要功效，常用于治疗虫证为主的药物。

本类药主要用于治疗绕脐腹痛、呕吐涎沫、不思饮食，或善饥多食、嗜食异物、肛门等部位瘙痒等肠道寄生虫病，如蛔虫病、绦虫病、蛲虫病、钩虫病等。部分驱虫药还可以治疗小儿疳积、水肿、肺燥咳嗽等。

在使用驱虫药时，应根据寄生虫的种类及患者体质强弱等选用适当的驱虫药，并根据其具体证情配伍相应药物。例如，便秘者，可配伍泻下药，以利虫体排出；脾胃虚弱者，可配伍健脾和胃之品；体质虚弱者，应攻补兼施，先补后攻。

驱虫药对人体多有损伤，且多有毒性，故在使用时应控制剂量，防止量大中毒或损伤正气。发热、腹痛较剧烈的患者，不宜急于使用驱虫药，孕妇及年老体弱患者也应慎用驱虫药。驱虫药一般应空腹服用，使药力较易于作用于虫体，易于虫体排出。

现代研究表明，驱虫药对寄生虫体有麻痹作用，可使其瘫痪以致死亡。某些驱虫药还有抗菌、抗病毒、杀虫驱虫、抗氧化、抗炎、抗高脂血症、抗糖尿病、抗癌等多种药理作用。

使君子 Shǐjūnzǐ

使君子饮片

本品首载于《开宝本草》，为使君子科植物使君子 *Quisqualis indica* L. 的成熟果实。主产于四川、广东、广西等地，以四川产量最多。9～10 月果皮变紫黑色时采收，晒干。去壳，取种仁生用或炒香用。处方中的常用名称：使君子、使君仁、建使君、建君子、炒使君子仁等。

【药性】 甘，温。归脾、胃经。

【功效】 杀虫消积

【应用】

1. 蛔虫病，蛲虫病，虫积腹痛　本品味甘气香而不苦，性温又入脾、胃经，有良好的杀虫的作用，为驱蛔要药，《本草正》称其“专杀蛔虫”，尤宜于小儿蛔虫病。轻证单用本品炒香嚼服；重证可与苦楝皮、槟榔等同用，如使君子散（《证治准绳》）。

2. 小儿疳积　本品味甘性温，既能驱虫，又能健脾消疳。治小儿疳积，面色萎黄、形瘦腹大、腹痛有虫者，常与槟榔、六神曲、麦芽等配伍，如肥儿丸（《医宗金鉴》）；治小儿五疳，心腹膨胀，不进饮食，常与厚朴、陈皮、川芎等同用，如使君子丸（《太平惠民和剂局方》）。

【用法用量】 使君子 9～12 g，捣碎入煎剂；使君子仁 6～9 g，多入丸散或单用，作 1～2 次分服。小儿每岁 1～1.5 粒，炒香嚼服，1 日总量不超过 20 粒。

【使用注意】 大量服用可致呃逆、眩晕、呕吐、腹泻等反应。若与热茶同服，亦能引起呃逆、腹泻，故服用时忌饮茶。一般在停药后可缓解。

【文献摘要】

（1）《开宝本草》：“主小儿五疳，小便白浊，疗泻痢。”

（2）《本草纲目》：“健脾胃，除虚热，治小儿百病疮癣。”“此物味甘气温，既能杀虫，又益脾胃。所以能敛虚热而止泻痢，为小儿诸病要药。”“忌饮热茶，犯之即泻。”

【现代研究】

本品主含有机酸类成分（使君子酸、苹果酸、柠檬酸），还含生物碱、氨基酸等成分。具有驱虫、改善学习记忆、抑菌等作用。

—•笔记栏•—

苦楝皮饮片

苦楝皮 Kǔliànpí

本品首载于《名医别录》，为楝科植物川楝 *Melia toosendan* Siet. et Zucc. 或楝 *Melia azedarach* L. 的干燥树皮和根皮。主产于四川、湖北、安徽、江苏、河南。楝科植物川楝的干燥树皮及根皮。春、秋二季剥取，晒干，或除去粗皮，晒干。鲜用或生用。处方中的常用名称：苦楝皮、楝皮、苦楝根皮等。

【药性】 苦，寒；有毒。归肝、脾、胃经。

【功效】 杀虫，疗癣。

【应用】

1. 蛔虫病，蛲虫病，虫积腹痛　　本品苦寒有毒，有较强的杀虫作用，可治多种肠道寄生虫病，为广谱驱虫中药。治蛔虫病，可单用煎服，也可与使君子、槟榔等同用；治蛲虫病，与百部、乌梅同煎，每晚煎取浓液灌肠，连用 2~4 天。

2. 外治疥癣瘙痒　　本品能清热燥湿，杀虫止痒。治疥疮、头癣、湿疮、湿疹瘙痒等，可单用本品研末，用醋或猪脂调涂患处。

【用法用量】 煎服，3~6 g。外用适量，研末，用猪脂调敷患处。

【使用注意】 本品有毒，不宜过量或持续久服；孕妇及肝肾功能不全者慎用。

【文献摘要】

(1)《名医别录》："疗蛔虫。利大肠。"

(2)《日华子本草》："治游风热毒，风疹恶疮疥癞，小儿壮热，并煎汤浸洗。"

【现代研究】

本品主含三萜类成分（川楝素、苦楝素等）。具有驱虫、镇痛、抗炎、抗血栓、抗肿瘤、抗菌、抗溃疡等作用。

槟榔饮片

槟榔 Bīngláng

本品首载于《名医别录》，为使棕榈科植物槟榔 *Areca catechu* L. 的干燥成熟种子。我国主产于广东、云南，而国外以菲律宾、印度及印度尼西亚产量最多。春末至秋初采收成熟果实，用水煮后，干燥，除去果皮，取出种子，干燥。生用、炒黄或炒焦用。处方中的常用名称：槟榔、大腹子、海南子、焦槟榔、槟榔炭等。

【药性】 苦、辛，温。归胃、大肠经。

【功效】 杀虫，消积，行气，利水，截疟。

【应用】

1. 绦虫病，蛔虫病，姜片虫病，虫积腹痛　　本品能驱杀多种肠道寄生虫，并以泻下作用驱除虫体，尤宜于治绦虫病，可单用，也可与南瓜子同用；治蛔虫病、蛲虫病，可与使君子、苦楝皮同用；治姜片虫病，可与乌梅、甘草等配伍。

2. 积滞泻痢，里急后重　　本品辛散苦泄，入胃、肠经，善消积导带，兼能缓泻通便。治食积气滞，可与木香、青皮、大黄等同用，如木香槟榔丸（《儒门事亲》）；治泻痢，可与木香、黄连、芍药等同用，如芍药汤（《保命集》）。

3. 水肿脚气　　本品行气利水。治水肿实证，二便不利，常与商陆、泽泻、木通等同用，如疏凿饮子（《重订严氏济生方》）；治寒湿脚气肿痛，可与木瓜、吴茱萸、陈皮等同用，如鸡鸣散（《证治准绳》）。

4. 疟疾　　本品能截疟。常与常山、草果等同用，如截疟七宝饮（《伤寒保命散》）。

【用法用量】 煎服，3~10 g，驱绦虫、姜片虫 30~60 g。生用力佳，炒用力缓；焦槟榔功能消

—•笔记栏•—

食导滞，用于食积不消，泻痢后重。

【使用注意】 脾虚便溏，气虚下陷者忌用；孕妇慎用。

【文献摘要】

（1）《名医别录》："主消谷逐水，除痰癖，杀三虫，疗寸白。"

（2）《药性论》："宣利五脏六腑壅滞，破坚满气，下水肿，治心痛，风血积聚。"

【现代研究】

本品主含生物碱类成分（槟榔碱、槟榔次碱、去甲基槟榔碱等），还含脂肪油、鞣质、氨基酸等成分。具有驱虫、抗血栓、抗病原微生物、抗病毒、抗肿瘤、抑菌、增加肠蠕动等作用。

南瓜子饮片

南瓜子 Nánguāzǐ

本品首载于《现代实用中药学》，为使葫芦科植物南瓜 *Cucurbita moschata*（Duch.）的种子。主产于浙江、江西、河北、山东等地。夏、秋果实成熟时采收，取子，晒干。以饱满、色黄白者为佳。研粉生用，以新鲜者良。处方中的常用名称：南瓜子、南瓜仁、生南瓜子等。

【药性】 甘，平。归胃、大肠经。

【功效】 杀虫。

【应用】

绦虫病　本品味甘性平，杀虫而不伤正气，治绦虫病，可单味生用；若与槟榔同用，疗效更佳，先用本品 60~120 g 洗净，研细，冷开水调服，2 h 后用槟榔 60~120 g 水煎服，再过 0.5 h，冲服芒硝 15 g 泻下以利虫体排出。

此外，本品可用于治疗血吸虫病。

【用法用量】 研粉，60~120 g 冷开水调服。

【现代研究】

本品主含脂肪酸类成分（亚油酸、油酸、棕榈酸等），还含蛋白质、维生素等成分。具有驱虫、抗高血压、抗氧化、降糖等作用。

鹤草芽 Hècǎoyá

本品首载于《中华医学杂志》，为蔷薇科植物龙芽草（即仙鹤草）*Agrimonia pilosa* Ledeb. 的冬芽。全国各地均产。冬、春季新林萌发前挖取根茎，去老根及棕褐色成毛，留取幼芽，晒干，以芽完整者为佳。研粉用。处方中的常用名称：鹤草芽、仙鹤草根芽等。

【药性】 苦、涩，凉。归肝、小肠、大肠经。

【功效】 杀虫。

【应用】

绦虫病　本品善驱绦虫，对多种绦虫都有作用，兼能泻下通便，有利于虫体排出，为治绦虫病之专药。单用研粉，晨起空腹顿服即效，一般在服药后 5~6 h 可排出虫体。临床上有仙鹤草芽浸膏，鹤草酚胶囊及鹤草酚的衍生物等多种制剂，治疗绦虫病效果显著。

此外，本品制成栓剂可治疗滴虫性阴道炎。亦可治小儿头部疖肿。

【用法用量】 研粉吞服，每次 30~45 g，小儿 0.7~0.8 g/kg。每日 1 次，早起空腹服。

【使用注意】 不宜入煎剂，因有效成分几乎不溶于水，遇热易被破坏。

【现代研究】

本品主含间苯三酚类成分（鹤草酚 A~E 等），含黄酮、有机酸、三萜等成分。具有驱虫、抗菌作用。

—•笔记栏•—

雷丸饮片

雷丸 Léiwán

本品首载于《神农本草经》，为白蘑科植物真菌雷丸 *Omphalia lapidescens* Schroet. 的菌核。主产于四川、云南、贵州等地。秋季采挖，洗净，晒干，粉碎。生用，不得蒸煮或高温烘烤。处方中的常用名称：雷丸、雷实、竹苓、白雷丸等。

【药性】　微苦，寒。归胃、大肠经。

【功效】　杀虫消积。

【应用】

1. 绦虫病，钩虫病，蛔虫病，虫积腹痛　　本品驱虫面广，对多种肠道寄生虫均有驱杀作用，尤以驱杀绦虫为佳。治绦虫病，可单用研末吞服，每次 20 g，日服 3 次；治钩虫病、蛔虫病，可与槟榔、牵牛子、苦楝皮等同用；治蛲虫病，可与大黄、牵牛子同用；治脑囊虫病，可与半夏、茯苓等同用。

2. 小儿疳积　　本品杀虫消积，主入阳明胃经以开滞消疳。治小儿疳积，可与使君子、鹤虱、榧子肉、槟榔各等分，为末，乳食前温米饮调下；亦可配使君子、苍术等。

【用法用量】　15～21 g，不宜入煎剂，一般研粉服，一次 5～7 g，饭后用温开水调服，一日 3 次，连服 3 天。

【使用注意】　本品主要成分为蛋白水解酶，加热 60℃左右即易失效，故不宜入煎剂，宜入丸散服。

【文献摘要】

（1）《神农本草经》："主杀三虫，逐毒气。"

（2）《名医别录》："逐邪气，恶风汗出，除皮中热、结积、蛊毒、白虫、寸白自出不止。"

【现代研究】

本品主含蛋白酶类成分（雷丸素、雷丸蛋白酶等），还含麦角甾醇、多糖等成分。具有驱虫、抗肿瘤等作用。

鹤虱饮片

鹤虱 Hèshī

本品首载于《新修本草》，为菊科植物天名精 *Carpesium abrotanoides* L. 的干燥成熟果实。主产于华北各地。秋季果实成熟时采收，晒干，除去杂质。生用或炒用。处方中的常用名称：鹤虱、炒鹤虱等。

【药性】　苦、辛，平；有小毒。归脾、胃经。

【功效】　杀虫消积

【应用】

1. 蛔虫病，蛲虫病，绦虫病，虫积腹痛　　本品苦降辛行，有杀虫消积之功，可用于多种肠道寄生虫病。《新修本草》单用本品作散剂服，杀蛔虫、蛲虫；治虫痛发作有时，口吐清水，可与川楝子、槟榔等同用。

2. 小儿疳积　　本品驱虫面广，并能消疳。治湿热蕴结之蛔疳，可与使君子、槟榔、木香等同用，如下虫丸（《医宗金鉴》）；治虫积所致体质虚弱者，可与槟榔、苦楝皮等同用，如化虫丸（《太平惠民和剂局方》）。

【用法用量】　煎服，3～9 g；或入丸、散。外用适量。

【使用注意】　孕妇慎用。过量或配伍不当可导致中毒，中毒症状有恶心呕吐，食欲不振，头晕，头痛，四肢软弱无力，不能行走，说话困难，严重时能引起阵发性痉挛、抽搐。

【文献摘要】

（1）《新修本草》："主蛔、蛲虫，用之为散，以肥肉臛汁，服方寸匕；亦丸散中用。"

（2）《本经逢源》："善调逆气，治一身痰凝气滞，杀虫。"

【现代研究】

本品主含挥发油类成分（菖蒲烯等），还含脂肪酸类成分。具有驱虫、抗菌、抗炎、抗腹泻、镇痛、调节胃肠等作用。

榧子 Fěizi

榧子饮片

本品首载于《名医别录》，为红豆杉科植物榧 *Torreya grandis* Fort. 的成熟种子。主产于浙江、福建。秋季种子成熟时采收，除去肉质假种皮，洗净，晒干，去壳取仁，用时捣碎。生用或炒用。处方中的常用名称：榧子、榧实、香榧子、炒榧子等。

【药性】 甘，平。归肺、胃、大肠经。

【功效】 杀虫消积，润肺止咳，润燥通便。

【应用】

1. 钩虫病，蛔虫病，绦虫病，虫积腹痛　本品杀虫消积，润肠通便，且甘平而不伤胃，对多种肠道寄生虫引起的虫积腹痛均可使用，但不可与泻下药同用。治蛔虫病，常与使君子、苦楝皮同用；治钩虫病，可单用或与槟榔、贯众同用；治绦虫病，可与槟榔、南瓜子同用。

2. 小儿疳积　本品既能驱虫，又能消疳积。治小儿疳积，面色萎黄、形瘦腹大、腹痛有虫者，可与使君子、槟榔、木香等同用。

3. 肺燥咳嗽　本品甘润入肺，能润肺止咳。可用于肺燥咳嗽。

4. 大便秘结　本品甘润平和，入大肠经，能润肠通便。《本草衍义》中单用炒熟嚼服，治痔疮便秘；亦可与火麻仁、郁李仁、瓜蒌仁等同用，治肠燥便秘。

【用法用量】 煎服，9~15 g。

【使用注意】 大便溏薄者不宜用。

【文献摘要】

（1）《名医别录》："主五痔，去三虫蛊毒。"

（2）《本草备要》："润肺，杀虫。"

【现代研究】

本品主含脂肪酸类成分（亚油酸、硬脂酸、油酸等），还含多糖、挥发油、鞣质等成分。具有驱虫、降血脂、抗肿瘤等作用。

芜荑 Wúyí

芜荑饮片

本品首载于《神农本草经》，为榆科植物大果榆 *Ulmus macrocarpa* Hance 果实的加工品。主产于河北、山西。夏季果实成熟时采集，晒干，搓去膜翅，取出种子浸于水中，待发酵后，加入榆树皮粉、红土、菊花末，用温开水调成糊状，摊于平板上，切成小方块，晒干。入药。处方中的常用名称：芜荑、白芜荑、臭芜荑等。

【药性】 辛、苦，温。归脾、胃经。

【功效】 杀虫消疳。

【应用】

1. 虫积腹痛　本品辛行苦降，具有杀虫消积之功。《千金方》中治虫痛，面色黄，单用本品和面粉炒成黄色，为末，米饮送服；亦可与槟榔、木香研末，石榴根煎汤送服，如芜荑散（《仁斋直指方》）。

2. 小儿疳积　本品既能杀虫止痛，又能消积疗疳。治小儿疳积，腹痛有虫，消瘦泄泻者，可与使君子、夜明砂、党参等同用。

此外，本品研末，用醋或蜜调涂患处，治疥癣瘙痒、皮肤恶疮。

【用法用量】　煎服，3~10 g；入丸散，每次 2~3 g。外用适量。

【使用注意】　脾胃虚弱者慎用。

【文献摘要】

（1）《神农本草经》："主五内邪气，散皮肤骨节中淫淫温行毒，去三虫，化食。"

（2）《海药本草》："治冷痢心气，杀虫止痛，又治妇人子宫风虚，孩子疳泻。"

【现代研究】

本品主含鞣质、糖类等成分。具有抗病毒等作用。

小　　结

主要驱虫药的兼有功效及代表药物归纳

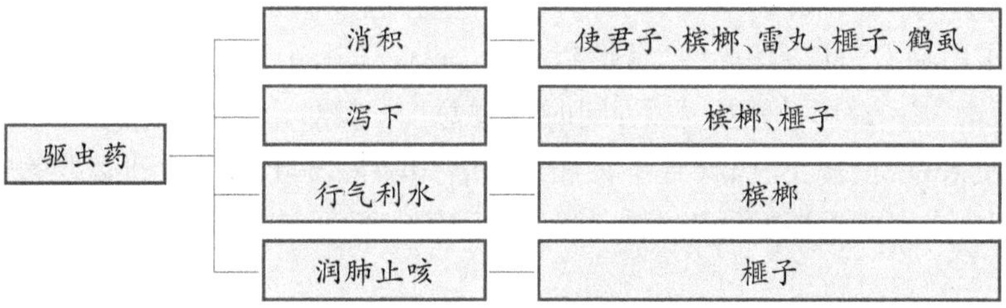

第二十七章　涌 吐 药

—·笔记栏·—

第二十七章授课视频及习题

涌吐药是指以促使呕吐，治疗毒物、宿食、痰涎等有形实邪停滞在胃脘或胸膈以上所致病证的药物，又称为催吐药。

本类药物性味多酸苦辛，归胃经，适用于误食毒物，停留胃中，未被吸收；或宿食停滞不化，尚未入肠，胃脘胀痛；或痰涎壅盛，阻于胸膈或咽喉，呼吸急促；或痰浊上涌，蒙蔽清窍，癫痫发狂等证。部分药物还兼有截疟，祛湿退黄，外用解毒收湿、蚀疮去腐等不同功效，分别还可主治疟疾、黄疸、肿毒不溃、牙疳、风眼赤烂等皮肤或五官疾患。涌吐药物的运用，旨在因势利导，驱邪外出，以达到治疗疾病的目的。

涌吐药多作用强烈，且多具毒性，易伤胃损正，故仅适用于形证俱实者。在使用涌吐药时，应采用“小量渐增”之法，切忌骤用大量；同时要注意“中病即止”，只可暂投，不可连服或久服，谨防中毒或涌吐太过，损伤正气、导致不良反应。若用药后不吐或未达到必要的呕吐程度，可饮热开水以助药力，或用翎毛探喉以助涌吐。若药后呕吐不止，应立即停药，并积极采取措施，及时抢救。

吐后应适当休息，不宜马上进食。待胃肠功能恢复后，再进流质或易消化的食物，以养胃气，勿食油腻辛辣及不易消化之物。凡年老体弱、小儿、妇女胎前产后，以及素体失血、头晕、心悸、劳嗽喘咳等，均当忌用。因本类药物作用峻猛，服药后患者反应强烈而感受痛苦，故现代临床已少用。

现代研究表明，本类药物具有催吐的作用，主要是刺激胃黏膜的感受器，反射性地引起呕吐中枢兴奋所致。

常山 Chángshān

常山饮片

本品首载于《神农本草经》，为虎耳草科植物常山 *Dichroa febrifuga* Lour. 的根。主产于四川、贵州、湖南等地。秋季采收，除去须根，洗净。晒干，生用，或酒炙、醋炙后用。处方中的常用名称：常山、炒常山等。

【药性】 苦、辛，寒；有毒。归肺、肝、心经。

【功效】 涌吐痰涎，截疟。

【应用】

1. 痰饮停聚，胸膈痞塞　本品辛开苦泄，善开泄痰结，其性上行，能引吐胸中痰饮，治痰饮停聚，胸膈壅塞，不欲饮食，欲吐而不能吐者，常以本品配甘草，水煎和蜜温服。

2. 疟疾　本品善祛痰而截疟，为治疟之要药。适用于各种疟疾，尤以治间日疟、三日疟为佳。古方常单用本品浸酒或煎服治疟，临证亦可配伍运用。若治一切疟疾，寒热往来，发作有时者，可以常山酒浸蒸焙，与槟榔共研末，糊丸服之，如胜金丸（《太平惠民和剂局方》）；治疟疾寒热，发作有时者，可与黄芪、人参、乌梅等同用，如截疟饮（《医宗必读》）；疟久不愈，则与鳖甲、三棱、莪术等同用，如截疟常山饮（《丹溪心法》）。

【用法用量】 煎服，5～9 g；入丸、散酌减。涌吐可生用，截疟宜酒制用。治疟应在疟疾发作前半天或 2 小时服用，并配伍陈皮、半夏等，以减轻其致吐的副作用。

【使用注意】 本品有毒，且能催吐，故用量不宜过大，体虚者及孕妇不宜用。

—•笔记栏•—

【文献摘要】

(1)《神农本草经》:"主伤寒寒热,热发温疟,鬼毒,胸中痰结,吐逆。"

(2)《本草纲目》:"常山、蜀漆,有劫痰截疟之功,须在发散表邪及提出阳分之后,用之得宜,神效立见;用失其法,真气必伤。夫疟有六经疟、五脏疟、痰、湿、食积、瘴疫诸疟,须分阴阳虚实,不可一概而论也。"

(3)《医学衷中参西录》:"常山,善消脾中之痰,为治疟疾要药。少服,则痰可徐消,若多服即可将脾中之痰吐出,为其多服即作呕吐,故诸家本草谓其有毒。医家用之治疟,亦因此不敢多用,遂至有效有不效。若欲用之必效,当效古人一剂三服之法,用常山五六钱,煎汤一大盅,分五六次徐徐温饮下,即可不作呕吐,疟疾亦有八九可愈。"

【现代研究】

本品主含生物碱类成分(常山碱甲、常山碱乙、常山碱丙等),还含香豆素类成分。具有抗疟、催吐、抗病毒、降压、兴奋子宫、抗肿瘤等作用。

【附药】

蜀漆　本品为虎耳草科植物常山的嫩枝叶。性味苦辛温,有毒,归肝经。功能:祛痰,截疟。适用于癥瘕积聚,疟疾等。煎服,3~6 g;或研末,用量酌减。

藜芦 Lílú

藜芦饮片

藜芦

本品首载于《神农本草经》,为百合科植物藜芦 *Veratrum nigrum* L.、牯岭藜芦 *Veratrum schindleri* Loes. f [*Veratrum cavaleriei* Loes. f.]、毛穗藜芦 *Veratrum maackii* Regel [*Veratrum mandschuricum* Loes f.]、兴安藜芦 *Veratrum Dahuricum* (Turcz.). [*Veratrum Album* L. var. *Dahuricum* Turcz.]及毛叶藜芦 *Veratrum grandiflorum* (.) Loes. f. [*Veratrum puberulum* Loes. f.]的根及根茎。分别主产于山西、江苏、辽宁、吉林、浙江、江西等地。5~6月末抽花茎前采挖根部,除去地上部分的苗叶,洗净晒干,或拔取全草,除去泥土晒干。处方中的常用名称:黎芦。

【药性】　苦、辛,寒,有毒。归肺、胃、肝经。

【功效】　涌吐风痰,杀虫。

【应用】

1. 中风、癫痫、喉痹、误食毒物　本品善涌吐风痰,可治诸风痰饮,上焦有老痰者尤宜,可单药浓煎灌之;治中风不语,喉中如曳锯声,口中涎沫,可与天南星合用;治诸风痰饮,可与郁金同用。

2. 疥癣,白秃,头虱,体虱　本品外用有较强的杀虫止痒作用。治小儿一切头疮,久即疽痒不生痂,可与黄连、雄黄、黄芩等同用;治疥癣虫疮,可用藜芦末生油和涂。

【用法用量】　内服:入丸、散,0.3~0.6 g。外用:适量,研末,油或水调涂。

【使用注意】　体虚气弱及孕妇忌服。不宜与细辛、白芍、赤芍、人参、沙参、丹参、玄参、苦参等同用。现代临床已很少应用,主要作为农作物杀虫剂及蚊蝇的杀灭剂。

【文献摘要】

(1)《神农本草经》:"味辛寒。主蛊毒,咳逆,泄利,肠澼,头疡,疥搔,恶创,杀诸蛊毒,去死肌。一名葱苒。生山谷。"

(2)《本草纲目》:"哕逆用吐药,亦反胃用吐法去痰积之义。吐药不一:常山吐疟痰,瓜蒂吐热痰,乌附尖吐湿痰,莱菔子吐气痰,藜芦则吐风痰也。"

【化学成分】

本品主含生物碱类成分(原藜芦碱、藜芦碱等)。具有催吐、降压、抑制呼吸、抑制结核菌等作用。

—• 笔记栏 •—

附 其他涌吐药(表 27－1)

表 27－1 其他涌吐药

药名	处方中的常用名称	药 性	功 效	应 用	用法用量	使用注意
瓜蒂	瓜蒂、甜瓜蒂	苦，寒。有毒。归胃经	涌吐痰食，祛湿退黄	风痰、宿食停滞，食物中毒；湿热黄疸	煎服，2.5~5 g；入丸、散服，每次 0.3~1.0 g；外用适量；研末吹鼻，待鼻中流出黄水即可停药	体虚、吐血、咯血、胃弱、孕妇及上部无实邪者忌用
胆矾	胆矾	酸、涩、辛，寒。有毒。归肝、胆经	涌吐痰涎，解毒收湿，祛腐蚀疮	风痰壅塞，喉痹，癫痫，误食毒物；风眼赤烂，口疮，牙疳；胬肉，疮疡	温水化服，0.3~0.6 g。外用适量，研末撒或调敷，或以水溶化后外洗	体虚者忌用

小 结

主要涌吐药的兼有功效及代表药物归纳

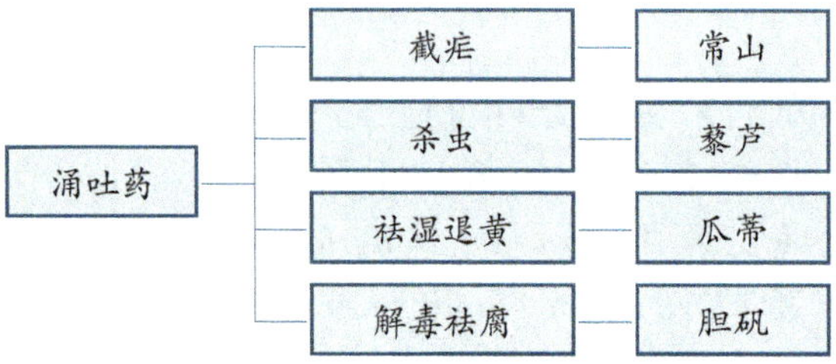

第二十八章　攻毒杀虫止痒药

攻毒杀虫止痒药是指以攻毒疗疮、杀虫止痒为主要功效，常用于治疗疮疡肿毒、疥癣、湿疹等病证的药物。

本类药物大多有毒，使用时以外用为主。其外用方法，应根据药物特点、患者病情及给药途径而异。或研末外撒，或用油脂、水调敷，或制成软膏涂抹，或煎汤洗渍及热敷，或作成药捻、栓剂栓塞，或泡浴、含漱等。

部分药物兼可内服。作内服宜作丸散剂用，以便其缓慢溶解吸收，且便于控制剂量。本类药物多具不同程度的毒性，所谓“攻毒”即有以毒制毒之意，无论外用或内服，均应严格控制剂量和用法，不可过量或持续使用，以免导致不良反应。临床应用时需严格遵守炮制和制剂法度，以减低毒性而确保用药安全。

现代研究表明，本类药物大都具有抗菌消炎的作用，可杀灭细菌、真菌、疥虫、螨虫、滴虫等。在局部外用后可形成薄膜以保护创面，减轻炎症与刺激。部分药物具有收敛作用，能凝固表面蛋白质，收缩局部血管，减少充血与渗出，促进伤口愈合。

—·笔记栏·—

第二十八章授课视频及习题

雄黄 Xiónghuáng

雄黄饮片

雄黄

本品首载于《神农本草经》，为硫化物类矿物雄黄族雄黄，主含二硫化二砷（As_2S_2）。主产于湖南、湖北、贵州等地。随时可采，采挖后，除去杂质，照水飞法水飞，晾干。生用，切忌火煅。处方中的常用名称：雄黄、明雄黄、腰黄、雄黄粉等。

【药性】　辛，温；有毒。归肝、大肠经。

【功效】　解毒杀虫，燥湿祛痰，截疟。

【应用】

1. 痈肿疔疮，湿疹疥癣，蛇虫咬伤　　本品温燥有毒，外用或内服均能以毒攻毒而解毒杀虫疗疮。治痈肿疔毒，可单用或入复方，且外用为主，如《千金方》以本品为末外涂治痈疽肿毒；亦可与白矾同用，如二味拔毒散（《医宗金鉴》）；配伍乳香、没药、麝香为丸，如醒消丸（《外科全生集》）。《肘后备急方》用本品与黄连、松脂、发灰为末，猪脂为膏外涂，治疗疥癣。治蛇虫咬伤，轻者单用本品香油调涂患处；重者内外兼施，如《瑞竹堂经验方》与五灵脂共为细末，酒调灌服，并外敷。

2. 虫积腹痛，惊痫，疟疾　　治虫积腹痛，可与牵牛子、槟榔等同用，如牵牛丸（《沈氏尊生书》）；治癫痫，可与朱砂同用。《普济方》之大效疟丹，即本品与淡豆豉、乳香、黄丹等为末，独头蒜捣和，于疟疾发作前服。

【用法用量】　0.05～0.1 g，入丸散用。外用适量，熏涂患处。

【使用注意】　本品应水飞入药，切忌火煅；内服宜慎，不可久服；外用不宜大面积涂擦及长期使用；孕妇禁用。

【文献摘要】

（1）《神农本草经》：“主寒热，鼠瘘，恶疮，疽痔，死肌，杀百虫毒。”

（2）《日华子本草》：“治疥癣，风邪癫痫，岚瘴，一切蛇虫犬兽伤咬。”

（3）《本草纲目》：“治疟疾寒热，伏暑泄痢，酒饮成癖，惊痫，头风眩晕。”

【现代研究】

本品主含二硫化二砷，还含有铝、铁、钙、镁、硅等微量元素。具有抗肿瘤、抗炎、抗菌等作用。

硫黄 Liúhuáng

硫黄饮片

本品首载于《神农本草经》，为自然元素类矿物硫族自然硫。主产于山西、河南、山东等地。随时可采，采挖后，加热熔化，除去杂质；或用含硫矿物经加工制得。敲成碎块，生用；或与豆腐同煮，至豆腐显黑绿色时，取出，漂净，阴干后用。处方中的常用名称：硫黄、石硫黄、制硫黄等。

【药性】 酸，温；有毒。归肾、大肠经。

【功效】 外用解毒杀虫疗疮；内服补火助阳通便。

【应用】

1. 疥癣，秃疮，阴疽恶疮　本品性温而燥，外用有解毒杀虫，止痒疗疮之功，尤为治疥疮之要药。治疥疮，《肘后方》以硫黄研末，麻油调涂；《圣济总录》以硫黄配伍风化石灰、铅丹、腻粉共研末，生油调涂。治顽癣瘙痒，可与轻粉、斑蝥、冰片为末，同香油、面粉为膏，涂敷患处，如硫黄散（《证治准绳》）。治阴疽恶疮顽硬者，可与荞麦面、白面为末贴敷患处，如真君妙贴散（《外科正宗》）。

2. 阳痿足冷，虚喘冷哮，虚寒便秘　本品入肾经，内服能补命门之火而助元阳，适用于肾阳不足，命门火衰诸证。例如，金液丹（《太平惠民和剂局方》），即单用硫黄治腰冷膝弱、失精遗溺等；治肾虚阳痿，可与鹿茸、补骨脂、蛇床子等同用；治肾不纳气之喘促，常与附子、肉桂、沉香等药同用，如黑锡丹（《太平惠民和剂局方》）；治虚冷便秘，常与半夏同用，即半硫丸（《太平惠民和剂局方》）。

【用法用量】 外用适量，研末油调涂敷患处。内服 1.5~3 g，炮制后入丸散服。

【使用注意】 孕妇慎用；不宜与芒硝、玄明粉同用；阴虚火旺者忌用。

【文献摘要】

(1)《神农本草经》："主妇人阴蚀，疽痔，恶血，坚筋骨，除头秃。"

(2)《本草纲目》："主虚寒久痢滑泄，霍乱，补命门不足，阳气暴绝，阴毒伤寒，小儿慢惊。"

【现代研究】

本品主含成分为硫，还含砷、硒、碲等成分。具有杀菌、缓泻等作用。

白矾 Báifán

白矾饮片

本品首载于《神农本草经》，为硫酸盐类矿物明矾石经加工提炼制成，主要成分为含水硫酸铝钾[$KAl(SO_4)_2 \cdot 12H_2O$]。主产于甘肃、山西、湖北、安徽、浙江等地。全年均可采挖，将采得的明矾石用水溶解，滤过，滤液加热浓缩，放冷后所得结晶即为白矾。捣碎生用，或煅用。处方中的常用名称：白矾、明矾、枯矾、矾石等。

【药性】 酸、涩，寒。归肺、脾、肝、大肠经。

【功效】 外用解毒杀虫，燥湿止痒；内服止血止泻，祛除风痰。

【应用】

1. 湿疹，疥癣，脱肛，痔疮，疮疡，聤耳流脓　本品味酸涩性寒，外用善于解毒杀虫，收湿止痒，尤宜治疮面湿烂或瘙痒者。治湿疹瘙痒，可与雄黄为末，浓茶调敷，如二味拔毒散（《医宗金鉴》）；治疥癣瘙痒，可与硫黄、轻粉等同用，如白矾散（《证治准绳》）；治疔肿恶疮，可与黄丹研末外用，如二仙散（《卫生宝鉴》）；治口疮、聤耳、鼻息肉、酒齄鼻者，可单用或配伍硫黄、乳香等

—•笔记栏•—

同用；治痔疮，可与五倍子、地榆、槐花等煎汤熏洗患处。

2. 便血、衄血、崩漏　　本品性涩，能入肝经血分，有收敛止血作用，可治多种出血证。治衄血不止，《圣济总录》以枯矾研末吹鼻；治崩漏，配五倍子、地榆等同用；治金疮出血，用生矾、煅矾配松香研末，外敷伤处。

3. 久泻久痢　　本品具有涩肠止泻作用，治疗久泻久痢，可与诃子、肉豆蔻等配伍。

4. 癫痫发狂　　本品酸苦涌泄而能祛除风痰，常与郁金共研末，薄荷糊丸服，治痰壅心窍，癫痫发狂，如白金丸（《医方集解》）。

此外，本品还治湿热黄疸，可与硝石配伍。

【用法用量】　内服，0.6~1.5 g，入丸散剂。外用适量，研末敷或化水洗患处。

【使用注意】　体虚胃弱及无湿热痰火者忌服。

【文献摘要】

（1）《神农本草经》："主寒热泄痢，白沃，阴蚀恶疮，目痛，坚齿骨。"

（2）《本草纲目》："矾石之用有四：吐利风热之痰涎，取其酸苦涌泄也；治诸血痛，脱肛，阴挺，疮疡，取其酸涩而收也；治痰饮，泄痢，崩、带，风眼，取其收而燥湿也；治喉痹阴疽，蛇虫伤螫，取其解毒也。"

【现代研究】

本品主含含水硫酸铝钾，枯矾为脱水白矾。具有抗菌、抗炎、止血、止汗、止泻等作用。

【附药】

皂矾（绿矾）　　本品首载于《新修本草》，为硫酸盐类矿物水绿矾的矿石，主要成分为含水硫酸亚铁（$FeSO_4 \cdot 7H_2O$）。本品为不规则碎块，采挖后，去除杂石，打碎。性味酸凉，归肝、脾经。功能：解毒燥湿，杀虫补血。适用于黄肿胀满，疳积久痢，肠风便血，血虚萎黄，湿疮疥癣，喉痹口疮。内服，0.8~1.6 g；外用适量。孕妇慎用。

蛇床子 Shéchuángzǐ

蛇床子饮片

本品首载于《神农本草经》，为伞形科植物蛇床 *Cnidium monnieri*（L.）Cuss. 的成熟果实。全国大部分地区均产，以河北、山东、浙江等地产量较大。夏、秋二季果实成熟时采收，除去杂质，晒干。生用。处方中的常用名称：蛇床子、蛇床实等。

【药性】　辛、苦，温；有小毒。归肾经。

【功效】　燥湿祛风，杀虫止痒，温肾壮阳。

【应用】

1. 阴痒，疥癣，湿疹瘙痒　　本品辛苦温燥，有燥湿祛风，杀虫止痒之功，为皮肤病及妇科病常用药，常与苦参、黄柏、白矾等同用，且较多外用。治阴部湿疹瘙痒，《濒湖集简方》用之与白矾煎汤频洗；《千金方》单用本品研粉，猪脂调之外涂，治疥癣瘙痒。

2. 寒湿带下，湿痹腰痛　　本品性温可助阳散寒，辛苦又具燥湿祛风之功。治带下、腰痛，尤宜于寒湿兼肾虚所致者，常与山药、杜仲、牛膝等同用。

3. 肾虚阳痿，宫冷不孕　　本品有温肾壮阳之功。治肾虚阳痿精冷，宫冷不孕。

【用法用量】　煎服，3~10 g。外用适量，多煎汤熏洗，或研末调敷。

【使用注意】　阴虚火旺或下焦有湿热者不宜内服。

【文献摘要】

（1）《神农本草经》："主妇人阴中肿痛，男子阴痿湿痒，除痹气，利关节，癫痫，恶疮。"

（2）《药性论》："治男子、女人虚，湿痹，毒风，顽痛，去男子腰疼。浴男子阴，去风冷，大益阳事。主大风身痒，煎汤浴之瘥。疗齿痛及小儿惊痫。"

【现代研究】

本品主含香豆素类成分（蛇床子素、花椒毒素等），还含挥发油类成分。具有抗菌、延缓衰老、促进记忆、抗炎、镇痛、抗过敏、抗诱变、抗骨质疏松等作用。

土荆皮 Tǔjīngpí

本品首载于《本草纲目拾遗》，为松科植物金钱松 *Pseudolarix amabilis*（Nelson）Rehd. 的根皮或近根树皮。主产于浙江、安徽、江苏。多为栽培。夏季剥取，洗净，略润，切丝，干燥。生用。处方中的常用名称：土荆皮、土槿皮等。

【药性】 辛，温；有毒。归肺、脾经。

【功效】 杀虫，疗癣，止痒。

【应用】

1. 疥癣瘙痒　本品有较好的杀虫疗癣、祛湿止痒作用。治疗体癣、手足癣、头癣，可单用浸酒涂擦或研末加醋调敷。现多制成10%～50%的土荆皮酊，或配合水杨酸、苯甲酸等制成复方土荆皮酊外用，如鹅掌风药水（《中国药物大全》）。

2. 疥疮，湿疹，皮炎，皮肤瘙痒　本品可杀虫止痒，能治疗疥、湿疹、皮炎、皮肤瘙痒，可单用浸酒外擦，或配苦参、白鲜皮、黄柏等同用。

【用法用量】 外用适量，醋或酒浸涂擦，或研末调涂患处。

【使用注意】 只供外用，不可内服。

【文献摘要】

《本草纲目拾遗》："其皮治一切血，杀虫瘴癣，合芦荟香油调搽。"

【现代研究】

本品主含二萜酸类成分（土荆皮甲素、土荆皮乙素等），还含鞣质、挥发油、多糖等成分。具有抗菌、抗癌、抗早孕、止血等作用。

【附药】

木槿皮　本品首载于《本草拾遗》，为锦葵科植物木槿 *Hibiscus syriacus* L. 的茎皮或根皮。性味甘苦微寒，归大肠、肝、脾经。功能：清热利湿，杀虫止痒。外用适用于皮肤疥癣，阴道滴虫病，阴囊湿疹；内服可治带下泻痢等证。外用适量，酒浸涂搽或煎水熏洗；煎服，3～9 g。无湿热者慎服。

蜂房 Fēngfáng

蜂房饮片

本品首载于《神农本草经》，为胡蜂科昆虫果马蜂 *Polistes olivaceous*（DeGeer）、日本长脚胡蜂 *Polistes japonicus* Saussure 或异腹胡蜂 *Parapolybia varia* Fabricius 的巢。全国大部分地区均产。秋、冬二季采收，晒干，或略蒸，除去死蜂死蛹，晒干，剪块。生用。处方中的常用名称：蜂房、露蜂房等。

【药性】 甘，平。归胃经。

【功效】 攻毒杀虫，祛风止痛。

【应用】

1. 疮疡肿毒，乳痈，瘰疬　本品能攻毒杀虫，攻坚破积，为外科常用之品。虽可单用，但更常与解毒消肿生肌药配伍应用。如《证治准绳》治疮肿初发，以之与生南星、生草乌、白矾等共为细末，米醋调涂；治瘰疬，以之与蛇蜕、黄芪、黄丹等为膏外用，如蜂房膏（《太平圣惠方》）；治癌肿，可与莪术、全蝎、僵蚕等配伍。

2. 皮肤顽癣，鹅掌风，牙痛，风湿痹痛　本品质轻且性善走窜，能祛风止痛、止痒。治风

—•笔记栏•—

疹瘙痒，可与蝉蜕、防风等同用。若治顽癣瘙痒，以新鲜露蜂房烧灰存性，配伍白矾、樟脑，米醋调糊外涂；治风虫牙痛，可与细辛水煎漱口用，《普济方》载有10余首以蜂房为主的治牙痛方；治风湿痹痛，可与川乌、草乌同用，酒精浸泡外涂痛处，或与全蝎、蜈蚣、土鳖虫各等分，研末为丸服。

【用法用量】 3~5 g。外用适量，研末油调敷患处，或煎水漱口，或洗患处。

【使用注意】 气血虚弱者不宜服。

【文献摘要】

(1)《神农本草经》："主惊痫瘛疭，寒热邪气，癫疾、鬼精、蛊毒、肠痔。"

(2)《日华子本草》："治牙齿疼，痢疾，乳痈，蜂叮，恶疮。"

【现代研究】

本品主含蜂蜡、蜂胶、蜂房油等成分。具有抗肿瘤、抑制免疫、降压、扩张血管、强心、抗癌、抑菌、驱虫等作用。

蟾酥 Chánsū

蟾酥饮片

蟾酥

本品首载于《药性本草》，本品为蟾蜍科动物中华大蟾蜍 *Bufo bufo gargarizans* Cantor 或黑眶蟾蜍 *Bufo melanostictus* Schneider 的分泌物。主产于山东、河北、江苏等地。多于夏、秋二季捕捉蟾蜍，洗净，挤取耳后腺及皮肤腺的白色浆液，加工，干燥。捣碎，加白酒浸渍，时常搅动至呈稠膏状，干燥，粉碎，即成蟾酥粉。处方中的常用名称：蟾酥、蟾酥粉等。

【药性】 辛，温；有毒。归心经。

【功效】 解毒，止痛，开窍醒神。

【应用】

1. 痈疽疔疮，咽喉肿痛　本品有良好的解毒消肿，麻醉止痛作用，可外用及内服。治痈疽恶疮，与雄黄、朱砂等配伍，用葱白汤送服取汗，如蟾酥丸（《外科正宗》）；治咽喉肿痛及痈疖，与牛黄、冰片等配伍，如六神丸（《喉科心法》）；治风虫牙痛，《本草正》单用本品研细少许点患处。

2. 中暑神昏，痧胀腹痛吐泻　本品辛温走窜，有辟秽化浊，开窍醒神之功，嗅之亦能催嚏。治疗伤于暑湿秽浊或饮食不洁而致痧胀腹痛，吐泻不止，甚至昏厥，可与麝香、丁香、雄黄等药共研细末，吹入鼻中取嚏，如蟾酥丸（《集验简易良方》）。

【用法用量】 内服，0.015~0.03 g，多入丸散用。外用适量。

【使用注意】 本品有毒，内服切勿过量；外用不可入目；孕妇慎用。

【文献摘要】

(1)《本草纲目》："治发背疔疮，一切恶肿。"

(2)《本草汇言》："疗疳积，消臌胀，解疔毒之药也。能化解一切瘀郁壅滞诸疾，如积毒、积块、积脓、内疔痈肿之证，有攻毒拔毒之功。"

【现代研究】

本品主含甾体类成分（蟾蜍毒素等），还含多糖、有机酸、蛋白质等成分。具有强心、抗心肌缺血、抗凝血、升压、抗休克、兴奋大脑皮层、抗炎、镇痛、局部麻醉等作用。

【附药】

蟾皮　本品为蟾蜍科动物中华大蟾蜍 *Bufo bufo gargarizans* Cantor 或黑眶蟾蜍 *Bufo melanostictus* Schneider 的皮。性味辛凉，有小毒，归心、肺、脾、大肠经。功能：清热解毒，利水消胀。适用于痈疽疮毒、疳积腹胀、瘰疬肿瘤等病证。煎服，3~6 g；研末入丸散服，每次0.3~0.9 g。外用适量，可研末调敷患处，或以新鲜蟾皮外贴患处。

—•笔记栏•—

附 其他攻毒杀虫止痒药(表 28-1)

表 28-1 其他攻毒杀虫止痒药

药名	处方中的常用名称	药 性	功 效	应 用	用法用量	使用注意
大蒜	大蒜、紫皮蒜、独头蒜	辛,温。归脾、胃、肺经	解毒消肿,杀虫,止痢	痈肿疮疡,疥癣;肺痨,顿咳,痢疾,泄泻;蛲虫病,钩虫病	煎服,9~15 g。外用适量,捣烂外敷,或切片外擦,或隔蒜灸	外用可引起皮肤发红、灼热甚至起疱,故不可敷之过久;阴虚火旺及有目、舌、喉、口齿诸疾不宜服;孕妇忌灌肠用
樟脑	樟脑	辛,热;有毒。归心、脾经	除湿杀虫,温散止痛,开窍辟秽	疥癣瘙痒,湿疮溃烂;跌打伤痛,牙痛;痧胀腹痛,吐泻神昏	外用适量,研末撒布或调敷。内服 0.1~0.2 g,入散剂或用酒溶化服	气虚阴亏、有热者及孕妇忌服

小 结

主要攻毒杀虫止痒药的兼有功效及代表药物归纳

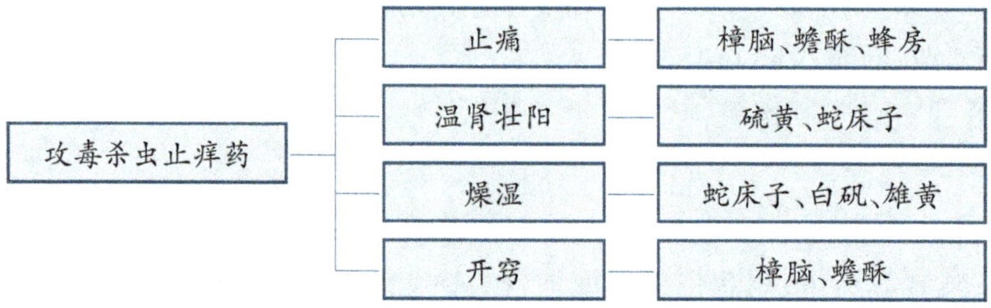

第二十九章　拔毒生肌药

拔毒生肌药是指以拔毒化腐、生肌敛疮为主要功效，常用于治疗痈疽疮疡之溃后脓出不畅或久不收口的药物。

本类药以外用为主，可根据病情和用途采用不同的方法，如研末外撒，或加油、水调敷，或制成药捻，或外用膏药敷贴，或点眼、吹喉、滴耳等。

拔毒生肌药多为具有毒性的矿石类药物，故使用时应严格控制其剂量和用法，尤其是含砷、汞、铅等重金属类的药物，即便外用也不可过量或长期使用，以防发生不良反应。此外，部分药物也不宜在头面及黏膜上使用。因此在使用时，应严格遵守炮制规范及制剂法度，以确保用药安全。

现代研究表明，拔毒生肌药对多种细菌和真菌有抑制或杀灭作用。部分药物还具有防腐、收敛、保护和促进创口愈合等作用。

—•笔记栏•—

第二十九章授课视频及习题

红粉 Hóngfěn

红粉饮片

本品首载于《外科大成》，为水银、火硝、白矾加工制成的红色升华物，即红氧化汞（HgO）。主产于河北、湖北、湖南等地。置干燥处，遮光，密闭。研细粉用。处方中的常用名称：红粉、升药、红升等。

【药性】　辛，热；有大毒。归肺、脾经。

【功效】　拔毒，除脓，去腐，生肌。

【应用】

痈疽疔疮，梅毒下疳，一切恶疮，肉暗紫黑，腐肉不去，窦道瘘管，脓水淋漓，久不收口　本品有较好的拔毒除脓、去腐生肌作用，为外科要药。常与煅石膏研末外用，根据病情调整两者的用量比例，红粉用量比例越大，则拔毒除脓之力越强。例如，红粉与煅石膏的用量比为1∶9者，称九一丹，拔毒力较轻而生肌力较强；比例为2∶8者，称八二丹；比例为3∶7者，称七三丹；比例为1∶1者，称五五丹；比例为9∶1者，称九转丹。

【用法用量】　外用适量，研极细粉单用或与其他药味配制成散剂或制成药捻。

【使用注意】　本品有大毒，只可外用，不可内服；外用亦不宜久用；孕妇禁用。

【文献摘要】

（1）《外科大成》："治一切顽疮及杨梅粉毒、喉疳、下疳、痘子。"

（2）《疡科纲要》："研必极细，用此只用新棉花蘸此药末，轻轻弹上薄贴，只见薄薄深黄色已足，如多用之则痛矣。"

【现代研究】

本品主含氧化汞。具有杀菌、抗血栓、改善微循环等作用。

轻粉 Qīngfěn

轻粉饮片

本品首载于《本草拾遗》，为水银、白矾、食盐等经升华法炼制而成的氯化亚汞（Hg_2Cl_2）。主产于湖南、湖北、云南。置干燥处，遮光，密闭。研细末用。处方中的常用名称：轻粉、汞粉、水银粉、腻粉。

—•笔记栏•—

【药性】 辛,寒;有毒。归大肠、小肠经。

【功效】 外用杀虫,攻毒,敛疮;内服祛痰消积,逐水通便。

【应用】

1. 疥疮,顽癣,臁疮,梅毒,疮疡,湿疹　本品辛寒有毒,性烈,有较强的攻毒杀虫止痒、生肌敛疮作用。治疗疥疮,与黄柏、蛤粉、煅石膏共为细末,凉水或麻油调涂,如蛤粉散(《外科正宗》);治疗臁疮不合,常以之与黄连为细末,猪胆汁调涂;若治干湿癣,常与铅丹、硫黄为细末,生油调涂,如圣散(《圣济总录》)。

2. 痰涎积滞,水肿臌胀,二便不利　本品入大肠、小肠经,内服能通利二便,逐水退肿。治疗水肿便秘实证,常与甘遂、大戟、大黄配伍,如舟车丸(《丹溪心法》)。

【用法用量】 外用适量,研末掺敷患处。内服每次 0.1~0.2 g,每日 1~2 次,多入丸剂或装胶囊服。服后及时漱口,以免口腔糜烂。

【使用注意】 本品有毒,不可过量或久服;内服宜慎;孕妇禁服。

【文献摘要】

(1)《本草拾遗》:“通大肠,转小儿疳并瘰疬,杀疮疥癣虫及鼻上酒齇、风疮瘙痒。”

(2)《本草纲目》:“水银乃至阴之毒物,因火煅丹砂而出,加以盐、(明)矾而为轻粉。”

【现代研究】

本品主含氯化亚汞。具有泻下、利尿、抑菌等作用。

砒石 Pīshí

砒石

本品首载于《日华子本草》,为矿物砷华 *Arsenolite* 的矿石,或毒砂、雄黄等含砷矿物的加工品。主产于江西、湖南、广东等地。采挖后,除去杂石。药材分为白砒与红砒两种,药用以红砒为主。砒石升华的精制品即砒霜。研细粉用。处方中的常用名称:砒石、信石、砒霜等。

【药性】 辛,大热;有大毒。归肺、脾、肝经。

【功效】 外用攻毒杀虫,蚀疮去腐;内服劫痰平喘,抑癌截疟。

【应用】

1. 恶疮,瘰疬,顽癣,牙疳,痔疮　本品外用有攻毒杀虫、蚀疮去腐之功。单用贴敷易致中毒及剧烈疼痛,故多配伍其他药物以缓其毒。治疗恶疮日久,与硫黄、苦参、附子、蜡等同用,调油为膏,柳枝煎汤洗疮后外涂,如砒霜膏(《太平圣惠方》);治疗瘰疬、顽癣、牙疳,与明矾、雄黄、乳香共为细末,如三品一条枪(《外科正宗》)。

2. 寒痰哮喘　本品性味辛大热,入肺经,内服能祛寒劫痰平喘。治疗久治不愈之寒痰喘咳,可与淡豆豉为丸服,如紫金丹(《普济本事方》)。

3. 癌肿　本品有大毒,能以毒攻毒以抑癌,治白血病等多种癌症。

此外,古方还治疟疾,现已少用。

【用法用量】 外用适量,研末撒敷,宜作复方散剂或入膏药、药捻用。内服宜入丸、散,每次 0.002~0.004 g。

【使用注意】 本品有剧毒,内服外用皆宜慎;不宜与水银同用;不可作酒剂服;忌火煅;体虚者及孕妇禁服。

【文献摘要】

(1)《日华子本草》:“治疟疾、肾气。带辟蚤虱。”

(2)《本草纲目》:“除齁喘,积痢,烂肉,蚀瘀腐瘰疬。”“蚀痈疽败肉,枯痔杀虫。”

【现代研究】

本品主含三氧化二砷(As_2O_3),红砒还含少量硫化砷(As_2S)等。具有抗肿瘤、平喘等作用。

—•笔记栏•—

炉甘石饮片

炉甘石 Lúgānshí

本品首载于《本草品汇精要》，为碳酸盐类矿物方解石族菱锌矿，主含碳酸锌（$ZnCO_3$）。主产于广西、湖南、四川。采挖后，洗净，晒干，除去杂石。打碎。生用，或明煅后水飞用。处方中的常用名称：炉甘石、飞甘石、煅炉甘石等。

【药性】　甘，平。归肝、脾经。

【功效】　解毒明目退翳，收湿止痒敛疮。

【应用】

1. 目赤肿痛，睑弦赤烂，翳膜遮睛，胬肉攀睛　　本品性味甘平，有解毒、明目退翳之功。为眼科外用常用药。治目赤暴肿，与玄明粉各等份为末点眼，如神应散（《御药院方》）；治眼眶破烂，畏光羞明，与黄连、冰片等同用，如黄连炉甘石散（《证治准绳》）。

2. 溃疡不敛，脓水淋漓，湿疮瘙痒　　本品外用有生肌敛疮、收湿止痒、解毒之功。治疮疡不敛，脓水淋漓，可单用或与龙骨同用，研极细末，干掺患处，如平肌散（《御药院方》）；治湿疹瘙痒，常与煅石膏、龙骨、青黛等研末外用。

【用法用量】　外用适量。

【使用注意】　本品专供外用，不作内服；宜炮制后使用。

【文献摘要】

（1）《本草品汇精要》："主风热赤眼，或痒或痛，渐生翳膜，及治下部湿疮，调敷。"

（2）《本草纲目》："止血，消肿毒，生肌，明目，去翳退赤，收湿除烂。"

【现代研究】

本品主含碳酸锌，还含少量氧化钙、氧化铁、氧化镁、氧化锰等。具有防腐、收敛、消炎、止痒、保护创面、抑菌等作用。

硼砂饮片

硼砂 Péngshā

本品首载于《日华子本草》，为天然矿物硼砂经精制而成的结晶，主要含水四硼酸钠（$Na_2B_4O_7 \cdot 10H_2O$）。主产于青海、西藏、云南、四川地区。采挖后，除去杂质，捣碎。生用或煅用。处方中的常用名称：硼砂、月石、蓬砂等。

【药性】　甘、咸，凉。归肺、胃经。

【功效】　外用清热解毒，内服清肺化痰。

【应用】

1. 咽喉肿痛，口舌生疮，目赤翳障　　本品性凉清热，味甘解毒，咸能软坚，外用能清热解毒、消肿防腐，为喉科及眼科常用药。治疗咽喉肿痛、口舌生疮，与冰片、玄明粉、朱砂同用，如冰硼散（《外科正宗》）；治疗目赤翳障，与冰片、炉甘石、玄明粉共为细末点眼，如白龙丹（《证治准绳》）。

2. 痰热咳嗽　　本品性味咸凉，入肺经，能清肺化痰。治疗痰热咳嗽，咽喉肿痛者，可与黄芩、玄参、瓜蒌等同用。

【用法用量】　外用适量，研极细末干撒或调敷患处；或化水含漱。内服多入丸、散，1.5~3 g。

【使用注意】　本品以外用为主，内服宜慎。

【文献摘要】

（1）《日华子本草》："消痰止嗽，破癥结喉痹。"

（2）《本草纲目》："治上焦痰热，生津液，去口气，消障翳，除噎嗝反胃，积块结瘀肉，阴溃，骨鲠，恶疮及口齿诸病。"

【现代研究】

本品主含含水四硼酸钠（$Na_2B_4O_7 \cdot 10H_2O$），还含少量铅、铝、铜、钙、铁、镁、硅等杂质。具有抑菌、抗惊厥等作用。

附　其他拔毒化腐生肌药（表 29－1）

表 29－1　其他拔毒化腐生肌药

药名	处方中的常用名称	药　性	功　效	应　用	用法用量	使用注意
铅丹	铅丹、红丹、黄丹	辛、咸，寒；有毒。归心、脾、肝经	外用拔毒生肌，杀虫止痒；内服坠痰镇惊	疮疡溃烂，湿疹瘙痒，疥癣；惊痫癫狂，心神不宁	外用适量，研末撒布或熬膏贴敷。内服多入丸、散，0.3~0.6 g	本品有毒，用之不当可引起铅中毒，慎用；不可持续或过量使用；孕妇禁用

小　　结

主要拔毒生肌药的兼有功效及代表药物归纳

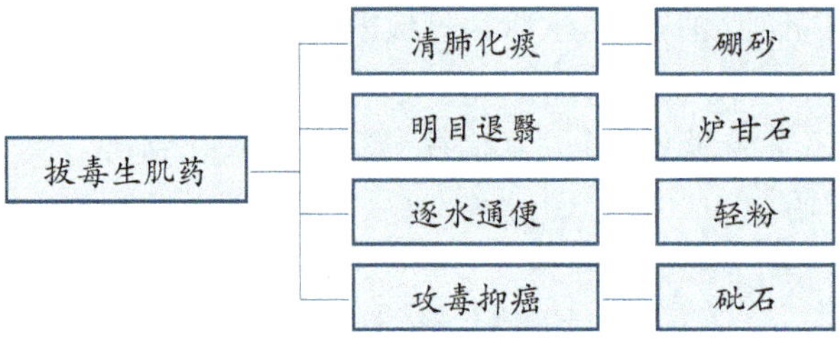

主要参考书目

1. 国家中医药管理局《中华本草》编委会. 中华本草[M]. 上海：上海科学技术出版社,1999.
2. 颜正华. 中药学[M]. 2 版. 北京：人民卫生出版社,2006.
3. 高学敏,钟赣生. 临床中药学[M]. 石家庄：河北科学技术出版社,2006.
4. 张冰. 临床中药学[M]. 北京：中国中医药出版社,2012.
5. 张廷模,彭成. 中华临床中药学[M]. 2 版. 北京：人民卫生出版社,2015.
6. 钟赣生. 中药学[M]. 新世纪四版. 北京：中国中医药出版社,2016.
7. 唐德才,吴庆光. 中药学[M]. 3 版. 北京：人民卫生出版社,2016.
8. 国家药典委员会. 中华人民共和国药典[M]. 一部. 北京：中国医药科技出版社,2020.

药 名 索 引